JN262339

日本経済
社会的共通資本と持続的発展

間宮陽介　堀内行蔵　内山勝久　編

東京大学出版会

The Japanese Economy:
Social Common Capital and Sustainable Development
Yousuke MAMIYA, Kozo HORIUCHI, and Katsuhisa UCHIYAMA, Editors
University of Tokyo Press, 2014
ISBN978-4-13-040267-5

はしがき

　本書は，日本政策投資銀行設備投資研究所の設立50周年を記念して編集・刊行される論文集の一つである．設備投資研究所では，1989年に設立25周年記念論文集として『日本経済　蓄積と成長の軌跡』（宇沢弘文編，東京大学出版会）を刊行したが，本書は，その後の25年間のわが国経済の経験をもとにして，社会的共通資本の観点から，今後のあるべき経済社会の姿を論じるものとなっている．

　設備投資研究所は，初代所長に下村治博士を迎え，1964年に設立された．1960年代の高度経済成長を支えた一つの柱は，言うまでもなく民間企業の設備投資である．下村博士は，自身のそれまでの研究成果を踏まえて，当時重要性が高まっていた設備投資とそれに関連する諸問題に関する本格的な研究活動を指導し，設備投資研究所の基礎を築くことに尽力された．

　設備投資研究所の活動が軌道に乗った1967年，研究活動の拠点をアメリカから日本に移された宇沢弘文先生が研究所の活動に積極的に関わられるようになった．宇沢先生は下村博士や研究員等との数多くの議論を経て，当時まだ萌芽的な段階であった社会的共通資本の考え方を徐々に深化させていった．研究所でも，民間企業設備投資に象徴される私的資本の形成に関する研究に加えて，社会的共通資本を含む広義の資本概念に基づく研究を次第に拡張していった．

　社会的共通資本の考え方が形成され展開されていった過程では，設備投資研究所の果たした役割は大きいと自負している．その成果を示したものの一つが，上述の『日本経済　蓄積と成長の軌跡』である．1990年代に入ると，設備投資研究所では社会的共通資本に関する研究を本格化させることになり，*Economic Affairs* と題する研究叢書を刊行してその成果を世に問うことになった．*Economic Affairs* シリーズは，現在までに後掲の10巻を刊行しており，今後も継続する意義が大きいと考えている．

本書は，設備投資研究所の活動に古くから関わりを持たれ，社会的共通資本研究において宇沢先生と多くの交流のあった学識者と設備投資研究所研究員等による論文集である．本書が従来の *Economic Affairs* と異なる点は，従来は社会的共通資本の範疇に則して自然資本，社会的インフラストラクチャー，制度資本を分析対象としていたのに対し，本書では社会的共通資本の概念を少し拡張し，今後重要性が増すと思われる社会的共通資本の外縁的分野も含めていることである．また本書では，各執筆者の専門分野や問題意識を最大限尊重し，自由な立場からの執筆をお願いした．このため，全体を通してみると，論点は多岐にわたっており，また，執筆者それぞれの理解や解釈にもとづく社会的共通資本論が展開されている．

　こうした特色を有する本書であるが，執筆者が共有している問題意識がある．それは，社会的共通資本の形成や蓄積の過程の評価などを踏まえ，現状の問題点や望ましいあり方などに言及し，未来志向の啓蒙的な論考を展開したいという問題意識である．さらには，東日本大震災後のわが国における課題と長期的な展望を社会的共通資本の観点から捉え，わが国のあるべき姿に焦点を当てた，今後の指針ともなるような論考を展開したいという問題意識である．そして，その成果を学術研究者のみならず，学生や一般読者の方々にも広く興味関心を持っていただくために，できるだけ平易な記述を心がけた．以上のような取り組みが成功しているか否か，必ずしも自信はないが，客観的評価を待ちたい．

　末筆になったが，本書作成の過程では，実に多くの方々の支援をいただいた．とくに，東京大学出版会の黒田拓也，大矢宗樹の両氏には，言葉では表しきれないほど感謝している．黒田氏には本書を含め，20年以上にわたり設備投資研究所の活動を支援していただいている．大矢氏には本書の企画から編集，出版にいたるまでのすべての段階でご尽力いただき，さまざまなご配慮をいただいた．両氏をはじめ，東京大学出版会の皆さまには，設備投資研究所設立50周年の記念事業をこのような形で実現していただいたことに，心より御礼申し上げたい．設備投資研究所のこれまでの活動は，宇沢先生をはじめとする多くのすばらしい研究者の，ときに厳しく，しかし暖かさに満ちた指導の上に成り立っている．一人ひとりお名前を挙げることはできないが，これらの方々のご協力に深く感謝申し上げたい．

なお，本書に掲載した論文における意見・見解は，いずれも個々の執筆者のものであって，その属する機関や日本政策投資銀行の考えを反映したものではないことをお断りしておきたい．

2014 年 8 月

間宮陽介
堀内行蔵
内山勝久

Economic Affairs シリーズ

Vol.	タイトル	編者	出版年月
1	日本企業のダイナミズム	宇沢弘文	1991 年 3 月
2	最適都市を考える	宇沢弘文・堀内行蔵	1992 年 3 月
3	地球温暖化の経済分析	宇沢弘文・國則守生	1993 年 3 月
4	社会的共通資本——コモンズと都市	宇沢弘文・茂木愛一郎	1994 年 5 月
5	制度資本の経済学	宇沢弘文・國則守生	1995 年 9 月
6	金融システムの経済学 ——社会的共通資本の視点から	宇沢弘文・花崎正晴	2000 年 11 月
7	都市のルネッサンスを求めて ——社会的共通資本としての都市 1	宇沢弘文・薄井充裕・前田正尚	2003 年 5 月
8	21 世紀の都市を考える ——社会的共通資本としての都市 2	宇沢弘文・國則守生・内山勝久	2003 年 6 月
9	地球温暖化と経済発展 ——持続可能な成長を考える	宇沢弘文・細田裕子	2009 年 3 月
10	格差社会を越えて	宇沢弘文・橘木俊詔・内山勝久	2012 年 6 月

目　次

はしがき　　　　　　　　　　　　　　間宮陽介・堀内行蔵・内山勝久　　i

プロローグ ………………………… 間宮陽介・堀内行蔵・内山勝久　　1

序　章　1970年代からの資本主義の大きな変容 ………… 宮川公男　15
　　　　──過去50年をふり返って
　1. はじめに　15
　2. 80年代末までの日本とアメリカ
　　　──高度経済成長でアメリカを追い上げた日本　17
　3. 90年代の日本とアメリカ
　　　──「失われた10年」の日本と「ニューエコノミー」のアメリカ　24
　4. 2000年に入っての日本とアメリカ
　　　──「失われた時代」の続いた日本と「異例な不確かさ」の中のアメリカ　30
　5. 資本主義の変容の諸側面　39
　6. おわりに　53

第Ⅰ部　日本経済と社会的共通資本

第1章　日本経済のビジョンと社会的共通資本 ………… 堀内行蔵　61
　　　　──下村理論をもとに持続可能な発展を考える
　1. はじめに　61
　2. 高度成長のビジョンと構想力　64

3. ゼロ成長のビジョンと発展　81
　　4. むすびにかえて　97

第2章　日本の財政赤字の影響 ……………………………… 貝塚啓明　109
　　──政府の破綻にいたるリスク
　1. はじめに　109
　2. 日本の財政赤字の現況　109
　3. 財政規律の変貌　111
　4. 財政破綻の実例　112
　5. 納税環境の差異　116
　6. デフレと財政収支　117
　7. 財政危機の国際的波及　118
　8. おわりに──財政危機がくるか？　119

第3章　最適負債制御問題 …………………………… 吉村浩一・渡邉修士　121
　　──金融市場と経済社会の安定化に向けて
　1. はじめに　121
　2. 現実経済における負債残高の動き　123
　3. 負債制御モデル　126
　4. 負債制御ポリシーの推計　136
　5. おわりに　141

第4章　財産権制度の整備と経済成長 ………… 山崎福寿・瀬下博之　143
　　──法制度と金融市場
　1. はじめに　143
　2. コモン・ロー vs. 市民法
　　　──法制度と株主の権利，債権者の保護　144
　3. 金融と経済成長　152
　4. 日本の債権者保護と法改正　155
　5. おわりに　171

第Ⅱ部　社会的共通資本の展開

第5章　漁場の共同利用と自治的管理　………………… 間宮陽介　177
1. はじめに　177
2. 水産業復興特区とその法制化　178
3. 漁業権開放要求の底流　184
4. 入会漁業とその現代的意義　192
5. おわりに　200

第6章　地球環境問題と自生的組織の役割　…………… 柳沼　壽　203
1. はじめに　203
2. 社会的共通資本の考え方　204
3. 地球温暖化のモデル分析　207
4. 地球温暖化問題と科学者の役割　211
5. 地球温暖化と政府あるいは自生的組織の役割　216
6. 感情移入と物語　227
7. おわりに　229

第7章　効果的な二酸化炭素排出制御
　　　　　──排出権取引の実際と理論
　　　　　………………………………………… 國則守生・大瀧雅之　235
1. はじめに──理論構築上の背景　235
2. オフセット取引の現状　236
3. モデル　243
4. おわりに──結論　254

第8章　ディスクロージャー制度の構築　……………… 八田進二　259
　　　　　──監査システムと経済社会の信頼確保
1. はじめに──社会的共通資本の考え方と制度資本　259
2. ディスクロージャー制度の根幹をなす会計・監査制度　260

3. 20世紀におけるアメリカのディスクロージャー制度の状況　263
4. 21世紀のアメリカのディスクロージャー制度改革　266
5. わが国のディスクロージャー制度改革の動向　268
6. おわりに
　——ディスクロージャー制度改革における課題と展望　271

第9章　グローバル新時代における経営・会計のイノベーション
　　　——共生価値と統合思考がもたらす持続可能な経済社会
　　　　　　　　　　　　　　　　　　　　　　　　小西範幸・神藤浩明　275

1. はじめに　275
2. 経済社会ビジョンの再設計　276
3. 共生価値の台頭　283
4. 財務報告の新機軸　288
5. 統合思考にみる経営・会計の革新　293
6. おわりに　300

第Ⅲ部　社会的共通資本と市民社会の構築

第10章　21世紀の都市計画・まちづくり　…………　大西　隆　307

1. はじめに　307
2. 人口と都市　308
3. 都市計画・まちづくりの展開　315
4. 人口減少時代の都市計画　324
5. おわりに　335

第11章　都市と持続可能性　……………………………　薄井充裕　339
　　　　——事例としての鎌倉

1. はじめに　339
2. 自然資本の保全
　　——ナショナル・トラスト運動から世界遺産登録まで　340
3. 社会的インフラストラクチャーの課題　346

4. 鎌倉の今後の都市づくり——制度資本としての都市計画　356
5. おわりに——危機を克服する千年の知恵　361

第12章　都市と環境 …………………………………… 内山勝久・細田裕子　365
　　　——市民生活と社会的側面
1. はじめに　365
2. 都市に関する施策と評価　366
3. 都市とエネルギー　375
4. 都市の低炭素化に向けて　380
5. おわりに　393

第13章　大規模匿名社会における信頼形成と維持 ……… 奥野正寛　397
1. はじめに　397
2. 囚人のジレンマ　398
3. 大規模社会ゲーム　406
4. 自発的継続繰り返し囚人のジレンマと均衡概念　413
5. 信頼を担保する仕組み——単一戦略均衡　420
6. 多戦略均衡　428
7. 進化ゲームと $c_0 - d_0$ 均衡の進化的安定性　434
8. 多様な戦略の同時参入　441
9. おわりに　447

あとがき　　　　　　　　　　　間宮陽介・堀内行蔵・内山勝久　455

プロローグ

間宮陽介
堀内行蔵
内山勝久

　社会的共通資本は，ソースティン・ヴェブレンが主張した制度主義の考え方を具体的な形で表現しようとするものである．ヴェブレンの制度主義は，資本主義や社会主義といった経済体制を超えて，すべての人々の市民的権利が最大限に享受できるような，リベラリズムの理念に適った経済体制を目指そうとするものである．20世紀の象徴的な出来事の一つは，資本主義と社会主義の対立，相克であった．社会主義は崩壊したが，資本主義の歩んできた道のりもまた順調なものではなく，数々の弊害を生み出している．こうした状況を超えて21世紀の展望を開こうとするとき，社会的共通資本の考え方は，中心的な役割を果たしうる（宇沢 2005）．

　設備投資研究所が産声を上げた1964年は，日本経済が高度成長のまっただ中にあり，人々は成長の果実を享受してゆたかな社会への移行を確信していた時期であった．高度成長を可能にした要因の一つに，1950年代半ば頃から始まった道路，港湾などの生産基盤的な社会的共通資本の形成と蓄積がある．社会的共通資本は，いわゆる社会的インフラストラクチャーだけではなく，自然資本や制度資本も包含するものであり，国民経済の円滑な働きを支えるために不可欠な資本であって，経済成長の過程において中核的な役割を果たすものである．それらは，たとえ私的な経済主体に所有されていたとしても，社会にとっての共通の財産として社会的に管理されるべき資本である．

　しかし，現在わが国は本当にゆたかになったのだろうかと改めて考えてみると，必ずしも肯定的に捉えることはできないのではなかろうか．確かに所得は増加し，量的な面で測るとゆたかになった．一方，質的な面をみると，深刻な

自然環境の破壊が進行し，水質汚染や大気汚染などの産業公害問題は地域住民を苦難に陥れた．加えて地球温暖化問題は解決に向けた国際交渉が膠着状態にある．高度成長期の大きな人口流入を支えた都市は，社会的インフラストラクチャーと私的資本の蓄積により外見上は著しく改善したが，都市を構成するのは住民とその生活であるという都市の本来的な面からみると，まだ課題も残ると言わざるを得ない．近年は社会的インフラストラクチャーの老朽化による機能低下が懸念されることも指摘され始めている．市民の基本的権利や生活，市場機能を支えるべき制度もまた，改善を要すると思われるものが散見される．また，先の東日本大震災は未曾有の被害をもたらし，自然資本や社会的インフラストラクチャーを中心とする多くの社会的共通資本を破壊した．このように，わが国の社会的共通資本については，まだ蓄積が十分であるとは言えない．

わが国経済社会が持続的発展を成し遂げるためには，社会的共通資本のさらなる形成と蓄積が必要である．もともと社会的共通資本の思想は，市民の基本的な生活に関する財・サービスのうち，必要度が高く，かつ代替性が低いものをどのような基準とメカニズムによって供給するか，その運営や維持管理をどのような主体が担うのかという問題に関わっている．そして，このような性質を持つ社会的共通資本が生み出すサービスは，実質的所得分配の公正性と安定化をもたらし，持続可能な経済発展の基礎となる．今後，ゆたかな社会を実現するためには，各国，各地域の事例などに学びながら，社会的共通資本の理論的，歴史的，制度的分析を展開し，一般化する研究を図っていく余地が多く残されていると思われる．

本書は，設備投資研究所の設立50周年を記念して編まれる論文集の社会的共通資本篇であって，研究所の活動にこれまでに多くの関わりを有してきた研究者たちによる考察を集めたものである．上述のように，社会的共通資本の形成や蓄積の過程の評価などを検討し，現状の問題点を認識した上で，わが国の経済社会が持続可能な発展を可能なものとするには，どのような条件が必要とされるのか，将来の望ましいあり方はいかなるものかなど，未来志向の啓蒙的な論考を展開している．また，社会的共通資本は，上述のように，自然資本，社会的インフラストラクチャー，制度資本の3つの範疇からなるが，本書ではこの範疇を超えて，信頼形成など新しい分野にも踏み込んでいることにも特色

がある．以下では，本書の各論文の内容を簡単に要約しておこう．

序章「1970年代からの資本主義の大きな変容——過去50年をふり返って」（宮川公男）は，20世紀後半から現在までの50年間における資本主義の変容とその影響について展望する，本書全体の序論となる論文である．

筆者はまず，日米の50年間の経済の歴史を概観する．前半は昭和の最後25年間に当たり，日本のアメリカへのキャッチアップの過程をふり返る．後半の平成年代の25年間は，日本経済の低迷と，アメリカの金融経済の不均衡的肥大化の過程が描かれる．また，2000年代に入ってからは，日米は共通の要因の影響による経済の連動性が高まっていることが指摘される．

以上の準備の下に，筆者は資本主義の変容に関する考察へと移る．変容をもたらした一つの契機として筆者はブレトンウッズ体制の崩壊を挙げ，これにより，為替レートや利子率などの金融的諸変数が変動性を伴いながら国際的な連関を高め，さらにこれらに関して裁定の機会が増大し，モノからカネへの比重のシフトが加速したと指摘する．こうした変容を筆者は「カジノ経済化」と述べ，実体経済の堅実な成長と金融システムの安定性を損なうとともに，中流階層の収縮と所得階層の二極化をもたらし，やがては資本主義のダイナミズムが腐食していくと警告する．

こうした資本主義の変容は，公的ドメインの縮小と私的ドメインの相対的な拡大を生じさせていると筆者は捉える．格差や貧困，社会保障などの諸問題を解決するためにはセーフティーネットの構築が必要だが，そのためには公的ドメインの回復を考えなければならない．公的ドメインのあり方を私的ドメインとの関係を考慮しながら検討し，望ましい社会システムを構築することが求められているのであり，社会的共通資本は大きな役割を担いうると筆者は期待する．

第Ⅰ部「日本経済と社会的共通資本」では，主としてわが国経済を採り上げ，これまでの変遷をたどりながら，金融市場や法制度，財政制度などの制度資本が果たしてきた役割や今後のあるべき姿，さらに，わが国経済社会を「持続可能な発展」に導くための社会的共通資本の重要性について論じる．

第1章「日本経済のビジョンと社会的共通資本——下村理論をもとに持続可能な発展を考える」（堀内行蔵）は，1960年代の高度成長を理論的に支えた下

村治氏に関する，筆者の長年の研究を総括する論文である．

いわゆる「失われた20年」を巡って，日本経済再生への活路を見いだすべく，下村氏の業績を再評価する動きも見られる．下村氏が高度成長論者のカリスマ的存在だったからであろう．しかし下村氏は石油危機を境にゼロ成長論者へと転じる．筆者は，ゼロ成長論は奥が深く，単なる成長率ゼロではなくて，今後の持続可能性ビジョンにつながるものだと述べる．

まず，独自の高度成長論とビジョンが形成される過程を，時代背景の考察とともに，下村氏の多くの著作を丹念に読み解くことで接近しようとする．そこでのキーワードは「イノベーション」「均衡」「自由と自己責任」だとして，下村氏の考えを展開する．

石油危機後，下村氏は一転してゼロ成長を唱える．その大きな理由は，石油の安価な利用ができなくなり，エネルギー問題が世界経済の制約要因となるなかで，成長の基礎的条件が変化したためだとする．ここでの下村氏の考え方のキーワードは（「自由と自己責任」に代わって）「節度」である．ゼロ成長の経済が長期的に均衡し，安定性を保つためには，節度を維持するという行動規範が重要であり，財政，金融，貿易の3分野における問題を採り上げながら，節度との関係について考察する．

下村氏の没後，地球環境問題が大きな課題となっている．これは，ゼロ成長論を「持続可能な発展」に結びつけて考える必要があることを意味する．筆者は，社会的共通資本の理論を取り入れ，「持続可能な社会のための3原則」を提示し，「成長」から「発展」への移行が必要だと説く．

時代が大きく変化するとき，新しいビジョンやパラダイムの転換が求められる．戦後の復興期，第1次石油危機といった歴史的な転換期に下村氏はそれぞれ新しいビジョンを展開した．現在，わが国経済は大きな転換期にさしかかっている．このような時代には骨太のビジョンが重要だと筆者は主張する．

第2章「日本の財政赤字の影響――政府の破綻にいたるリスク」（貝塚啓明）は，今世紀に入って政府の破綻リスクが高まっていることを，主要国を比較しながら分析し，わが国財政赤字に対する展望を与えることを目的としている．

財政制度は所得分配の安定化に資する制度資本として捉えることができる．

多くの先進国では財政規律が制度的に規定されているが，財政赤字が拡大している国も少なくない．近年では財政赤字がもたらす政府債務（国債）が金融市場において信認を失うことで財政破綻に至るケースが見られる．政府債は民間債と同様に金融的な健全性で評価されるようになり，財政赤字が拡大している国については金融市場でリスクが発生していると筆者は指摘する．

わが国でも財政法により財政規律が求められているが，現実には財政赤字が巨額になっている．現在のところ政府債市場は安定しており財政危機の恐れはないとみるが，これは政府の財政赤字抑制策に対する政治的信頼度が高く，これが金融市場に信認されているからだと筆者は評価する．しかし，財政危機は，最終的には金融市場における信認に依存しているのであり，この信認は複雑な要因によって左右されるため将来予測は難しい．信認が失われて国債の市場価格が暴落すると国内金融機関の経営に大きな影響を及ぼすことになる．このように，財政の健全性が金融機関を通じて国内経済へ大きな影響を与えることに留意すべきであると筆者は唱える．

2008年のリーマン・ショックに見られたような金融市場の機能不全は，世界経済を大きな混乱に陥れ，社会的損失をもたらす．

第3章「最適負債制御問題——金融市場と経済社会の安定化に向けて」（吉村浩一・渡邉修士）では，金融市場を重要な社会的共通資本と位置づけ，それが正常かつ安定的に機能するための諸条件を，金融市場において重要な役割を果たす負債管理問題を通して模索する．

リーマン・ブラザーズの破綻やギリシャの債務危機など，現代の経済社会においては政府や企業などの経済主体が巨額の負債を抱えるリスクが大きな問題となっている．制度やルールに基づく監督が行われているにもかかわらず危機はたびたび発生する．こうした観察を基に筆者らは，金融危機の根底にある負債の制御可能性を検討することが必要であると問題提起する．問題への接近方法として，個別の危機が顕在化するごとに，その原因や対策を歴史的あるいは事例研究的に検討するアプローチも多いが，一般化しにくいなどの限界もあると筆者らは指摘する．

そこで本論文では債務者の負債管理が，負債残高の管理と償還財源の管理から構成され，両者は密接に関連している点に着目し，可能な限り単純化したモ

デルを構築して問題の構造を解明しようとする．さらに，モデルに基づいてデフォルト発生のプロセスを明らかにし，その回避可能性を検討する．最後に主要国の負債残高の時系列推移を踏まえ，構築したモデルを適用しながら各国政府債務の制御ポリシーの健全性を比較検討する．

社会的共通資本の役割の一つは，分権的市場経済制度を円滑に機能させることにある．分権的市場経済の象徴とも言える金融市場が円滑に機能するためには，関連する各種制度の果たす役割が重要であり，こうした制度資本が社会的共通資本の一つとして捉えられる．金融市場を支える制度として法制度は極めて重要であるが，法制度を経済学の枠組みで分析することは，これまでわが国ではあまりなされてこなかった．

第4章「財産権制度の整備と経済成長──法制度と金融市場」（山崎福寿・瀬下博之）は，法制度と金融市場，さらには経済成長との関係を分析した諸外国の研究を展望し，わが国の法制度の問題点を検討した論文である．

既存研究の展望では，株主や債権者保護，法の運用や裁判制度の効率性に関する各国の差異に着目し，企業の資金調達との関係を概観する．さらに金融市場の整備と経済成長の関係について焦点を当てた代表的な実証研究を紹介し，経済成長における金融市場の重要性に新たな認識を与えている．

翻って，日本の制度を見てみると，わが国では，事前に決定された債権者間の優先劣後関係を歪めるような法制度や判例が存在し，このために1990年代の貸し渋りのような資金配分の非効率性が発生し，企業が保有する資産の効率的な利用を阻害してきたと筆者は指摘する．こうした法制度の不備や問題点を踏まえて，2000年以降は民事再生法，会社更生法，破産法，会社法，信託法などで数多くの改正が実施されることになった．筆者らは債権者保護のあり方に注意を払いつつ，誰が企業資産の利用決定権を保有すべきかという視点からこれらの改正点を概観する．筆者らの評価は，近年のわが国の法改正は，十分とは言えないまでも，資産の効率的な利用の実現という方向性に合致しているというものである．

第II部「社会的共通資本の展開」では，自然環境やコモンズ，市場経済を円滑に機能させるための制度資本をとりあげて，それらが現在直面している課題を考察し，望ましい管理のあり方や，今後持続可能な社会を構築する上での諸

条件に関して検討する．

　第5章「漁場の共同利用と自治的管理」（間宮陽介）は，宮城県の水産業復興特区の例を通して，漁場管理のあり方を多面的に考察する．

　漁協を中心とする漁業権漁業が日本の水産業の発展を阻害しているとの通説に対し，筆者はこれに与せず，震災復興を契機に漁業権の開放が拙速に推進されることに疑問を呈する．漁業をビジネス化し水産業を活性化しようとする勢力にとっては，漁業権の存在は大きな障害となる．宮城県は特区により漁業権の民間開放とビジネス化を指向するが，対照的に岩手県は漁協を中心とする生業としての漁業再生を選んだ．

　漁業のビジネス化が可能なのか，筆者は漁業の産業としての特性に考察を巡らす．まず，本来は自由漁業があるべき姿のところ，なぜ共同漁業権が設定されたのかを歴史的に検証し，江戸時代以来の入会漁業の慣行にたどり着く．さらに明治時代と戦後の漁業法をみることで入会権としての漁業権の形成過程を検討する．入会権としての漁業権は財産権であり，法律の変更によるその開放は私有財産制の否定にもつながると筆者は危惧する．

　加えて，入会漁業は漁業を持続可能な営みとする上で大きな役割を担っていると筆者は主張する．入会団体（漁協）が管理する漁場は現代的視点では資源の共同利用地としてのコモンズそのものであり，社会的共通資本であると考えられる．ビジネスの立場からは，入会は旧時代の遺制に見えるが，コモンズ論や社会的共通資本の考え方からは，ビジネスに付随して発生しがちな自然破壊や資源の枯渇を防ぐ仕組みとして見直されて積極的に評価されているものであると述べている．

　第6章「地球環境問題と自生的組織の役割」（桝沼壽）は，地球環境という社会的共通資本の管理運営のありかたについて，地球温暖化問題を例に議論を展開する．

　社会的共通資本が生み出すサービスは市民の基本的な権利にかかわるものであるため，これを管理運営する組織は社会から信託された（fiduciary）責任が伴う点に特徴がある．換言すると，社会的共通資本の管理運営者は，金銭的動機ではなく自らの職業的倫理にしたがって市民の基本的権利として最適なサービスを提供しなければならない．

筆者はまず，地球温暖化問題における科学者の役割について2つのタイプに分けて考察する．一つは観察型科学者で，地球温暖化を観察して原因を分析する．もう一つは構成型科学者で，観察型科学者の分析や予測，警告を受けて解決策を検討する役割を担う．IPCCは後者の集団であり，地球環境という社会的共通資本の管理運営に携わる組織であるとの位置づけがなされる．

構成型科学者が提示する知識や提言だけでは問題は解決せず，市民や企業の行動や実践が不可欠であり，これらをつなぐのが政府である．地球温暖化改善のために政府が果たすべき責務は多いが，市場に失敗があるように政府も万能ではなく失敗がある．そこで筆者はNPOやNGOに代表される自生的組織に注目し，それは政府の失敗を解決し社会的共通資本の管理運営上有効であると主張する．

多くの自生的組織は，地球温暖化問題の解決に向けて，自らの使命と固有の価値観に基づいた実践を展開してきたと評価できる．自生的組織が社会的共通資本の管理運営者として今後も有効に機能するためには，実践のなかで蓄積した知識を「社会交流資本」として継承していくことが重要であり，こうしたプロセスから生み出される「感情移入」が市民や企業の行動に大きな変化を生み出し，社会の変革に貢献することを筆者は強調する．

第7章「効果的な二酸化炭素排出制御——排出権取引の実際と理論」（國則守生・大瀧雅之）は，自然資本としての大気の管理のありかたについて，外部不経済の内部化のありかたを理論的に考察することを目的とする．

二酸化炭素のより効果的な削減のために本章で検討するのは排出権取引と比例的炭素税であるが，まず実務的な観点から，一般的な排出権取引のタイプについて概観した後，排出権取引市場のこれまでの動き，さらに現在見られる新しい動きについて整理を行う．

次に理論的考察として，消費／二酸化炭素排出に関する資源配分について，比例的炭素税2種（非協調的なもの，協調的なもの），および相対型の排出権取引の静学的モデルを構築して分析を行う．得られた結論は，各国が自らの社会厚生のためだけに導入する非協調的な比例的炭素税は，協調がないという意味においてある種の自由放任主義と捉えることができるが，ここから得られる資源配分は，炭素価格がゼロである完全な自由放任主義の場合と比べれば，国内の

過剰排出の問題を内部化している分だけ改善していること，協調的な比例的炭素税により達成される資源配分は，世界的に見てパレート効率的であることである．また，相対型の排出権取引のモデルからは最適な炭素価格が得られるが，合わせて，取引の根幹に関わるベースラインの設定の仕方についての経済学的な解釈も得ている点が特徴的である．実務的にはベースラインの設定は困難を伴うことが多いが，この問題に対して経済学の立場から議論を行っている点で興味深い．

続いて，筆者は各手段を比較する．協調的比例的炭素税はパレート効率的な資源配分を実現できるが，非協調的比例的炭素税と比べると税率が高く，その導入には政治的な困難も大きいと考えられることから，実効性は乏しいとみる．また，相対型の排出権取引は非協調的比例的炭素税に比べて資源配分の効率性が優れていることもわかる．こうした結果から，最終的には理想的な税の導入を目指すとしても，実現困難な理想を一気に追い求める「急進主義」ではなく，できるところから実践する「漸進主義」を検討すべきであると筆者らは説く．

第8章「ディスクロージャー制度の構築――監査システムと経済社会の信頼確保」（八田進二）は，ディスクロージャー制度を健全な資本市場の発展を担う制度資本として位置づけ，その設計，管理・運営のありかたを日米の制度改革の経緯を概観しながら考察する．

ディスクロージャー制度は，会計情報の信頼性を担保するために重要であることは論を待たないが，経済のグローバル化とともに，会計基準等の国際的統一化の流れが加速しており，ディスクロージャー制度を巡る環境にも劇的な変革が生じている．変革を余儀なくさせたのは2001年に発覚したアメリカのエンロン社の会計不正事件であるが，筆者は制度改革を議論するに当たっては，エンロン前の「20世紀における状況」とエンロン後の「21世紀以降の課題」を明確に区別することが必要だと唱える．

すなわち，エンロン前のアメリカでは，会計・監査の役割は企業活動の成果を事後的に記録・検証することに主眼が置かれつつも，非財務情報開示や企業の内部統制に関する議論の必要性が意識され，改善に向けた取り組みもなされていた．しかし，こうした取り組みにもかかわらずエンロン事件は顕在化してしまった．一方，エンロン後は，会計・監査における事後対応に加えて，事前

の措置として，有効な内部統制を整備・運用することで，規律にしたがった組織管理の重要性が指摘されるようになり，会計，監査，コーポレート・ガバナンスの観点から多面的・重層的な制度改革が行われた．

こうした流れを踏まえ，わが国で信頼しうるディスクロージャー制度を構築するためには，会計，監査，コーポレート・ガバナンスを三位一体として捉えて改善すること，諸制度の国際的統一化を前提とした議論が必要であることを筆者は主張する．

第9章「グローバル新時代における経営・会計のイノベーション——共生価値と統合思考がもたらす持続可能な経済社会」（小西範幸・神藤浩明）は，持続可能な発展における企業の役割について考察した論文である．

グローバル化の進展に伴い企業活動の範囲が拡張していくなかで，持続可能な発展に対して社会の一員としての企業の果たしうる役割について関心が高まっている．筆者らは持続可能な発展の姿の一つとしてJ. S. ミルの定常状態を積極的に評価し，その実現のためには，公益や社会的公平などを尊重して長期的に良好なパフォーマンスを生み出す源泉たる人間を重視した「人間本位の資本主義」の再興がカギを握ると唱える．さらに筆者らは，様々な経営理念や思想，原理を検討しながら，株主主権偏重ではなく，公益と私益の両立を目指した「共生価値」の再認識が持続可能な企業経営にとって重要であることを主張する．

共生価値を志向する企業経営の表現として，本章では企業の会計ディスクロージャー制度，とりわけその新しい動きである「統合報告」に着目する．ディスクロージャー制度は第8章でも見たとおり，健全な資本市場の発展を担う制度資本として理解できるが，ここではその考察をさらに深める．すなわち，企業活動の拡大とともに増加する環境や人権などの社会的課題に関する多様なリスクが高まりつつあり，その管理と情報開示が企業に要求されていることを踏まえ，従来の財務情報だけではなく，数値化困難な非財務情報開示の必要性が指摘される．しかし，こうしたリスク情報と財務情報は，現状では分断開示されている．両者を有機的，統合的に開示するのが統合報告であり，統合報告の普及と発展はステークホルダーとのコミュニケーションを通じて企業の中長期の価値創造，さらには企業や社会の持続的発展につながると筆者らは期待する．

第Ⅲ部「社会的共通資本と市民社会の構築」では，市民がゆたかな経済生活を営むための基盤となる都市と社会的インフラストラクチャーを中心に，それらがどのように展開・蓄積されてきたか，その実践をふり返り，21世紀における方向性について議論する．

第10章「21世紀の都市計画・まちづくり」（大西隆）は，わが国が直面する少子高齢化という大きな課題に対して，今後あるべき都市計画やまちづくりの考え方を，わが国都市計画制度の変遷を概観しながら展開する．

わが国の都市計画は転換点に立っている．これまでの都市計画は人口増加を前提にしていたが，都市人口の減少が現実味を帯びている．筆者はこれを逆都市化と呼んでいる．逆都市化による都市部の居住密度の低下はコミュニティーの弱体化や都市サービス水準の低下，防犯・防災リスクの増加，景観の悪化などを通じて都市の荒廃につながる可能性もある．特に，密度の希薄化は人々の繋がりを脆弱化させ，地域社会の変質を余儀なくさせる．これに対抗して居住者の再集約を図る政策を実施しようとしても，既にまちは機能や役割を失っているために，人々の居住地選択行動と相反することになり関心を示さないことになる．こうした点を筆者は危惧する．

都市計画の変遷をたどると，都市計画の計画者・決定者は，国から都道府県に移行し，現在では市町村がその役割を担っていることがわかる．1992年に都市計画マスタープランが制度化されると，住民参加型の都市計画が進展するようになり，この頃から「まちづくり」という用語も普及するようになった．これは「都市計画」よりも柔らかい印象を持ちボトムアップ型計画のイメージを持つので好まれるようになったと筆者は述べる．

本章では最後に人口減少時代の都市計画として検討すべき事項を挙げる．すなわち，コンパクトシティや環境・エネルギー問題をマスタープランに謳うべきであること，さらに，防災・減災，スマートシティ，分権と参加の機能や役割にも注目すべきであると主張する．

第11章「都市と持続可能性——事例としての鎌倉」（薄井充裕）は，筆者が関わった具体的なまちづくりの活動を通じて，都市の持続可能性に向けた課題を，社会的共通資本研究の観点から自然資本，社会的インフラストラクチャー，制度資本に区分して考察を展開する．

自然資本に関しては，古都として栄えた歴史を踏まえ，鎌倉は独自の景観や山林の保全に取り組むなど，日本のナショナルトラスト発祥の地とも言われるまでになった．また，その成果は古都保存法として結実し，鎌倉の景観形成に大きな影響を与えてきた．さらに，本来 30m 以上の建物の建設も可能な地域を行政指導により 15m 以下に抑えたり，建物の色やデザインにも基準を定めたりするなど，景観維持の意識の高さを示してきた．

　社会的インフラストラクチャーの観点からは，鎌倉は大きな課題を抱えている．海に向かって開けたわずかな平地に都市機能が集積しているために，津波に対して脆弱なことである．2013 年の世界遺産登録「不登録」決定の際も，鎌倉の地形的な脆弱性が資産保全に当たっての論点となった．

　筆者は最後に，制度資本の観点から，今後の鎌倉の都市計画のあり方について論じている．先進的に森林保全や景観形成に取り組んできた鎌倉市だが，県の想定によると，最大級の地震が発生した場合，鎌倉市には 14.5m の津波が襲来するとされた．一方，建物の高さは 15m に制限してきた．景観保全と災害管理をどのように両立させていくのか知恵が問われている，と筆者は結ぶ．

　第 12 章「都市と環境——市民生活と社会的側面」（内山勝久・細田裕子）では，社会的共通資本としての都市と環境およびその持続可能性を検討する．持続可能性を高めるためには，環境・経済・社会の 3 要素すべてにバランスの取れた達成が必要であるが，この考えを都市にも適用して，とりわけ都市における環境面と社会面のあり方を検討する．

　環境面では，これまでの都市環境に関連した各種のまちづくりの施策を概観し，課題等を指摘した後，都市環境や二酸化炭素排出を通じて地球環境に影響を与える，都市のエネルギー消費について考察する．都市では主として家庭部門と業務部門のエネルギー消費量増加が著しいが，その多くは熱需要に基づくものであることを指摘する．再生可能エネルギーの普及に時間を要するとすると，都市の持続可能性を高めるには一層の省エネ，特に熱エネルギーをその質を考慮しながら多段階に利用すること，都市内に存在する未利用エネルギーを活用することを筆者らは提唱する．

　続いて本章では，こうしたエネルギー利用を実現するのに相応しい都市の形態を考察し，一つのあり方としてコンパクトシティの可能性を検討する．用途

混在型を旨とするコンパクトシティは，実現に向けて様々な課題はあるものの，多様な主体の熱需要を組み合わせて平準化でき，エネルギー効率の向上につながる可能性がある．また，コンパクトシティは単なる土地利用の高度化や効率性を追求するものではなく，その本質は都市の活力や多様性を創造する場であると考え，都市における社会面からの達成という観点に照らしても望ましいと議論する．

東日本大震災直後には，被災された地域住民の方々の相互扶助の姿が「絆」という形で称賛された．宇沢（1994, 2000）が提唱する社会的共通資本では，様々な主体が接触・交流を図ることにより生まれる社会資本（social capital）をその範疇に含むことは想定していないが，本書では社会的共通資本の概念をより広義に捉え，序章の宮川論文や第6章の栁沼論文が社会関係資本や社会交流資本を含めて議論したように，これらの資本を含むものと解釈する．

第13章「大規模匿名社会における信頼形成と維持」（奥野正寛）は，広義の社会的共通資本である「信頼」をキーワードに，それが現代社会においてどのように形成されているのか，理論的な考察を背景に啓蒙的に展開している．

人と人とが新たな関係を構築するには，見知らぬ人との出会いから始まり，協力関係を継続することで信頼が生まれる．協力関係が崩れると信頼は失われて裏切った人には悪い評判が残る．本章で特徴的な点は，現実を踏まえた大規模な匿名化社会を分析対象にしていることである．関係が固定的・永続的であれば，悪い評判はその人の履歴としてその後の関係構築に影響を与えるが，グローバル化やIT化が進んだ現代社会では，固定的・永続的関係を前提とした考察は必ずしも適切ではない．悪い評判を持った人でも過去の行動履歴をリセットし，新たな第三者と新しい関係を構築することが可能になるからである．

筆者は「自発的継続繰り返し囚人のジレンマ」という社会ゲームの概念を用いて，匿名化社会で信頼を作り出す仕組みにはどのようなものがあるか，信頼を何らかの社会的仕組みで担保することはできないかを考察する．

仕組みのありかたとして，「信頼構築期間」の存在や「行動様式の多元性（多戦略均衡）」といった概念が提示され，人間の本質を考慮しつつ社会の行動様式や規範，文化の進化などを扱う進化ゲームの枠組みを導入しながら詳細な分析が行われる．いったん形成された信頼を再構築し直すためのコストを「信

頼資本」とすると，信頼できる相手との信頼関係を失うことはせっかく築いた信頼資本を失うことに他ならない．そして信頼構築期間が長ければ長いほど信頼資本もそれだけ大きくなる．多戦略均衡の考え方からは，社会で信頼が生まれるのは冷徹な利己的人間が存在するからこそ，人を信頼しようとする人間も生まれてきて，そのときに社会は安定するという点が指摘される．

参考文献

宇沢弘文（1994）「社会的共通資本の概念」宇沢弘文・茂木愛一郎［編］『社会的共通資本――コモンズと都市』東京大学出版会，pp.15-45.

宇沢弘文（2000）『社会的共通資本』岩波書店．

宇沢弘文（2005）『社会的共通資本と設備投資研究所』日本政策投資銀行設備投資研究所（非売品）．

序　章　1970年代からの資本主義の大きな変容
　　　——過去50年をふり返って

宮　川　公　男

1. はじめに

　本章は日本政策投資銀行（旧日本開発銀行）の設備投資研究所（1964年創設，以下設研と略記）の創設50周年記念論集の中の一編としてまとめられたものである．創設時から関わった者として，この50年の間の大きな時代的変化について考えてみるとともに，本論集の主題である社会的共通資本についてもその現代的意義について若干の考察を加えてみたい．
　この50年をふり返ってみると，設研が創設25周年を迎えた1989年までの前半（1964〜89年）は昭和年代最後の25年間，その後現在までの後半（1990〜2014年）は平成に入ってからの25年間であり，時代区分の上でも明確で，また日本経済も両期間の間で極めて鮮明な対照をなしていることが印象的である．すなわち前半は，世界的には東西冷戦の緊張の中での資本主義の黄金時代の延長で，日本経済は一方的な右肩上がりの経済成長期，後半はその右肩上がりが80年代後半の資産バブルを最後にほとんど完全に消え，「失われた10年」が2回続き，さらに「失われた25年」にもなるかと思われる長い停滞期である．
　筆者が本章で明らかにしたい最も重要なポイントは，設研50年の歴史の間に資本主義におこった大きな変容についてであり，その変容をもたらした多くの要因が1970年代におこった諸変化に源流を持つということである．その70年代は，戦後四半世紀の資本主義の黄金時代の高度経済成長が大きく屈折して減速成長期に移行した時期であり，そこで大きな原動力になったのは，71年7月のニクソン・ショックに端を発し，73年3月に国際通貨の変動相場制へ移行したことによるブレトンウッズ体制の崩壊，および73年の第1次オイル・

ショックであった．これら 2 つのショックは，戦後 60 年代までの比較的安定的だった成長期にくらべ，70 年代以降，世界経済における基本的な諸価格，すなわち通貨の価格（為替レート），財の価格，信用の価格（利子率），石油の価格などが変化のペースを大きく高め，それらの変化のグローバルな連関の中での相互作用によって全体的に不確実性と変動性（volatility）が高まるということになった．

設研の 50 年の歴史の前半最後の年である 89 年は，80 年代後半のバブル経済の終わりを象徴して，日経平均株価が年末に 38,915 円というその後更新されることのない史上最高値をつけた年であったが，その年に刊行された設研創立 25 周年記念論集のタイトルは『日本経済――蓄積と成長の軌跡』であり（宇沢 1989），その中で筆者は故石黒隆司氏と共同で，企業成長面に焦点をあてて「日本企業のパフォーマンス――高度成長期から減速成長期へ」（同書第 5 章）を執筆した．そこでは日本企業の自己資本利益率の低下を問題とし，株価上昇を前提にした「財務的手段による成長にはブレーキがかかることにならざるを得ない」として株価バブル崩壊を示唆するとともに，それが 90 年代に負の遺産を残すことになるのではないかとした．しかし，それがその後 10 年，そしてさらに 20 年余りもの長い「失われた時代」の始まりになるという大きな転換は全く予想さえできなかった．

しかしこのような時代の大きな転換の一つの側面は，今から考えると設研の初代所長であった下村治によってずっと早く 70 年代に提起されていた日本経済ゼロ成長論の中で見事に予見されていたということができる（堀内 2007）．そしてその下村がこの世を去ったのが 89 年だったのである．

当時筆者らも，90 年代は大きな歴史的な転換期になるのではないかと考え，流動化，多様化，情報化，成熟化，国際化の 5 つをその転換をもたらす潮流としてあげたが，その考察はまだ不十分なものであった．そこで本章ではあらためて過去 50 年間の全体を特に後半の 25 年間に焦点をあててふり返ってみるとともに，転換期がどのようにもたらされたものであるかについて考えてみたい．

2. 80年代末までの日本とアメリカ
―――高度経済成長でアメリカを追い上げた日本

　まず設研が創設された1964年から50年間の前半の80年代末までの25年間の日本について概観しておこう．この25年間は日本がより高い経済成長率でアメリカを追い上げた時代であった．第2次大戦後70年代初頭までは資本主義の黄金時代であったが，その中で64年は特に「黄金の60年代」ともいわれた最盛期の真っ只中にあり，日本が戦後の復興過程を終え，政府の『経済白書』(1956年)が「もはや戦後ではない」とした55年からの高度成長期に入って10年ばかり経ち，東海道新幹線が開通し，また東京オリンピックも開催された年であった．この10年間，毎年続いた高い経済成長の成果は広く国民に共有されて「豊かさの民主化」が進んだ．
　64年は，秋から「(昭和)40年不況」とも呼ばれた不況に入ったが，その後景気が回復して65年9月から70年7月までの戦後最長の「いざなぎ景気」に入った．この間68年には日本の国民総生産（GNP）は西ドイツを抜いてアメリカに次ぐ世界第2位となり，日本は「経済大国」としての国際的地位を確立した．この間の全般的な豊かさの上昇にともなって中流所得階層が増大し，70年頃には国民の90％近くが自らを中流階層と意識するようになり，「一億総中流化」ともいわれた．しかし他方で，成長のひずみとしての公害問題が表面化して，経済成長礼賛への疑義も提起され，若い世代の反抗としての大学紛争が発生するなどの大きな社会的混乱も生じた．
　この間，好況持続と国際収支の黒字化という2つの課題が戦後はじめて同時に達成されたが，そこにはブレトンウッズ体制下で1ドル＝360円に固定されてきた為替レートでは円が大幅に過小評価されていたということがある．そのため，68年頃を境に日本の国際収支は為替レートの面から黒字基調の基礎的不均衡の状態に転じており，それが70年代において調整が必要とされることになったのである．
　以上のようにして迎えた70年代は，60年代までの高度経済成長の前提であった日本に有利な為替レートや安価で無制限な資源・エネルギーといった諸条

件が相次いで崩壊し，減速成長期へと変貌する大きな転換期となった．「ニクソン・ショック」に端を発したブレトンウッズ体制の終焉，第1次および第2次オイル・ショックなどの大きな出来事が重要な出来事であった．この間の実体経済の動きをみると，1973年に入った頃，高度成長時代からの急激な需要増に対して供給能力の限界が顕著になり，終戦直後以来の物価上昇をもたらすとともに，第1次オイル・ショックによる原油価格の大幅な上昇，強力な引締め政策による公定歩合の引き上げなどが加わって，スタグフレーションが生じ，74年は戦後初のマイナス成長率を記録した．

以上のように70年代には，成長に対するさまざまな制約条件が現われ，日本の経済成長率の下方屈折は避けられないものとなり，高度成長期から減速成長期への転換期となった．60年代までの日本経済の高度成長論の旗手であり設研所長であった下村治は，この転換を早くも74年に「ゼロ成長軌道に入った」（下村1974）と表現した．そしてこのような変化の中で，これまではほとんど「定数」と考えることができた為替レートと原油価格という2つの重要な要因が「変数」として登場し，80年代以降グローバリゼーションの進展する経済において変動性の増大をもたらす主要な要因となったのである．

また，この時期，特に70年代後半から日本経済には極めて大きな構造変化が進展した．一つは，「重厚長大」から「軽薄短小」へという表現に象徴される産業構造の変化である．原油価格の高騰で鉄鋼，化学，造船などのエネルギー・資源多消費型「重厚長大」産業が大きな打撃を受ける一方で，省エネルギー・省資源型の電気機器，自動車，精密機器など，「軽薄短小」で高付加価値化，知識集約化を目ざした産業が大きく浮上し，日本企業は「日本型経営」ともてはやされた特徴的経営方式をベースに，多品種少量生産のための新しい生産管理方式などを展開するなどして強い国際競争力を発揮しだした．そして，輸出も大幅に伸びて経常収支の黒字傾向が定着し，年を追って黒字幅が拡大した．

この時期の産業構造のもう一つの大きな変化は第3次産業の変容と拡大である．アメリカで発達した大型のスーパーマーケットは，「流通革命」の旗手として70年代末までに地方にも普及し，都市型の消費構造が全国的に展開されるようになった．また乗用車の普及により，都市郊外や国道沿いにさまざまな

サービス業が多く展開され，さらに対事業所サービスなど新たなサービス業の成長もあって，雇用面でも第3次産業従事者の比率が過半に達するようになった．

あと一つ大きな構造変化は，マネーフローにおける変化である．経済成長の減速にともなって民間企業部門の資金不足が軽減したのに対して，政府部門では，税収の伸び悩みと景気対策などのための公共支出の増大とから資金不足が著しくなって，国債が大量に発行されるようになり，財政での国債依存度が大きく高まった．他方，経常黒字の定着・拡大とともに，証券投資をはじめ民間の海外投資も70年代半ば以降急激に増加しはじめ，日本は資本輸出国の性格を強めることになった．

以上のような変化は，いずれもが証券市場の拡大につながるもので，銀行融資中心の間接金融優位から証券市場による直接金融の拡大へという大きな流れを形成した．そして法人部門の余裕資金の発生，個人部門での金融資産の増大による資産選択の多様化への要求があり，法人・個人を通じて有価証券による余資運用の機運が高まった．それに対して有価証券の種類・期間の多様化，新たな金融商品・サービスの登場があり，それらを軸に日本の証券市場は著しく厚みを増した．

他方，70年代半ば以降の政府部門の資金不足の深刻化から国債発行は高水準となり，国債発行残高は83年6月には100兆円を突破した．そして89年4月から消費税（3%）が導入された．国債の大量発行は日本の公社債流通市場に歴史的変貌をもたらし，公社債の市場規模は飛躍的に拡大した．また80年代には日本の資本市場の国際化もまためざましく進展し，80年には外国為替・資本取引が原則自由化され，対日投資・対外投資がともに著しく増大するとともに，日本企業による海外市場での起債ラッシュも発生した．以上のような諸変化の中で銀行の証券業への参入意欲が強く刺激され，両業界の垣根問題がクローズアップされる背景が生まれた．

80年代に入って経済要因として重要性が大きくなってきたのは為替相場の変動である．80年代の円ドル・レートは，大まかにいって前半は1ドル200円台のドル高，後半は1ドル100円台のドル安・円高であったが，その変動幅は大きく，わが国の経済および財政金融政策に大きく影響した．アメリカはレ

ーガン大統領の「レーガノミクス」がもたらした対外経常収支と財政との「双子の赤字」により，85年春には純債務国に転落して，日本が対外純資産保有額で世界第1位になった．こうした事態に対して，85年9月にドル高是正のために先進5ヶ国が協調するという「プラザ合意」が成立し，その後はドルの下落が続いて，日本には円高不況がもたらされた．

　実体経済面では80年代に入って，日本の主要産業の中から世界のトップに躍り出る産業が続出し，自動車，粗鋼，ウォッチ，クロックでそれぞれ世界一になった．また半導体などの一部のハイテク分野でも日本がアメリカに対して優位に立った．これらはわが国製造業の国際的競争力の上昇を反映していたが，それとともに自動車や半導体などで深刻な貿易摩擦を発生させることになった．

　この間株式市場では，86年に入って株価が急角度の上昇カーブをたどって80年代末のバブルに向かった．87年10月19日には，ニューヨーク株式市場で「ブラック・マンデー」の史上最大の大暴落があり，翌20日に東京の日経平均も史上最大の記録的下げとなったが，88年年明けには急反発して以後一本調子の上昇を続け，12月に30,000円の大台に乗せた後，翌89年も上昇を続け，年末には38,915円というバブル相場のピークに上りつめた．このようなブームの中で，人々はキャピタル・ゲインのみをねらってインカム・ゲインはほとんど無視されたため，株式の配当利回りは平均0.5%という低水準になり，株価収益率（PER）も平均で90台にまで上昇した．このような株価のバブルとともに地価のバブルも発生し，その資産効果で消費が絶好調であった．地価は80年代初めまでは比較的安定した動きを示していたが，80年代半ばから顕著な上昇に転じ，結局80年代の10年間に6倍にも高騰するという空前の地価バブルであった．

　このようなバブルの基本的な背景としては，日本経済がかつての資金不足経済から資金余剰経済，いわゆる「カネ余り経済」に移行したことがある．好調な株式市場を背景にして安い調達コストをねらった新株発行をともなう資金調達によって大量に調達された資金の多くが，いわゆる「財テク」のために株式市場や不動産市場に投入され，株価，不動産価格のスパイラル的上昇になったのである．他方，20年近く対外経常収支の黒字かつ上昇が続き，85年度には累計の黒字額は1,000億ドルを超えた．また円高不況に対する日銀の超金融緩

和政策で公定歩合は87年2月には2.5%という当時史上最低の水準に引き下げられ，大規模な円売り・ドル買いの介入もあって，マネー・サプライは増大した．これらすべてが市場におけるカネ余りを生み，それが人々の間にいつまでも続くかのような右肩上がり信仰をもたらし，大きなバブルへとつながったのである．

　次に同じ期間のアメリカに目を転じると，64年は前年の11月22日に暗殺されたケネディの後を継いだジョンソンが大統領の改選に臨んだ年であり，大差で当選したものの彼は難しい時期に直面した．インフレと国際収支の赤字でドルへの国際的信認が低下していた中で，彼は「偉大な社会」のような野心的なプログラムを推進するとともに，ベトナム戦争に65年2月の北爆開始によって深入りして，大幅な財政悪化を招いてしまった．そして69年からニクソン大統領時代に入り，70年代は物価，為替，利子率，資源価格など多くの大変動に見舞われる時代になった．

　60年代までのブレトンウッズ体制の中で，基軸通貨としてのドルの地位をベースにアメリカの通貨当局が行ってきた信用拡張の上に財政悪化で増発されたドルへの信認低下で，アメリカからの金の流出が激しくなった．そこでニクソンは71年8月15日に，金ドル兌換制度を停止することを声明し，それにより固定為替相場制をベースにした国際通貨体制が大きく揺らいだ．これがニクソン・ショックであった．その後もドルに対する信認は容易には回復せず，73年3月までに日本をはじめEC諸国も変動相場制に移行し，ブレトンウッズ体制が終わりを告げた．為替相場は各国中央銀行の公的管理から離れ，その変動のリスク管理は民間部門が負うという「為替リスクの民営化」になった．

　さらに，その年10月に発生した第1次オイル・ショックは，アメリカにおいてもそれまでの経済成長の前提を根本から変え，60年代末からのインフレ基調をさらに強めた．それとともに，戦後の世界経済のリーダーとしてのアメリカの地位が次第に揺らぎ始め，特に製造業の国際競争力は，西ドイツや日本などの追い上げによって徐々に弱まって輸出が不振となり，貿易収支も当然悪化した．石油価格の高騰は燃費効率の悪い大型車中心のアメリカ自動車メーカーの競争力を大きく弱め，省エネ型の電気機器や精密機器などでも日本などの急激な追い上げを招いた．さらに79年の第2次オイル・ショックが，スタグ

フレーションを悪化させた．

　60年代末からのインフレは金融市場と資本フローに大きな歪みをもたらした．70年以降多くの会社の配当抑制もあり，2桁のインフレ率を考えると，株式投資の実質収益率は平均的には債券の投資収益率よりも低く，3%以下になってしまった．その結果，個人投資家も機関投資家も株式離れを始め，ウォール・ストリートでは「株式の死」という言葉も出現した．

　以上のように70年代に起こったさまざまな大変動は国際的問題の重要性を大きく高めるものであった．情報通信や輸送技術などの進歩によって小さくなった世界の中で，変動相場の下で金融市場の国際化も促進され，異なる国の市場間での競争が激化して，急速な資金移動による市場の変動性が増大した．このような競争において，アメリカのウォール・ストリートはグラス・スティーガル法による規制のために，同様の規制がないロンドンなど他の市場に対して不利な立場に立つことになり，同法の改正あるいは撤廃を望む声が次第に強まっていった．しかしアメリカ議会では同法の存続を支持する声も強く，結局同法は存続し，その結果，規制を回避するためのさまざまな新しい試みが生まれ，金融システムの重要な変化が水面下で進行した．

　81年1月に登場したレーガン政権は，規制緩和にも熱心で，特に金融サービスの規制緩和を大きく進めた．82年の預金金利規制（レギュレーションQ）の撤廃はその一例であるが，肝心のグラス・スティーガル法の撤廃にまでは至らなかった．しかし70年代からの動きは80〜90年代にかけてさらに勢いを増し，最終的には99年のグラス・スティーガル法の撤廃へとつながったのである．

　この80年代の金融市場では，株式や社債の発行引受業務における市場間の国際的競争が激しくなり，そこでは国による規制の違いが重要な関連を持つことが明らかになり，緩和への圧力が強まった．また，社債や銀行貸付に変動金利制が採用され，金利の変動性が増大したことから，利子率リスク回避のためのローン資産の証券化などによる資本市場型金融（2次市場）が生成され，フューチャー，オプション，スワップなどのいわゆるデリバティブの市場が急成長し巨大化した．そしてこの市場に関連してさまざまな金融商品が開発された．その開発技術はフィナンシャル・エンジニアリング（金融工学）と呼ばれるよ

うになった．このような市場では大きな資本力を持つ商業銀行が競争上優位に立ち，商業銀行による投資銀行の領域への侵入の道が固められた．

　アメリカの80年代はM&Aが盛んな時代でもあった．70年代のインフレで新しくゼロからビジネスを起こすことは高価になっており，経営不振で株価が低下し簿価を下回っている（PBR＜1）ような企業が多くある中で，買収候補を探すほうが有利と考えられたのである．また通常の金利で社債を発行することができないような不振企業のためのいわゆるジャンク・ボンドの市場が大きく成長したこともM&A盛行の後押しをした．そして88年末にはS&L（貯蓄貸付組合）が保有し販売していた巨額のジャンク・ボンドをめぐってのS&Lの危機が発生し，米連邦議会は預金者保護のため破綻したS&Lへの公的資金注入を決定した．この危機の結果も，生き残った強いものが商業銀行であり，商業銀行の投資銀行業務への進出の促進へとつながったのである．

　この80年代でウォール・ストリートに最大の衝撃を与えたのは，87年10月19日の「ブラック・マンデー」の株価暴落であった．この暴落がそれまでのものと異なる点は，それへの反応が世界的に非常に速く数時間のうちに波及し，世界の主要な市場が大きな打撃を受けたことである．その背景には世界的な貿易不均衡，アメリカ経済の抱える問題など，単一の要因に帰することのできないさまざまな要因があった．市場では心理的不安が高まっており，国際的投資家が高収益を求めて諸市場の間で大量のホット・マネーを動かすスピードは，プログラム・トレードの力も加わってあまりにも速く，事態の本質を確認して対応する時間がないほどであった．そしてさまざまな金融商品の市場が切り離し難く結びつき，別々ではなく「一つの市場」として考えられなければならなくなったのである．以上のように80年代の金融市場で起こったさまざまな大変化は，「金融革命」とも呼ばれたが，そのほとんどすべてが70年代以降の経済における変動性とそれにともなうリスクの増大によるものであった．

　他方，外国為替市場では，FRB（連邦準備制度理事会）の金融引締めによる金利の高騰の影響もあり，それまでの10年間じりじりと下げていたドルが，85年までの4年間に他の主要通貨に対して約40％も高騰した．そのドル高でアメリカの消費者はとりわけ日本など諸外国の高品質の製品の買いに走った．また，財政赤字のために増発されるアメリカ国債の引受けや金利高による諸外国

からの資本流入も加わって，アメリカの対外経常収支はますます悪化し，「双子の赤字」と呼ばれた事態がもたらされた．その背景には伝統的な製造工業においてアメリカ企業の国際競争力の低下が進んだことがある．その原因の一つとしては，「フォーディズムからトヨティズムへ」とも呼ばれた製造業における少品種大量生産から多品種少量生産へのパラダイム変化に対して，アメリカの製造業が十分には追随できなかったということがあるが，それとともにもう一つの要因として，前述のようなアメリカ金融機関の環境変化の中で，金融仲介機能の視野がリスク回避，リスク移転のために短期化し，長期的投資のための金融が阻害されるとともに，多くの企業がとった戦略により脱工業化が進んだということがある．しかし他方では，レーガン政権が増大させた軍事支出によりペンタゴン（国防総省）依存の企業が潤い，軍用技術に関連して進められた情報通信などの研究開発，技術開発の民間移転で次の90年代のニューエコノミーにつながるトレンドが生み出された．また，情報化への方向の中で，インテル，マイクロソフトやアップル・コンピュータなどの新興企業が急成長した．さらに，マクドナルドがNYダウの30銘柄入りし，他方でインコ（旧インターナショナル・ニッケル）などいくつかの名門工業株が30銘柄から姿を消した．以上のような動きは，20世紀末から21世紀に向かって，アメリカの工業化経済から情報技術，金融やサービス優位の経済への動きが強まったことの現れであった．

3. 90年代の日本とアメリカ
　　　——「失われた10年」の日本と「ニューエコノミー」のアメリカ

3.1　バブル経済からの立ち直りに手間どった日本の失われた10年

　以上前節では設研50年の歴史の前半の25年間について日本とアメリカの経済の歩みをふり返ってみたが，次に1990年代以後の25年ばかりについてみると，その期間は90年代の10年間と2000年以後の15年とに分けてみることができる．まず90年代の10年間においては，日本とアメリカとの対照的な差異がはっきりと認められる．アメリカの90年代は，情報技術やハイテク関連の産業における優位性をベースにした「ニューエコノミー」による繁栄を謳歌し

た絶好調な時期であったのに対し，日本の90年代は，80年代までの右肩上がり経済が完全に消え，ほぼ横ばいのトレンド上で上下変動をくり返すという低迷状態で，「失われた10年」といわれた時代であった．

まず日本の「失われた10年」をみると，90年代初頭は，国際的には，89年6月の北京の天安門事件（第2次）や11月のベルリンの壁崩壊による社会主義圏諸国の動揺に続き，90年10月の東西ドイツ統一，91年12月ソ連邦消滅があって，社会主義に対する資本主義の優位が確認されたかと考えられた時期であった．その中で日本の90年は80年代後半のバブル経済の急速な収縮，暴落の始まりであった．1月には新日本製鐵が巨額の時価発行増資（2億5,000万株）とワラント債発行（1,000億円）を決定したが，それは80年代後半からのエクイティ・ファイナンス盛行のピークに当たるものであった．

90年の年初からいきなり始まった日経平均の暴落第1段階は，89年末の38,915円から10月1日の20,221円まで急激なものだったが，その背景にあった大きな要因は為替の円安化傾向と金利上昇だった．円の対ドル相場は前年89年1月の1ドル120円を天井に低落傾向をたどり，90年4月には160円の安値をつけた．日銀はこの円安阻止と予防的インフレ抑制のため，89年中に公定歩合を2.5％から4.25％にまで引き上げていたが，それを受け90年に入って長期金利が急上昇し，国債をはじめ債券価格が急落して株価反落の引き金となった．日経平均は，さらに下げ続けて92年8月18日には14,309円にまで落ち込んだ．これが戦後最大の下げ相場の大底であり，89年末のピークからの下落率は3分の2近い63.2％というすさまじいものだった．この間株価とともにバブルで高騰し，90年代初頭には東京23区だけで全米をこえるとまでいわれた地価も，不動産融資の総量規制が行われたこともあって，株価に1年ばかり遅れて91年半ば頃から下落しはじめた．消費も逆資産効果で伸び悩み，設備投資の減少，過剰在庫による生産調整の拡大，住宅投資の減少も始まった．また，従来の景気後退局面とは異なり，非製造業も景気の下支え役を果たすことができず，経済全般に不況色が色濃く現れてきた．このような不況の背景には，0.8％という実質GDP成長率，1.0を下回った有効求人倍率，就職氷河期といわれた若者の就職難というような実体経済の悪化，地価崩壊にともなう不良債権問題の発生などとともに，四大証券損失補塡問題や不正融資など

証券・金融関係の不祥事の発生もあった．

　政府は 92 年 8 月末に戦後最大規模の総合経済対策を決定したが，効果は一時的だった．政府の財政面からの大規模な景気対策はその後 3 年間に 5 回も実施され，総事業規模は累計で 60 兆円にも達した．日銀も相次いで公定歩合の引き下げを行い，90 年 8 月以来の 6％から 93 年 9 月までに 7 回で 1.75％へという急激な引き下げを行った．

　94 年には経済は若干上向いたが，それに水を差すことになったのが急激な円高の進行であった．円は 90 年 4 月に 1 ドル 160 円の安値をつけた後上昇傾向を続け，93 年末には 112 円程度になっていた．この円高で製造業が深刻な影響を受け，地価の続落が足かせになっていた非製造業でもストック調整が本格化した．消費の低迷と輸入の急増，ディスインフレ，価格破壊が進行した．円相場はさらに上昇して 94 年 6 月には戦後初めて 100 円を割り込み，95 年に入ると一段と急騰して 80 円を切る超円高となった．このような急激な円高の進行に対して，公定歩合は 4 月には 1％に，さらに 9 月には 0.5％という空前の低水準にまで下げられ，政府の緊急経済対策も決定された．しかし日米両国による円売り・ドル買い介入もあって円安方向へ流れが変り，97 年 1 月には 122 円になった．

　97 年に入ってからの景気は，相次ぐ大型倒産，4 月の消費税引き上げの影響等で足踏みし，秋にはアジア通貨危機の発生によって大きな衝撃を受け，さらに 11 月の三洋証券倒産，北海道拓殖銀行の北洋銀行への営業譲渡，山一証券の自主廃業決定などがあって，デフレの進行の下での深刻な不況に陥った．98 年に入っても景気後退局面は続き，これに対して政府は 4 月と 11 月に大型の経済対策を決定し，財政面からのテコ入れを続けた．また日銀は 99 年 2 月に実質「ゼロ金利」政策をスタートさせた．

　この不況の中で銀行の不良債権問題があらためて大きく浮上した．そこで 97 年 12 月には金融システム安定化策として公的資金投入枠 30 兆円の設定が決定され，98 年 3 月には 21 行が公的資金投入を申請した．また同月金融持株会社が解禁され，4 月に日銀法の改正施行があり，6 月には金融監督庁が発足した．そして 10 月には日本長期信用銀行の国有化，12 月には日本債券信用銀行の国有化が決定され，特別公的管理下に入るというように金融界の大きな出

来事が続いた．99年にはやや景気回復の兆しも見えたが，すでに2月に日銀はゼロ金利政策実施にまで踏み切っており，もはや財政金融政策も手詰まりの状態となっていた．

　以上のような90年代の日本経済は，巨額の財政出動の連続によりバブル経済の後遺症からの立ち直りを図ったものの，はかばかしい効果をあげることができず，円高や金融危機など次々に起こった事態に翻弄され，新たな成長産業も見出すことができず，遂にはマイナス成長を余儀なくされた．政府は経済，財政などの構造改革を推進しようとしたが成果をあげることができなかった．国家財政においては，97年4月に3％から5％への消費税引き上げを行ったにもかかわらず，歳入における国債依存度は91年度の9.5％から2000年度は36.9％へというように大幅に上昇し，財政は悪化の一途をたどった．また，景気基準日付でバブル崩壊が始まった91年以降の90年代の平均GDP成長率（実質）が0.93％と戦後例のない低さのほぼ横ばいのトレンド上の景気循環の中で，10年間に2回あった景気後退局面は，91年3月から32ヶ月，97年6月から20ヶ月と，いずれも過去の平均16ヶ月を大きく上回る長さであり，それは拡張局面より後退局面の方が一般に短いという従来の景気循環のパターンの大きな変化を示したものであった．かくしてこの90年代は「失われた10年」と呼ばれたのである．

　また，この90年代は，70年代の転換期的な大変動以来底流として存在し，80年代から表面化してきた金融システムの根本的変容が制度的・法律的な枠組みとしても形成された時期でもあった．アメリカの33年グラス・スティーガル法が定めた銀行・証券の業務分離は，わが国においても戦後47年に制定された「証券取引法」の65条に規定されたが，それがさまざまな環境変化により実情にあわなくなってきた．すなわち，グローバリゼーションの進行，機関投資家の比重の増大，コンピュータリゼーションなど情報通信技術の発展，デリバティブ技術を駆使して開発された金融サービス・金融商品・取引方法の出現などである．そこで92年6月には金融制度改革関連法（銀行法，証取法などの改正）の成立により，証券業を含む金融制度の枠組みが一変することになり，7月には証券取引監視委員会が発足，93年4月から子会社での銀行・証券の相互参入が認められた．さらに，イギリスのサッチャー政権時代の87年に

「ビッグバン」と呼ばれた金融の自由化にならった「日本版ビッグバン」の構想により，96年から99年にかけて集中的に改革が進められ，その大半は98年12月施行の「金融システム改革法」によって実施された．そして2000年9月にはわが国初の銀行持株会社としてみずほホールディングスが発足している．このような証取法65条からの50年ぶりの離脱は，アメリカにおけるグラス・スティーガル法の撤廃（99年11月）ともほぼ時期を同じくし，2000年代に入ってからのさらなる金融大変動に通じるものとなったのである．

3.2　ニューエコノミーの活況の中でIT株バブルへ向かったアメリカ

以上見たような90年代の日本の「失われた10年」と極めて対照的だったのがアメリカの90年代であった．80年代のアメリカの金融市場ではさまざまな大変化が起こり，他方実物経済においては伝統的な製造工業においてアメリカ企業の国際競争力の低下が問題にされた反面，脱工業化，情報化，ハイテク化，サービス化などの新しいトレンドが生み出された．この90年代には，低い利子率，比較的安いドル，株式への強い需要などを背景に，合併のトレンドが広範囲にわたって続くとともに，新株発行，新規株式公開，さまざまな資産担保証券などの増大により，ウォール・ストリートの投資銀行業務は高収益に沸いた．また，93年のクリントン政権誕生とともに，アメリカの株式市場は史上最大の強気市場となり，NYダウは95年2月に4,000ドルのマイルストンをこえた後，史上最も爆発的な上昇トレンドをたどった．

このような90年代の強気市場を支え，株価上昇をもたらしたのは「ニューエコノミー」論の出現であった．経済は，景気基準日付の上でも，91年3月から2001年3月までの120ヶ月という異例の長さでの拡張期であった．90年代には80年代からの流れを受けてコンピュータ・情報やバイオ・テクノロジー関連のベンチャー企業も続出し，コンピュータ・情報やM&A関連企業が人気を集めた．そして伝統的な製造業を中心とした経済は「オールドエコノミー」と呼ばれるようになり，80年代以降に台頭した情報通信技術（ICT），新しいハイテクノロジー，金融やサービス関連の分野の企業群はそれと対比される「ニューエコノミー」関連企業としてもてはやされることになった．70年代以来，特に製造業分野で日本などの追い上げにより国際競争力が弱まり，経

済大国としての地位の低下に苦しんできたアメリカが，90 年代になって「失われた 10 年」に入った日本をはじめヨーロッパ諸国の経済低迷に対して相対的に活力を強め，その優位性を誇示できる分野が象徴的に「ニューエコノミー」という言葉で表され，そしてそれら企業の驚異的な株価上昇が「ドット・コム・バブル」とか「IT バブル」とも呼ばれる株式ブームをもたらしたのである．

　これに対して，グリーンスパン FRB 議長は 96 年 12 月に行った講演の中で「根拠なき熱狂」(irrational exuberance) という言葉でそのような活況が行き過ぎではないかという懸念を表明した．その中で彼は 80 年代後半の日本のバブルが崩壊した後の長引いた景気後退を引き合いに出している．しかしそのような警告も株式ブームを鎮静させることなく，NY ダウは 99 年 3 月 29 日には 10,000 ドルの大台に乗り，その後さらに急上昇した．そして 99 年末にはアメリカの代表的な四大株価指数（NY ダウ，SP500，NASDAQ 総合，ラッセル 2000）が揃って史上最高値を更新するという熱狂ぶりであり，それは 89 年の日本の株式バブルを想起させるものでもあった．

　このような経済の活況の中で，97 年のアジア通貨危機，ロシア財政危機やそれに関連した大手ヘッジ・ファンド LTCM の破綻，99 年のブラジル通貨危機など一連の金融危機が起こったが，それらは世界の金融市場を高収益機会を求めて速いスピードで動き回る巨額のマネーがもたらしている諸金融市場間のグローバルな連関性と不安定性の強まりを反映したもので，87 年 10 月のブラック・マンデーの時と同じように，諸市場はバラバラなものではなく「一つの市場」としてとらえなければならないという認識が広まった．このようなグローバルな連関性とそれがもたらす不安定性は次の 21 世紀に向けてさらに強まることになった．その中で 99 年 11 月 12 日にクリントンが「真に歴史的なもの」とその意義を強調した「グラム・リーチ・ブライリー法」（金融サービス近代化法）が連邦議会を通過した．それは銀行・証券の垣根を定めた 33 年グラス・スティーガル法を撤廃するものであり，大銀行が多年求めていたものであった．その結果，従来の銀行持株会社に加えて，金融持株会社により銀行，証券会社，保険会社の相互業務参入が可能になったのであり，80 年代からの金融規制緩和の頂点となった．

しかし，グラス・スティーガル法の廃止で金融市場では，伝統的な商業銀行の保守的でリスク回避的な文化に対して投資銀行のリスク選好的な文化が優越的になるとの懸念があり，株式会社化により投資銀行の扱える資金量が増え，リスク投資の割合が増大するという傾向も考えられた．さらに，ヘッジ・ファンドも，裁定取引から投機的取引へとウエイトを移していた．そのような変化の結果として市場の変動性は激しくなり，リスク・マネジメントが重要な問題になった．その根底にあったのは実体経済に対する金融経済の不均衡的肥大化を押し進めたカジノ資本主義化の進展であったといえる．特に，金融監督の枠外にあるヘッジ・ファンドや金融会社，証券化のための特別目的事業体（SPV），上場投資信託（ETF）などを含む影の銀行業（シャドウバンキング）の運用する莫大な資産は金融市場の波乱要因として重要になっている．そして実際，21世紀に入って00年代には全世界を巻き込んで問題が大きく顕在化することになったのである．

4. 2000年に入っての日本とアメリカ
——「失われた時代」の続いた日本と「異例な不確かさ」の中のアメリカ

4.1 日本経済はアベノミクスで失われた時代を抜け出られるか

次に2000年代に入ってからの日本経済をアメリカと対比してみると，そこには90年代と全く異なり，日米とも共通の要因の影響を受けて連動性が高まり，パラレルな動きを示す傾向が強まっていることが特徴的である．

日本の1990年代が80年代後半の土地・株式バブルの崩壊の後始末に追われた時代であったとすれば，2000年代に入ってからの日本は，国内的にはデフレ状態から脱することができず，実体経済は輸出主導で好況であった時期にもさして大きな高揚感はなく，株式市場では国際的諸要因に大きく左右されて株価が一段と水準を下げた時代であった．また，01年4月に発足した小泉純一郎内閣は06年9月まで5年5ヶ月持続したものの，その後の自民党内閣においても，また09年9月に歴史的な政権交代によって誕生した民主党内閣においても，毎年のように首相が交代するという弱い政治的リーダーシップの下で，

声高に叫ばれたさまざまな改革は進展せず，またグローバルにも多くの問題を抱えたきびしい環境の中で，経済・社会のさまざまな面で不確実性，先行き不透明感と閉塞感が強まった時代でもあった．

　99年春には回復の兆しを見せた景気も，2000年後半にははやくも陰りを見せ始め，1年余りの後退局面に入ったが，景気基準日付の上では，02年1月から「いざなみ景気」と呼ばれる69ヶ月にも及ぶ当時で戦後最長の景気上昇期に入っていた．また，小泉内閣による経済構造改革の方針の一つとして「貯蓄から投資へ」が定められ，03年には株式の配当および譲渡所得に関する税率を20％から10％に引き下げる優遇税制が導入された．この間金融界では金融不安が大きく表面化し，03年5月に，りそな銀行への公的資金注入と実質国営化，05年4月にペイオフ全面解禁があった．

　しかし他方，トヨタ自動車の06年3月期連結決算では売上高は過去最高で初めての20兆円突破，三菱UFJフィナンシャル・グループの最終利益が業界で初めて1兆円を超えたと伝えられたような好景気は，アメリカにおける低金利・金融緩和政策，住宅価格の上昇を背景にした住宅ブームおよび過剰消費に支えられた対米輸出の好調，対米輸出が急増した中国経済の高成長による対中輸出の好調によるところが大きかった．そのような好景気の中でもインフレ懸念がなく，デフレ傾向が続いたのは，日本だけでなく世界的で，その主な要因の一つは中国の安い製品が世界中に大量に供給されていたことだった．50～60年代の日本経済の高度成長をしのぐ中国経済の高成長を反映して，90年12月19日に100ポイントでスタートした上海の総合株価指数は，07年に入って2月に初めて3,000ポイントに達した後急伸し，胡錦濤総書記（国家主席）が，中国は経済成長至上主義から脱却し，持続可能な発展への転換と「和諧社会」の構築を目指すという「戦略思想」を提唱した10月15日には6,000の大台を突破した．

　しかし06年3月までのアメリカの住宅価格の上昇が止まり，07年に入って全国的な下落に転じるとともに，日米とも経済は不安定な動きを見せるようになった．そして8月になると，アメリカでのサブプライム・ローンのデフォルト問題が表面化し，金融市場は世界的に波乱含みとなった．その影響を受けてアメリカの株安と円高・ドル安が進み，日本でも秋には株価が急落し，さらに

08年に入って9月15日にアメリカで「リーマン・ショック」が発生して世界的な金融市場の大混乱が発生した．そして日経平均も10月27日には7,162円という安値をつけた．

百年に一度ともいわれたこのリーマン・ショックの影響を受けた実体経済においては，主に派遣労働者など非正規雇用者の大量整理が発生し，また09年に入ってトヨタ自動車の3月期の連結決算で71年ぶりの営業赤字，日本航空の4～6月期最終損益の赤字が発表されるなど，アメリカのクライスラー，GMの相次ぐ連邦破産法11条適用申請と並んで，暗いニュースが続いた．しかしこのショック後の大不況は3月頃には底を打ち，アジア新興国向けなどの輸出の好転，家電エコポイントとエコカー補助金のような政策効果に支えられて，輸出も生産も10年春先までは上昇を続け，またアメリカの経済回復への期待も強かった．しかしながら雇用の回復は遅れ，特に正規雇用は増加に転じなかった．回復はいわゆる「職なき回復」にすぎなかった．政界では8月30日の衆議院議員総選挙で民主党が圧勝し，歴史的な政権交代が実現したが，株式市場に目立った反応はなかった．

かくして10年に入ったが，1月には日本航空による会社更生法の適用申請があり，そして4月末にはギリシャ国債の格付けが「投機的」に格下げされ，それをきっかけに欧州の経済危機に対する懸念が広がった．それとともに，安全な逃避先と見られた円は，年初の1ドル90円前後から6月以後80円台前半へ上昇するという急激なドル安・円高が進行した．

そのようなドル安・円高に対して，政府・日銀は9月に，6年ぶりの円売りドル買い介入に踏み切ったが効果はあがらず，11月1日には1ドル＝80円20銭台をつけ，95年4月の戦後最高値79円75銭に迫った．日銀は10月に「包括的金融緩和」と称して政策金利を0～0.1％に引き下げ，日本経済がデフレからの脱出が展望できると判断されるまで実質ゼロ金利政策を継続するとともに，国債や上場投資信託（ETF），不動産投資信託（REIT）といったリスク資産の買入れ額35兆円の基金を創設した．また成長基盤貸付制度として環境・エネルギーなど成長分野向けに0.1％という低利融資を行う制度を創設するというような金融政策としては「非伝統的」な政策をとることになった．

この間アメリカではFRBが11月3日に第2次量的金融緩和（QE2）を決め

たが，円高基調は変わらず，10年末のドルは81円台前半で終わった．さらに，円高は対ドルだけでなく対ユーロに対しても進み，02年のユーロ発足からほぼ一貫して上昇して08年7月には1ユーロ169円にまで達していたユーロは，10年末の外為市場で，発足前取引が開始された01年6月以来の100円割れとなった．

11年に入り2ヶ月ばかりは，世界景気の回復期待もあり，アメリカの景気や新興国経済の好調に支えられた主要企業の業績の堅調もあったが，国内的には円高による景気不安定があり，国際的にはアメリカの高失業率，ギリシャをはじめとする南欧諸国の財政危機によるソブリン・リスクなどグローバルな規模での大きな不安要因を抱えて，その基盤は極めて脆弱なものであった．

ここで3月11日に三陸沖でのマグニチュード9.0の巨大地震と大津波による誰も予想しなかった大災害が発生した．これは大きな人的被害とともに福島第一原子力発電所の過酷事故，そして20兆円も大きくこえるとも推定されたような経済的被害をもたらし，日本経済にとって大きな打撃となった．しかしそれにもかかわらず外国為替市場ではドル安による円高基調が続き，3月17日に，円は16年ぶりの市場最高値を更新して一時1ドル76円25銭となり，さらにその後8月には75円台と高値を更新した．結局，円相場の上昇率は年間5％をこえ，主要国通貨の中で最大だった．この間，実体経済面では円高で韓国などとの競争に苦しむ電機業界や自動車業界の悪いニュースがあり，結局11年は，東日本大震災，円高，欧州の政府債務危機（いわゆる「ソブリン・ショック」）で混乱した一年であった．

欧州の財政危機は，12年に入っても依然として日本経済にとっての最大のリスク要因であることに変わりはなく，貿易，為替，金融の3つのルートによる景気への影響が大きかった．欧州危機は特にアジアを直撃し，信用不安が実体経済に影響して，貿易取引の低迷につながった．その中で日本は円高による輸出環境の悪化に苦しみ，経済の閉塞感が続いた．国内政治においては消費税増税，社会保障制度改革や原子力発電をめぐる問題で政治的対立が激しくなり，3年間毎年首相が代わった民主党内閣の弱い政治的リーダーシップに対する国民の支持率は低水準にとどまり，さまざまな面での政策不在の状態に陥っていた．しかし消費税増税法案が成立した後の政局は急変し，野田首相が11月13

日に衆議院解散を表明，自民党への政権交代が予想される中で，日銀に大胆な金融緩和を求めデフレを克服しようという安倍晋三自民党総裁の姿勢が注目された．そして12月16日に行われた衆院選の結果，自民党が大勝し安倍内閣が成立した．

この間，欧州債務危機の再燃懸念，アメリカの雇用や景気統計，円相場の動向など依然として不透明さが消えない中で，日韓間での竹島，日中間での尖閣諸島についての領有権問題の経済への負の影響という日本独自の問題もあった．しかし，政権交代への期待の中で生じていた円安と株高への流れは，安倍内閣の成立とともに勢いを強め，円は11月中旬から年末までに8％近くも上昇，日経平均は11月中旬の8,000円台半ばから12年末28日には10,395円の年間最高値に上昇して終え，安倍政権の経済政策アベノミクスへの期待の高まる中での越年となった．

そのアベノミクスは，インフレ目標を設定し物価上昇と円安へ誘導するための大胆な金融緩和政策，公共事業など機動的な財政政策，民間の投資を喚起する成長戦略を3本の矢と称し，本格的にはまず第1の金融緩和を推進すべく13年3月に日銀総裁を大幅な金融緩和に慎重な白川方明氏から積極的な黒田東彦氏に代えることから始動した．その結果，5月下旬までに1ドル80円台から100円近辺までの円安，日経平均が12年末の10,395円から半年足らずで15,627円（5月22日）へという株高が大きく進行した．しかし消費税増税や社会保障制度改革など困難な問題を抱え，第2の矢の財政始動はきびしい財政事情の下で容易でなく，第3の矢の成長戦略も2本の矢の実体経済への効果についての疑問が根強く，雇用（特に正規労働者）の増加，賃金の引き上げや設備投資に積極的になれない産業界の姿勢から目立った効果を発現していない．アベノミクスで活性化したのはこれまでのところカジノ経済の領域だけであり，期待される実体経済への波及は不確かであり，まだ時間がかかるものと考えられる．

また，国債市場で国の中央銀行が中心的なプレーヤーとなるのは決して正常な状態とはいえないが，アベノミクスの中で国債発行残高が1,000兆円を超え，対GDP比で世界主要国の中で最悪の国の中央銀行の日銀が放った第1の矢には，その異例さにともなう大きなリスクが内包されていることには細心の注意

が必要であろう．

4.2 アメリカ経済は上昇軌道に乗ることができるか

次に2000年代に入ってからのアメリカに目を転じて見よう．90年代後半のアメリカのIT株バブルは，00年3月頃からはっきりとした崩壊過程に入ったが，バブル期の投資は大部分がハイテク部門の投資で，それが止まってアメリカの景気は後退局面に入った．その中で，01年9月11日（火）の朝，テロリストたちに乗っとられた大型の旅客機2機の突入によるニューヨークの世界貿易センタービル2棟倒壊という衝撃的な事件が発生した．ニューヨーク証券取引所は4日間閉鎖され，大きなインパクトを受けたが，テロリストのねらいがアメリカだけでなくむしろ資本主義に向けられたものと考えられ，落ち着きを取り戻した．

00年に登場したブッシュ（子）政権は，景気回復のためとして富裕層の減税を行ったが，ほとんど効果をあげられず，雇用と経済回復のための役割は金融政策に重くのしかかることになった．FRBはインフレの懸念は強くないと見て，利子率引下げに踏み切り，市場には流動性が潤沢に供給された．しかしそれは過剰能力の下で工場・設備の投資に向けられず，結局ハイテク・バブルが03年春からの住宅バブルに置き換わり，それが消費と不動産のブームを支えるということになっただけであった．

この住宅バブルによって信用と株式もバブル状態となったが，それは息長く4年あまりも続き，07年秋になって崩壊に向かったが，そこにはグラス＝スティーガル法の撤廃（1999年）を中心とする規制の緩和が銀行システムの安全性を損なっていたということも関わっていた．その舞台をつくった低金利は経済政策面での金融政策の負担の増大を意味していたが，その負担は，03年3月の対イラク戦争勃発を機に，原油価格が急激に上昇しはじめたためさらに増大した．アメリカは多大の戦費に加えて原油輸入のために巨額の支出をしなければならなくなり，国の財政も個人の家計も圧迫され，低金利により住宅バブルを支え，それによって消費ブームを支えるという構図が持続された．この間アメリカの実質住宅価格は90年代からかつてない急速な上昇を示し，97年から06年にかけて2倍となった．

その背後には，資産担保証券（ABS）のような証券化商品による市場型間接金融の生成にともなって資金の流れが複雑化したことがあった．ABS発行者など新たな金融機関が誕生し，証券化資産を購入するファンド金融が拡大するなど，ウォール・ストリートの業際の壁をこえた金融機関の競争が発生した．00年代の金融は，企業・政府部門から家計部門の住宅ローンに大きく比重が移り，その証券化が大きなビジネスに成長した．マネーセンター・バンクは巨額の住宅ローン貸出の証券化による手数料収入の増加をはかるなど投資銀行と同化する一方，投資銀行は伝統的業務から自己勘定業務へと比重を移した．その結果，金融システム内には幾重にも重なった信用膨張が生じたのであるが，それは住宅など資産価格が低下しないことを前提としていた．かくして規制緩和を背景に実体経済の規模から乖離して不均衡的に膨張したアメリカの金融負債残高は，70年代までは対GDP比で1.5倍だったものが，80年代半ばには2倍に上昇，90年代末には2.5倍に達し，さらに00年代に入って3倍を超え，08年半ばには3.5倍にも達していた．以上のような住宅およびそれに関連した信用のバブルによる好況を反映して，NYダウも，03年3月11日の底値7,524ドルから07年10月9日の史上最高値14,164ドルまで，88％もの大幅な上昇という株式バブルをもたらした．

　しかしそのバブルのベースにあった住宅モーゲージの証券化商品は，複雑な設計のもので，取引費用が高く，金利上昇や住宅価格低下のリスクに対する保護が十分でないため，問題が多いものであった．06年からいくつかの地域で下落しはじめた住宅価格が07年に入って全国的な下落に転じると，モーゲージ担保証券などの価値下落，モーゲージ債務不履行と住宅差押えが増加していった．なかでも低所得者向けのモーゲージがベースになったサブプライム・モーゲージの市場においての信用不安が台頭してきた07年半ばから，住宅バブルの崩壊が始まった．住宅バブルに支えられた消費支出の減少もはじまって，アメリカ経済は07年12月には景気後退に入り，経済は急速に収縮して大リセッションにつながった．08年1月には世界同時株安の状態になり，FRBは対応のため0.75％の緊急利下げを実施した．3月にはJ. P. モルガン・チェースによる証券大手ベア・スターンズの救済買収があり，外為市場ではドルが95年以来12年ぶりに100円を割るというドル安になった．原油先物価格は7月

には1バレル147.27ドルの市場最高値をつけた．

このような状況の中で9月15日に起こったのがアメリカ第4位の大手証券会社リーマン・ブラザーズの6,000億ドルもの負債を抱えての破産である．これは世界経済を揺るがす大きな激震として「リーマン・ショック」と名付けられ，00年代に入っての後半の大リセッションを象徴するものとなった．NYダウは，その日01年9.11のテロ以来最大の504ドルの下げを演じ，さらに同月29日には米下院の金融安定化法案否決を受けて，777ドル68セント安と，下げ幅としては史上最大の大暴落となった．

この同じ9月には，バンク・オブ・アメリカによる米証券第3位のメリル・リンチ社の買収，米政府の住宅金融会社支援決定によるファニーメイ（連邦住宅抵当公社）とフレディ・マック（連邦住宅貸付抵当公社）の国営化，米政府の公的資金注入による大手保険会社AIGの救済というように，金融業界の大事件が続いた．その中でも，CDS（credit default swap）の最大の売り手であるAIGの破綻は，その全世界の金融システムへ与える影響の大きさから米政府も座視することのできないものであった．また地域金融機関の破綻も急増して92年のS&L危機以来の高水準になった．

このような金融危機を受けて，10月3日には連邦議会で「緊急経済安定化法」（金融安定化法）が成立して，不良資産救済プログラム（TARP）によって予算規模7,000億ドルで金融機関への公的資金注入がなされることになった．また，12月16日には，FRBは政策金利を2%から0～0.25%とする米史上初の実質ゼロ金利政策とともに，さらなる信用緩和策として住宅ローン担保証券1兆2,500億ドル，政府機関債1,750億ドル，長期国債3,000億ドルの購入を決定した．これが09年3月から10年3月にかけて行われた金融の量的緩和，いわゆるQE1である．この金融危機は世界を駆け巡り，10月8日には米欧6ヶ国の中央銀行が異例の協調利下げを発表するなど各国政府は対応に追われた．そしてその影響は金融界にとどまらず実体経済にも波及し，世界的な経済不況にまで発展した．

オバマ政権が登場した09年に入ると，米大手自動車企業の経営危機が明らかになり，3月17日にはGMとクライスラーが米政府に経営再建計画を提出し，GMは6月1日に連邦破産法11条適用となり，NYダウの30構成銘柄か

ら外された．20世紀を象徴する自動車産業の世界王者でありかつアメリカを代表する大企業 GM が NY ダウから消えるということは歴史的な大事件であった．

　以上のように，2000 年代に入って，アメリカを中心にグローバルなマネーの流れが新興諸国をも巻き込んでますます強く複雑なものとなり，不確実性と不安定性が異常に高まって，それに諸国の財政の危機も関わって金融システムの健全性を脅かすようになった．その中で主要諸国は中央銀行による緩和的金融政策への依存を強め，あふれる投資マネーがどこに向かうか，その変化とスピードが増大して実体経済をも大きく左右する時代となったのである．

　10 年に入ってからも金融安定化へのさまざまな動きが国際的に続いた．アメリカでは 99 年のグラム＝リーチ＝ブライリー法による規制緩和の行き過ぎの弊害を是正するための金融企業の業務範囲や規模の制限についてのボルカー・ルールなどを盛り込んだ「ドッド＝フランク法」（ウォール・ストリート改革および消費者保護法）が 7 月 21 日，成立した．この年にはリーマン・ショックで傷ついた金融大手を中心に大手企業の業績は改善したが，その反面，金融市場では年間を通じて欧州経済における財政および金融とアメリカ内の雇用情勢についての不安が漂った．EU では，政治統合を欠く通貨同盟の下で金融と財政の規律の緩みが助長した域内の経常収支不均衡の問題から金融危機が政府債務危機に変貌し，いわゆるソブリン・ショックが表面化し，2 月にはギリシャ，6 月には東欧諸国の財政問題が伝えられた．バーナンキ FRB 議長は当時のアメリカ経済の見通しについて「異例なほど不確か」（unusually uncertain）と表現している．かくして 8 月以降 FRB が追加の金融緩和に動き，世界にはドルがあふれ，その総額はリーマン・ショック前の 2 倍の 4 兆 5,000 億ドルにも達したと推定された．また，11 月の中間選挙でのオバマ民主党の大敗で，景気回復を財政政策に頼ることがさらに難しくなったため，FRB は 6,000 億ドルもの大量の国債購入を行うという追加的量的金融緩和策，いわゆる QE2 を決定した．

　この頃のアメリカの実体経済は不確かな足取りを続け，失業率も高水準であったが，QE2 と新興国経済の好調に支えられていた．しかし欧米各国とも政府がリーマン・ショック後に巨額の財政支出で景気を下支えしようとして財政

悪化を招き，中央銀行頼みが強まっており，米FRBも実質ゼロ金利をさらに続けるという異例の姿勢を表明するなどしてドル安に拍車がかけられた．またギリシャに続きスペインやイタリアの国債の利回り上昇もあって，投資家は株式や新興国資産に加えて欧州国債もリスク資産と見なすようになり，リスク・オフの志向を強めて日本円など安全資産と考えるものに資金を移した．その背景には，欧州の財政危機に加えて，アメリカの債務上限引上げと国債格下げ問題，雇用回復の遅れや消費の不振があった．こうして世界の金融界首脳はそろって「不確実性」の高まりを強調するようになった．

　オバマ大統領が再選をかけた選挙の年12年の最大の焦点は，景気と雇用の回復，財政悪化の歯止めとするための減税（特に富裕層の）打切りと歳出削減であり，中間所得層の票のゆくえが注目の的であった．そしてオバマ再選が決まったものの，減税の期限切れと財政支出の強制削減とが重なるいわゆる「財政の崖」の懸念の高まりの中での越年となった．

　13年になると，プラス要因として財政危機など欧州の経済不安のやや鎮静化，アメリカ内での住宅需要の回復基調，自動車市場やシェール・ガス開発の活況もあって，株価も堅調で，NYダウは9月18日に15,676ドルの新高値をつけた．他方連邦債務上限のさらなる引き上げ問題，高止まりしている失業率の問題もあり，また大幅な金融緩和からの出口を模索するFRBの動向，シリア内乱などオバマ大統領を悩ませた国際問題などがあって，依然として「異例なほどの不確かさ」は消えておらず，アメリカ経済の先行きも極めて不透明である．

5. 資本主義の変容の諸側面

　以上4つの節で設研の歴史50年の期間における日本経済の動きをアメリカ経済と対比しながら概観した．この間の資本主義の大きな変容についての考察が本章の主な目的である．まず総括的には，そのような大きな変容をもたらした3つの最大要因は，グローバリゼーション，技術革新，規制緩和であると筆者は考えるが，筆者が別の論考で考察している側面もあるので，以下本節ではいくつかの側面についてできるだけ重複を避けて述べてみたい．

5.1 工業資本主義の変容——工業化の変革と脱工業化

　73年のブレトンウッズ体制の崩壊は，それまで大幅に低く設定されていた円相場を是正するものであったから，それによって生じた円高傾向は日本産業の国際競争力を大きく脅かすものであった．それに加えて，まだ国内市場も小さく，しかも食糧や資源の多くを輸入に頼らなければならず，国際収支の天井を絶えず気にしなければならなかった日本は，73年秋のオイル・ショックによる石油価格高騰により大きな打撃を受け，経済成長は大きく減速したが，輸出志向をさらに強め，国際競争力の強化に注力しなければならないことになった．それに比べてアメリカは大きい国内市場のゆえに輸出入依存度は高くなく，視野がまだ偏狭であった企業の対応はより安易な方向に向けられた．そこで70年代の世界的な経済成長の減速に対する対応は日米間で大きな差があり，それが70〜80年代から90年代以後への動きの違いにもつながった．

　その差は一言でいえば，日本では産業，特に製造業の質的構造的変革であり，アメリカでは製造業の生産拠点の移転による空洞化をともなった脱工業化であった．日本での変革は，ますます高まった輸出志向性の中で国際競争力の向上のため，「重厚長大から軽薄短小へ」というような表現に象徴される産業の高付加価値化を目指すものとされ，そのために企業は省人化，省エネ化，製造・製品の研究・技術開発および設備投資に多大の努力を払い，政府もそれを支援するさまざまな産業政策を採った．それに対してアメリカでは日本のような政府の強力な産業政策はなく，企業，特に製造業は国際競争力向上のための労苦の多い地道な研究・技術開発などの努力よりも，高賃金の組織化された労働者の削減に焦点をあてたリストラのために，国内のフロストベルトからサンベルトへ，さらに海外の低賃金諸国へ製造拠点を移転することや，自らの努力により新企業をつくり出し，そのための設備投資を行うことよりもM＆Aにより既存企業を財務的に有利に取得することを選ぶというような戦略をとったために，生産性の伸びは大幅に鈍化して，アメリカ労働者の平均実質賃金の長期的低下と製造業の国際競争力の減退をもたらした．73年はアメリカが「大きなUターン」（Great Uターン）をした年ともいわれ（Harrison and Bluestone 1988），またその後20年ばかりの「沈黙の不況」（silent depression）の始まりの年とも

いわれた（Peterson 1994）．

　ハリソン・ブルーストンはアメリカ経済は製造業からサービス産業への経済シフト，すなわち脱工業化（deindustrialization）へ向かい，経済全体にわたって労働コストの削減によって利潤増大をはかろうとする企業のリストラ戦略によって主として製造業での高賃金の「良い職」が大量に失われ，製造業に残った職，あるいは代わりに生まれたサービス業や小売業の職はより低賃金の「悪い職」であったため，アメリカ人労働者の平均実質賃金が73年以後低下の傾向をたどり，その結果それまで成長を続けてきた中流階層が収縮し始め，経済階層の二極化が進んだというのである．そして，ピーターソンはこの期間のアメリカの平均実質賃金の低下によって4分の3から5分の4のアメリカ人は下降するエスカレーターに乗っていると感じ，典型的な中流階層の生活を夢見るいわゆる「アメリカン・ドリーム」が萎んでいったという．そして彼もまた80年代後半から90年代にかけてアメリカ企業のとったダウンサイジング戦略がその一因であり，93年春に伝えられていた景気回復も「良い職」の復活にはならず，悪いパートタイムの職の増加などもあって「ジョブレス・リカバリ」に過ぎないとしたのである．

　ベル（Bell 1973）によるポスト工業化社会（post-industrial society）という言葉もよく知られているが，以上のようなアメリカにおける変化を脱工業化と呼ぶのがよいかどうかについては見解が分かれるところであり，脱工業化は一つの神話であって，それは違った種類の複雑なものに変質を遂げた工業化であるというべきであるという議論もある（例えばCohen and Zysman 1987）．

　しかしいずれにせよ，そのような変化によって何がもたらされたかについては多くの見解の一致がある．その一つは社会の中流階層の形成に貢献した中位所得の「良い職」の減少と低所得の「悪い職」の増大，そしてその結果として中流階層が萎み，砂時計のように中央がくびれた二極化社会への傾向が強まったことである．

　60年代まで，例えばGMやフォードのような大規模製造企業は，工業化資本主義の興隆期および最盛期の中で自社の従業員をはじめアメリカの多くの人々にとっての工場労働やオフィス労働の「良い職」を大量に創出し，低所得の農業部門から大量の労働力を吸収して，社会の分厚い中流階層を成長させる

ことに大きく貢献した．それにより「豊かさの民主化」が実現し，それまで豊かでなかった人々のほとんどすべてが中流階層のメンバーを目指し，さらにその中での上昇を目指すという上方移動志向の夢を持つようになり，それが世代をまたがって「子は親よりも良く，孫は子よりもさらに良く」という夢（アメリカでのアメリカン・ドリーム）につながった．しかし今やフォードも GM も NY ダウの 30 構成銘柄から姿を消している．代わって現在の株式市場で時代の花形として NY ダウ 30 銘柄入りしているマクドナルドやウォルマートは，大量の職を創出してはいるものの，その大半は中流階層の夢を実現させるような「良い職」ではなく，マック・ジョブ（Mac job）という代名詞も出現したほどの低賃金で福利厚生もほとんど付かない「悪い職」である．そしてウォルマートの CEO のリー・スコット Jr. は，規模の大きくなったウォルマートは，CEO として会社と国家の間に命運のずれは全くないとしたチャーリー・ウィルソンの GM が 50～60 年代に果たしたような役割を果たすべきだとする意見に対して，「小売業はこの国においてそうした役割を担ってはいない」と答えている．しかしそれはスコットが誤っているということではなく，もはやそうした役割を果たせる企業が一つもないということであろう．

　以上のように「良い職」が減り「悪い職」が増えて中流階層が収縮しているのはなぜかについては多くの研究や議論があるが，そのサーベイは筆者もいくつかの論考で行っており（宮川 1997a, 2001, 2009, 2013a），関連文献もあげているので，ここでは詳説しないが，例えば，『大きな U ターン』(Harrison and Bluestone 1988) の中でもアメリカン・ドリームの危機が労働市場の二極化，良い職の消滅，平均実質賃金の下落，中流階層の収縮と結びつけて論じられており，また『沈黙の不況』(Peterson 1994) も「アメリカン・ドリームの運命」をその副題としている．このような中流階層の収縮の傾向は，80 年代以降のわが国にも同様に見られるものであり，アメリカを追って日本でも中流階級が収縮し，ジャパニーズ・ドリームが萎みつつあるのではないかと筆者は考える．その一つのはっきりとした側面としては，雇用者総数に占める非正規雇用者（パート，派遣，契約社員等）の割合の増大があり，85 年の 16.4％ から，90 年には 20％ 台に，07 年には 33.5％ で，3 人に 1 人をこえるまでになり，13 年には 36％ と上昇している．

また高校や大学の新卒業生の現在の就職戦線も，バブル崩壊後の就職氷河期といわれた93年以降，またも同じ様なきびしさを迎えているなど，若年層の職不足が特に深刻で，彼らの多くがまともなキャリア形成と生活設計ができず，将来健全な中流階層の形成に参加できるかどうかが危ぶまれる．このような若年層の失業あるいは不完全就業の増大はわが国に限らず，欧米諸国および中国や韓国などの近隣諸国，その他新興諸国の多くにも共通の問題であり，それが不平等，格差社会といった深刻な問題につながっているのである．

　このような中流階層の収縮の背景にある最大の問題は雇用問題であり，そこにはかつて90年代初めのアメリカでの「沈黙の不況」からの景気回復が「職なき回復」といわれたように，資本と生産の世界的流動性を高めたグローバリゼーションや「利口な機械」のような技術進歩による人間労働力の代替が，人間にとっての「良い職」の消滅をもたらしており，景気後退時にはリストラにおける人員削減が多く行われ，景気回復時にもまず回復するのは非正規職のような「悪い職」であって，「良い職」の増加は大きく遅れるという現実がある．それは，「労働者は生産のためのコストであると同時に，そのコストが生む所得を必要とする消費者でもある」という資本主義にとって悩ましい基本的矛盾を反映したものであり，その矛盾に対する企業の対応が，成長の減速とともにコスト削減のための労働の削減や職の劣化に傾斜してきたことによるのである．日本でも古く1世紀も前に，河上肇が，機械文明の進んだ「西洋の文明諸国において，貧乏人の数が非常に多いというのはいかに不思議なこと」といった（河上 1917）が，現在の日本においても，すでに経験した「豊かさの民主化」の時代が「豊かさの中の貧困」という問題を抱える格差社会の時代に変わりつつあるのである．

　ILOのソマビア事務局長は，日本経済新聞への寄稿（2012年4月30日）の中で，「現在の成長モデルは，労働者を自らが貢献して得た富を賃金という形で正当に分配される存在としてとらえるのでなく，労働を生産コストととらえ，競争力と利益を最大化させるためにできるだけ低く抑えなければならないと考えており，それは資本が第1というビジョンである」と批判している．そして「質の高い仕事は，個人の尊厳，家庭の安定，地域社会の平和，および民主的な政治に対する信頼の源であるという事実が見失われ，さらには労働力は商品

ではないという基本的な考え方が失われてしまった」としている．現在われわれが直面している困難な雇用の問題に対処するためには，まさに人間の労働についての基本的なビジョンを問い直すということから再出発しなければならないであろう．

5.2 資本主義経済のカジノ経済化——マネー資本主義への道

前項で見た脱工業化のもたらした一つの大きな潮流はモノからカネへの経済の比重のシフトであり，その端緒となったのは1973年にブレトンウッズ体制が崩壊したことである．

1944年7月に成立したブレトンウッズ体制は，1920年代および30年代の大量失業と通貨不安定の時代への回帰を防ぐことについての合意に基づいて，貿易自由化，経済成長，雇用促進を目的として成立したものであり，貿易，関税，国際金融の新しいシステムづくりを目指したものであった．その中の国際通貨制度において，米ドルの国際的基軸通貨としての地位が金をベースにして確立されたが，アメリカがその基軸通貨国としての負担に堪え切れなくなり，金とドルの交換停止に至ったのが71年8月のニクソン・ショックであり，その帰結が73年3月からの主要国通貨の変動相場制への移行だった．

その結果，為替レートをはじめ，利子率，諸金融資産の価格，資本フローなど金融関連諸変数の予測困難な変動が，国境をこえ，異なる市場間，異なる通貨間で発生するという国際的関連性および変動性と，それに乗じたリスク取引による利潤機会が増大し，資本主義のダイナミズムの原動力である資本蓄積への衝動を刺激して，その大きな変容をもたらした．例えばブレトンウッズ体制の時代には，対外直接投資あるいは貿易に関係のない資本フローは規制あるいは禁止されており，為替リスクはすべて公共部門が負っていたが，その体制の崩壊により，それは公的管理から離れ，「為替リスクの民営化」が進展し，国内および国際金融システムに大きな負担がかかることになった．ブレトンウッズ体制崩壊直前の71年には，外国為替取引の90％は貿易および長期投資の金融のためのものであり，10％が投機的なものであったのが，90年代までにはそれが完全に逆転し，優に90％をこえるものが短期的な投機的取引となってしまった．

このような変化は，金融市場を最終的貯蓄者と投資者の仲介，長期的リスク・リターンを反映した資産評価に基づくお金の配分，生産，交易，投資における取引・支払の円滑化といった本来の役割から，不安定かつ不整合な資産評価を利用した短期的スペキュレーションに傾斜させた．そしてそれが実体経済の堅実な成長と金融システムの安定性を損ない，さらにはその安定性回復のための公共部門の負荷を増大させたのである．

　以上のようにしてもたらされた変動性の増大の結果として国際的な政治経済システムにいろいろな問題が引き起こされたが，その最大のものが金融市場のカジノ化であった．投機的な国際金融取引が短期の利得を目指して活発になり，為替相場，金利，金融商品価格が必ずしも実体経済を反映しないかたちで激しく変動するようになった中で，金融市場はどんな国の政府でも政策的にコントロールすることが不可能な巨大なカジノのようになってしまったのである．この現象は，72年から84年にかけての12年間に起こった国際通貨および金融システムの大きな変化を「カジノ資本主義」という言葉で象徴的に表現したストレンジ（Strange 1986）により明快に分析されている．そしてこのようなカジノ資本主義化は，98年の彼女の死後99年に実現したアメリカでのグラム・リーチ・ブライリー法によるグラス・スティーガル法の撤廃や，日本での「日本版ビッグバン」による金融システム改革の中での証券取引法65条の銀証兼業禁止条項の緩和によってもさらに促進されている．

　「金融カジノの熱気を冷やし，コントロールするための前向きの実践的な措置がすぐに取られないなら，……「双六」ゲームを行うことの社会的結果は分かりすぎるほど分かっている．……資本主義世界の都市中心にそびえたつ巨大なオフィス・ビル街では，いぜんとして生き残った金融ギャンブラーだけが祝杯をあげているであろう．残りの者には，アメリカの世紀の哀しみ沈んだ終わりがやって来る．」

　これはストレンジの著書『カジノ資本主義』（1986）の最後に，「世紀の終わり」の日として1900年代最後の99年12月31日を想定して書かれている文章である．その狂気のカジノの予言的シナリオは，それより2年早く97年末のウォール街で，「株式ブローカーたちが大納会の大商いでもらったばかりのボーナスを前にシャンパン・ボトルとグラスを手に，狂気の高笑いで顔をくしゃ

くしゃにしている写真」が新聞で報道されるというかたちで実現しているが，さらにその後99年末に現実に起こったことは，アメリカの株式市場において90年代後半のIT株バブルの中で，4つの主要株価指標が揃って史上最高値を更新したことであった．

　カジノ資本主義については，古くケインズ（Keynes 1936）も投資市場のカジノ化について次のように警鐘を鳴らしている．ケインズはスペキュレーションを市場の心理を予測する活動，エンタープライズ（業を企画すること）を資産の全寿命にわたっての期待収益率を予測する活動とするとき，投資市場の組織が改良されるにしたがってスペキュレーションはエンタープライズより支配的になってしまうといい，「スペキュレーションはエンタープライズの堅実な流れに浮かぶバブルであればなんの害をもなさないが，エンタープライズがスペキュレーションの渦巻の中でのバブルになるとき事態は重要である」としている．すなわち「一国の資本形成がカジノの活動の副産物となってしまうと，ことはうまく運ばない」であろうとしたのである（邦訳pp.156-157）．

　このようなカジノ経済における成功は，カジノ賭博におけるサイコロの目のように運に左右される側面が強くなり，実体経済活動における創意，努力，勤勉，熟練，決断などの美徳が次第に評価されなくなる．それはやがては社会システムへの信念や信頼を低下させ消滅させていくとともに，資本主義のダイナミズムを腐食させていくことが懸念されるのである．

　以上述べてきたようなカジノ資本主義化の傾向がもたらされた背景には，工業化資本主義からの脱工業化資本主義への変容と同じように，グローバリゼーション，技術革新，規制緩和という3つの要因があるが，それについては別稿（例えば宮川 2012, 2013a）に譲り，ここで12年末に発足した安倍自民党政権によるアベノミクスが1年ばかり経って13年末に至っている現在をみると，「異次元」と表現される大胆な金融緩和により肥大化したマネー経済の中で，急激にもたらされた13年5月下旬までの円安と株高は，カジノ市場的活況が一服した状況にあり，それがこれから実体経済の回復につながって賃金上昇，「良い職」の増加をともなう雇用の回復により健全な成長軌道に乗り，失われた年代に終止符を打つことができるかどうかが問われることになっている．設研50年の終わりの年2014年にはどのような現実がもたらされるであろうか注目

したい.

5.3 資本主義と民主主義

　資本主義の変容は経済体制としての資本主義と政治体制としての民主主義との関係にも大きな変化をもたらした．1929 年に始まった大恐慌を乗り越えたアメリカは，資本主義と民主主義とが相乗効果を生み出し，第 2 次大戦が終了した 45 年から空前の繁栄を謳歌することになった．そして 70 年代初頭までのアメリカでは前述のように大量生産を基盤としてすべての所得層で収入が上昇し，社会階級も一般的に向上して格差が縮小した結果，巨大な中流階層が出現した．その中流階層の購買力が大量生産される商品の購入にあてられ，その利益が巨大企業とその従業員，取引企業の間に広く分配されていたのであり，そこには一つの重要な背景として，従業員や取引企業の巨大企業に対する交渉力がアメリカ政府の規制などの政策によって高められていたということがある．いいかえると，民主主義が大量生産に支えられた大企業の経済力を部分的に抑制し，その利益を分散させていた．巨大企業の経営者も，民主主義と資本主義を両立させるのは企業そのものの民主化であると考え，自らを企業ステーツマンと見なし，その責務を株主などの投資家，従業員，消費者，一般市民の主張をバランスさせることだと考えるようになっており，それはステークホルダー資本主義とも呼びうるものであった．

　このように，戦後四半世紀ばかりの間には繁栄が広く国民に共有されることにより，労使の対立も影をひそめ，人々が安定した雇用と収入を享受できる中流階層が急速に成長して大量生産の果実を国内で消費することができる社会が実現した．アメリカは高度に生産的な経済システムとしての資本主義と民意に敏感に反応し人々の信頼を集め得る民主主義の両立という輝かしい成果をあげたのである.

　しかし，そのように幸福な両立関係は，70 年代の半ばに資本主義が変曲点を迎えて次第に持続が困難になっている．資本主義の経済的成功は一般的「幸福感」あるいは社会的満足の上昇をもたらしてはいないし，社会的福祉の上昇や社会的調和を実現していない．資本主義のダイナミズムは富と貧困，幸福と悲惨，恵まれた位置にある者とそうでない者とを同時に生み出す傾向があり，

その政治的秩序は両者の間の緊張関係に関わって階層社会の困難な問題に直面する．右肩上がりの拡張的資本主義においては，上層階級の特典を保護しつつ下層および中流階級の生活水準上昇の要求をも満たすことができたが，成長の減速によって定常的資本主義に移行するとともに，中流階層が収縮して格差が増大し，所得や富の分配の爆発的な問題に直面しなければならない．しかもそれがグローバルな拡がりを持った複雑な相互連関の中で，一国のみで解決できないような困難な問題になっているのである．

　他方，民主主義に関しては，拡張が大幅に減速しあるいは止まって定常化した資本主義社会における社会的緊張を管理し，社会的調和をもたらしうるかどうかという根本的な問題がある．経済的市場システムに依存することのできない社会的意思決定において，受益と負担とを巡ってよりきびしくなる利害対立を，民主主義的政治システムが機能不全に陥ることなく処理しうるかどうかという問題である．近年のわが国政治の機能不全はその問題の難しさを如実に表していると考えられる．

　上述のような資本主義の変曲点に関して，ライシュ（Reich 2007）は，第2次世界大戦終了後75年までの30年間を，資本主義の完全ではない見せかけの黄金時代（not quite golden age）であったとし，それがその後の超資本主義（supercapitalism）の時代へと変質していったと論じている．このような変質については多くの議論があり，例えばグレイの『偽りの夜明け』論（Gray 1998）やルトワクの『ターボ資本主義』（Luttwak 1999）などの注目すべき著作があるが，その中でもライシュの高度に刺激的でかつ説得力のある超資本主義論は，本章の主目的である設研50年の歴史の中で起こった資本主義の大きな変容のさまざまな側面にも重要な関わりがあり，また民主主義と資本主義との関係を論じたものとして最も注目に値しかつ興味深いものと筆者は考えるので，以下その中の主要な論点に触れておこう．

　70年代半ばまでのアメリカは民主的資本主義の国であったが，それは一言でいえば経済と政治の融合を特徴としており，資本主義と民主主義とが一つのシステムであるかのように機能して相乗効果を生み出し，空前の繁栄をもたらすとともに，所得と富の格差が縮小して巨大な中間階層を出現させたのである．そこでは完全な自由市場による最大限の効率性は犠牲にされ，規制など利害関

係の調整にさまざまな役割を果たす政府の介入により多くの国民が安全で安定した生活を享受できた．しかしそのアメリカ型の民主的資本主義が70年代以後大きく変容し，自由市場を基本とする資本主義が経済的繁栄をもたらした反面，政治的自由を標榜する民主主義は弱体化し，その結果アメリカは超資本主義の国になってしまった．そしてその超資本主義の勝利によって，経済成長の果実が国民の間に十分に広く共有されないことによる経済格差の拡大，雇用不安の増大，地域社会の不安定化や衰退，環境悪化など影の部分が大きくなっているとライシュはいう．

　資本主義の役割は経済的パイを大きくすることであり，そのパイをどう分けるか，私的財と公共財にどうふり向けるかは社会が決める問題である．それに対して民主主義は自由で公正な選挙のプロセスである以上のもので，われわれが一個人では達成できないような社会全体の利益につながる仕組みやルールを決定するために，ともに参加することができるシステムである．資本主義においては，われわれは全員が物やサービスを購入する消費者であり，また多くは資力を将来のためにふり向ける投資家であって，それらの立場で経済システムにおいて有利な取引を望む個人として大きな恩恵を受けているが，そのような恩恵はしばしば社会的コストをともなう．他方，われわれはまた民主主義に参加する権利と責任を持つ市民でもあり，社会の中での市民として，全体としての善を追求し，経済システムからもたらされる社会的悪影響に対して民主主義という権力で対処することができる．超資本主義はそれら2つの面の間のバランスを大きく変え，もっぱら消費者および投資家としての人々の力を強化し，その要求にはよく反応してきたが，市民としての人々の力を奪い弱める方向に働き，それによって相対的な公平さや安定感，社会の価値などが奪われてしまった．いいかえれば，資本主義の勝利が民主主義の衰退を招いているということである．かつてシュムペータは創造的破壊を経済活力の源泉としたが，70年代以降に生じた創造的破壊は消費者・投資家としてのわれわれには利益を与えたものの，市民としてのわれわれは力を奪われているのである．ライシュはこれが超資本主義時代における民主主義の真の危機であると主張する．

　このような民主主義の危機にわれわれが対処するための処方箋を書くことは極めて難しい．われわれが活気ある民主主義と力強い資本主義とを同時に享受

することができるような社会を目指すためとして，ライシュの示している処方箋は，要約的には次に述べるように，明快ではあるが，そこには何がしかの自己利益を犠牲にした公共心が要求されるという難しい問題も含まれている．そして彼は民主主義のあらゆる側面に侵入している超資本主義の実態を明らかにし（それを政治の世界への侵入をはじめさまざまな事例で極めて説得的に示している），両者の境界を明確にしていかなければならないという．資本主義経済システムの中で行われる経済上のゲームに対して，民主主義はそのゲームのルールを決めるべきものであり，超資本主義がその境界をこえて民主主義の領域を侵蝕しないようにするために，われわれは消費者・投資家としての利益に関して多少の犠牲を払っても，市民としての責任を重くかつ真剣に考えることによって民主主義を守らなければならないとライシュは結論している．

5.4 公共ドメインの縮小と社会的共通資本への期待

これまで考察してきたような20世紀後半における資本主義の変容の諸トレンドは，いずれも社会の私的ドメインと公的ドメインとの関係に関わり，そこには私的ドメインに対する公的ドメインの相対的縮小や劣化の進行がある．アメリカでは65年に「偉大な社会」や「対貧困戦争」という名称でジョンソン大統領が打ち出した社会政策，日本では60年代後半から美濃部亮吉東京都知事ら革新的地方首長が進めた高齢者医療拡充政策や，73年を「福祉元年」と銘打って田中角栄首相が進めはじめた社会保障の拡充は，いずれも高度経済成長の果実を利用しての福祉国家化を目指したものであったが，その必然的な帰結は大きな政府への歩みであり，公的ドメインの拡大であった．それらが70年代からの経済成長減速期にぶつかり，税収の伸び悩みと景気対策も加わった公共支出の増大から公的債務の膨張が始まるとともに，大きな政府への抵抗が強まり，それが公的ドメインの縮小の傾向につながっている．そしてそのような公的ドメインの縮小は，不幸なことに，その役割へのニーズと期待がかつてなく高まっている時に起こっている．

前節までに述べたような資本主義の変容は，十数万年もの人類の長い歴史を，人々が抱いた未来ビジョンの観点から，「遠い過去」，「昨日」，「今日」の3つに区分したハイルブロナー（Heilbroner 1995）が，その未来ビジョンを極めて

適切に「不安」あるいは「心配」と特徴づけた1970年代以降の「今日」に起こっているものである．11年3月11日に東日本大震災と福島原発のメルトダウンという大災害を経験し，今なおその苦境から脱出できていない中で，われわれはまさにハイルブロナーのいう「不安」や「心配」に満ちた時代の中に生きているといえる．その不安は雇用不安，生活不安，年金不安，健康不安，医療不安，災害不安，犯罪不安などさまざまであり，経済，政治，社会的要因に基づくものから自然的，外的脅威に関わるものに至るまで多岐にわたる．しかもそれらは独立した別々のものではなく，相互に密接かつ複雑な関連を持ってからみあっている．

　これまでに見てきたように，グローバリゼーション，技術進歩，規制緩和の3つの要因は，いずれも自由市場の中での効率性を追求する企業間の競争の激化につながり，アメリカ流の超資本主義あるいはターボ資本主義への変容をもたらしているものであり，そこではできるだけ多くのもの，基本的にはあらゆるものを自由な市場競争に委ねること，すなわち私的ドメインに押し込めることが望ましいとされている．しかしそれは，ルーチン的で非創造的な仕事でもたゆまず勤勉であれば中流の生活を送れるような収入の職があるという時代を過去のものにしてしまっているかのようであり，「豊かさの民主化」とは逆方向に格差拡大的である．そのもたらす結果はこれまでの健全な中流階層の人たちの「不安」の上昇であり，その階層の縮小と貧困階層の増大である．さらに長寿化や少子化による人口の高齢化も長寿のリスクに対する年金や医療費の備えの必要性を高め，それを支援するために若年・壮年世代の負担増から世代間負担の公平性が大きな問題になっている．しかしこのような諸問題の解決のために必要なセーフティネットの構築を目指すべき社会保障改革は財政の窮乏化の下でのさまざまな利害対立のために難航し，それが人々の「不安」をさらに高めているのである．

　そのような「不安」を消滅あるいは少なくとも軽減させるためには，いうまでもなく個々人の自助努力が望まれるが，個人的でなく集合的に対応しなければならないものが多い．社会保障はまさに「不安」のもとになっているリスクに対する社会全体としての集合的な対応である．そしてここでは縮小しつつある公的ドメインの回復が考えられなければならないのであるが，そこでの一つ

の大きな問題として，福祉国家への歩みが進められてきた中で生じた人々の意識と行動における重要な変化がある．一方には福祉国家の大きな政府の主たる受益者である貧困層だけでなく中流階層の人々の間にも，政府による福祉給付からの受益を与えられた当然の権利（entitlement）と受け止める意識が生まれていることであり（Longman 1996），他方富裕層には，公共のためにノーブレス・オブリージとして応分の貢献をするという負担を回避しようという「エリートの反乱」（Lasch 1995）ともいえる傾向が生じていることである．このような人々の意識と行動の変化は公的ドメインの回復に対する大きな抵抗力となるものであり，その改革が強く求められる．それは非常に困難な改革ではあるが，回避することはできないし，また回避すべきものではない．

　ここで考えておかなければならないことは，公的ドメインという場合に公とは何かということである．公は私と対比されるものであるが，私と離れて存在するものではない．社会の根元的な構成単位は一人一人の個人である私であり，公はそのような私の集まりである．そして公的ドメインとそれに対する私的ドメインとは白か黒かというような両極端の区分ではなく，連続的なものと考えることが適当である．すなわち私の集まりの大きさ，範囲が大きければ大きいほど公的性格が強いものと考えられる．しかし，公は単に孤立したばらばらな集まりではなく，相互に関係づけられた私が全体として方向づけられたものであり，その意味で公的ドメインは目的，構成要素，および構成要素間の関係でとらえられる一つのシステムであると考えられる．それは適切に計画，構築，管理，維持されなければならないものであり（Friedman 1987），そこには政府公共機関だけでなく，企業や非営利組織（NPO）なども参加した公民協調（PPP）型の仕組みが求められる．そこでは社会的連帯によってそれを補完し支援できるような新しい社会システムづくりが求められているのであり，そしてそのような社会システムの重要で基本的な中核となると期待されるものは社会的共通資本である．

　社会的共通資本は，簡潔には，「私的資本と対立する概念であって，その所有関係を問わず，社会にとって共通なものとして，社会的に管理されるような資本であり，国民経済の円滑な働きを支えるために不可欠なものである」とされ，それは「いわゆる社会資本よりも広い概念であって，自然資本や制度資本

をも含有するものであり，経済成長の過程において中核的な役割を果たす」とされる（堀内（2007）における宇沢弘文稿「発刊に寄せて」xページ）．このような社会的共通資本については本書の他の論考に譲るが，筆者は，社会を構成する人々の間の関係におけるつながりや相互信頼の強さを表すソーシャル・キャピタル（社会関係資本と訳されることが多い）のようなソフトな要素をその中に含めることもできると考えることだけをここに付言しておく（宮川・大守 2004）．

最後に，公的ドメインのあり方を考えるためには，われわれは「善い社会」とは何かあるいは「望ましい社会像」は何かを問わなければならないのではないかと筆者は考える．20 世紀，特にその後半の世界的な高度経済成長は，先進諸国を中心に豊かな社会（affluent society）をもたらし，一部分とはいえ人類に史上はじめて物質的欠乏からの解放を実現した．20 世紀における善い社会は経済的に豊かな社会と考えられていたということができるし，また 21 世紀に入っても経済的豊かさはなお善い社会の重要な要件であることは疑いない．しかし，経済的成長を至上目的のように追求した黄金の 60 年代までは，道徳的・保守的なニュアンスを持つ「善い社会」という言葉が忌避される傾向があり，例えばジョンソン米大統領の社会政策プログラムは，「善い社会」（good society）でなく「偉大な社会」（great society）と命名された（宮川 1999）．しかしわれわれはそのような道徳的志向を忌避することなく，今あらためてどのような社会を望ましいものと考えるかを問題にしなければならないのである．

6. おわりに

以上，本章では第 2 節～第 4 節で，前半の 25 年間の昭和年代が右肩上りの経済成長の時代，後半の 25 年間の平成年代が「失われた 25 年」の経済停滞の時代という著しい対照となった設研 50 年の時代をふり返って見た．前半 25 年の掉尾となった 1989 年後半は株価・地価バブルの時期であったが，それは 90 年代のニューエコノミーの中でのアメリカ株式市場についていわれたのと同様に，「根拠なき熱狂」の中にあったといえるかもしれない．それに対して後半 25 年の末期である現在はアベノミクスの中での株高・円安を歓迎した景気の中にあるが，「失われた年代」からの脱出が明らかに見通されるまでには至っ

ておらず,「熱狂」といえるまでの高揚感はないにせよ,バブルを警戒する声も聞かれるような状況にある.

このような2つの四半世紀の間の資本主義は,第5節でそのいくつかの側面を見たように大きな変容を見せているが,それに対する対応は,経済成長の減速,人口構成の少子高齢化,グローバリゼーション,技術進歩などの諸動向から,政府の公共部門の諸政策についても,また企業など民間部門の戦略についても,困難が高まっている.そして中でも経済成長と完全雇用という二大経済目標の同時達成がどのようにして可能かが問われていると筆者は考える.例えば,1990年代初めのアメリカの景気回復についていわれたジョブレス・リカバリという言葉は,現代の主要諸国における景気循環のパターンの一つの重要な変化をとらえたものであり,それが問題の難しさを象徴しているように思われる.

そしてその背景の一つには,1914年にヘンリー・フォードが自社の労働者に日給5ドルという当時としては破格の高賃金を払うことにしたとき,彼に対して向けられた批判に対して「そうしなければ誰が私の車を買ってくれるのか」と答えたという有名な逸話に見られるように,労働者に支払われるコストとしての賃金が,彼らのつくり出す製品の購買者の所得を生むという古き善き時代が過去のものとなってしまったということがある.そして現在では,例えばトヨタに大きな利益をもたらしている高級車レクサスの生産ラインで働く多くの期間工のような非正規労働者は,自分たちのつくり出す車の購入者としては考えられてはいないというような悩ましい基本的矛盾に直面している.さらにまた,ライシュのいうような超資本主義の到来によって,人々は消費者であり投資家であるとともに市民であるという二面性の間の相剋に向き合わなければならないのである.

資本主義の将来については多くの人たちにより論じられているが,まだまだ考えなければならないことは多い.「資本主義はゼロ成長でも生き残れるか」という問題はその一つである.また,ますます困難を増している公と私の調整という役割を求められる民主主義が,資本主義とどのように共存できるかという大きな問題もある.公的ドメインの新しいあり方についてのこれからの研究の進展にも強く期待したい.

参考文献

宇沢弘文［編］(1989),『日本経済——蓄積と成長の軌跡』東京大学出版会.
河上肇 (1917),『貧乏物語』弘文堂書房 (1947年, 岩波文庫版).
下村治 (1974),「日本経済はゼロ成長軌道に入った」『エコノミスト』1月15日号.
堀内行蔵 (2007),『下村治博士と日本経済——高度成長論の実践とゼロ成長ビジョンの含意』日本政策投資銀行設備投資研究所（非売品）.
宮川公男 (1997a),「豊かさの終焉——しぼみつつあるアメリカン・ドリームに学ぶ」『季刊モラロジー学習』140号, 広池学園出版部.
宮川公男 (1997b),「挑戦を受ける資本主義文明」『比較文明』(比較文明学会) 第13号, pp.6-19.
宮川公男 (1999),「計画とコントロールの対象としての社会」『対象としての人間』(岩波講座 科学／技術と人間6), 岩波書店, pp.181-211.
宮川公男 (2000),「ニュー・エコノミーのゆくえ——情報化社会の明と暗」『ECO-FORUM』(統計研究会) Vol.19 (1), pp.4-10.
宮川公男 (2001),「二極化社会の到来は不可避か」『ECO-FORUM』(統計研究会), Vol.19(4), pp.2-10.
宮川公男 (2009),「ジョブレス・リカバリの中でしぼむ中流階層」『日経研月報』No.376 (2009年10月号), pp.26-32.
宮川公男 (2012),「平均株価の長期変動に見る大転換期——日経平均とNYダウ」『日経研月報』No.406 (2012年4月号), pp.24-31.
宮川公男 (2013a),「縮む中流階層と萎む夢——格差社会の職と雇用を考える」『經濟學論纂』(中央大学経済学研究会) Vol.53(5)-(6)(古郡鞆子教授記念論文集), pp.267-295.
宮川公男 (2013b),『日経平均と「失われた20年」——平均株価は経済の実体を正しく映しているか』東洋経済新報社.
宮川公男・石黒隆司 (1989),「日本企業のパフォーマンス——高度成長期から減速成長期へ」宇沢弘文［編］『日本経済——蓄積と成長の軌跡』東京大学出版会.
宮川公男・大守隆［編］(2004),『ソーシャル・キャピタル——現代経済社会のガバナンスの基礎』東洋経済新報社.
Bell, Daniel (1973), *The Coming of Post-Industrial Society: A Venture in Social Forecasting*, Basic Books.（内田忠夫・嘉冶元郎・城塚登・馬場修一・村上泰亮・谷嶋喬四郎［訳］(1975),『脱工業社会の到来——社会予測の一つの試み』(上)(下), ダイヤモンド社）
Bernstein, Michael A. and David E. Adler (1994), *Understanding American Economic Decline*, Cambridge University Press.
Bluestone, Barry and Bennett Harrison (1982), *The Deindustrialization of America:*

Plant Closings, Community Abandonment, and the Dismantling of Basic Industry, Basic Books.

Brynjolfsson, Erik and Andrew McAfee (2011), *Race Against The Machine: How the Digital Revolution is Accelerating Innovation, Driving Productivity, and Irreversibly Transforming Employment and the Economy*, Digital Frontier Press.（村井章子［訳］（2013），『機械との競争』日経BP社）

Cohen, Steven and John Zysman (1987), *Manufacturing Matters: The Myth of a Post-industrial Economy*, Basic Books.

Dertouzos Michael L., Richard K. Lester, Robert M. Solow, and The MIT Commission on Industrial Productivity (1989), *Made in America: Regaining Productive Edge*, The MIT Press.（依田直也［訳］（1990），『Made in America――アメリカ再生のための米日欧産業比較』草思社）

Friedman, John (1987), *Planning in the Public Domain: From Knowledge to Action*, Princeton University Press.

Gray, John (1998), *False Dawn: The Delusions of Global Capitalism*, Granta Book.（石塚雅彦［訳］（1999），『グローバリズムという妄想』日本経済新聞社）

Harrison, Bennett (1994), *Lean and Mean: The Changing Landscape of Corporate Power in the Age of Flexibility*, Basic Books.

Harrison, Bennett, and Barry Bluestone (1988), *The Great U-Turn: Corporate Restructuring and the Polarizing of America*, Basic Books.

Heilbroner, Robert L. (1995), *Visions of the Future: The Distant Past, Yesterday, Today, Tomorrow*, Oxford University Press.（宮川公男［訳］（1996），『未来へのビジョン――遠い過去，昨日，今日，明日』東洋経済新報社）

Kenney, Martin and Richard Florida (1993), *Beyond Mass Production: The Japanese System and Its Transfer to the U.S.*, Oxford University Press.

Keynes, John Maynard (1936), *The General Theory of Employment, Interest and Money*, Macmillan.（塩野谷祐一［訳］（1995），『雇用・利子および貨幣の一般理論』東洋経済新報社）

Lasch, Christopher (1995), *The Revolt of the Elites: and the Betrayal of Democracy*, W.W. Norton.

Longman, Phillip (1996), *The Return of Thrift: How the Collapse of the Middle Class Welfare State Will Reawaken Values in America*, Free Press.

Luttwak, Edward (1999) *Turbo-Capitalism: Winners and Losers in the Global Economy*, Harper Collins.（山岡洋一［訳］（1999），『ターボ資本主義――市場経済の光と闇』ティービーエスブリタニカ．）

Madrick, Jeffrey (1995), *The End of Affluence: The Causes and Consequences of*

American Economic Dilemma, Random House.

Meadows, Donnella H, Dennis L. Meadows, Jørgen Randers, and William W. Behrens III (1972), *The Limits to Growth: A Report for the Club of Rome's Project on the Predicament of Mankind*, Universe Books. (大来佐武郎 [監訳] (1972),『成長の限界——ローマ・クラブ「人類の危機」レポート』ダイヤモンド社)

Peterson, Wallace C. (1994), *Silent Depression: The Fate of the American Dream*, W.W. Norton.

Piore, Michael J. and Charles F. Sabel (1984), *The Second Industrial Divide: Possibilities for Prosperity*, Basic Books.

Reich, Robert B. (2007), *Supercapitalism: The Transformation of Business, Democracy and Everyday Life*, Alfred A. Knopf. (雨宮寛・今井章子 [訳] (2008),『暴走する資本主義』東洋経済新報社)

Rifkin Jeremy (1995), *The End of Work: The Decline of the Global Labor Force and the Dawn of the Post-Market Era*, G. P. Putnam's Sons. (Updated Edition, 2004, Tarcher Penguin) (松浦雅之 [訳] (1996),『大失業時代』ティビーエス・ブリタニカ)

Schumacher, Ernst F. (1973), *Small is Beautiful: A Study of Economics as if People Mattered*, Blond and Briggs. (小島慶三・酒井懋 [訳] (1986),『スモール・イズ・ビューティフル——人間中心の経済学』講談社)

Strange, Susan (1986), *Casino Capitalism*, Blackwell. (小林襄治 [訳] (2007),『カジノ資本主義』岩波書店)

Strange, Susan (1998), *Mad Money: When Markets Outgrow Governments*, University of Michigan Press. (櫻井純理・高嶋正晴 [訳] (1999),『マッド・マネー——世紀末のカジノ資本主義』岩波書店)

Woodward, Herbert N. (1976), *Capitalism can Survive in a No-Growth Economy*, Brookdale Press, in association with Walker. (大原進 [訳] (1977),『資本主義はゼロ成長でも生き残る』日本経済新聞社)

第 I 部

日本経済と社会的共通資本

第1章　日本経済のビジョンと社会的共通資本
　　　——下村理論をもとに持続可能な発展を考える

堀 内 行 蔵

1. はじめに

　現在，世界は大転換期にある．20世紀のエネルギー多消費型の石油文明は終わり，代わって自然循環を大切にする持続可能な社会へと転換しつつある．時代が大きく変わるときは，考え方，技術，生活様式など社会の基盤も変わらなければならない．そのためには，目指すべきゴールをしっかりと設定する必要があり，まず明確な将来ビジョンを構築し，それを国民の間で共有することがなければならない．

　新しいビジョンへと転換するということは，マクロ経済からミクロ経済に至るまで，パラダイムシフトが必要となる．

　私の場合，ビジョン構築に当たって最も影響を受けたのが下村治氏の経済観であった．下村治氏（1910~89）は，経済理論と統計数字を使って，誰よりも早く日本経済は高度成長が可能であることを認識し，1960年代の日本の成長政策をリードした．そして，日本経済の進路を的確に予想し，日本経済が「勃興期」にあるという言葉で高度成長のビジョンを表現した．

　1960年代の初めにおいて，多くの日本人は敗戦の影響で自信を喪失していたが，下村氏が打ち出した超強気の経済見通しに大いに勇気づけられた．特に，経営者やビジネスマンは，下村氏の力強い高度成長のビジョンに引きつけられたのである．経済見通しが的中するにしたがい，下村氏は，成長論の教祖あるいはカリスマと呼ばれるようになり，大きな存在感を示した．

　下村氏は，1951年の学位論文「経済変動の乗数分析」によって，理論家として経済学者の間で注目されるようになった．1959年には論文「日本経済の

基調とその成長力」がきっかけになり，学者やエコノミストとの間で有名な成長論争を引き起こし，その過程で高度成長論者として独自の立場を確立した．その後，日本開発銀行の理事と設備投資研究所長の時代では，安定成長論者との景気討論会などで，自信に溢れた強気の景気見通しを発表し，経済界で大いに注目された．

1973年の石油危機を契機にして，下村氏のビジョンは一転した．下村氏は日本経済が高度成長から一気にゼロ成長へ転換するという見通しを提示した．この「ゼロ成長」のビジョンは，日本経済が「成長」の時代から「発展」の時代に入ることを示すものであった．ゼロ成長のビジョンは，人びとの間に広く受け入れられたとは思えないが，21世紀に入り話題となってきた「持続可能な発展」というビジョンにつながっていくものであった．ゼロ成長を達成するため，下村氏は「節度」というオリジナルな行動規範を強調した．

下村氏は，単なる経済学者ではなく，また景気予測のエコノミストでもない．下村氏の考えを下村理論と呼べば，それは2階建の建物のような構成になっている．2階の部分は，マクロ経済学であり，J. M. ケインズの有効需要の理論やR. F. ハロッドの成長論とオープンマクロモデルとから成っている．ケインズの短期の理論をシュンペーターのイノベーション論を取り入れて動学化し，独自の経済成長論を確立したのである．下村理論のもう一つの特徴は，この2階の部分を支えるために1階の部分があることである．1階の部分は，日本社会の状況分析であり，下村氏は，歴史，風土，社会通念，国民性，人口，自然など，日本人が生活する現実の「場」を重視した．下村経済学が，「国民経済」の理論と呼ばれるゆえんがここにある[1]．

設備投資研究所の設立50周年を記念するにあたって，本章では，下村氏の経済理論のエッセンスをまとめるとともに，下村氏のビジョンを解説することとしたい．なお，本章では大きな枠組みを概観するため，細部にわたる分析は省略することとする．詳しくは，拙著『日本経済のビジョンと政策』（堀内

---

[1] 設備投資研究所長をされた石黒隆司氏は，「下村先生の理論の底に一貫して流れるものは，市場メカニズムの整備だけでは不十分で一国の経済運営には節度が重要であるという主張であったように思う」と述べている（日本開発銀行行友会『下村治氏を偲ぶ』行友，No.132, pp.28）．

1998），『下村治博士と日本経済』（堀内 2007）を参考にされたい．

　私は，日本開発銀行に勤務中，下村氏から多くのことを学ばせていただいた．そこで，エピソードを紹介しながら，下村氏のビジョンが高度成長からゼロ成長へと大転換したことを概説する．ゼロ成長論は奥が深く，単に経済成長率が「ゼロ」というだけでなく，宇沢弘文教授の社会的共通資本の理論を重ね合わせると，「21 世紀の持続可能性ビジョン」につながっていることを明らかにしたい．

　エコノミストやジャーナリストの間では，ゼロ成長論は間違っていたというのが通説になっているようであるが，私はその見解に与しない．単に GDP 統計を見れば，1970～80 年代の日本経済の成長率はゼロでなく，平均すると年 4～5％ となったが，それはあくまで表面的なことであって，この間日本経済の実態は不均衡のままで膨張を続けた．日本経済は，均衡ある状態になかったのであり，持続可能な経済を基準として考えれば，下村氏のゼロ成長のビジョンは正しかったと言える．典型的事例として，拡大均衡論に基づく成長政策は，財政収支の歴史的な不均衡をもたらしていることが挙げられる．最近の 2013 年 6 月末の国の債務残高（国債，借入金，短期証券）は 1,008 兆円に達し，対名目 GDP 比は 2.1 倍という前代未聞の水準になっている．

　最近，下村理論が再評価されブームとなっており，それを背景に代表的な著作が再版されている．現在の日本経済は失われた 20 年とも呼ばれ，景気低迷が続いている．このため，成長経済への復帰を願って，下村理論が見直されているのであろう．ところが下村氏は，1973 年 10 月の第 1 次石油危機を契機に，日本経済はゼロ成長の時代に入ったと論じた．現在議論すべき重要な点は，どうしたらゼロ成長経済が安定し持続可能となるかであろう．

　この際，拡大均衡は実現不可能であることを認識し，政治家も経営者も希望的憶測ではなく，しっかりとしたビジョンに基づいて将来を展望しなければならない．下村氏が強調した「覚悟」が必要なのである．骨太の経済政策，ぶれない企業経営というものは，そのようでなければならない．かつて日本経済が歴史的な大転換期にあった 1960 年代初めと同様に，現在も議論の前提として骨太のビジョンが重要になっているのである．

> エピソード1　　ケインズ的発想
>
> 　開発銀行に入行したとき，新人研修を受けた．その最後に設備投資研究所の下村所長との自由討論の場が与えられた．学生時代に授業で批判精神を持てと教え込まれていたので，われわれのグループは，高度成長の歪みを持ち出して，成長論の教祖をへこまそうと考えた．
> 　当時社会問題になっていたことに社用族の交際費があり，これは社会的にムダであるとマスコミが騒いでいた．そこで，下村所長に「高度成長のお陰で銀座のバーが繁栄するのをどう思うか」と質問したところ，「これは経済成長とは関係ない問題である．悪いのは，そういうところに行くサラリーマンであって，銀座のバーの問題ではない」と一蹴された．下村氏は，論争好きであり，堂々と自分の立場を主張する．この場合，銀座の女性にふらふらするのは，高度成長とは関係ないとした上で，需要と供給を比べ，需要サイドに問題があるとしたのである．社会問題を経済分析のフレームに落とし込んだところに知的刺激を受けたが，同時に，所長はケインズ理論の人だと強烈な印象を受けた．

2. 高度成長のビジョンと構想力

　下村氏は，日本経済の見通しにおいてなぜあのように自信があったのか．その理由は，予測の根底に高度成長とゼロ成長という2つのビジョンがあったためと思われる．下村氏は，1950年代末〜60年代初めにかけて日本経済は「歴史的な勃興期」にあり，高度成長が実現できると確信した．しかし1973年秋に第1次石油危機が勃発すると，日本経済はゼロ成長の時代に入ったという新しいビジョンを展開したのである．

　通常マスコミは，エコノミストを強気派（楽観派）と弱気派（悲観派）に分けたがる．この流儀に従えば，下村氏は，高度成長のときは超強気派であり，石油危機以降は超弱気派となった．当時世間では，教祖が強気派から弱気派に変節したと大いに話題となったが，下村氏は変節したわけではなかった．下村氏

のロジックは一貫しており，理路整然としていた．世界経済の成長条件が大変化すれば日本経済のビジョンも変わるのであり，ロジックとビジョンは正しいと確信していたからこそ，大胆にゼロ成長という長期経済見通しを打ち出したのである．

下村氏は多くの著作を残している．そこで，本節では，その著作をもとにして，下村氏がどのようにしてビジョンを形成していったか，またその根拠となった独自の高度成長論を概観してみよう．高度成長論の成立までの著作については，章末の付表「下村治氏の高度成長論の誕生に関する代表的著作」を参照されたい．

2.1　戦前の日本経済

下村理論の特徴は，日本経済だけではなく世界経済の中にある制度的要因を重視することにあった．そして，この世界的要因をもとにして，日本経済の長期的な成長ビジョンを構築したのである．表1-1に，下村氏のビジョンの根底にある世界経済の制度をまとめてある．

戦前の日本は，一言で言えば貧しい時代であり，そのなかで国は富国強兵を目指していた．全体的に低成長の時代であり，景気循環がはっきりとあらわれていた．好景気の時はインフレーションになり，不景気の時はデフレーションに陥った．このような経済状況が続いたことについて，下村氏は以下のような要因を考えていた．

経済成長が抑制されたのには，3つの要因がある．国際通貨制度が金本位制であったこと，貿易体制が植民地支配を中心とするブロック経済であったこと，エネルギーが石炭という使い勝手の悪いものであったことである．

金本位制のため，一国の通貨供給量は金の保有量によって限定され，経済成長のスピードは制限された．ブロック経済は，世界経済が全体として貿易量を増加させることを制限した．このような要因のため，世界経済には同時拡大の条件が少なく，日本経済も低成長を余儀なくされたのである．戦前の日本は，低成長のなかで景気循環があらわれる経済であった．

人びとの生活は貧しかった．これは，経済学的に考えると，人間の価値（賃金）に対しモノの価値（物価）が高く，実質賃金は低いということである．江

表1-1　日本経済のビジョンとその背景

時代区分	経済と「ビジョン」	成長と制約の要因	主要エネルギー
戦前 〜1945年	低成長 景気循環 「富国強兵」	国際通貨：金本位制度 貿易：ブロック経済（植民地主義）	石炭
戦後 1955〜'70年頃	高度経済成長 「国民所得倍増」 「先進国経済へのキャッチアップ」	国際通貨：ＩＭＦ体制（管理通貨） 貿易：ＧＡＴＴ制度（自由貿易） 世界経済の同時拡大	石油（安価） エネルギー多消費型産業の成長
1973年〜現在 〜将来	ゼロ成長 （石油危機以降） 「持続可能な発展」	自然環境の壁 石油価格の高騰，地球の環境収容力の限界	省エネ 再生可能エネルギーへの転換

時代区分	経済の状態	環境問題
戦前 〜1945年	深刻な失業問題 インフレーションとデフレーション	モノの価値が高く，人の価値が低い 「もったいない」
戦後 1955〜'70年頃	完全雇用を達成 物価安定 内需主導の成長 所得格差縮小 中間層の拡大	公害の発生と克服（1980年代） モノの価値は一定，人の価値が上昇 →大量生産・大量消費 「使い捨て」
1973年〜現在 〜将来	史上最高の生活水準 財政赤字 バブルの発生 雇用不安 所得格差の拡大	自然環境の価値の上昇 パラダイムの転換 「もったいない」

＜下村理論のキーワード＞
高度成長の時代……イノベーション，均衡，自由と自己責任
ゼロ成長の時代……イノベーション，均衡，節度

戸時代と同様に，このような時代には「もったいない」とモノを大切にすることが合理的になる．日常の行動では，3R（Reduce, Reuse, Recycle）が当たり前になる．最近，地球環境問題が深刻になり，「もったいない」という意識が復活しているが，生活水準が低い世界でモノを大切にするのは合理的行動なのである．モノを大切にするというのは，いつの時代でも倫理的に正しいことであるが，特に生活水準が低い社会では効率的なライフスタイルなのである．

このように戦前の日本経済では，国民がどのように頑張っても高度成長を実現することは困難であり，人びとはモノを大切にする簡素な生活をしていた．

2.2 高度成長のビジョン

戦後の日本経済は，復興（1945～51年），安定（インフレの収束とドッジ・ライン，1949年），朝鮮特需（1950～53年），自立（特需を除いて貿易収支が均衡，1955年頃）という疾風怒濤の10年間を経験した．その後にあらわれた高度成長は，1955年（昭和30年）頃から1973年（昭和48年）までの約18年間続いた．

戦後の世界経済の制度改革

戦後の日本経済が高度成長を達成できた最大の要因の一つに，国際経済制度の改革があった．下村氏は，戦後の世界経済が戦前の古い束縛から解放されたと認識した．戦前の経済は，金本位制，ブロック経済，石炭という成長制約要因によって支配されていた．これに代わって，戦後の世界経済は，IMF（管理通貨制度），GATT（自由貿易制度），安価な石油供給（エネルギー革命）によって特徴づけられる．

自然資源の乏しい日本が，戦後の自由貿易制度や安価な石油供給の恩恵を受けたのは言うまでもない[2]．同時に，金本位制から管理通貨制への転換は，世界各国が同時に成長するために必要な通貨供給を可能にしたのである．

金本位制とは通貨供給量を金の保有と結びつけるものであり，人間の判断が入る余地が少ない．好況が続くと，インフレが発生するとともに，輸入が増え貿易収支が赤字となり，金が海外に流出し貨幣供給量が減少するため，景気は

---

[2] 下村氏は，1960年頃の成長論争においてエネルギー革命については強調しなかった．

反転し経済は自動的に均衡に向かった．

　これに対し，IMF 体制（管理通貨制度）とは，政府や人間の信用の上に成り立つ制度である．通貨供給を人間の理性的判断にまかせ，経済が成長し通貨需要が増えるときは，政府は通貨供給量を増やすことができるようになった．また，一時的に貿易収支が赤字になっても，IMF は，短期の貸付を行い，国際流動性不足を補うため，経済成長が持続可能となる．IMF 体制とは，世界各国が同時に経済成長を実現できるように，国内・国際の両面で流動性を確保するシステムである．

　高度成長というのは，一国の経済の長い歴史の中で一度あるかどうかの稀な事象である．戦後の通貨制度が古い制度から解放されたということは，日本経済にとって画期的な意味を持っていたのである[3]．

　エコノミストや学者のなかには，高度成長が可能となったのは，日本人が勤勉であったためであると主張する傾向がある．これに対し，下村氏は，戦後の日本人が戦前よりも勤勉になったとは思えない，むしろ戦前の方が勤勉であったかもしれないと述べていた．戦後は国際経済の制度改革があったため，日本人の勤勉さが経済成長という形であらわれたのであって，戦前の制度が続いていたならば，1960 年代の高度成長は実現しなかったというのが下村氏の主張である[4]．

　下村氏は，1950 年代後半に日本経済が年 10％を超える高度成長の軌道に乗りつつあることを統計数字で確認し，それとほぼ同時に，高度成長のビジョンを世に問うたのである．それはちょうど国民所得倍増計画のスタート（1960 年）と重なっていた．1959 年の論文「日本経済の成長力と成長理論」を始め

---

[3] 1965（昭和 40）年度に国債発行が始まり，成長通貨の供給が本格化した．下村氏の主張していた大胆な金融政策は，高度成長の開始から 10 年程してやっと実現したのである．その間，民間企業は設備投資の資金調達で苦しめられた．一方，経済成長が低い現在のようなときに，通貨供給量を大幅に増やすとバブルを引き起こすであろう．1980 年代の後半の日本経済がそうであった．1990 年代末以降のアメリカにおいてもバブルが発生した．低成長の時代では，金本位制の方がバブルに歯止めがかかると考えられる．最近の世界的な金融緩和状態は注視しなければならない．

[4] 下村氏の議論は，事態の変化の前後での条件変化に焦点を当て，事態の変化の原因を明らかにする．この手法によって，1980 年代の日本の経常収支の大幅な黒字拡大は，アメリカのレーガノミックスに責任があることを明らかにした（『日本は悪くない』（下村 1987a）を参照）．

とし1960年代初めの論文において,歴史上初めて近代工業が日本の風土にその根を下ろしつつあり,日本経済は歴史の新たな「勃興期」にあるというビジョンを展開した.これは,浮ついた成長ムードではなく,歴史の新たな勃興期にふさわしい精神的高揚の発露であると述べている.

安定成長論者との認識の違い

終戦直後の日本経済はインフレ問題に悩まされていた.高度成長か安定成長かという経済観の違いは,終戦直後のインフレ収束のための政策にあらわれていた.1940年代後半のインフレ抑制のために,生産力の回復（供給増加）を主張する政策と需要の抑制を最優先とする政策が鋭く対立した.前者は中間安定論と呼ばれ,拡大均衡を目指す政府や下村氏の立場であった.後者は一挙安定論と呼ばれ,縮小均衡を目指すもので,有澤廣巳教授やJ. M. ドッジ氏の立場であった.1960年代において,中間安定的な見方は高度成長論へ,また一挙安定的な見方は安定成長論へとつながっていったと言えよう.

下村氏は,1959年以降の成長論争のなかで,安定成長論者は戦前の金本位制の時代の経験に引っ張られており,国際通貨制度が転換した意味を充分に認識していないと批判した[5].安定成長論者によれば,成長率は年6〜7％と低くても景気変動の幅を少なくしながら成長することが好ましいということであった.戦前の経験からすると,金本位制は低成長の下で景気の自動調整機能を果たしていた.この機能を戦後の管理通貨制度のもとでも継続させようと考えたのが,安定成長論者であったと思える.これは,成長重視政策と言うよりも,一種のストップ・アンド・ゴー政策であった.

吉野俊彦氏などの安定成長論者は,年10％という高度成長はインフレや貿易収支の赤字をもたらすとして,早めの引締め政策を支持するのが通例であった.特に,安定成長を是とする慎重な経済運営は,通貨当局の基本姿勢となっていた.

1950年代後半以降の高度成長の時代において,安定成長論者は,民間設備投資が増加し経済が活況を呈すると,それが貿易赤字やインフレをもたらすと

---

[5] この点は,小宮隆太郎教授も下村氏と同意見であった（中山 1960, p.253）.

警戒し，早期に金融を引き締めるべきと主張した．これに対し，下村氏は，民間設備投資は生産性を向上させ供給力を拡大させるため，貿易収支の赤字は短期的問題であり，またインフレについても心配する必要はなく，経済成長に見合った大胆な通貨供給を行うべきと主張したのである．

　高度成長論者と安定成長論者との間ではビジョンが異なっていたが，このことが財政金融政策の違いとなってあらわれた．金本位という成長抑制的な制度から管理通貨制という成長促進的な制度への転換は，パラダイム（経済常識）のシフトをもたらした．ビジョンが転換すると，政府の政策も転換しなければならない．

　高度成長論と安定成長論とのビジョンの違いは，次項で分析する国際収支問題と物価問題とにあらわれ，1959年の成長論争の焦点となった．

2.3　高度成長の理論と実績

　下村氏の自信の背景には，戦後の国際経済制度に対する認識のほかに，独自の経済理論の構築，綿密な統計数字の裏づけ，企業家や勤勉な国民に対する信頼があった．そこで本項では，下村氏の主要著作を検討し，高度成長理論がいかに形成されていったかを概観してみよう．

需要超過経済から供給力先行経済へ

　下村経済学の特徴である拡大均衡論が，どのように形成されていったかを検討してみよう．終戦直後，下村氏は経済安定本部に所属し，インフレの抑制に注力した．時には，ヤミ市場を歩いて自由価格を観察し，どの程度公定価格との差が縮まっているかを実際に確かめたりもした．当時，インフレ抑制のためには，需要抑制を優先する一挙安定論（デフレ政策）と生産力の回復を優先する中間安定論（供給増加政策）が対立していた[6]．下村氏は，供給力の回復がなければ本当のインフレ収束にはならないと考え，政府の中間安定路線を支持し，復興金融金庫の融資活動に一定の評価を与えた．それは，一挙安定策が功を奏しインフレを止めても，生活水準は低いままに留まるため，下村氏は，そのよ

---

6)　一挙安定の典型例は，ドッジ・ラインである．また，第1次世界大戦後のドイツのようなハイパーインフレの再発を恐れた社会主義経済学者も一挙安定を主張した．

うな社会に国民は満足しないと考えたからである（下村 1974b 参照）．これは問題を拡大均衡のなかで解決するという考えであり，1960年代の高度成長政策へと発展する．

　1950年代半ばになると，日本経済は需要超過経済から供給超過経済へと転換していった．この時期，下村氏は，高度成長政策論が誕生する基となった2つの代表的な論文を発表している．第1は，1954年の論文「金融引締め政策——その正しい理解のために」（下村 1954）であり，ハロッド流のオープンマクロの貯蓄・投資モデルを基に，日本経済の現状を分析した．

　下村氏は，この論文の完成によって，戦後のインフレ経済が終了し，日本経済は供給が需要を上回るようになってきたことを認識し始めたのである．これは，投資の効果が需給の両面にあらわれるという投資の二重性に起因する問題である．マクロ経済的に考えると，更新投資を上回る部分の投資（純投資）が総供給力の増加になるのに対し，総需要の増加は投資の増加に依存するため，必ずしも需給の増加が一致するとは限らない．当時の日本経済では供給力の増加が需要の増加を上回りつつあったのである．

　この論文は，国内均衡と対外均衡の同時達成を検討したものであり，分析の中から日本経済が供給力超過となる可能性があることを指摘した[7]．政策論としては，供給力超過の状態を正常とみるか，好ましくないとみるかが問題となる．正常という見方は，その後の高度成長政策へと発展するのである．

　第2は，1958年の論文「経済成長実現のために」（下村 1958）である．これは，1960年の国民所得倍増計画の誕生の基になったと言われる論文である．このなかで，下村氏は，明確に日本経済は供給力増加が需要増加に先行する経済に転換したと分析し，年10%の高度成長の達成のために，積極的な財政金融政策の必要性を主張した．高度成長政策とは，増加する供給力を十分に活かす政策である．成長政策の下で，企業家は自由や自己責任の原則のもと創意工夫を発揮し積極的に設備投資を行い，国民は向上心を高め欧米諸国の先進的な生活水準を目指し努力する．成長政策とは，すべての前向きの努力が報いられ

---

[7]　村上泰亮教授は，同論文を「ケインズ以降のマクロ理論を日本経済の現実にはじめて適用した……，戦後日本における第一級の論文であり……」と高く評価している（村上 1971 参照）．

るようにするための政策であった.

このように，一方で終戦直後のインフレ収束の経験をもとに，他方で最新の経済分析手法を日本経済へ適用し，下村氏は，1950年代後半に理路整然と高度成長論を組み立てたのである.

独立投資と産出係数＝1

下村経済学の理論的原型は，1951年の学位論文「経済変動の乗数分析」（下村 1951）にある．宇沢弘文教授によれば，同論文は「ハロッド，サミュエルソンのあとを受けて経済動学の分野に新しい地平を切り開いた」と評されている（『下村治』参照）．この論文において，下村氏は，民間設備投資に焦点を当てて，景気循環を引き起こすのは感応投資であり，経済成長を実現するのは独立投資であるとした.

感応投資とは，企業の利益の変化に反応して行われる設備投資である．需給の変化は利益の変化をもたらし，それが企業の投資を増減させるのである．このような誘発投資は，経済全体の需給に影響を与え，景気循環を引き起こす．これに対し，独立投資とは，シュンペーターの言うイノベーションを具現化するものであり，短期的な需給や利益の変化に左右されにくい自律的な投資である.

シュンペーターは，『経済発展の理論』（Schumpeter 1926）において，イノベーション（新機軸）が，金本位制の下での信用創造のメカニズムを通じて，景気循環の機動力となることを理論的に明らかにした．これに対し下村氏は，イノベーション（技術革新）が，企業の独立投資を引き起こし，国債発行による成長通貨の供給を通じて，高度成長を実現させると考えた．イノベーションを景気循環ではなく経済成長と明示的に結びつけたのは，下村氏の功績である.

独立投資は経済成長の原動力であり，その源は企業家の創意工夫や冒険敢為にある[8]．高度成長を実現するのは，企業の旺盛な設備投資意欲であり，その意欲を最大限に引き出すのが政府の経済政策である．下村氏によれば，主役は

---

8) 法人税減税は利益に影響し設備投資を増加させると考えられるが，それは弱い投資である．これに対し，独立投資は時間の関数であり強い投資である．高度成長は，この永続的な強い投資によって実現する.

民間企業であり，政府は補佐役だったのである．政府の政策が高度成長の実現に寄与したというのは，この意味においてである．

下村氏は，経済成長率が民間企業の純投資（投資総額から更新投資を除いたもの）と産出係数（GNPの増加と純投資との比率，資本係数の逆数）によって決定されるとした．これは，ハロッドの保証成長率に相当するものである．投資の二重性を前提にすると，この保証成長率を実現するために，積極的な財政金融政策が必要となったのである[9]．民間企業の投資を抑制するのではなく，企業家がのびのびと活動できるようにするのが政府の役割だと下村氏は言う．国民所得倍増計画は，社会主義国の計画経済のように政府が主導するものではないというのが，下村氏の信念であった[10]．

産出係数（資本係数の逆数）は最も重要なパラメータであった．下村氏は，産出係数を1とした．産出係数については，論文「経済変動の乗数分析」において1としたのが最初である[11]．その後，1954年の論文「金融引締め政策――その正しい理解のために」では，「法人企業統計」を使って，1950～53年度の設備投資とGNP（付加価値）の増加との間には，産出係数を1とする1年のラグがあることを確かめたのである．

産出係数については，1959年の成長論争においてその定義（粗投資か純投資か，実質か名目か）と大きさについて議論が行われた．下村説への反論として，日本経済は1950年代末には戦後の復興を終えており，1960年代には産出係数が

---

9) 貯蓄率（貯蓄／GNP）を s，産出係数（GNPの増加／純投資）を σ とすると，保証成長率（Gw）＝ $s\sigma$ である．下村氏が産出係数の計算に公共投資を含めなかったのは，直接的に供給力の増加に結び付く投資に限定したからである．欧米の研究をみると，投資（総資本ストックの増加）には，民間設備投資に加え公共投資を含める例が多かった．

10) 下村氏は，計画経済はうまくいかないという確信をもっていた．その根拠として，第1は，マルクス経済学に対する批判であり，『経済変動の乗数分析』（下村 1952）において「マルクス経済学が投資誘因について正しい分析をもたない（p.129脚注）」と書いている．第2は，大蔵省の官僚として戦争中の所得統制を担当した経験によるものである．経済統制は非効率である．第3は，『経済変動の乗数分析』において，下村氏は自身の資本主義的経済モデルが安定的な投資循環を示すことを証明した．

11) 下村氏は，内閣統計局の調査をもとに，昭和10年（1935年）の国民所得と工業用資産との比率から産出係数＝1とした（『経済変動の乗数分析』p.140参照）．1960～70年の長期予想において，下村氏は大胆に産出係数を1と見込んだ．宇沢弘文教授によれば，一桁の数字で勝負したのは，N. カルドアと下村氏の2人であった．骨太のビジョン構築のためには，詳細な数字や議論は必要ないのであろう．

低下するため，高度成長は無理であるという議論があった．「もはや戦後ではない」というキャッチフレーズが流行になっていたのである．

これに対し，下村氏は，論文「成長政策の基本問題」（下村 1961a）において，純投資の産出係数を1とし，1960年代の年平均成長率を10.6％と見込んだのである[12]．1960年代の高度成長の実績を検討すれば，産出係数は1.1であり，下村氏のビジョンに基づく長期経済見通しは，どの見通しよりも現実に近かったのである[13]．新しいビジョンやパラダイムの転換は，最初は少数の異端者から提起される．時代が大きく転換するとき，ビジョンなき予測は危ういのである．

戦後の経済復興が完了しても，経済成長率が低下しなかったのは，新技術を体化した新鋭設備が大量に導入されたからである．下村氏は，マクロの統計によって年10％の高度成長が可能であることを確認した．1959年の論文「日本経済の基調とその成長力」（下村 1959a），「日本経済の成長力と成長理論」（下村 1959b）において，日本経済は，設備投資の規模が大きく，投資のGNP比率が高く，国際比較を行ってもその特色が際立っていることを明らかにした．一連の下村論文は，国民所得倍増計画をバックアップすることとなった．ところで，高度成長に気がつきそれを理論化するにあたって，下村氏が工場見学をしたことはなかった．かつてこのことを問われると，「見なくてもわかりますよ」と，にこりとされた．

同一の統計数字は，安定成長論者も承知していたのであるが，彼らは高度成長論に批判的であった．戦後のIMF・GATT体制への転換を認識し，新たなビジョンやパラダイムを形成できるかどうかが決定的に重要だったのである．日本経済の歴史的な近代化の流れにおいて，「異なった次元への屈折」（下村 1962）が起こっているという認識が重要であった．これと同様に，ゼロ成長のビジョンは，石油危機によって日本経済が2度目の屈折を引き起こしたという認識に基づいている．

---

12) 長期見通しなど下村氏の統計分析には，大蔵省大臣官房調査課の若手職員の協力があった．論文「成長政策の基本問題」は，1960年の理論経済学会で発表されたものであり，下村（1961a）である．

13) 産出係数は，1950年代後半が1.5，60年代は1.1であった．1970年代は公害防止投資や省エネ投資が増大したため，産出係数は0.5へと低下した（堀内 1998 参照）．

対外収支の均衡

1959年の経済成長論争において，マクロ経済の安定性が問題になった．マクロ経済の安定性には，対外収支の均衡と物価の安定がある．

高度成長論を批判した安定成長論者は，国際収支の悪化と物価騰貴の可能性を問題にした．国際収支面では，経済成長によって生じる輸入の増加は，輸出の増加によってまかなえるのかが論点になった．下村氏は，積極的な設備投資が輸入代替を進めるため，貿易収支の赤字は一時的であり，長期的には問題にならないと主張した．現実の数字をみると，1960～70年間の年平均の伸び（GDP統計，実質）は，輸出が15.6％，輸入が15.2％とほぼ同一の率であり，輸出と輸入は並行して増加した．名目GDP比でみても，この間，貿易収支の黒字は平均で1.0％であり，経常収支の黒字は0.1％となり，対外収支は均衡していた．このことは，高度成長が，内需主導であり，外国からの借り入れなしに達成できたことを示している．

対外収支の均衡には，エネルギー革命によって，安価な石油が利用できたことが大きい．産業構造は，エネルギー多消費の重厚長大型へと転換した．輸出は所得弾力性の高い製品へとシフトした．このように，高度成長の中で対外収支の均衡が達成され維持されたのである．

日本経済の高度成長は，輸出主導型であったという見解があるが，事実はその逆で，内需主導型の成長であったことが明らかになった．日本経済が内需主導型の成長であったのは，日本の人口が1億人と多かったためである．人口の多い国が経済成長を実現し完全雇用を達成するためには，国内に多種多様の産業を育成する必要がある．国内需要向けに製造し，輸入代替を進めるというパターンである．これに対し，シンガポールのように人口の少ない国は，数少ない産業に特化し貿易依存度を高めなければならない．人口の少ない国は，産業構造を空洞化させることによって経済成長を図る．このように人口小国は，自由貿易の恩恵を受ける度合いが高い．

人口規模と望ましい産業構造は密接に関連しているのである．最近の中国の成長パターンは輸出主導型であり，貿易収支の黒字が成長の原動力となっている．これは，中国のような人口大国にとって均衡ある成長パターンとは言えない．現在のように世界経済が停滞するなかで，もっぱら輸出に頼って成長する

パターンには限界があり，世界経済にとっても中国経済にとっても持続的ではない．また，アメリカのように人口の多い国で，企業が海外直接投資を増やし，国内製造業の国際競争力が低下すると，産業空洞化が生じ，雇用不安を高めることになる．

下村氏は，人口規模と輸出比率（輸出／GNP）との関係を国際比較し，人口の多い国ほど輸出比率が低くなることを確かめている（下村 1967 参照）．このパターンは輸入比率（輸入／GNP）についても当てはまる．輸出入比率は，一国の人口規模と産業構造によって決定される面が強いのである．時系列だけでなくクロスセクションによる分析を行うことによって，輸出入比率の大きさに目途が立ち，日本の国際競争力の検討に役立ったのである．

日本のように人口の多い国は，技術力の高い多種多様な産業を国内に保持していないと，雇用問題を引き起こすことになる．しかし現実には，すべての産業が先端的ではなく，遅れた産業もある．種々の産業や企業を抱えて，どうしたら国全体の雇用を維持するかが現実の産業政策となる．このため，自由貿易を促進すれば雇用問題は自動的に解決するという訳ではないのである．この点は，後述の自由貿易批判の項で取り上げる．

エピソード2　YES と NO

1980年代の初めごろ，下村氏が中国の方と面会したことがあり，私もそこに同席させていただいた．用件は，下村氏に中国を訪問し日本の高度成長の経験を講演していただきたいとのことであった．これに対し，下村氏は，開口一番日本の経験は中国にとって役に立たないと言われ，その申し出を断りました．下村氏の特徴は，YES と NO をはっきりとさせることです．

中国の方はがっかりとしましたが，下村氏は彼に日本の高度成長の経験を30分ぐらい丁寧に説明しました．日本と中国では，人口規模，国土面積，政治体制，歴史など違いが大きいので，日本の経験が参考になることはあまりない．今振り返ってみると，日本は内需主導の高度成長であったが，中国は外需主導の成長政策をとったので，成長戦略は正反対となった．

また，国内均衡，対外均衡の面でみても，日本と中国とのパフォーマンスの違いは大きい．

下村氏との面会の後，私はその中国の方とお茶を飲んで歓談した．彼は，下村氏に会えて大変喜んでいて，納得しすっきりとした表情であった．きっと日本と中国の違いを実感したのであろう．そして最後にその方が言った「今の中国にはあのような大きな人はいません」という言葉がいまでも記憶に残っている．

物価安定

高度成長論と安定成長論を分けた第2の点は，インフレ問題であった．物価には卸売物価（工業製品の価格）と消費者物価（消費財とサービスの価格）の2種類がある．下村氏は，卸売物価が安定しているかぎり，経済はインフレではないと主張した．これに対し，安定成長論者は消費者物価の上昇でインフレかどうかを判断した．

1960年代の高度成長の期間において，製造業の労働生産性と賃金は，ともに年平均で11％の上昇となり，生産性と賃金の関係は安定していた．このため，経済が急成長するなかにあって，卸売物価は極めて安定していた．能率にふさわしい報酬が保証されていたわけであり，生産性向上への努力が最大限に刺激された．生産性基準のベースアップ決定方式はイノベーションへの誘因となった．高度成長の時代に卸売物価が安定していたというのは，生産性向上の努力が十分に報いられていたということである[14]．

下村氏が卸売物価の安定を重視したのは，固定為替相場制であるIMF体制の下では，為替レートの安定が維持されなければならなかったためである．為替レートの安定と整合的な物価安定とは，貿易財である工業製品の価格（卸売物価）が安定することである．この意味で，高度成長期では物価は安定しており，インフレ的ではなかった．

下村氏は固定相場制を支持し，変動相場制に反対していた．固定相場制は世界経済の同時拡大を促進する制度である．固定為替レートを維持するためには，

---

14) 下村氏は，イノベーションは労働生産性の上昇であらわされるとしており，全要素生産性の上昇で捉えることに批判的であった．

製造業の賃金は生産性基準で決定されなければならないという節度が必要となる．賃金のベースアップが生産性の上昇を基準に決定されている限り，為替レートは安定する．下村氏は，為替レートの変化によって問題を解決するのではなく，為替レートの安定を目指す賃金決定を重視した．

　高度成長のなかで労働市場が完全雇用に近づけば，賃金上昇は経済全体に波及する．1963年の秋ごろには，早くも人手不足が問題になり始めた．サービス業や中小・零細企業で長らく低賃金に甘んじていた人々の所得が上昇し始めた．このため，サービス業を始めとし，生産性上昇率が低い部門の価格が上昇し，これが消費者物価の上昇となってあらわれたのである．経済成長の過程では，労働市場が完全雇用になると，卸売物価は安定していても，消費者物価は上昇する[15]．インフレかどうかの議論の焦点は，消費者物価の上昇率の程度に集中した．

　卸売物価が安定し，賃金が上昇し，サービス料金が上昇し，消費者物価が上昇するというパターンは，インフレではなく相対価格の変化をあらわしているというのが，下村氏の考えであった．これは，モノの価値が一定の下で，人間の価値が上昇していることを反映するものであり，経済成長の一つの大きな成果なのである．

　なお，高度成長が始まると，大企業の賃金が先行的に上昇し，中小企業やサービス業との所得格差が拡大するという議論（二重構造論）があったが，事実はこの逆で，高度成長の過程で，所得格差は縮小した．この結果，日本では国民総中流という現象があらわれた．

　1961年を境に消費者物価は年6％と上昇し始めた．なお，1960年代では年平均5.6％となった．このため，消費者物価の安定を主張する安定成長論者は，高度成長政策を批判した．安定成長論の主張に基づき1964年に金融引き締め政策が実施された．この結果，日本経済は戦後最大といわれる昭和40年（1965年）不況に突入した．高度成長のポテンシャルがあるときに安定成長政策を行えば，経済はかえって不安定になるのである．1964年の引き締め政策

---

15) 欧米の経済学では，消費者物価と卸売物価をまとめたGDPデフレータでインフレかどうかを議論する傾向がある．これは，工業とサービス業との間に生産性上昇率の差が大きかった日本の高度成長期においては不適切であろう．

は失敗であった．この経験をもとに，国の経済政策は，下村氏の主張していた国債発行による成長通貨の供給を開始し，本格的な成長政策へと転換するのである．

2.4　高度成長から学ぶこと

第1に，マクロ経済の安定性の条件とは何かである．下村氏の所説にしたがってまとめてみよう．日本経済は年10％を超える成長を実現したが，成長率の高さとともに経済全体が極めて均衡のとれた状態を維持した．

日本経済は，国内均衡と対外均衡を維持しながら高度成長を達成した．国内均衡とは，物価の安定と財政収支の均衡である．物価安定とは，消費者物価ではなく卸売物価が安定しているかどうかである．為替レートの安定と整合的なのは，卸売物価（貿易財の価格）である．

下村氏は，変動為替相場制に批判的であった．各国が固定相場を維持するように節度ある経済運営を行えば，世界経済は安定し成長するのである．為替レートが安定すれば，企業は長期計画を立てやすくなり，従業員にとっても労働生産性の向上に基づくベースアップが可能になる．努力が報いられるのである[16]．

財政収支の均衡とは，国の財政で歳入と歳出が一致していることである．具体的には，経常的支出は税収で賄い，公共投資は建設国債で資金調達し，赤字国債の発行はゼロでなければならない．これが，成長経済における均衡財政の姿である．高度成長は税収の大幅増加をもたらしたため，均衡財政は容易に達成された．高度成長の条件があったから財政収支の均衡は容易であったのである．低成長時代になって，減税や公共投資拡大を行い，無理やり経済成長を求めると，財政収支は確実に悪化する．

対外均衡とは，輸出と輸入の均衡である．日本経済の経験からみると，高度

---

[16]　1980年代の後半以降，日本経済ではたびたび為替レートのミスアライメントが発生し，円高状態が続いた．このため生産性の上昇が賃金アップや時短に結びつかなくなった．円高のため，総じて労働強化となり労働意欲は低下したと考えられる．円高レートは，規制緩和を促し，労働市場の流動化（非正規雇用の増加）や所得格差拡大の一因になったとみられる．ゼロ成長の下での為替レートの円高や新自由主義的政策は，経済の安定性を損なう結果となっている．

成長の初期では，成長とともに輸入が増加するため，貿易赤字が発生しやすくなる．しかし，長期的にみれば，近代的な設備投資の効果があらわれて，貿易収支は黒字に転換することが明らかになった．このため，1960年代半ばから国際収支が制約となることはなかった[17]．日本の高度成長は内需主導の成長であったが，これは日本が人口1億人という大きな国内市場を抱えていたためである．

　第2に，経済成長とは何であるかである．ジャーナリズムや学者には，一般的に高度経済成長に対して批判的な傾向がある．これに対し下村氏は，次のように考えた．日本人は，高度成長の過程で，古い戦前の束縛から解放され，自由と自己責任のもと，いろいろな可能性を実現できるようになった．高度成長の時代とは，日本の経済や社会が変革される歴史的な勃興期である．下村氏が，イノベーションを重視したのはこの点にある．イノベーションに基づき自由闊達に活動する経営者や，生産性向上を目指す労働者が，新しい時代を切り開くというのが下村氏のビジョンであり，この明るいビジョンが自信喪失をしていた戦後の日本人を勇気づけたのである．

　下村氏の歴史観がはっきりとあらわれたのは，インフレ論争においてであろう．下村氏は，消費者物価の上昇は，人間の価値の上昇によるものであるとしたのである．この考えは，欧米の学者やエコノミストにない下村氏独自の経済観であると思える．従来から低賃金の職業につかざるを得なかった人や不本意な労働にあまんじていた人が，労働市場のひっ迫と賃金の上昇という過程で，そのような苦しい環境から解放された．成長の成果として，モノの価値に対し人間の価値が上昇したのであり，これが消費者物価の上昇となってあらわれたのである．

　実質賃金（賃金／工業製品価格）の上昇は，経済成長がなければ実現しない．経済成長の過程で，工業製品の価格は安定していたが，賃金は毎年10％ほど上昇した．この結果，人々は，新製品を購入し消費ブームが盛り上がり，欧米

---

17) 一国の国際収支は，長期的にみれば，貿易収支の赤字からスタートし，それが黒字に転換し，経常収支も黒字に転換する．その後貿易収支が赤字となり，経常収支も赤字になる．最終的には，対外純資産残高がゼロになるとき経常収支は均衡していなければならない．これが，国際収支のライフサイクルである．

の高い生活水準に追いつくことができたのである．

　ただし，モノの価値に対するヒトの価値の上昇は，大量生産，大量消費となってあらわれた．このため，「もったいない」よりも「使い捨て」という大量廃棄の文化が醸成された．これは合理的な消費者行動のあらわれでもある．現在，地球環境問題が深刻となり，環境意識が高まっている．このため，高度成長に対する批判が高まっている．しかし，高度成長の時代の国民は，明日への希望をもって物質的豊かさを求めたのであり，このことは一概に否定できない．問題は，ゼロ成長の時代になっても，生活意識を変更できないでいる現代人にあると思える．

　以上，下村理論をもとに戦後の日本経済の高度成長を概観してきた．下村氏の考えをまとめてみると，高度成長の時代とは「イノベーション，均衡，自由と自己責任」という3つのキーワードであらわされるであろう．イノベーションは経済成長の原動力であり，企業の技術革新を体化した設備投資によって実現した．均衡とはマクロ経済の安定性の条件であり，長期的にみて国内均衡（物価の安定，財政収支の均衡）と対外均衡（経常収支の均衡）が維持されなければならない．そして，この国内と対外の均衡達成には一種の節度ある行動が求められている．自由と自己責任の原則は企業経営者の行動規範であり，新しい経済社会へ積極的に挑戦する企業家精神の高揚をもたらした．高度成長時代の日本経済は，ダイナミックに変化したが，全体としては極めて均衡のある安定した姿を維持したのである．

3. ゼロ成長のビジョンと発展

　1970年頃になると，日本経済は，ヨーロッパの技術水準に追いついたため，成長率が減速する段階に入った．これは，一般的に転形期と呼ばれた．しかし，1973年に勃発した石油危機は，世界経済に深刻な影響を及ぼした．この大きなショックは，日本経済の減速過程を破壊し，日本経済を大混乱の状態に陥れた．成長軌道は屈折し非連続的なものとなった．

3.1 ゼロ成長のビジョンと日本経済

下村氏は，1973年の石油危機を契機に「ゼロ成長論」を発表し，以後，1989年に亡くなるまで終生ゼロ成長論を堅持した．下村氏のビジョン転換は素早かった[18]．石油危機は73年10月に勃発したが，下村氏はその後2〜3ヶ月の間に，ゼロ成長のビジョンを固めたのである．高度成長のビジョンからゼロ成長のビジョンへの大転換は，普通の人間には到底できない大変苦渋に満ちた決断であった．

ゼロ成長とは

石油危機直後の1974年の論文「日本経済はゼロ成長軌道に入った」(下村1974a) において，下村氏は，早くも高度成長からゼロ成長へと現実の成長軌道は屈折したと述べ，日本経済は異なった次元に突入するという新しいビジョンを提起したのである．

石油危機は，輸入原油の依存度が高い日本経済に深刻な混乱をもたらした．戦後の世界経済の順調な成長を支えていた3つの条件——IMF，GATT，安価な石油——のうちエネルギーの条件が破壊されたのである．高度成長とゼロ成長は大いに異なるが，下村氏の論理は一貫していた．戦後の世界経済の成長を支えていた基礎条件が変化したため，経済ビジョンは変化したのである．

下村氏は，安価な石油供給の時代が終わり，エネルギー問題が世界経済の制約要因になるとみた．下村氏の経済理論は，常に経済の均衡を条件にして成り立っていた．このため，石油の供給制約の下で，国内均衡（物価の安定，財政収支の均衡）と対外均衡（経常収支の均衡）を維持しながら日本経済が成長を続けることは，不可能であると考えたのである．下村氏は，当面の問題に加えて，将来中国やインドなどの諸国が石油需要を押し上げることを深刻に考えていた．下村氏の机の上には，IEA（国際エネルギー機関）の『世界エネルギー見通し』が常に置かれていた．

---

18) 東淳教授によれば，1973年暮れの恒例のグループ忘年会において，「下村先生はゼロ成長論にふれて，この問題については諸君にも余程しっかりやって貰わなければならないという趣旨のことを改まった口調で言われました」(『下村治』p.187 参照)．

第1章 日本経済のビジョンと社会的共通資本　83

　下村氏のゼロ成長宣言を，以下の 1974 年の論文「日本経済はゼロ成長軌道に入った」でみてみよう．下村氏は，この論文において，ゼロ成長の時代に入ることを「覚悟」しなければならないと述べ，人びとの意識改革を促した．

　「石油危機は日本経済の成長軌道を決定的に押し曲げてしまったようである．日本経済はいまや，これまでのような高度成長の軌道の上には乗っていない．高度成長どころか，安定成長の軌道にも乗っていない．そもそも，成長軌道から押し出されて，ゼロ成長の軌道に移されてしまったのが，今日の日本経済だといわなければならないようである．……われわれは，いま，長期的に，ゼロ成長の時代にはいることを覚悟しなければならなくなっているということである．もちろん，文字通りのゼロ成長ではないかもしれない．省エネルギーのイノベーションが成長を生み出すにちがいない．代替エネルギーの開発もないわけではなかろう．そして，世界中で石油資源の開発が進められるだろうし，産油国の供給量も絶対的に頭打ちということにもなるまい．しかし，それにしても，石油の供給が，極度に制約された条件の下で，日本経済は生きていかなければならなくなることはまちがいない．大局的にいって，それは高度成長はもちろん，安定成長を可能にするものでもなく，せいぜい微速度の成長を可能にする程度にすぎないにちがいない．すくなくとも，われわれは，いま，そのことを覚悟するほかない事態に直面していることは，たしかである．」（下村 1974a）

　下村氏の言う「ゼロ成長」とは，成長率が文字通りのゼロとなるのではない．石油節約的な省エネのイノベーションはプラスの影響をもたらすが，その影響を考慮しても日本経済は「微速度（年 1～2％）」の成長に留まるというのが，当時の下村氏の考えであった．これに対し，安定成長論者を含め大方のエコノミストや政府は，もっと高い 4～6％の成長を見込んでおり，下村氏の見方とは大きく異なっていた．

> エピソード3　　予測とビジョンの違い
>
> 　1975年頃のことである．内田忠夫教授が指導された日本経済研究センターの短期経済モデルを参考にしながら，われわれの調査部でもモデルを作成し経済予測を行った．なかなかすんなりとはいかず，いろいろと苦労したが，なんとか予測数字がまとまった．そこで，設備投資研究所の石黒隆司氏の助言にしたがって，下村氏の意見を伺ったことがある．モデルは計量経済学を応用しており整合的になっているので，予測結果には自信があった．来年度は4〜5％ぐらいの成長が見込めると説明したところ，下村氏は，にこりとされて，「そうですかねえ．どうしてこのような数字になるのでしょうか．石油ショックのあとの構造変化が考慮されていないのではないですか」と言われた．
>
> 　計量モデルのパラメータの推計には，過去のデータが使用されている．このため，われわれのモデルは高度成長期の構造をあらわしており，その後の構造変化は織り込んでいない．下村氏は，1973年の第1次石油危機以降はゼロ成長のビジョンをもとに経済見通しを行っていた．今振り返って考えると，経済構造が大変化するときは，単に過去を延長する予測は意味がなく，新しいビジョンが必要なのであった．下村氏がにこりとされた理由は今になるとよくわかる気がする．

無視されたゼロ成長論

　石油危機以降の日本経済の推移を概観すると，成長率は下村氏の見通しよりも高かった．しかし，この実績が持続的であるとは考えられない．実際，日本経済の成長を牽引したのは，レーガノミックスなどによる欧米向け輸出の急増，国内のバブル発生，過大な内需拡大策など一時的な要因であった．この間，内需が独立的・持続的に増加したわけではなかった．これらの要因がなくなると，経済成長率は一段と低下した．

実績をみると，1970〜80年代の20年間，日本経済は平均して年4〜5%の成長となり，ゼロ成長ではなかった．これに対し，バブルなど一時的な押上げ要因がなくなった1990〜2000年代の20年間では，日本経済の成長率は平均して年1%程度になっている．ゼロ成長の姿が明確にあらわれるようになったのである．しかし，ゼロ成長という考えは無視されており，代わりに"失われた20年"というフレーズが流行っている．

残念ながら，人びとがゼロ成長のビジョンを理解し，ゼロ成長経済の到来に「覚悟」を決めたとは思われない．政治家も企業経営者もゼロ成長のビジョンを真剣に考慮しなかった．政治家はゼロ成長論が選挙民に受け入れられないことを知っており，経営者は自社の成長がゼロとなると恐れたのである．いずれにせよ，ゼロ成長を主張すれば，政界や財界で異端者扱いされることになる．経営者にとっては，マクロ経済のゼロ成長と自社の企業成長を結びつける必要はない．経済全体のGDPは一定であっても，持続可能な社会に適合する企業は成長する．ゼロ成長では，全体の経済規模は一定であってもその中身は変化する．

石油危機以来40年間にわたり，ゼロ成長のビジョンは真剣に受け止められなかったため，財政収支や国際収支の不均衡が拡大し，マクロ経済の安定性が損なわれていった．ただし，石油危機後の不均衡の拡大は先進国に共通した問題であった．世界的にもゼロ成長時代の到来は認識されなかったと思える．

ゼロ成長の根拠は，安価な石油供給の限界にあった．世界経済が抑制されるなかで，日本だけが高度成長を続けることはできないのである．このような時代において日本経済の安定を保つために，人びとは高度成長時代の考え方を変える必要がある．日本は高度成長の結果，歴史上最も豊かな生活を享受しているのであり，ゼロ成長経済では，変化のスピードを落とし，江戸時代やヨーロッパのようにゆったりとしたライフスタイルにすべきであるというのが，下村氏の考えであった．成長から「発展」へと次元の異なる世界へ移行することが要請されたのである．

3.2 パラダイムシフト

ゼロ成長論，あるいはゼロ成長のビジョンとは，石油文明の「限界」を示し

たものにほかならない．のびのびとした経済活動に制約がかかってきたのである．そのようなとき，マクロ経済の安定性を維持するためには，新しい時代に即した共通の考え方や行動規範が必要になる．下村氏は，それを「節度」と呼んだ．節度とはゼロ成長時代のパラダイムであり，下村氏はそれを「全体のために自分を制御する気持ち」と表現している．

「節度」は，高度成長時代の「自由と自己責任」とは大いに異なる．節度には，それによりマクロ経済が均衡を保つという経済合理性があると同時に，全体のことに配慮するという倫理的問題が含まれている．「全体を考慮する」あるいは「相手に配慮する．相手の立場になる」という考えは，アダム・スミスの「sympathy：共感」や渋沢栄一の「忠恕」にも共通している．ゼロ成長の経済が長期的に均衡し安定性を保つためには，節度を維持するという行動規範がますます重要になっているのである．

節度の重要性

ゼロ成長時代のパラダイムである「節度」について，下村氏は，経済主体別に表1-2のように述べている．

ゼロ成長の経済が安定性を維持するためには，節度ある行動が要請されている．節度について，具体的に考えてみよう．まず，ゼロ成長の時代の消費者に求められるのは，量的に豊かな生活ではなく，質的な充実である．「発展」の時代にあっては，後述のJ.S.ミルが述べているように，本来の人間らしい生活を実現するように生活パターンを転換しなければならない．ゼロ成長経済における最大の問題は雇用問題であろう．ゼロ成長の下で国全体の雇用確保を考えると，労働生産性の向上は，高度成長時代のようにベースアップにまわすのではなく，労働時間の短縮（時短）に振り向けるようにしなければならない．

ゼロ成長の時代の企業は，むやみに生産能力の拡大や生産性向上を行うべきではない．下村氏によれば，省力化は雇用情勢を悪化させ所得格差や失業の問題を深刻化させる．企業は，従来通りイノベーションを実現していくが，その内容は地球環境，健康・医療，福祉など社会性のあるものに集中しなければならない．逆に言えば，従来通りの経営を行っている企業は衰退し，新しい社会ニーズに適合する企業が成長するのである．

表1-2　節度：ゼロ成長における経済主体別の行動規範

- 消費者は，現在の生活水準が史上最高であることを意識し，ゆっくりと時間をかけ内面的な充実を進め，高度な内容へと生活パターンを変更する．
- 労働組合は，インフレの原因になるような賃金上昇の要求を控える．
- 企業は，能力拡大や生産性向上を控える．代わりに，新製品の開発，省エネ・新エネの開発，環境保全，健康促進のためのイノベーションに専念する．
- 銀行は，金融節度を保持し，投機的行動を慎む．
- 政府は，財政規律を維持し，均衡財政の原則を貫く．

出所：下村氏の1974年以降の著作にもとづき作成．

　金融業界は，管理通貨制度の問題を認識し，バブルを引き起こさないよう節度ある経営を行う．金本位制の時代では通貨供給に一定の制約がかかっていたが，管理通貨制の時代では，通貨供給は人間の理性的判断にかかっているのである．政府は，財政規律を堅持するように財政運営を行う．下村氏は，財政収支の均衡が達成されるとき，ゼロ成長への調整過程が完了すると考えていた．このため，現在の日本経済は，石油危機から40年を経ているが，依然として調整過程にあるといえよう．

　石油危機後，節度が失われたため，マクロ経済が不安定になったことがある．1974年の賃上げがその一例であり，コストプッシュ・インフレを招来した．1980年代後半に生じたバブル経済のとき，儲けられるときに儲けないのは資本主義の原則に反するとした銀行や企業は投機に走り，バブル崩壊後の長期不況を招いてしまった．また，アメリカからの内需拡大要求に対応し，日本政府は減税や公共事業などにより内需拡大を図ったが，その結果財政赤字が拡大した．

　なお，財政赤字が拡大したのは日本だけではない．各国ともゼロ成長時代に適した政策をとらなかったため，現在，財政赤字の問題に直面している．このため，経済政策として財政政策は使えず，もっぱら金融政策に頼るという不自然な状態になっている．これは，世界的な過剰流動性の一因になっていると考えられる．過剰流動性の問題は，金融のグローバリゼーションと結びつき，世界経済を一層不安定化させている．

　以下では，財政，金融，貿易の3分野における問題を取り上げ，節度の重要

性を考えてみよう.

財政再建と増税

　石油危機後の調整過程において，下村氏が重視したのは，賃上げの問題と財政規律の問題であった．賃上げとコストプッシュ・インフレの問題は1974年以降収まっているが，周知の通り，財政赤字の問題は時を経るにしたがい，ますます深刻化した．国の長期債務残高の対 GDP 比率は，1980年代後半のバブル期などを除き，一貫して上昇している．このため，現在の日本の債務比率はOECD 諸国の中で突出して高まっている．今後の財政再建の過程においては，文字通りの「ゼロ」成長を覚悟する以外に道はないであろう．

　財政政策の効果に関しては，下村氏は，一般とは異なる見方をしている．1960年代の高度成長期において減税と財政収支の均衡は，両立していた．下村氏によれば，減税したから高度成長が実現したのではなく，高度成長の条件があったから，減税しても財政収支は均衡を保てたのである．公共事業の効果も同様である．高度成長の時代では，自律的な企業活動が活発に行われており，減税に対して民間部門はすばやく反応し，投資活動が大きく盛り上がったのである．経済のなかに拡大均衡の条件があれば，減税と財政収支の均衡は，両立するのである．

　ところが，一般的にはこの因果関係を逆に考える向きがある．減税をすれば経済成長が生じ，税収が増加し財政収支は均衡を保つ，という拡大均衡論がそれである．この政策がうまくいかないのは，かつてのレーガノミックスで実証済みである．また，日本経済においても，石油危機以降の度重なる景気刺激策が財政収支の悪化をもたらしている．1960年代のような拡大均衡の条件は消滅しているのである．下村氏は，高度成長の時代においても，財政政策が万能薬であるとは考えていなかった．このため，ゼロ成長の下では，財政規律の重視が最も重要な政策目標となったのである．最近，少子高齢化が進み，社会保障費は年々着実に増加している．このように歳出は傾向的に増加する姿になっている．したがって，最も基本的な点は，財政再建のために消費税などの増税は避けて通れないということである．

　財政均衡と関連して，成長政策と財政再建のリンクについて考えてみよう．

1980年代以降，日本や欧米において，新自由主義の立場から規制緩和を進め持続的な経済成長を実現しようとする政策がとられている．しかし，実績をマクロ的にみる限り，その効果はあまりないと言えよう．行政改革や規制緩和では財政再建は実現できない．

金融節度の喪失とグローバリゼーション

金融節度については，1980年代後半のバブルに対し，下村氏は，1987年の論文「財テクは企業を滅ぼす」において，その重要性について以下のように述べている．

> 「お金がお金を生むということは，もともとあり得ない．お金がお金を生むかのような現象に見えるのは，実は錯覚です．その錯覚を生み出すもとは，金融秩序です．信用創造でお金が増えるというようなシステムができあがっているために，あたかもお金がお金を生むように見えてくる．……我々が土まみれになり，額に汗して働いた結果が余裕を生み出す．それがお金の形となるのですけれど，これはお金が生み出したのではない，我々の働きが生み出したんです．
> 　……みんながマネーゲームに熱中し，没頭すれば，世の中は崩壊する以外にない．……この深刻な状況を1929年の大恐慌になぞらえる人がいます．あの当時もアメリカではマネーゲーム的に経済が膨れたことは確かですけれど，（金本位制に縛られていたため）膨れ方が今日と違ってブレーキのきく膨れ方だった．……膨れたものは，最終的にいつかは破裂します．……その意味では，現在の方が1929年当時よりずっと深刻といっていいでしょう．」（下村1987b）

下村氏が厳しく批判したのは，1980年代後半に日本国内で生じたバブルであった．当時，株価と地価が高騰し，高額商品が飛ぶように売れた．一般的に，バブルは，金融業の規制緩和，行き過ぎた金融緩和政策，金融機関の節度喪失（強欲の追及）などの結果として発生する．1990年代末から2000年代央までのアメリカでは，ITバブルや住宅バブルが発生した．発生したバブルは必ず崩

壊する．バブルの崩壊は，2008年にリーマン・ショックを引き起こした．この影響はアメリカだけに留まらず，グローバル化が進んだ世界金融市場を危機に陥れ，世界経済の連鎖不況をもたらした．また，1997年には，金融市場の自由化・グローバル化を背景に，タイ，インドネシア，韓国などにおいて，アジア通貨危機が発生し，各国経済に深刻な影響を与えた．

グローバリズムの下で，カネと情報が国境を越えて自由に動く時代になった．カネの国際的動きが活発になったのは，1970年代以降のIMF体制の崩壊とアメリカの金融緩和政策と軌を一にする傾向がある．IMFの固定為替相場制は，1971年のアメリカ・ドルの交換停止を経て，73年に変動為替相場制に移行した．変動レートへの移行とともに，金融・為替の国際化・自由化の動きが先進各国に広がった．その結果，当初人々が予想していたことに反し，為替レートの変動やミスアライメントの継続，大幅な経常収支の不均衡の持続といった問題が引き起こされた．

過去30年間のグローバリゼーションの歴史をみると，国際的な資本・資金の移動が投機的に膨らむと，世界経済は不安定となることが明らかになった．

自由貿易批判と国民経済

高度成長のビジョンの基礎には，IMF，GATT，安価な石油の3条件があった．ゼロ成長の時代において，GATT（自由貿易）はいかにあるべきであろうか．

1970年代に入り，世界経済は不安定化し成長制約要因が強まった．このような時代において，貿易体制はいかにあるべきかが議論され始めた．ゼロ成長のビジョンのなかで下村氏が強調したことは，自由貿易が万能ではないということである[19]．国の政策目標における優先課題は，完全雇用あるいは雇用の維持であり，そのためには保護貿易も選択肢の一つとなりうるのである．「国民経済」の重視という立場から，下村氏は，国際経済の基本は各国経済が棲み分けることにあると論じた．

1973年の石油危機以降，日本企業の輸出志向が強まり，自動車や電子機器などの輸出増加が欧米諸国の雇用にマイナスの影響を与えていた．石油危機以

---

19) この点は，R.F.ハロッドやN.カルドアにも共通している．

降の世界経済は低迷していたので，日本からの電子機器や自動車などの輸出急増は，貿易摩擦を引き起こし欧米諸国で批判の対象となった．

1980年代の日米貿易摩擦の解決のために，下村氏は，自由貿易ではなく，日本が輸出増加を抑制する輸出自主規制（管理貿易）を支持した．日本が輸出を増やさなければ，欧米諸国の雇用は維持される．これに対し，アメリカ政府が日本に対し要求した半導体などの輸入拡大（門戸開放政策）については，下村氏は近隣窮乏化政策であるとして強く反対した．アメリカの要求にしたがうと，アメリカの雇用は増加するが，日本の雇用に悪影響があらわれるからである．貿易体制には，自由貿易，管理貿易，保護貿易があるが，自由貿易が最善の策であるという考え方は見直されなければならない．

1987年の著書『日本は悪くない』において，下村氏は，以下のように国民経済の観点から自由貿易論を批判している．

「経済活動はその国の国民が生きて行くためにある．国民の生活をいかに向上させるか，雇用をいかに高めるか，……ということが経済の基本でなければいけない．もちろん各国には歴史的な背景がある．そうして，こういう背景はたいていが硬直化している．このため，進歩や変化との間で摩擦が生じることは日常茶飯事である．したがって，そういう問題を調整しながら国民経済が運営されるのだ．

　しかも，こういう調整作業は自己責任でやるほかない．どこか他の国が助けてくれるわけではないのだ．このようにして，各国がまず自己の経済を確立し，その上で利益を互いに増進できる形で国際経済が運営される．自由貿易というのは，そういう国際経済の中で選択できる一つの選択肢にすぎない．決して，自由貿易にさえすれば世界経済がうまくいくというものではない．」（下村 1987a, pp.110-111）

石油危機以降，世界経済の同時拡大の条件がなくなった下では，国民経済という視点がより重要になる．各国とも節度ある経済運営を行い，雇用を維持することが最優先課題となったのである．ゼロ成長の下では，産業転換や雇用調整には大きな社会的コストが伴い，貿易制限的な政策が正当化されることもあ

る．この点で，下村氏は，グローバリズムを背景とした自由貿易論には与しなかった．

　最近TPP（環太平洋経済連携協定）が問題になっている．TPPを通じ明らかになったことは，各国の経済的利害の対立である．規制緩和や門戸開放を相手国に対し一方的に要求するのではなく，各国の国民経済を尊重するという基本認識を持って交渉を行うことが重要であると思える．そして，弱肉強食的な解決をもたらすのではなく，TPPは関係国の「持続可能な発展」に寄与するようにまとめられなければならない．例えば，日本の農業についても，「持続可能な日本の農業はどうあるべきか」という視点が入らなければならない．現在の慣行農業を維持しても，あるいは株式会社化・大規模化を推進しても，日本の農業は持続可能とはならない．第3の道として，自然循環と調和した農業を目指すべきであり，そのために国の農業政策の大転換が要請されている．まず，国の政策がしっかりとしなければならない．規制緩和を優先する政策は見直す時期になっている．

ビジョンとキーワード

　以上をまとめて，下村氏が重要と考えたキーワードを表1-3でまとめてみよう．高度成長とゼロ成長のいずれのビジョンにおいても，「イノベーション」と「均衡」は重要な要素である．しかし，この2つのビジョンで異なっているのは，高度成長における「自由と自己責任」が，ゼロ成長においては「節度」となっている点である．パラダイムが転換しなければ，ゼロ成長は達成されないのである．

　節度の問題を考えると，ゼロ成長の下では，個人や企業にとっての「自由放任（レセフェール）」は終焉したと言えよう．レセフェールの下で，市場メカニズムに任せれば万事解決というのではない．全体として一国の経済が安定するためには，各経済主体のとるべき行動には，一定の方向性と限度が求められる．これは，グローバリズムや新自由主義に基づく経済観ではなく，「国民経済」の立場からの合理的・倫理的な経済観であろう[20]．

---

20) 下村氏は，アメリカの経済学に学ぶことはなくなったと言われていた．

表1-3 下村氏のビジョンとキーワード

ビジョン	キーワード
高度成長	イノベーション，均衡，自由と自己責任
ゼロ成長	イノベーション，均衡，節度

　高度成長の時代においても，マクロ経済の均衡のためには一種の節度が必要となっていたが，拡大均衡の条件が消滅したゼロ成長の時代にあっては，節度が最も重要な行動規範となっている．このことは，一国の経済にとって重要であるばかりでなく，先進国経済においても重要となっている．各国が節度ある経済運営を行うことが，世界経済の安定につながるのであり，「国民経済」という視点からの経済政策が求められている．国際的な経済協調は，まず各国が最大限の努力をするという前提がなければ，うまくいかない．

　ゼロ成長のビジョンは，経済が「成長」から「発展」の段階へと転換していることを示している．下村氏は明確には言及していないが，節度とは発展の時代の行動規範とも言える．

3.3　ゼロ成長と持続可能な発展

　1990年代になると地球温暖化や生物多様性の喪失など地球環境問題が大きな世界問題となってきた．下村氏のゼロ成長のビジョンは，石油文明の「限界」を背景にして生まれた．地球環境問題は，下村氏の没後に注目を集めるようになったが，石油文明の「終焉」を明らかにした．このため，下村氏のゼロ成長のビジョンは，さらに現実的になってきた．これは，ゼロ成長のビジョンを実現するための政策や戦略が，より具体化してきたことを意味する．ゼロ成長論を「持続可能な発展」に結びつけて考慮する必要が高まったのである．ゼロ成長のビジョンとは，経済発展を下村氏流に表現したものであると言えよう．

　既述のように，ゼロ成長の下では，GDPは一定にとどまっても，その内容は大いに変化する．ゼロ成長の下では，成長の時代は終わり，発展の時代になるというのが，21世紀のゼロ成長のビジョンである．発展の時代を実現するために，国の税制や歳出構造は変革されなければならない．産業構造も転換する．NGO・NPOの役割が拡大する．環境や福祉の分野の活動が盛んになる．

企業経営では持続可能な社会に向けて新しい戦略が実施される．

持続可能性の3原則

21世紀の世界経済を展望するとき，最も重要な課題は，「持続可能な社会の実現」であろう．そのためには，一般的な原則が必要になる．そこで，地球環境，マクロ経済，人々の社会生活の3つの分野を取り上げ，持続可能性の一般原則を作成してみよう．これは，環境，経済，社会の3つの面における世界経済全体のトリプルボトムラインである（表1-4）．

第1の自然の物質循環の原則とは，地球環境問題に関するものである．これは，世界全体でみて，われわれの経済活動が自然の物質循環のなかに収まらなければならないというものである．エコロジカル・フットプリント分析によれば，2007年で，世界の人々が生活していく上で必要な土地面積は2.7ヘクタール／人であるのに対し，地球全体の生産力のある土地面積は1.8ヘクタール／人となっている．土地に対する需要が供給を0.9ヘクタール／人ほど上回っているわけで，われわれの経済生活は持続可能でないことが明らかになっている[21]．

エコロジカル・フットプリント分析が要請するように，われわれは20世紀型の生活様式を大きく変革する必要があり，経済活動は自然の循環のなかで営まれるようにしなければならない．そのためには，環境NGOのナチュラルステップが提唱するシステム条件を達成しなければならない[22]．

さらに，宇沢弘文教授の社会的共通資本の理論（宇沢 2000，Uzawa 2005）がますます重要になる．持続可能な社会の実現のためには，自然資本（資源），公共的インフラストラクチャー，政治・経済・社会制度という3種類の社会的共通資本の適切な管理運営が行われなければならない．そのためには，例えば地球温暖化対策として炭素税を導入することなど，新しい政策が導入される必要がある．社会的共通資本は市場経済の基礎であり，基礎がしっかりしないと

---

21) WWF/Global Footprint Network (2012), "Ecological Footprint Atlas 2010" を参照．因みに，国別のフットプリント（ヘクタール／人）をみると，中国は2.2，日本は4.7，アメリカは7.9となっており，いずれも持続可能ラインの1.8を上回っている．
22) Robèrt (1995) を参照．持続可能な環境経営については堀内 (2013) を参照．

表1-4 持続可能な社会のための3原則

第1　自然の物質循環の原則
第2　マクロ経済の安定性の原則
第3　社会的公平の原則

市場経済は持続可能でなくなるのである．

　第2のマクロ経済の安定性の原則とは，世界経済が全体として長期的に均衡し定常状態になければならないというものである．この原則は，当面は先進国に当てはまるものであるが，いずれ途上国や新興国にも適用されることになる．この原則が達成されるためには，下村氏が強調したように，各国の経済は，ゼロ成長（GDPは一定）の状態で，国内均衡（物価の安定，財政収支の均衡）と対外均衡（経常収支の均衡）を維持する，ということでなければならない．この原則が破られると，最近のギリシャのようにEU通貨圏全体が不安定になる．日本の財政収支が大幅な不均衡の状態にあることは，この安定性の原則に違反している．

　第3の社会的公平の原則とは，人々の基本的ニーズが充足され，人々のウェル・ビーイング（厚生，幸福）は将来にわたって低下しないというものである．基本的ニーズとは，いろいろに解釈されるが，心身の健康，休暇，安全，理解，参加，生きがい，自由，自己実現などがある．この社会的公平の原則は，宇沢弘文教授の「ゆたかな社会」における人間としての自由を保障する基本的条件に相当しており，リベラリズムの代表的な考えとなっている．先進国経済がグローバル化の名の下に所得格差を拡大させていることは，この原則からみて問題であろう．「グローバリズム」と「国民経済」との選択は，持続可能性の問題と深く関係している．

成長から発展へ

　下村氏がゼロ成長論で述べたヨーロッパのようなライフスタイルになるという言葉の具体的内容を考えてみよう．成長の時代から発展の時代になると何が変わるのか．

　発展の具体的内容を考えるとき，J. S. ミル（Mill 1848）の定常状態（ゼロ成

長）の経済における人間的進歩の問題が役に立つ．ミルによれば，経済全体が定常状態であっても，生産性向上というイノベーションが生じるので，労働時間は短縮する．時短が実現すると，人々は，余暇時間を使って，スポーツ，趣味，ボランティア，旅行など本来の人間らしい生活を享受することができるようになる．時短が進み労働時間の少ないヨーロッパの国々では，ミルの考え方が浸透しているように思える．この意味で，定常状態とは，マクロ経済が成長の段階から発展の段階へと入ることを意味しており，ゼロ成長の時代とは発展の時代なのである．

　経済成長とは，人間の物質的欲求を満足させるために行うものである．そこでは労働生産性の向上による生産・消費の量的拡大が目標となる．これに対し発展とは，人間の質的生活を充実させるためのものである．一言で言えば，人間本来の内的充実を高めることである．下村氏は，ゼロ成長のビジョンを公表したとき，われわれは歴史上最も豊かな生活水準に達したと述べた．この言葉の含意は，これからは発展の時代に入るということであった．そのためには，各経済主体は節度をもって行動しなければならないのである．

　下村氏は，節度論において，ミルの想定した生産性向上のイノベーションに消極的であった．それは，ゼロ成長の下では，失業発生の可能性を高めると予想したからであった．しかし，北欧のようにワークシェアリングを普及させることによって，時短が実現し，生産性の向上を雇用の維持と両立させることができる．これには，労使の協調がなければならないであろう．高度成長の時代では，労働生産性の上昇が賃金のベースアップ（年収は増加）となっていた．ゼロ成長の時代では，労働生産性の上昇は労働時間の短縮（年収は一定）となって実現する．いずれの場合においても，効率単位で測った賃金（時給／労働生産性）は一定（不変）であり，企業と労働者の双方が満足できる合理的な解決策となっているのである．能率にふさわしい報酬が保証されることが，経済の安定と活性化にとっての基礎なのである．

　持続可能な社会を実現するためには，ゼロ成長の下での国民経済を前提にして，地球環境問題に対応するという覚悟が必要になろう．世界経済を考えながら日本経済の具体的政策を立てること —— Think Globally, Act Locally —— が求められている．

4. むすびにかえて

　日本経済についての研究者やエコノミストは数多くいるが，ビジョンについて堂々と主張することは稀である．特に最近では，為替レート，金利，株価など短期的な国際金融問題や個別セクターの規制緩和問題に関心が集中しており，しっかりとした骨太の議論が少なくなっている．

　金融市場は投機的となり安定していない．その背景には，金融取引のIT化や資金の流動化があるが，根本問題として，アメリカなど主要国の経済運営に節度が欠けていたことが指摘されよう．これは，1970年代のIMF体制（固定為替相場制）の崩壊と石油危機の勃発を契機として一層深刻となった問題であり，最近では2008年のリーマン・ショックにより問題が地球規模で顕在化した．

　現在の先進各国は，財政均衡が大きく損なわれており，金融市場では過剰流動性のリスクが高まっている．世界経済の安定を取り戻すためには，各国が節度ある経済運営を行う以外に道はない．各国の経済が国内均衡（物価の安定，財政収支の均衡）と対外均衡（経常収支の均衡）を維持するようになれば，世界経済は安定的になり，国際金融市場も安定化に向かうであろう．

　1970年代の石油危機と1990年代以降の地球環境問題のため，世界経済には拡大均衡の条件がなくなっている．下村氏は，石油というエネルギー問題に注目しゼロ成長論を展開した．最近，天然ガスやシェールオイルの開発が注目されており，石油の供給問題は遠のいたように論じられている．はたしてそうであろうか．

　地球温暖化問題から明らかなように，化石燃料を大量に消費したままで経済成長を続けることは不可能である．石油危機では石油資源の供給限界が問題となったが，化石燃料の大量消費を続ければ，地球の自然循環の限界が明らかになる．世界経済は，壁に衝突し深刻な問題が生じ，持続不可能となるであろう．先進国の政府は，経済成長のなかで問題を解決しようとすることを止めて，ゼロ成長（J. S. ミルの定常状態）の下で，節度ある経済運営に努力しなければならない．下村氏のビジョンは，21世紀の世界経済が目指すべき姿を明確に示し

ているのである．

　下村氏は，理論，実証，ビジョンの3分野において際立った業績を残した．下村氏の業績は，この3分野が理路整然と結びついていることである．本章では，そのなかのビジョンを取り上げ，日本経済の高度成長のビジョンとゼロ成長のビジョンを紹介し，経済運営のあり方を論じた．ゼロ成長のビジョンは，「発展論」につながるものであり，21世紀の日本経済の基本設計図とも言うべきものである．われわれは，マクロ経済において拡大均衡は実現不可能であることを覚悟して，これからはこの国土・自然のなかで，雇用を維持し均衡ある持続可能な経済を実現するよう，パラダイムの転換を起こさなければならない．

　前節において，持続可能な社会のための3原則を述べた．このなかで，下村氏のビジョンは第2原則に相当し，マクロ経済の安定性に関連している．持続可能な社会を実現するためには，さらに第1原則と第3原則を達成する必要がある．このためには，宇沢弘文教授の提唱する社会的共通資本の理論がますます重要になっている．21世紀の日本経済は発展の段階に入っていることを認識すべきなのである．

　日本の経済運営に欠けているのは明確なビジョンである．国の経済政策の前提には21世紀のビジョンが必要になっているのである．サッチャーやレーガンに始まる新自由主義やグローバリズムに基づく経済政策は約30年間流行したが，その結果には問題が多かった．それを見直すことによって，日本を含めた世界経済は安定へと向かうであろう．下村氏の主張する「ゼロ成長」「節度ある経済運営」「国民経済」という視点は，日本ばかりでなく，世界経済の持続可能性にとっても，ますます重要になろう．経済政策の根本は，「経世済民」である．

追　記

　下村氏は，自分が所属していた組織の見解や当時流行していた経済学にとらわれることなく，現実を冷静に分析し独自の考えを主張した．その一例として，あまり知られていないことであるが，終戦直後のインフレ論争を取り上げてみ

る．1945年の終戦直後から日本経済は激しいインフレーションに直面した．下村氏は，インフレーションの収束策について，行政官でありながら自らが正しいと考える政策論を展開した．

政策論争は，経済安定本部が発行する1947年7月の第1回の経済白書（『経済実相報告書』）の作成過程において生じた．その間の事情を都留重人教授は次のように述べている．当時，都留氏は，総括責任者として白書全体に手を入れ，総論と締めくくりを書いた．都留氏は，「下村君の書いたのを私が全面的に書き直したので，当時大問題になりました．彼は物価賃金対策のところを書いたんですが，彼一流の考え方がユニークに出過ぎていましてね」（都留 1982）と述べている．同様に，下村氏も，「経済白書の物価に関する部分は私が担当した．ところが都留氏は賃金物価循環論には反対で，私の原稿を書き変えた．『家計も赤字，財政も赤字，企業も赤字』というくだりは残ったが，あとは私のものとは違うものになっている」（下村 1947b）と述べている．

下村氏は，この問題の詳細に関し寡黙であったが，このたび，ご子息の下村恭民氏から2つの論文（下村 1947, 1948）を紹介され，ボツとなった原稿の内容が明らかになった．都留氏（『経済白書』）と下村氏は，終戦直後の激しいインフレーション問題について厳しく対立していた．

『経済白書』の立場は，公定価格に比しヤミ価格が異常に高いため，ヤミ市場（自由市場）の抑制により物価安定を図るべきだというものである．賃金と物価については，ヤミ価格が上昇すると，政府は公定価格を改定せざるを得なくなり，賃金も上昇するという認識であった．これと関連して，統計的分析において『白書』は，戦前と現在を比較し物価上昇が賃金上昇を上回っているとして，物価上昇が賃金上昇に先行するという賃金後追い説をとった．ヤミ価格が公定価格を上回る限り，流通過程でヤミ利潤が発生しており，「このヤミ利潤を圧縮し，できればゼロにすることこそが，（物価と賃金の）循環を断ちきる唯一の効果的な方法でもあり……」（『経済白書』）と述べている．ヤミ利潤は勤労者の所得分配を悪化させるため，ヤミ対策によるインフレ抑制を目指すというのが当時の政府見解であった．インフレ収束のためには，1946年の金融緊急措置令による需要抑制政策とともにヤミルートから正規ルートへの流通を増加させること（流通秩序の正常化）が重要になる．

『経済白書』の見解に対し，下村氏の判断は異なっていた．下村氏によれば，日本経済の最大の問題は，生産水準のおどろくべき低下にあり，家計は最低限の生活水準を強いられていることであった．このため，通常期待される市場の価格調整メカニズムは無力となっていた．『白書』の賃金後追い説は間違っており，生活を守るための賃金上昇が物価上昇の原因になると論じ，当時としては世界的にもユニークな賃金プッシュ・インフレ論を展開した．したがって，下村氏は，生産力の回復がインフレ収束の前提であるとし，『白書』が主張するヤミ対策によるインフレ収束案とは異なっていた．下村氏は，以下のように結論づけている．

「まづ，生産力自身を回復することが先決問題である．こうして生産力を回復しつつ，生活水準を生産の水準に相応するところに適応させることができれば，そのときに，はじめて，物価の安定は極めて確固たる地盤をえたことになる．それができあがるまでは，賃金と物価との悪循環，家計赤字と企業赤字や財政赤字との悪循環は，さけようとしてもさけられないであろう．」（下村 1947）

1948年になると，インフレ抑制をめぐって，中間安定政策（生産回復によるインフレ収束）と一挙安定政策（需要抑制によるインフレ収束）との対立があった．下村氏の考えは中間安定論であり，それは1960年代の高度成長論へと発展するのである．

以上のほかに，戦後復興期の日本経済分析において，ドッジ・ラインの緊縮政策や朝鮮動乱による特需についても，下村氏の評価は教科書的な通説とは異なっている点がある（堀内 1989 参照）．「思い邪なし」を信条とする下村氏から学ぶ点は多い．

参考文献
宇沢弘文（1974），『自動車の社会的費用』岩波書店．
宇沢弘文 ［編］（1989），『日本経済——蓄積と成長の軌跡』東京大学出版会．

宇沢弘文 (1994-95)，『宇沢弘文著作集』（全 12 巻）岩波書店．
宇沢弘文 (2000)，『社会的共通資本』岩波書店．
木川田一隆 (1958)，「企業の社会的責任と経営権」『経営者』（日本経営者団体連盟出版部）Vol.12(5)，1958 年 5 月号，pp. 30-33.
金融財政事情研究会［編］(1959)，『日本経済の成長力――「下村理論」とその批判』金融財政事情研究会．
小宮隆太郎 (1994)，『貿易黒字・赤字の経済学――日米摩擦の愚かさ』東洋経済新報社．
篠原三代平 (1961)，『日本経済の成長と循環』創文社．
渋沢栄一 (1977)，『論語講義』（全 7 巻），講談社．
下村治 (1947)，「生活水準の問題――物価問題との関連において」『日本政経研究』（洋大社）1947 年 6・7 月号．
下村治 (1948)，「賃金と物価との循環について」『経済安定資料』（経済安定本部情報部編）第 3 集，1948 年 4 月 25 日．
下村治 (1951)，「経済変動の乗数分析」『調査月報』（大蔵省）1951 年 3・5・7 月号．
下村治 (1952)，『経済変動の乗数分析』東洋経済新報社．
下村治 (1953)，「特需経済の病根」『明窓』（大蔵財務協会）Vol.4(6)，1953 年 9 月号，pp.4-9.
下村治 (1954)，「金融引締め政策――その正しい理解のために」（大蔵省部内参考資料 1954 年）『金融財政事情』Vol.8(1)，1955 年 1 月号，pp.50-61.
下村治 (1958)，「経済成長実現のために」（大蔵省部内参考資料）宏池会［編］『経済成長実現のために――下村治論文集』宏池会．
下村治 (1959a)，「日本経済の基調とその成長力――過大成長論批判と成長力の吟味」（上）（下）『金融財政事情』Vol.10(8)-(9)，2 月 16・23 日号，pp.27-32・pp.19-25.
下村治 (1959b)，「日本経済の成長力と成長理論」金融財政事情研究会［編］『日本経済の成長力』金融財政事情研究会．
下村治 (1959c)，「経済成長と景気循環」『エコノミスト別冊』1959 年 10 月 10 日号，pp.29-32.
下村治 (1961a)，「成長政策の基本問題」『季刊理論経済学』Vol.11(3)-(4).
下村治 (1961b)，「当面の経済情勢とこれに対処する基本的態度」『金融財政事情』Vol.12(24)，1961 年 6 月 12 日号，pp.18-28.
下村治 (1962)，『日本経済成長論』金融財政事情研究会．
下村治 (1963a)，「金融正常化と低金利革命」下村治『日本経済は成長する――消費者物価・金利・酪農』弘文堂．
下村治 (1963b)，『日本経済は成長する』弘文堂．
下村治 (1965)，「安定成長論者は敗れたり」『ビジネス』（東洋経済新報社）1965 年 7 月号．

下村治（1967），「国際収支不安に答える」『国際収支』（週刊東洋経済臨時増刊）1967年12月5日号．

下村治（1970），「1970年代の日本の経済と貿易の展望」『経営者クラブ』1970年3月10日号（下村治（1971），『経済大国日本の選択』東洋経済新報社，所収）．

下村治（1971），『経済大国日本の選択』東洋経済新報社．

下村治（1974a），「日本経済はゼロ成長軌道に入った——今春には物価暴落の局面も」（『エコノミスト』Vol.52(2)，1974年1月15日号，pp.10-15．

下村治（1974b），「占領期の物価・インフレーション等について」『財政史ニュース』（大蔵省財政史室編）No.85，1974年3月30日号．

下村治（1976a），『ゼロ成長脱出の条件』東洋経済新報社．

下村治（1976b），「日本経済の課題と今後の選択」日本開発銀行企画室［編］『明日への選択——日本開発銀行25周年を記念して』日本開発銀行．

下村治（1981a），『日本経済の節度』東洋経済新報社．

下村治（1981b），「行革デフレ論をめぐる問題点」『懇談会』（下村経済研究会），1981年9月発行．

下村治（1987a），『日本は悪くない——悪いのはアメリカだ』文藝春秋NESCO．

下村治（1987b），「財テクは企業を滅ぼす」『文藝春秋』Vol.65(2)，1987年2月号，pp.112-120．

下村治・鈴木幸夫（1978），『低成長をどう生きる』（対談），財経詳報社．

下村治・竹中一雄（1972），『日本経済の転回点』（対談），東洋経済新報社．

下村治博士追悼集編纂委員会［編］（1991），『下村治』（私家版）．

髙島善哉（1964），『スミス「国富論」——原典解説』春秋社．

都留重人（1982），「戦中戦後の日本経済と経済学」『週刊東洋経済——近代経済学シリーズ』No.61，1982年5月27日号．

中山伊知郎［監修］，エコノミスト［編］（1960），『日本経済の成長——高度成長を支えるもの』東京大学出版会．

福沢諭吉（1875），『文明論之概略』（1995年，岩波文庫版）．

堀内行蔵（1989），「日本経済を巡る現問題——下村理論による評価」宇沢弘文［編］『日本経済——蓄積と成長の軌跡』東京大学出版会．

堀内行蔵（1993），「下村ゼロ成長論と平成不況」『エコノミスト』Vol.71(54)，pp.28-33．

堀内行蔵（1996），「地球環境問題と組織変革——トータルな変化の必要性」『組織科学』Vol.30(1)，pp.27-35．

堀内行蔵（1998），『日本経済のビジョンと政策——成長から発展へ』東洋経済新報社．

堀内行蔵・向井常雄（2006），『実践環境経営論——戦略論的アプローチ』東洋経済新報社．

堀内行蔵（2007），『下村治博士と日本経済——高度成長論の実践とゼロ成長ビジョンの

含意』日本政策投資銀行設備投資研究所（非売品）．
堀内行蔵（2013），「持続可能性と環境経営——根本から考える」『公共政策志林』（法政大学大学院）Vol.1.
宮川公男・堀内行蔵（1995），「企業の社会的責任——市場制度と地球環境との関連で」宇沢弘文・國則守生［編］『制度資本の経済学』東京大学出版会．
村上泰亮編（1971），『経済成長』（リーディングス日本経済論4），日本経済新聞社．
吉野俊彦（1959），「日本経済の安定的成長と経済政策——下村・大来両氏の論争を読んで」金融財政事情研究会［編］『日本経済の成長力——「下村理論」とその批判』金融財政事情研究会．
Harrod, R.F. (1933), *International Economics*, Cambridge University Press.（藤井茂［訳］（1943），『国際経済学』実業之日本社）
Harrod, R.F. (1948), *Towards a Dynamic Economics*, Macmillan.（高橋長太郎・鈴木諒一［訳］（1953），『動態経済学序説』有斐閣）
Keynes, John Maynard (1936), *The General Theory of Employment, Interest and Money*, Macmillan.（塩野谷祐一［訳］（1995），『雇用・利子および貨幣の一般理論』東洋経済新報社）
Meadows, Donnella H, Dennis L. Meadows, Jørgen Randers, and William W. Behrens III (1972), *The Limits to Growth: A Report for the Club of Rome's Project on the Predicament of Mankind*, Universe Books.（大来佐武郎［監訳］（1972），『成長の限界——ローマ・クラブ「人類の危機」レポート』ダイヤモンド社）
Mill, J.S. (1848), *The Principles of Political Economy*, 2 vols., London.（末永茂喜［訳］（1976），『経済学原理』岩波書店）
Robèrt, K.-H. (1995), *Den naturliga utmaningen: Goda exempel på miljöarbete inom näringslivet*, Ekerlids Förlag, Stockholm.（高見幸子［訳］（1998），『ナチュラル・チャレンジ——明日の市場の勝者となるために』新評論）
Schumacher, Ernst F. (1973), *Small is Beautiful: A Study of Economics as if People Mattered*, Blond and Briggs.（小島慶三・酒井懋［訳］（1986），『スモール・イズ・ビューティフル——人間中心の経済学』講談社）
Schumpeter, J.A. (1926), *Theorie der Wirtschaftlichen Entwicklung*, 2. Aufl.（塩野谷祐一・中山伊知郎・東畑精一［訳］（1980），『経済発展の理論——企業者利潤・資本・信用・利子および景気の回転に関する一研究』岩波書店）
Smith, A. (1759), *The Theory of Moral Sentiments*, London.（水田洋［訳］（2003），『道徳感情論』全2巻，岩波書店）
Uzawa, H. (2005), *Economic Analysis of Social Common Capital*, Cambridge University Press.
Wackernagel, M. and W. Rees (1996), *Our Ecological Footprint: Reducing Human*

Impact on the Earth, New Society Publishers.（和田喜彦［監訳］・池田真理［訳］(2004)，『エコロジカル・フットプリント――地球環境持続のための実践プランニング・ツール』合同出版）

World Commission on Environment and Development (1987), *Our Common Future*, Oxford University Press.（大来佐武郎［監修］・環境庁国際環境問題研究会［訳］(1987)，『地球の未来を守るために：Our common future』福武書店）

付表　下村治氏の高度成長論の誕生に関する代表的著作

発表年	論文名，掲載誌（書）名とその概要
1951，52	「経済変動の乗数分析」『調査月報』（大蔵省），東洋経済新報社より刊行 ・ケインズの有効需要の理論を投資の産出効果によって補強し，需給の変動により生じる景気循環を分析した．下村氏の学位論文である． ・2種類の投資を考慮した．第1は，超過利潤の変化に反応する感応投資であり，景気循環をもたらす．感応投資は，フィードバック・システムを通じて，9年程度の景気循環をもたらすので，資本主義経済は安定すると結論づけた． 第2は，シュンペーターのいうイノベーションにもとづく独立投資であり，経済成長をもたらす．独立投資の重視は，後の高度成長論へと発展する．
1953	「特需経済の病根」『明窓』（大蔵財務協会） ・経済の自立や産業の合理化，近代化を推進するのは政府ではなく，企業家である． ・企業家の創意工夫，発明発見，新機軸，冒険，総じてシュンペーターの企業家精神が経済の推進力である．
1954，55	「金融引締め政策――その正しい理解のために」（大蔵省部内参考資料），『金融財政事情』 ・経済成長の原動力は民間企業の設備投資である．「法人企業統計」をもとにすると民間設備投資とGNPの増加には1年のラグがあり，産出係数は1であると推計した． ・民間，政府，輸出入の3部門に分け，オープンマクロの貯蓄・投資バランスをもとに，日本経済について国内均衡と国際均衡の同時達成を検討した． ・経済成長率についての記述はないが，企業の新規投資は財政支出が十分増加しないと，市場不足のために行き詰まりに直面すると述べ，「設備投資過剰説」を展開した． ・日本経済は供給力超過となる恐れがあるため，拡張的な財政金融政策が必要になるという認識は，高度成長政策へと発展することとなった．

1958	「経済成長実現のために」『経済成長実現のために——下村治論文集』宏池会
	・池田勇人内閣の国民所得倍増計画（1960年）が誕生するための元となった論文である．
	・1950年代後半の日本経済は，戦後の需要超過経済を乗り越えて，供給力先行の経済へと歴史的転換を遂げたという認識に立ち，経済成長の実現のために積極的な財政金融政策の必要性を強調した．
	・経済成長は，民間のイノベーションが決定するものであり，企業家の創意工夫，冒険敢為，自己責任の精神によって担われている．
	・設備能力が年々1兆数千億の大きさで増加しており，年間1兆円程度のGNPの増加があっても輸入超過にならないことを確かめて，「年10％成長」が可能であることを示唆した．
1959a	「日本経済の基調とその成長力」『金融財政事情』
	・政府の新長期経済計画（1958～62年）の年6.5％成長を批判し，年10％の高度成長見通しを打ち出した．
	・民間設備投資が年1兆5,000億円前後であり，供給力は年1兆数千億円のGNP増加をもたらす．年2億5,000万ドル程度の輸出の増加があれば，貿易収支の赤字をもたらすことなく，年10％程度の経済成長が可能となる．
	・日本経済が1960年代の本格的な高度成長に突入する時期に，安定成長論者との間で，「成長力論争」を引き起こした．ただし，論争は，産出係数と輸入依存度という2つのパラメータの値に集中し，技術的な内容に留まり，高度成長のビジョンまで到達しなかった．
1959b	「日本経済の成長力と成長理論」『日本経済の成長力』金融財政事情研究会
	・民間設備投資について，その伸び率，水準，GNP比率を国際比較し，日本の実績が並はずれていることを統計的に示した．
	・戦後の復興期が終わったにもかかわらず，成長力は衰えない．これは異常な状態ではなく，経済成長の基本条件が決定的に変化したのである．
	・戦後のIMF・GATT体制のもとで，日本経済は民間設備投資を中心に歴史的な「勃興期」にある．
	・歴史上初めて近代工業が日本の風土にその根を下ろしつつあることを認識し，日本経済の新しいビジョンを打ち出し，積極的な成長政策を提唱した．

1960	「成長政策の基本問題」理論経済学会発表
	・産出係数を 1.0 とし，1960〜70 年間の実質 GNP 成長率を年 10.6% と予測した．これは，戦後の長期見通しの中で，もっとも的確な予想となった（実績は年 10.4%）．
	・国民所得倍増計画に理論的・現実的な裏付けを与えた．
	・高度成長は，需給バランス面，国際収支面，物価面からみて，きわめて安定的な成長であると予想した．「安定成長論」では現実の経済は不安定になることを示唆した．
1961	「当面の経済情勢とこれに対処する基本的態度」『金融財政事情』
	・高度成長のビジョンを明確に打ち出した．
	・精神的な高揚と革新は，今日，国土の全域にわたって浸透しつつあり，9,400 万人の創造力の飛躍的向上となってあらわれる．
	・これは，うわついた成長ムードではなく，歴史の新たな勃興期にふさわしい精神的高揚の発露である．
	・成長経済において，消費者物価が上昇することは健全な現象である．日本経済はインフレのない高速度の成長軌道に乗っている．
1962	『日本経済成長論』金融財政事情研究会
	・戦後の世界経済の制度改革が日本国民の創造力を開放し，日本経済の近代化を支えている．
	・私は経済成長についての計画主義者ではない．だれかの作った青写真にあわせて国民の活動を統制するのではなく，国民の創造力に即して，その開発と解放の条件を検討することである．
	・日本経済は，長年の後進国的状況から脱却し，西欧的水準を実現しようと苦闘している．日本経済の歴史的な近代化の流れにおいて，現在は過去から未来への「異なった次元への屈折」が起こっている．
	・日本経済は，はじめて農業や中小企業の歴史的な近代化を経験しようとしているが，これは植民地主義と金本位に呪縛された戦前の世界では思いも及ばなかった．世界歴史における新たな流れが日本経済の歴史的勃興を支えている．

第2章　日本の財政赤字の影響
——政府の破綻にいたるリスク

貝 塚 啓 明

1. はじめに

　本章では，2000年代以降の世界諸国で広くみられるようになった財政赤字の特徴を示し，財政赤字が変質し，政府の破綻にいたるリスクが高まっていることを分析したい．

　財政赤字の抑制は，通常財政規律からみて必要とみられてきたが，財政赤字が長く続きその規模が拡大するに伴い，政府自身の金融的倒産にいたるという現象がみられつつある．元来政府自身の破産はまれな事柄であり，記憶の新しいところでは，日韓共催のサッカーのワールドカップに出場したアルゼンチンチームの母国アルゼンチンが期間中に破産した例である．この時には，アルゼンチン債に投資していた日本の財団がかなりの痛手を蒙った．最終的にはアルゼンチン債はわずかの部分が返済されただけであった．その後2000年代に入ると，いわゆる先進国においても政府の債務危機の事例が増加し，特にEU諸国におけるラテン系諸国の破産の例は目をひく．

　政府の破産のリスクは，従来の財政規律のルールの有効性に疑問を投げかけるものであり，財政赤字のもつ指標の重要性に疑義を与えるものである．

　ここでは，このような論点についてなるべくまとまった議論を提供しながら，日本の財政赤字の展望を与えることにしたい．

2. 日本の財政赤字の現況

　最初に通常の財政赤字の状況を示す指標の推移をみてみよう（図2-1）．日本

110　第Ⅰ部　日本経済と社会的共通資本

(単位:％)

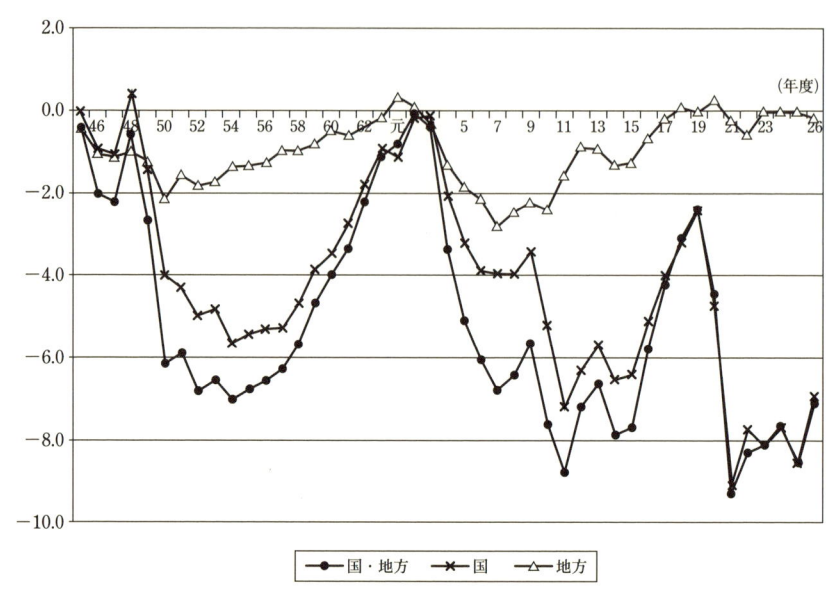

図2-1　国と地方の財政収支（対GDP比）の推移

注：1. 平成10年度は国鉄長期債務及び国有林野累積債務，18年度，20年度，21年度，22年度及び23年度は財政投融資特別会計財政融資資金勘定（18年度においては財政融資資金特別会計）から国債整理基金特別会計または一般会計への繰入，20年度は日本高速道路保有・債務返済機構から一般会計への債務承継，23年度は独立行政法人鉄道建設・運輸施設整備支援機構から一般会計への繰入等を除いている．
　　 2. 平成23年度以降については，復旧・復興対策の経費及び財源の金額を除いたベース．
出所：内閣府「国民経済計算確報」．ただし，平成25年度以降は，「中長期の経済財政に関する試算」（平成26年1月20日内閣府）．

の財政赤字は，財政運営において財政規律を守ることを制度的に規定した財政法の視点からルール化されたものである．形式的にいえば，一般会計における歳出は税収入によってのみ資金が調達されるべきであるという均衡予算原則の下で国債発行は例外的とみなされ，さらに経常支出を国債発行で賄うこと（赤字国債発行）は禁止されている．

　しかし，1960年代に入ってから，財政法における例外が常態化した．現在の時点では，財政法に基づく財政規律がもつ影響力は弱まらざるをえない．

　巨額の財政赤字がもたらす影響は，別の形で現れる．それはEU内における財政危機の発生，すなわち，財政赤字がもたらす政府債務（国債）への金融的信認が失われることによる財政破綻の発生である．EU諸国内においては，ギ

リシャ，アイルランド，ポルトガルやスペイン，イタリアなどで財政破綻の可能性が生じた．このような新しい形での財政危機は数年前まではほとんど予想されていなかった．1990年代におけるアルゼンチンの例は例外的なものであり，政府債（Sovereign Debt）の破綻の可能性が広がったことは最近の現象である．すなわち，ギリシャの財政危機は，EU内でその貸倒れが処理されたが，ギリシャ国債は市場性を失い，債務処理において金融資産とされるときには額面の20%近い低い価格で評価されるに至った．この現象は，政府債もまた民間債と同じように金融的な健全性で評価されるということであり，既発行証券市場において重要な影響を与える．その後スペイン，イタリア等においても金融危機に端を発する財政赤字の拡大がみられ潜在的には依然として金融市場においてリスクが発生している．

財政赤字が巨額となっているアメリカや日本においては，このような政府債市場における暴落は生じていないが，財政赤字が最終的には金融市場における信認に依存しており，この信認が複雑な要因によって左右され，予想しがたい現象であることにはかわりがない．

3. 財政規律の変貌

財政赤字が望ましくない理由は，組織体としての政府には財政規律が必要であるということによる．財政収支はマクロ経済からみて赤字を示すべきか，あるいは黒字を示すべきかは別の視点から議論されうる．ケインズ経済学からみて，財政政策（fiscal policy）として均衡予算が望ましいか否かについては，財政規律からみた観点とは異なり，財政赤字が望ましいという場合が生じうる．ラーナー（A. P. Lerner）が提唱した機能的財政（functional finance）の主張はその代表例であるが，現在の時点でみればやや極端な主張であり，例えば金融政策の有効性と比較して評価されるべきであろう．

財政赤字が望ましくなく，均衡予算が守られるべきことは制度的に規定されている．日本の場合には，第二次世界大戦直後に制定された財政法がそれであり，財政法の下で公債発行は公共投資の財源としては認められており，建設公債の原則と呼ばれている．公共投資以外の歳出のために公債を発行することは，

財政法では禁止されており，このような公債は赤字公債と呼ばれ，予算で計上するためには特例法を認める必要があった．

現実の日本の財政は，一般会計（1965年）において公債発行を行い，やがて経常支出を公債発行で賄う赤字国債を発行し続けているのである．制度的には，赤字国債を発行するためには，財政法の特例措置を認めるために国会の議決が必要とされているのである．

財政赤字を認めないという財政法の規定は，組織体としての政府に財政規律を求めたものであり，今や日本の財政はこの原則から大きくはずれている．

先進諸国は多くの場合，財政規律を守るためのルールを設けており，多くの場合立法府が行政府に対して財政赤字を認めないという制約を認めている．アメリカの場合には，議会が歳出の額の限度を設けており，この制約に達すれば財政支出が認められないということになる．事実，アメリカではこのような事態が発生しそうになったこともある（2013年11月）．

4. 財政破綻の実例

財政赤字が継続して，その是正が不可能に近いという場合にどういう事態が発生するのか．従来，民間の企業などでは会社法において企業の倒産がかなり複雑な手続きによって現実に処理されている．企業の経営の悪化は経常勘定における赤字発生によって顕在化し，多くの場合金融機関への債務が返済不能となり，いろいろな形での救済が試みられるが最終的には経営破綻となり，破産（Default）となる．株式会社は最終的には存続しえなくなり，その損失は所有者たる株主が負うが，有限責任であれば株式の価値はゼロとなる．個人企業の場合には，個人資産によって返済されることも生じうる．いずれにしても，破産の手続きは制度的に整備されているが，政府の破産については，明文化された規定もなく，その実例は多くはない．最近の事例としては，先に述べたように日韓共催のサッカーワールドカップの際に出場したアルゼンチンが破産した．日本の機関投資家も運用対象としてその国債を保有していたが，8割程度市場価格が下がり，返済が不能となった．

その後，2000年代に入ってから，ユーロ圏内でいくつかの国の債務不履行

が顕在化した．以下最近のユーロ圏内の事例をみてみよう．

4.1 ユーロ圏の場合

第二次世界大戦後，ヨーロッパ諸国は，強大なアメリカやソ連に対抗して政治的安定・経済的安定を目指すことに力を注いだ．部分的な協調，特にフランスとドイツの協調が出発点となり，ヨーロッパ石炭・鉄鋼体がフランス，西ドイツ，イタリア，オランダ，ベルギー，ルクセンブルグにより成立した．その後，フランスやドイツを中心に関税同盟としてヨーロッパ大陸を一体化することになり，やがて共通通貨としてのユーロを成立させるにいたった．ユーロが共通通貨になるには，これをコントロールする中央銀行が設立される必要があったが，フランクフルトにヨーロッパ中央銀行が創設されることで金融政策が一元化され，対外的には共通通貨としての為替レートが成立することになった．

ヨーロッパには，伝統的に一つのヨーロッパという考え方があったが，ユーロを共通通貨とするヨーロッパにおいては財政主権は加盟国にあり，この点で単一国家ではなかった．したがって，加盟国の財政赤字が累積してもその是正を勧告する権限はなく，最近のユーロ圏における金融危機の一因が加盟国の財政赤字に起因することを考えるならば，ユーロ経済の不安定性を是正するために加盟国の財政赤字に対して，ヨーロッパ中央銀行を中心にして加盟国全体が介入することが同意される必要がある．しかし，加盟国の財政問題にEUが介入することは加盟国の財政主権を侵すことになるという理由で，EUの力は制限されてきた．例えば，社会保障制度などに各国間の差異があるにしても，この差異をなくすことは，それぞれ固有の考え方や歴史があるので政治的にも容易ではないと考えられたのである．

もう一つのヨーロッパ統合への障害はドイツの取扱いである．ナチス・ドイツの経験が第二次大戦後のヨーロッパに潜在的に影響していたことは，否定しがたい．筆者の個人的な経験としては，ブリュッセルでの国際会議時，ドイツのベルリンの壁が取り去られた時にベルギーの人々がお通夜のような雰囲気であったことを思い出す．また，ヨーロッパ石炭鉄鋼共同体は，独立後のドイツがその産業力を発揮するのを抑制することに眼目があったといわれる．ドイツがマルクから共通通貨に移ることの目的は，ドイツの東西統一へのフランスの

反対を弱めることにあった．

　ヨーロッパにおいて，ドイツとフランスなどの主要国から広く周辺国まで含めてユーロ圏を広めたことは，財政規律の弱い国々，典型的には地中海諸国の動向が全体を揺り動かすことになった．2010年のギリシャの財政危機はその端的な例である．ギリシャはその経済水準が低く，銀行制度がその健全性を守ることに充分でなかったところに，金融危機が生じた．元々ギリシャの金融規制が不備であったことや重要な統計数字が虚偽であったりしたこともあり，ヨーロッパ中央銀行が救済することには，ドイツを中心とする債権国は反対であり，容易にギリシャ政府の信認はえられなかった．そのためEU内であるとはいえ，一国政府の信認が問われる事態になった．加盟国の政府債務が債券としての信認が確保できるかどうかは，政府債市場の評価に依存することになる．様々な投機的資金が動くことになるとすると，ギリシャ政府の金融的信用が低下し，ギリシャ政府が金融的に破綻することになる．ラテン系諸国は元来金融的に不安定であり，銀行の不良債権に悩むスペイン等も問題を抱える国となる．ユーロ圏を金融的に支えているのはドイツであるが，ヨーロッパ中央銀行を通ずる救済は，ドイツの負担になるため，ドイツの有権者は反対ということになり，メルケル首相はこのような反対を抑えて救済するという政治的難題を抱えることになった．

4.2　発展途上国の場合

　金融危機が発展途上国に生ずるのは，すでに1990年代のアジア通貨危機で経験済みである．その際，IMFを中心とする定型化された対応が成功しなかったことも知られている．当時のIMF専務理事フィッシャー（S. Fisher）を中心とする為替レートの切り下げによる調整が失敗したことは，スティグリッツ（J. Stiglitz）が批判したところである．

　アジア通貨危機はタイの自国通貨バーツが1997年7月2日に下落したことに端を発する．この時期すでにアジア諸国は変動相場制を採用していたが，急速なバーツ下落を抑えようと介入したものの，ドル買いの圧力があまりにも大きく外貨準備が枯渇し，管理変動相場制へと移行した．しかし，海外への資金流出が続き，タイ政府は外貨不足のためIMFに支援を求めたのである．その

後通貨危機は，数週間のうちにインドネシア，韓国，マレーシア，フィリピンへと波及した．この間，民間の外貨建ての債務が増大し，その返済が疑問視されたのであった．アジア通貨危機は金融的な危機であるにもかかわらず，IMFはその救済の条件として財政政策にも緊縮を求め，それぞれの経済はデフレ圧力にさらされ，短期資金が外へ流出した．他方，この時期の日本では外貨建ての債務はほとんどなく，円建て債務であったので，日本はアジア通貨危機の影響を受けなかった．換言すれば，自国通貨（円）がそれなりの信認をもっていたのである．

4.3　日本の場合

さて話を日本に転ずると，日本の財政危機がどのような形で生ずるかを予想することは簡単ではない．すでに述べたように，日本の財政赤字は，通常の統計上の指標では，かなり深刻であるようにみえる．しかしこの数字は通常の政府勘定の数字であり，日本政府の金融的な位置は，より多角的な視点で眺める必要がある．

今まで議論されてこなかった論点の一つは政府の財政赤字抑制に対する政治的信頼度（political credibility）である．政府に対する信頼は，政府が本気で財政赤字を減らすだろうという信頼に基づく．この点からすれば，日本政府が民主党政権時に消費税率を引き上げたことは重要である．野田内閣が現実に消費税率を引き上げたという実績が，日本政府が財政赤字の縮小に取り組んでいるという信頼度を高めた．いうまでもなく，財政赤字を減らすという政策を実行に移すには多くの政治的障害がある．しかし，政府がこれを実行に移したという実績があれば，金融市場における投資家は政府の行動に信頼を寄せるであろうし，国債の市場における評価は，財政赤字が大きくても，その将来に対して大きな不安はもたないであろう．この事情は，安倍内閣になっても同じであろう．

4.4　政治過程の差異

この点に関しては発展途上国や政治的に不安定な国にも同じことがいえる．先進国に関しても容易に増税が実行されるか否かが問題となる．その典型的な

例はアメリカにある．アメリカでは，行政府（合衆国政府）と立法府（アメリカ議会）との意見の衝突がある．アメリカでは法律の成立は，上院と下院の議決を必要とするが，上院と下院で必ずしも同じ政権党が多数派を占めているとは限らない．大統領が主張する財政的提案がただちに受け入れられるとはいえない．アメリカの財政政策が行政府の主張通りに議会に提案される保証はない．例えば，下院の財政委員会は強大な権限をもち，その委員長の力は大きい．

同じ議会政治といっても，日本とイギリスでは重要な差異がある．イギリスでは新税を通す場合に下院が議決すれば，4月の開会時に提案が通過することになる．いずれにしても予算をめぐる政治的プロセスは，それぞれの国々で複雑である．一例として日本における消費税の導入の場合をみてみよう．

日本の財政当局は，かなり以前から消費税を創設するよう準備してきた．1950年代の末期には，筆者も参加したが，先進諸国へ調査団を派遣し，付加価値税の導入を財政理論的に支持する考え方を求めてきた．当時のアメリカは所得税中心主義であり，戦後の税制改革を主導したシャウプ勧告は，その典型的な税制改革案であった．その後，アメリカの財政学界では，付加価値税とは異なる直接税としての消費課税（支出税）が多くの財政学者によって支持されたが，現実には取り入れられなかった．これは一つには地方政府（例えば，ニューヨーク市）に小売税が存在したことがある．これに対して，ヨーロッパ，特に大陸諸国では多段階の売上税があり，この課税を合理化した付加価値税が1950年代になってフランスの主税局長によって提案されたのである．

5. 納税環境の差異

課税を潜在的に左右するのは，納税者が納税に協力するかどうかという点である．この点は，アメリカとヨーロッパ大陸では所得税に対する態度がかなり異なることが挙げられよう．

現在でも南ヨーロッパにおいては，所得税は定着していない．その一つの理由は，所得税に対する違和感であろう．ラテン系の人々にとって所得税は，個々人の家庭にとってそのプライバシーを害するものとみられている可能性が高い．すなわち，個々人が稼ぐ所得の額は私的なもので，このような領域に入

り込む所得税はプライバシーを害するのではないかというのである．それよりも，財やサービスを消費する際に消費税を負担することの方が公平だと考えられているのではないだろうか．

これらの点を考えると，財政赤字を縮小するための増税がその税目の如何によって容易であるか否かによって増税の幅やタイミングが変わってくる．日本の場合，増税を所得税で行うか，消費税で行うか，あるいは法人税で行うかの如何によって異なってくるのである．現在の日本では大幅な財政赤字を縮小するための増税は，所得税や法人税では無理であり，消費税に頼らざるをえない．したがって，増税のためには消費税固有の弱点をカバーせざるをえないということになる．すなわち，消費税がもつ逆進性をカバーする施策をとるのであるが，具体的に歳出を拡大することになれば，財政赤字幅の縮小が小さくなり，財政再建に貢献する度合いが小さくなる．この点は，正に現在の安倍政権の財政再建策の成否を握っている．

6. デフレと財政収支

残された論点として，経済全体の動向も重要である．最近の日本経済でいえば，デフレ基調が支配しており，経済成長によって税収を高めるという道がどの程度可能であるかも無視できない．日本の場合，さらにいえば，日本銀行が2％の物価上昇を約束していることも密接に関係する．リーマン・ショック以降の先進国経済の中で日本経済のみが物価下落の状況にある．財政収支の改善は名目的な赤字の縮小であり，デフレ基調の経済では，必ずしも名目的な赤字が縮小しにくいということがある．日本銀行が約束した物価上昇率の達成が容易でないとすると，財政収支の改善をも難しくする．

この点に関して財政収支があくまで名目的な収支であることは，注意する必要がある．仮説例としては，例えば財政支出のデフレーターが下がり，税収入の方はデフレの影響がないとすると，財政支出は名目的には増加しなくても実質的には上がる．しかし結果的には財政赤字は名目上縮小する．逆に財政支出のデフレーターが上昇し，税収入は実質的に変わらないとすると，財政収支は改善する．日本の財政収支においてこのようなデフレが非対称的に働くとする

と，名目的には財政収支は改善する．

7. 財政危機の国際的波及

最近の財政危機は国際的な金融危機の波及と関係している場合がある．すなわち，各国の金融機関が自国のみならず他国の政府債を保有しているのであり，外国政府債も保有していることで，政府債務の破綻により他国の金融機関が経営危機に陥るというケースである．この論点は，Bolton and Jeanne (2011) の論文に示されているので，ここでは簡単に紹介しておく．

この論文では，各国の資金循環表から政府債の比重が推計されている．表2-1 を見る限り，日本が特に金融機関が保有している比重が高いことがみてとれる．日本の場合には，外国金融機関が保有する割合は小さいので，外国からの波及は大きくないが，国債の価値が下落することは，国内金融機関の経営に大きく影響するのである．

なお，EU 内の銀行では，各国の中央銀行が他国の中央銀行の債権をもつ比重が高いため，政府債の健全性が金融機関の経営に与える影響は小さくない．

逆に，東北の震災地域のように公共投資の単価が上昇して発注額が名目的に抑えられているとすると，実質的には財政支出は減価する．この場合，実質的に財政支出を維持しようとすると，財政支出は拡大しなければならない．現実の財政支出は名目額で決まっているとすると，財政赤字には影響しないが，もし公共投資の単価を考え合わせるとすると財政赤字は拡大する．財政の機能を実質値にみるとすれば，名目的な収支では不充分となるが，現実的にはこのような視点で財政支出がみられることはない．最近の日本の財政においては，物価下落（デフレ）が実質的にどのように影響しているかははっきりしないが，日本銀行による物価上昇策が成功するか否かは微妙な影響を財政収支に与える

表 2-1 銀行による政府債保有（2009 年）

	U.S.	ヨーロッパ	日本
国内銀行による政府債保有比率 (%)	2.4	14.9	50
国内金融機関による政府負債の比率 (%)	1.3	n. a.	23

出所：Bolton and Jeanne (2011).

のである.

8. おわりに——財政危機がくるか？

最後により具体的に日本に財政危機がくるか否かをもう一度検討して本章を終わりたい.

日本の財政危機がかりに生ずるとすれば，財政破綻が生ずるということである．すでにふれたことであるが，財政危機は今まで生じていないし，その主たる要因は，日本政府が財政再建に真剣に取り組んでいるという点が評価されているからである．具体例として，民主党の野田政権の場合をとりあげた．安倍内閣はとりあえず，消費税の増税（8％への税率引上げ）を行ったが，その後の財政赤字縮小については必ずしも，少なくともより以上の増税は約束していない．おそらく，今年の秋になればこの点ははっきりするであろうが，財政危機がありうるとすれば，政権が財政赤字の縮小に消極的であるか否かが分かれ目であるであろうし，さらに諸外国の財政事情と比較して日本の状況がどの程度深刻であるか否かにも依存する．最近の時点では，このような財政危機の恐れはないとみられるが，最後に多少ともこの点にふれておきたい.

すでにふれたように，先進国の財政赤字が経済に影響する程度が大きいことは明らかであるが，日本の場合にも潜在的にこの要因を無視することはできない．例えば，国債の市場価格が下落すれば，金融機関の経営には大きな影響を与える．特に中小金融機関（信用金庫や信用組合）の経営には大きな影響が及ぶのである.

いずれにしても，日本の財政危機は単に財政面の資金調達の問題ではなくして，金融機関を通ずるその波及効果が大きく，財政当局はこの点にも充分留意する必要があろう.

参考文献

Bolton, Patrick and Olivier Jeanne (2011), "Sovereign Default Risk and Bank Fragility in Financially Integrated Economies", *IMF Economic Review*, Vol.59(2), pp.162-194.

第 3 章　最適負債制御問題
——金融市場と経済社会の安定化に向けて

吉 村 浩 一
渡 邉 修 士

1. はじめに

　今日の経済では，政府や民間企業など数多くの経済主体が，金融市場，就中，債券市場・ローン市場を通じて多額の資金を調達し，その資金を用いて多様な活動を行っている．政府の場合は，税収の不足分を国債発行により調達し，医療・福祉，教育などのサービスを提供しているし，企業の場合は，社債やローンで調達した資金を設備資金や運転資金に充当している．毎日何兆円という資金が金融市場を介して資金の出し手から借り手に提供され，一方で，借り手から出し手に元利金の返済が行われている．金融市場は今日の市場経済における重要なインフラストラクチャーであり，社会的共通資本の代表といえるだろう．こうした金融市場の機能が損なわれるならば，市場経済は大きく混乱し，広範な経済主体の厚生水準は大きく低下するであろう．2008年9月のリーマン・ブラザーズの破綻はその最たるもので，金融市場の機能不全はたちまち世界中に波及し，生産水準は急落，多数の失業が発生した．

　金融市場という社会的共通資本が正常に機能するためには，金融市場における主要なプレーヤーがその道のプロフェッショナルとしてそれぞれ責任ある役割を果たすことが求められる．監督機関は制度やルールを設計し，それに基づいて，金融機関が不適切な取引を行っていないか厳格なモニタリングを実施しなければならない．中央銀行は，その時々の経済情勢を踏まえて長期的視点に立って，適切な金融政策を遂行しなければならない．

　本章では，金融市場において重要な役割を果たす債務者の負債管理の問題（これを負債制御問題と呼ぶ）に焦点を当てて分析する．とりわけ，国債発行によ

って巨額の資金調達を行う政府や，短期市場から多額の運転資金の調達を行う世界的な投資銀行や商業銀行などの主要な債務者の負債管理の失敗は，大きな惨禍を社会経済にもたらし，安定的な経済活動の妨げとなる．Too big to fail と称される彼らの問題は，その市場における規模や役割が大き過ぎて破綻を放置できないことである．

ところで，債務者が負債を適切に管理しデフォルトを回避することは，ある意味で当たり前のことであり，そのための最善の方策が取られて然るべきである．それにもかかわらず，ギリシャの債務危機やリーマン・ブラザーズの破綻など巨大なデフォルトがしばしば発生するのは何故だろうか？ 以下で論じるように，債務者の負債管理は，負債の残高の管理と償還財源の管理からなり両者は密接に連関している．現実が物語るのは，そのバランスを取ることは殊の外難しいということなのであろう．何故難しいのか？ 負債制御の失敗による社会的損失が非常に大きいとすれば，こうした負債制御問題の背後の構造を解明することは意味がある企てであるといえるだろう．

ギリシャやリーマン・ブラザーズのような例をいくつも取り上げて，彼らが何故制御不能に陥ったのか，そうした事態を回避する術はなかったのかについてこと細かく事実に立脚して検討することは，よく取られるアプローチである．しかし，こうした手法は，ややもすれば特殊な事例研究や歴史的叙述に終わりがちのように思われる．そうなるのは，それぞれの問題に固有な構造や諸事情が複雑に絡まり合い，負債制御の本質的問題の解明をひどく困難にしているからではないか．本章では，演繹法の基本に立ち返り，可能な限り単純化したモデルを提示し，その分析を通して問題構造を捉え，政府や企業を問わず適用可能な一般化された負債制御の問題点に接近していく．

政府の負債制御の失敗について付言するならば，政府は医療・福祉，教育など広範なサービスの最大の供給者であるため，政府の負債制御の失敗は，政府が担うこれらのサービス機能の全面的な麻痺に直結する．これが如何に深刻な問題であるかは誰の目にも明らかである．このため，政府が適切な負債制御を行うことは何にもまして重要な優先課題といえる．然るに，我が国の対GDP比国債残高は主要国のなかで最も高水準となっており，現在も高まりつつある．このように考えると，政府や巨大企業の負債制御の失敗は，彼らが担う社会的

共通資本を揺るがしかねない重大な問題であるといえるだろう．

本章の第1のテーマは，できるだけ単純な負債残高の制御モデルを示すことにある．これにより今日の負債の制御に関する問題の本質が明らかになることが期待される．このモデルに基づいて，デフォルト発生のプロセスを解明しデフォルト発生の回避可能性を検討することが重要であり，これが第2のテーマである．その上で，負債制御モデルを使って現実の負債残高の動きからそれぞれの経済主体が定めている負債制御ポリシーの比較を試みてみたい．これが本章の最後のテーマである．

2. 現実経済における負債残高の動き

モデル分析に立ち入る前に，政府負債残高の動きと国内企業の負債残高の動きを概観しておこう．

〈政府負債の動き〉

図3-1は，対GDP比で示した一般政府の負債残高の動き（1991～2011年）である．一見して明らかなことは，日本政府の負債残高が一本調子で増加していることであり，2008年のリーマン・ショック前までは横ばいであった他国の負債残高もまた，その後一転して増加していることである．

〈国内企業債務の動き〉

図3-2は，国内企業の負債残高の動きである．政府の負債残高の動きとは対照的に，この間，国内企業は負債残高を増加も減少もさせず，安定的な水準で維持している．

〈負債残高の動きの分類〉

負債残高の動きをみるとき，単に増加するか減少するかだけでなく，残高が一度均衡から離れたとき，ますます均衡から離れていくのか，あるいは均衡に戻ろうとするのか，その負債制御の安定性を見極めることも重要である．

図3-3で示した負債残高の動きは，均衡から発散的な動きである．これは，

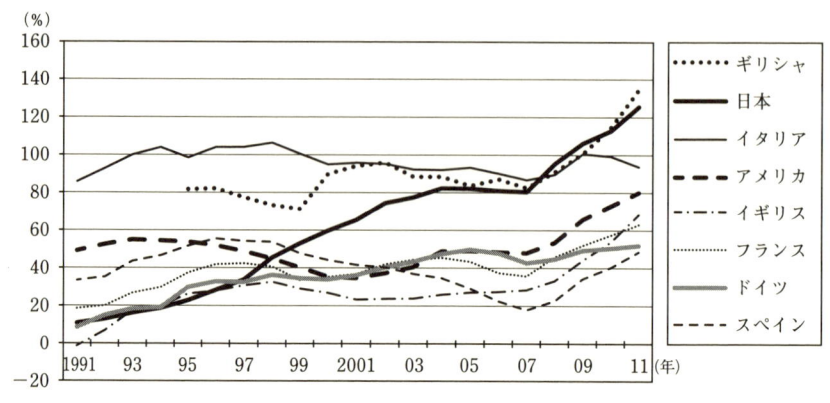

図3-1 各国政府の対GDP比負債残高

出所:IMF Economic Outlook No. 91-June 2012-OECD Annual Projections

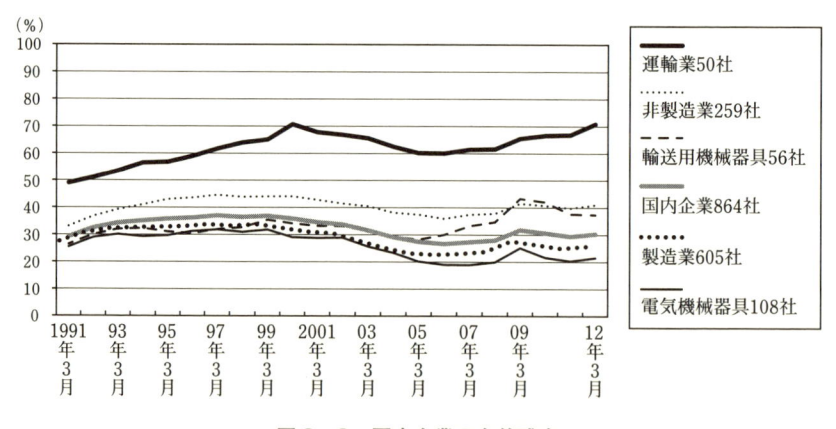

図3-2 国内企業の負債残高

注:1991年総資産を100%とする長短借入金+社債残高推移の単純平均
出所:日本政策投資銀行『財務データバンク2012年版』,一部・二部上場会社,連結ベース

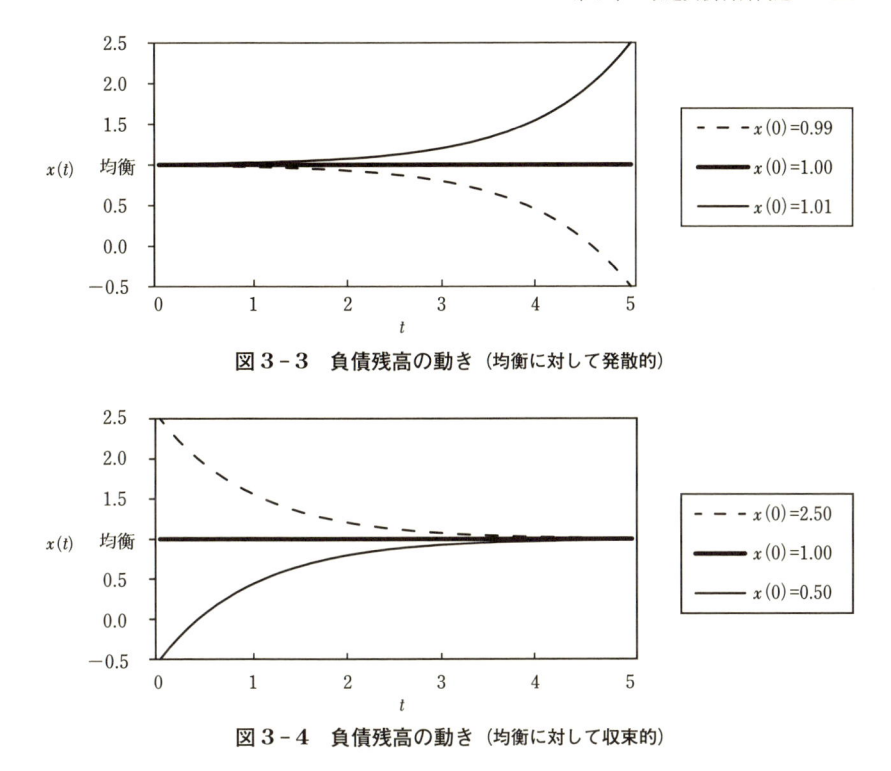

図3-3 負債残高の動き（均衡に対して発散的）

図3-4 負債残高の動き（均衡に対して収束的）

負債残高がわずかでも均衡水準から乖離すると，ますます乖離幅が拡大する不安定な動きである．

一方，図3-4で示した負債残高の動きは，均衡に向けての収束的な動きである．これは，負債残高が均衡水準から乖離するようなショックが起きても，負債残高が再び均衡水準に向けて乖離幅を縮小させる安定的な動きである．

図3-1の政府負債の動きをみると発散的な動きが目立つが，図3-2の企業負債では，長期にわたる均衡収束的な動きが見られる．しかし，どこに均衡があり，何がこの動きを決定づける要因かを捉えるには，何らかの理論モデルが必要である．以下では，負債残高の制御に焦点を絞り込んで，様々な負債残高の動きを説明できる理論モデルを構築することとしたい．

政府と企業ではガバナンスの仕組みも大きく違うし，政府が掲げる公的目標と企業の私的目標にも大きな違いはある．しかし，経済主体の個別具体的な問

題にとらわれず，負債残高の制御に問題の焦点を絞り込んでモデルを単純化することで，負債制御を決定づける因子やさらにはデフォルト問題に効率的に迫ることが可能になるだろう．

3. 負債制御モデル

3.1 基本モデル

ここで提示するモデルのベースとなる考え方は，予め定めた望ましい負債残高と望ましい償還額の両方ができるだけ達成されるように，債務者が負債を制御するというものである．

実際には現実の負債残高や償還額は望ましい水準に一致するとは限らない．それらが望ましい水準と一致しないとき債務者にとっては主観的コストが生じることになる．実際の主観的コストを簡単な数式で表すことは困難であるが，それを敢えて単純に模式化して次のように定義してみる．

主観的コスト
＝将来コストを主観的割引率 δ で割り引いた現在価値の期待値　　　(1)

これを数式で表せば

$$J = E\left[\int_0^\infty e^{-\delta t}\left(\theta \times (x_t - \hat{x})^2 + (u_t - \hat{u})^2\right) dt\right],$$

ただし，t 期の将来コスト $= \theta \times (x_t - \hat{x})^2 + (u_t - \hat{u})^2$

x_t：t 期の負債残高　　$\hat{x}$：望ましい負債残高

u_t：t 期の償還額[1]　　$\hat{u}$：望ましい償還額

θ：残高重視係数

となる．

(1)式は，主観的コストを，将来コストの割引現在価値の期待値と定義するものである．この式のポイントは以下の通りである．

---

1) ここで「償還額」は，ネットの元利償還額，即ち「総元利償還額−総元本調達額」のことである．マイナス値の償還額はネットでみた元本増加額となる．

第1に，以下で述べる通り，負債残高は経済システムに加わるショックによって確率的に変動する．そこで将来発生しうる負債残高の動きについてその現在価値を計算し，平均値（期待値）を取ったものを主観的コストと定義する．

　第2に，割引現在価値を計算するときに適用される割引率は主観的に定まる．これを主観的割引率 δ と呼ぶ．近視眼的な債務者ほど主観的割引率は大きくなり，遠い将来のコストを過小評価する．逆に，長期的視野に立つ債務者ほど主観的割引率は小さくなり，将来コストへの影響を考えた行動を取る．このように主観的割引率は，経済主体の行動が短期指向か長期指向かを決定づける重要な因子となる．

　第3に，t 期のコストを「$\theta \times (x_t - \hat{x})^2 + (u_t - \hat{u})^2$」とする部分は，負債残高 x_t と望ましい残高 $\hat{x}$ の間の乖離や，償還額 u_t と望ましい償還額 $\hat{u}$ の間の乖離があるとき，それぞれの乖離幅の平方に比例して将来コストが大きくなることを表している．乖離幅の平方に比例して将来コストが大きくなるというのは，乖離幅が広がれば広がるほどそのコスト負担が大きくなることを意味している．残高重視係数 θ は，負債残高の目標からの乖離が主観的コストに影響する相対的ウエイトを表す係数である．即ち，残高重視係数が大きくなるにつれて，残高の乖離は主観的コストを大きくするため，債務者はその縮小を一層重視せざるを得なくなる．逆に，残高重視係数 θ がゼロになると，残高ギャップは主観的コストに全く影響しなくなり，債務者は償還額の乖離幅の縮小しか考えなくなる[2]．ここで償還額の乖離幅に係る係数は1となっており，θ は1によって基準化されたものである．

---

[2] 残高重視係数 θ の大小が，現実の企業経営者あるいは国家の意思決定にどのように影響しているか具体的に検討することは重要である．負債調達は，現在の手元流動性を高め将来の手元流動性を低くする経済行為であり，貯蓄はその逆である．θ の大小は，将来と現在のどちらの手元流動性を優先するかという債務者の判断特性を表すパラメータと捉えることができる．経営者が将来の経営の返済負担を前提に当期の手元流動性を高めるのは，手元流動性を高めることで将来の事業機会を拡張する方が有利と判断するからである．経営者は株主をはじめとするステークホルダーに説明責任を負うため，自信がない経営者の場合，θ を大きくして無難な経営を重視する可能性もあり，θ が大きいことを手放しで評価できるわけではない．一方，将来世代の負担を前提に現在の財政支出余力を高めるということが国債発行の本質である．現在世代の望ましい手元流動性を重視して θ を小さく取って国債を発行する場合，国民貯蓄の裏付けが存在すること，あるいは最終的に負担を負う国民に対し説明責任を果たすことが求められる．

第4に，残高重視係数 θ，望ましい残高 $\hat{x}$[3]，望ましい償還額 $\hat{u}$，主観的割引率 δ という4つのパラメータ[4]は，負債制御を行う前に，このモデルの枠外で，債務者が主観的に設定するものである[5]．そしてこれらが個々の債務者の負債制御ポリシーの属性を定めることになるのである．

次に償還額と負債残高の動学的な関係式

$$\text{負債残高の増分} = \text{金利 } r \text{ のときの発生利息} - \text{償還額} + \text{確率ノイズ} \quad (2)$$

あるいは確率微分方程式で表した

$$dx_t = (r \times x_t - u_t)dt + \sigma \times dW_t$$
$$\text{ただし，} W_t \text{ は標準ブラウン運動}$$

を定める[6]．

これは，発生利息と償還額から翌期の負債残高が定まる関係を表すもので，言い換えると，制御（償還額）を定めると，状態（負債残高）が従属的に定まる関係を表す．このような制御と状態の関係式を状態方程式という．状態方程式

---

[3] 債務者（企業または国家）は最適事業規模を決定し，資金調達（自己資本または負債）の最適ミックスを決定すると考えれば，望ましい負債残高 $\hat{x}$ は必ずしもゼロにならないと考えられる．企業の場合は，償還の必要のある負債による調達は倒産リスクを高めることになるが，例えば税制上の観点から同じ資本コストであれば，支払配当とするよりも税務上の損金に計上できる支払利息とする方が有利になる場合がある．また政府の場合，増税よりも国債発行の方が政治的に実現しやすい．以上の理由から，本モデルにおいては，$\hat{x}$ を必ずしもゼロとはならない適当な定数として扱う．

[4] 4つの主観的パラメータは，各債務者の属性を特定するものである．それぞれのパラメータが決定される段階において，私企業と国家ではかなり異なるガバナンスが存在し，決定基準も異なっていると考えられる．実際，第4節「負債制御ポリシーの推計」で示される通り，両者のパラメータには大きな違いが見られる．これは外部環境としての経済状況が同じであっても，私企業と国家ではそれに対する反応原理がかなり異質であることを意味していると考えられる．本モデルでは，そのような私企業，国家などの異質な意思決定メカニズムはカプセル化し，意思決定メカニズムを特徴づけるこれら4つのパラメータを所与として，その下で成立する特性をモデル化して論じる手法を採用している．

[5] 本モデルではこれらのパラメータがどのような内部的な最適化構造を持つかについて立ち入らないが，それらを統合したモデルの一般化を否定しているわけではない．

[6] 上の状態方程式を実装するために必要なパラメータは，発生利息を計算するための金利水準 r と確率ノイズの標準偏差 σ の統計的特性であるが，これらは主観的パラメータではない．

の制約により，債務者は償還額と負債残高をそれぞれ独立して望ましい水準に選ぶことができなくなる．例えば，望ましい残高を達成しようとしても，償還額は望ましい水準には一般的には一致しない．

最後に，状態方程式の制約の下で，債務者は主観的コストを最小にするように償還額を選ぶものと仮定する．主観的コストを最小にする償還額を最適制御という．

ただし，ここでいう最適制御は，客観的に見た債務者にとっての最善の制御を意味する訳ではない．即ち，ここでの最適制御は，債務者が事前に設定した主観的パラメータの最適性までを含むものではなく，あくまで債務者が主観的に定めたパラメータを所与としたときの限定的な最適性を意味するに過ぎない．

これで基本モデルが完成した．続いてこの基本モデルに基づいて最適制御を実行した結果得られる負債残高の動き[7]を説明していこう．

(i) 残高重視係数ゼロの場合（$\theta = 0$）

この場合は，残高の乖離が主観的コストに影響しなくなる．このため望ましい償還額がそのまま最適制御となる[8]．このとき，利払いと望ましい償還額が均衡するような均衡負債残高 $\hat{u}/r$ [9] に負債残高の初期値が一致しないと，残高の期待値は発散する．わずかでも残高が均衡負債残高を上回れば残高は発散的に増加し，下回れば発散的に減少することになる（図3-3の「均衡」が均衡負債残高 $\hat{u}/r$ に相当する）．

(ii) 残高重視係数プラスの場合（$\theta > 0$）

この場合は，残高ギャップと償還額ギャップの双方が主観的コストに影響する．$\theta > 0$ の下で，(1)と(2)からなる最適制御問題を解くと，利払いと最適償還額が均衡するような均衡負債残高 κ [10] が見いだされる．したがって均衡負

---

[7] 正確には，負債残高から確率的ノイズの影響を除いた「最適制御の下での負債残高の期待値の動き」である．以下も同様である．

[8] この場合，負債残高の実績値が制御にフィードバックされることなく償還額が決定される．こうした制御はシーケンス制御と呼ばれる．

[9] $\theta = 0$ のときの均衡負債残高である $\hat{u}/r$ は，$u_t \equiv \hat{u}$ を状態方程式(2)に代入することで得られる線形確率微分方程式の解，$E[x_t] = (x_0 - \hat{u}/r)e^{rt} + \hat{u}/r$ から導かれる．

債残高 κ に到達すると，負債残高は維持される．しかも，何らかのショックで一度均衡負債残高 κ から離れたとしても，そこに戻ろうとする安定的な制御が働くため，残高と均衡の乖離幅は定率で縮小していき，残高の動きは均衡収束的なものになる（図3-4の「均衡」部分が均衡負債残高 κ に相当する）．この定率速度を残高調整速度 λ と呼ぶ[11]．

ここで均衡負債残高 κ と残高調整速度 λ の水準に関して次のようなことがわかっている．

①両者の水準は，主観的パラメータと金利水準だけから定まる．
②均衡負債残高 κ は，主観的割引率 δ が小さいときは，(a)残高重視係数 θ が大きいほど，望ましい残高 $\hat{x}$ に近づき，(b)残高重視係数 θ がゼロに近づくほど，$\theta=0$ の下での均衡負債残高 $\hat{u}/r$ に近づく．
③残高調整速度 λ は通常プラスであるが，債務者の主観的割引率 δ が極端に大きくなるとき[12]，マイナスになる．このようなときは，毎期，均衡との乖離幅が拡大することになるため，負債残高の動きが一転して発散的になる（図3-3の「均衡」部分が，$\theta=0$ の下での均衡負債残高 $\hat{u}/r$ に相当する）．

以上，均衡に対して負債残高の動きがどういうときに発散的になり，収束的になるかを整理したものが，表3-1である．

3.2　拡張モデル

基本モデルでは，残高や償還額が取り得る範囲に制約を課さなかったが，現

---

10) 負債残高が κ に到達すると，この残高に対する利払いと最適償還額が均衡する．このため，κ は，$\theta>0$ の下で負債残高が一定となる均衡負債残高ということができる．
11) 数式で表せば，残高重視均衡 $\kappa = \dfrac{\hat{u}(r-\delta)+\theta\hat{x}}{(\lambda+\delta)\lambda}$，残高調整速度 $\lambda = \dfrac{-\delta+\sqrt{(\delta-2r)^2+4\theta}}{2}$，最適制御 $u_t = \hat{u} + \{(r+\lambda)x_t - (\lambda\kappa+\hat{u})\}$，最適負債残高の期待値 $E[x_t] = (x_0-\kappa)e^{-\lambda t}+\kappa$ となる．
12) 主観的割引率が「金利＋残高重視係数÷金利」を上回るようなときである．

表3-1 均衡に対する負債残高の動き

ケース	条件			残高の動き
1	(i) 残高重視係数 $\theta=0$	初期残高＞均衡負債残高 $\hat{u}/r$		発散的に増加
2		初期残高＜均衡負債残高 $\hat{u}/r$		発散的に減少
3		残高調整速度 $\lambda>0$		均衡負債残高 κ に収束
4	(ii) 残高重視係数 $\theta>0$	残高調整速度 $\lambda<0$	残高＞均衡負債残高 κ	発散的に増加
5			残高＜均衡負債残高 κ	発散的に減少

実には負債残高や償還額には上限がある．即ち，

①負債残高には「残高上限」$x_{\max}$ が存在し，
②償還額には「償還額上限」$u_{\max}$ が存在する．

拡張モデルは，基本モデルに上の2つの条件を追加したものである．

もし，負債残高が残高上限 $x_{\max}$ となり，その時点で利払い額が償還額上限 $u_{\max}$ を上回ったならば，債務者は少なくともいずれかの条件の成立を諦めざるをえない．このような制御不能の状態に陥ることをデフォルトと定義する[13]．

(1) 残高上限 $x_{\max}$ の検討

まず，負債残高が残高上限 $x_{\max}$ まで増加することになる条件を確認しよう．

---

[13] 一般的にデフォルトは，延滞または金融支援を目的とした重要な条件変更とされるが，それは債権者からみた定義である．一方，ここではデフォルトを，債務者が延滞または条件変更を受けざるをえない制御不能な状態に陥ることとしており，いわば債務者の状態からみた定義となっている．

表 3-1 のケース 1 と 4 の場合，負債残高は発散的に増加する．制御ポリシーを改めない限り，このときは必ずどこかで残高上限 x_{max} に到達することは明らかである．ケース 1 は残高重視係数 θ ゼロの場合であり，ケース 4 は残高重視係数 θ プラスでも極端な短期指向のため残高調整速度 λ がマイナスになる場合である．

フロー変数である償還額と異なり残高はストック変数であり，一度負債が増加して財政状態が悪化すると，この状態は長期化する可能性がある．即ち，残高重視係数 θ をゼロにするということは，将来にわたって財政状態の悪化を無視することを意味するため，ケース 1 の場合もまた短期指向の制御ポリシーといえる．短期指向の制御ポリシーは負債制御を不安定なものとするため，残高が均衡を上回るとその動きは発散的増加となって，ポリシーを変えない限り必ず残高上限 x_{max} に到達してしまうことになる．

ただし，表 3-1 のケース 3 の均衡安定的な場合でも，均衡負債残高 κ が残高上限 x_{max} よりも高い水準にあるときは，残高上限 x_{max} に到達することになる．先に述べた通り，均衡負債残高 κ は概ね望ましい残高 $\hat{x}$ と $\theta = 0$ の下での均衡負債残高 $\hat{u}/r$ の間の水準に位置する．即ち，望ましい残高 $\hat{x}$ や均衡負債残高 $\hat{u}/r$ が残高上限 x_{max} を上回るとき，負債残高は上限を超えた均衡に向かって増加を続けることになる．

もし，債務者が残高上限 x_{max} を正しく把握していれば，残高重視係数 θ をゼロにしたり，あるいは望ましい残高 $\hat{x}$ を残高上限 x_{max} に設定した制御を選択することはないであろう．上限を超えた残高を望ましいと考えることは，いくら主観の問題とはいえ合理的でないからである．しかし，次に挙げるように債務者が残高上限 x_{max} を正しく把握できない状況は現に存在する[14]．

---

14) 例えば，貸し手からのクレジットラインとして残高上限が明示されているにもかかわらず，それを上回る負債残高を望ましいと考えることは不自然かつ不合理である．しかし，クレジットラインが明示されていない状況下では，債務者は自らの将来の返済能力の予測をベースに残高上限を予測して行動することになる．一般に将来の償還能力の予測はかなり困難であることから，好景気の時期に調達された債務の償還は，不景気に転じたところでしばしば困難となり，デフォルトが発生する．これは望ましくない状況であるが，合理的な経済判断によりこの問題の発生を回避することは難しく，ここにデフォルトが発生する根本的な要因があると考えられる．

① 次節で論じるように，将来の残高上限 $x_{\max}$ は将来の償還能力とセットで定まる．しかし，将来の償還能力の予測は一般に容易ではない．
② 制度的な総量規制などがある場合を除けば，債権者が早い段階から債務者に対して残高上限 $x_{\max}$ を通告するケースはほとんどない．
③ 複数の債権者から与信を受けている状況においては，個々の債権者の残高上限の合計が必ずしも債務者にとっての残高上限になるとは限らない．特に国債や社債発行などによる市場調達の場合は，市場の総意としての残高上限の予想は困難である．
④ 金融環境の変化により，銀行ないし市場の資金供給能力も変化する．その結果，個々の残高上限も引き下がることがある．
⑤ 債権者は債務者自身の信用力の変化を観察し，残高上限 $x_{\max}$ を変化させることもある．
⑥ 確率ノイズにより残高上限 $x_{\max}$ に到達する可能性もある．

　基本モデルの(2)式は，「残高増分＝発生利息−償還額＋確率ノイズ」という関係を示していた．すなわち，残高は確率ノイズによっても変動するため，ノイズの分散が大きいほど，不測のショックによって負債が残高上限 $x_{\max}$ に到達することがある．
　さらに，負債残高が残高上限 $x_{\max}$ に近ければ近いほど，またノイズの分散が大きければ大きいほど，負債残高が残高上限 $x_{\max}$ に到達する確率は高くなる．一方，残高上限 $x_{\max}$ に近づく場合には，負債残高制御は厳格に行われることになり，そのため残高の動きの分散は小さくなるのが一般的であろう．したがって，現実的には確率ノイズによる上限到達問題⑥よりも①〜⑤の問題を検討することが重要であろう．

(2) 償還額上限 $u_{\max}$ の検討

　もし，負債残高が残高上限 $x_{\max}$ に到達したとしても，残高上限に対する利払いが可能であれば，残高上限 $x_{\max}$ を超えることにはならず，即座にデフォルトに至ることはない．即ち，償還能力不等式

$$\text{残高上限時の利払い額} \leq \text{償還額上限 } u_{max} \qquad (3)$$

が成立することが,デフォルト回避の条件である.この償還能力不等式こそ,残高上限 x_{max} と償還額上限 u_{max} をつなぐ重要な関係であるため,債権者が残高上限 x_{max} を定めるとき,償還能力不等式の成立を確認することは必須といえる.

ところで,償還能力不等式の成立を必須として残高上限 x_{max} は定められるにもかかわらず,この不等式が成立しなくなりデフォルトが発生するのは何故だろうか.その理由を整理すると以下のような問題点が浮かび上がる.

第1に,残高が上限に到達したときの償還額上限 u_{max} の予測は容易ではないことが最大の原因といえる.特に,金融分野においては債務者と債権者の間に情報の非対称性があり,債権者はすべての情報にアクセスできる状況にない.仮に重要な情報にすべてアクセス可能であったとしても,それらの情報を用いて正確な将来予測を行うことは非常に難しい.

第2に,第1の問題を受けて,事前に予測できない債務者の償還能力の低下に見舞われると,残高上限 x_{max} は引き下げられる.さらに,現時点の残高に対して十分な利払い能力がないと判断されれば,残高上限 x_{max} は現在残高に近いところまで引き下げられ,早晩,リファイナンス時に償還能力不等式が成立しなくなり,デフォルトに至る.

第3に,債務者の償還能力の低下により残高上限 x_{max} が引き下げられるようなときは,同時にその調達金利も急上昇するため,償還能力不等式左辺の利払い額が急増し,結果として不等式が成立しなくなることがある.さらに,残高が残高上限 x_{max} に接近したときの調達金利の正確な予測は不可能に近い.第2,第3の問題点は,リーマン・ショックの前後で多くの金融機関が経験した深刻な問題である.

(3) デフォルトの回避可能性

以上の検討を踏まえて,デフォルトの回避可能性のポイントをまとめておこう.

まず,残高上限 x_{max} にできるだけ到達しないような制御ポリシーの設定が

求められる．

(i) 残高重視係数 θ ゼロの場合は，望ましい残高 $\hat{x}$ 重視の制御ポリシーに転換する必要がある．債務者が残高重視係数 θ をゼロとするのは，現在の負債残高と残高上限 x_{max} には相当の距離があり残高を重視した制御を行う必要がほとんどないと考えているからである．しかし，残高上限 x_{max} のない負債は現実的にはない．

(ii) 残高重視係数 θ がプラスであったとしても，主観的割引率 δ が極端に大きい近視眼の場合は，将来の残高ギャップについて無視するに等しい．このようなときは主観的割引率 δ を抑えて長期指向に転換することが必要となる．しかし，これを実行することは容易ではない．一般政府が負債制御ポリシーを転換する場合には，歳出カットや増税負担などに対する国民の理解が必要になる．企業の場合も，長期指向経営に対するインセンティブなどの制度設計の変更が必要となる．

(iii) 仮に，負債残高の動きが収束的で均衡が残高上限を下回っていても，確率ノイズによって，債務者の意図とは裏腹に，残高が上限に到達することがある．確率ノイズは時間的に累積していくため，長期間にわたるデフォルト発生のリスクを考えるときは小さなノイズでも無視できなくなる．例えば，標準ブラウン運動のように確率ノイズの特性が明らかであるなら，その残高上限 x_{max} への到達確率や到達時刻などを精密に計算することはできる．ところが実際は，経済危機のような大きなノイズの場合，再現性は乏しく，その特性はほとんど知られていない．その限りで，テクニカルな確率解析に振り回されるより，単純に上限を低く見積もって制御した上で，次に示すように，仮に残高上限 x_{max} に到達してもデフォルトにならない備えをする方が現実的方策といえるだろう．

残高上限 x_{max} に到達したときでも償還能力不等式が成立すればデフォルトには至らない．このため将来の償還額上限 u_{max} の正確な見積もりも必要になる．

(i) 償還額上限 u_{max} を正確に見積もるためには，財務に関する正確なデータが前提となる．企業の場合は，制度的に信頼性が保証された財務会計データが基本になる．このため経済環境の変化に対応して会計制度を不断に見直すこ

とも重要である．近時はこれに加えて，非財務情報も一体としてディスクローズする統合報告書などの動きも注目されている．政府の場合は，財政統計データの信頼性確保が不可欠である．ギリシャ債務危機も，財政統計の不正が発端であったことを銘記する必要がある．

(ii) データ分析能力の向上が重要であることは言うまでもない．

4. 負債制御ポリシーの推計

前節では，残高重視係数 θ，望ましい負債残高 $\hat{x}$，望ましい償還額 $\hat{u}$，主観的割引率 δ という4つのパラメータが負債制御ポリシーの主要な属性値であることを明らかにした．しかし，これらは主観的パラメータであって，経済データとして直接的に観察はできない．本章の第3のテーマは，債務者の負債制御ポリシーの見える化，即ち，主観的パラメータの推計である．これにより各債務者の負債制御ポリシーの定量比較が可能となる．

具体的には，負債の実績残高と最適制御残高の動きをグラフにプロットし，2つのグラフの各期の乖離幅の平方和が最小となるよう，主観的パラメータの値を少しずつ調整しながら数値計算を繰り返して探し求めるのである．一般にこのようにしてモデル内のパラメータを求める方法をカリブレーションと呼ぶ[15]．

4.1 政府債務の制御ポリシー

(1) 日本政府

図3-5は，日本政府の対GDP比純負債の実績残高と，最適制御を行ったとしたときの残高の理論値の動きをグラフにプロットしたものである[16]．主観的パラメータを推計すると，残高重視係数 θ はゼロであり，望ましい償還額 $\hat{u}$ が -5，均衡負債残高 $\hat{u}/r$ は -462 と著しく低く，強い発散性がみられる．これは，日本においては増税や支出削減がかなわず，低金利下にもかかわらず財政赤字を長期にわたって余儀なくされ，財政健全化に目をつぶらざるを得ない

---

15) カリブレーションの詳細については，吉村・渡邉 (2014) の数学付録 (B) 参照．
16) 以下，政府債務にかかる残高や償還額の単位は，GDPに対するパーセント表示とする．

(%)
残高重視係数＝0，望ましい償還額＝−5，均衡負債残高＝−462
図3-5　日本政府の負債残高

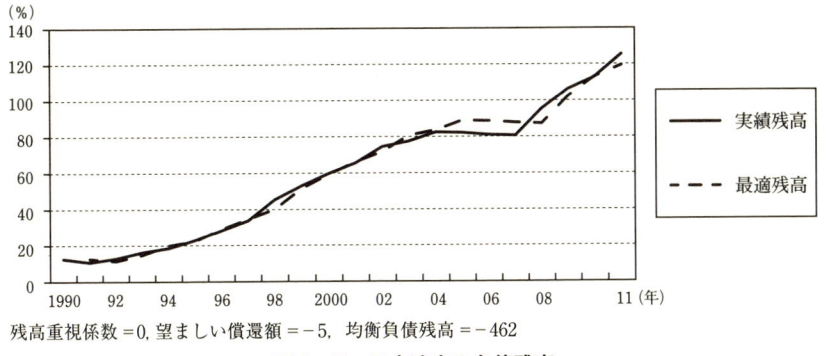

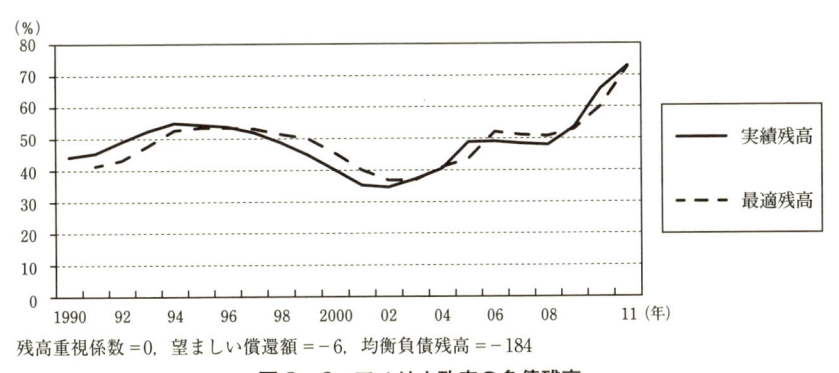

(%)
残高重視係数＝0，望ましい償還額＝−6，均衡負債残高＝−184
図3-6　アメリカ政府の負債残高

状況が続いてきたことを反映したものと言える．

(2) アメリカ政府

　図3-6はアメリカ政府の負債残高の動きである．残高重視係数 θ ゼロ，望ましい償還額 $\hat{u}$ は−6，均衡負債残高 $\hat{u}/r$ は−184と日本同様著しく低く，強い発散性がみられる．90年代前半は発散の増加，90年代後半は発散的減少，そして2001年のITバブルの崩壊以降は，イラク戦争による軍事費の増加も一因となり発散的増加に転じて現在に至っている．特に2008年のリーマン・ショック以降発散的な増加傾向は一層顕著になっている．増加・減少を繰り返してはいるが，発散的な傾向が一貫して継続している．

(%)

残高重視係数＝0.04，望ましい残高＝51，望ましい償還額＝2，残高調整速度＝0.14

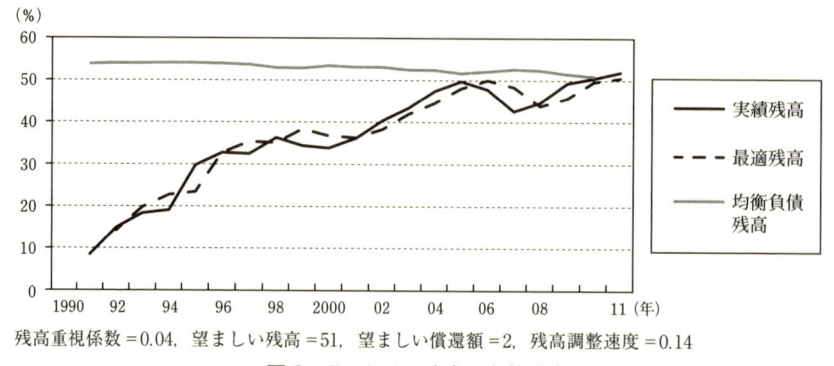

図3-7　ドイツ政府の負債残高

(%)

残高重視係数＝1.14，望ましい残高＝65，望ましい償還額＝−10，残高調整速度＝0.41

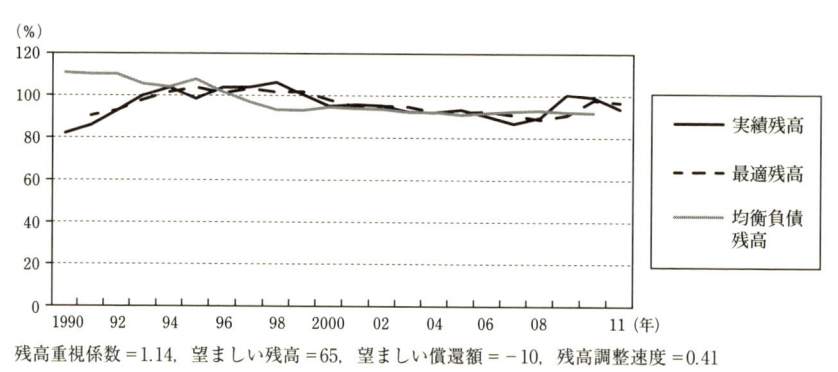

図3-8　イタリア政府の負債残高

(3) ドイツ政府

図3-7はドイツ政府の負債残高の動きである．残高重視係数 θ は0.04のプラスとなっており，日米と異なり望ましい残高 $\hat{x}$ の51を考慮に入れた制御が行われている．そこで均衡負債残高 κ の動きをグラフに追加している．この均衡残高 κ と実績残高とのギャップを残高調整速度 λ ＝14％の年率で縮小させる制御が行われる形になっており，残高の動きは収束的となっている．ドイツでは財政均衡目標の達成が憲法で定められており，保守的な制御ポリシーが厳格に継続されている．

(%)

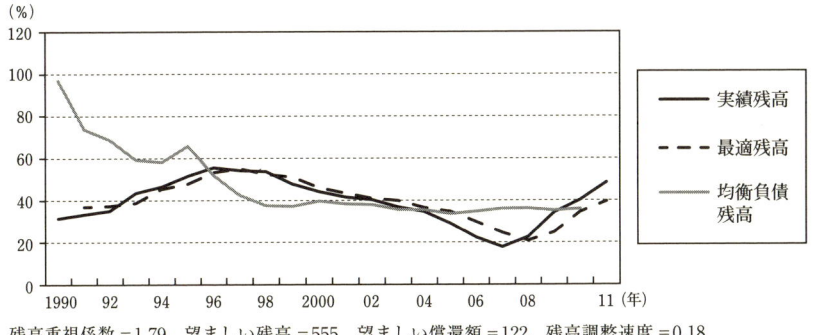

残高重視係数 = 1.79, 望ましい残高 = 555, 望ましい償還額 = 122, 残高調整速度 = 0.18

図3-9 スペイン政府の負債残高

(4) イタリア政府

図3-8はイタリア政府の負債残高の動きである．ドイツ政府と同様，残高重視係数 θ は1.14のプラスであり，均衡負債残高 κ は概ね90超の水準で安定している．リーマン・ショック後，一時的に残高は増加したが，著しい発散がみられるわけでもない．それにもかかわらず，イタリア国債の信用はギリシャ危機以降大きく低下した．その背景としてイタリア国債の実残高がドイツに次ぐ高水準にあり，フランスよりも大きいことがある．主として国内消化が中心であったため国内景気に影響を受けやすく，また政権基盤の脆弱さも問題とされている．残高上限に負債残高が近づいていることを強く意識してきた結果として，高い残高重視係数 θ の値となったと考えられる．

(5) スペイン政府

図3-9はスペイン政府の負債残高の動きである．残高重視係数 θ は1.79と高くなっている．しかし，スペインの場合は期間的に分割して注意深く観察する必要がある．スペインでは不動産・建設を中心とする内需主導の経済成長が90年代後半から2007年頃まで続いた結果，対GDP比でみた政府純負債が見かけの上では大きく減少してきたことが強く影響して残高重視の制御ポリシーが推計されている．しかし，不動産バブル崩壊後は発散的増加に転じていることがグラフから見て取れる．

4.2 国内企業

　国内企業について各社ごとにカリブレーションを実行して推計した主観的パラメータの推計結果をまとめたものが表3-2である．

　83％の企業で残高重視係数θはプラスとなっており負債残高制御は安定的となっている．

　残高重視係数θをプラスとした企業のうち，望ましい残高$\hat{x}$をマイナスとしている（無借金化を望ましいと考える）企業が39％に上っているほか，1991年総資産残高比で負債残高が0〜50％を望ましいとする企業が32％となっている．

　また，望ましい償還額$\hat{u}$をマイナスとしている（ネットで元本増加による資金調達を望ましいと考える）企業は28％にとどまっている．

　さらに，58％の企業が主観的割引率δを1％未満としている．

　逆に，こうした強い残高重視傾向，財政健全化指向が国内企業に長期にわたって継続してきたため，成長投資機会などがあってもそれが資金調達に結びつきにくい状態になっているとも考えられる．

表3-2　国内企業の主観的パラメータの推計結果

（1）残高重視係数θの分布（864社）

$\theta = 0$	$0 < \theta \leq 0.1$	$0.1 < \theta \leq 0.2$	$0.2 < \theta \leq 0.3$	$0.3 < \theta \leq 0.4$	$0.4 < \theta$
17%	41%	10%	5%	3%	23%

（2）望ましい残高$\hat{x}$の分布（715社*）

$\hat{x} < 0$	$0 \leq \hat{x} < 0.25$	$0.25 \leq \hat{x} < 0.5$	$0.5 \leq \hat{x} < 0.75$	$0.75 \leq \hat{x} < 1$	$1 \leq \hat{x}$
39%	19%	13%	6%	3%	20%

＊望ましい残高$\hat{x}$は残高重視係数$\theta = 0$となる企業データを除いて集計．

（3）望ましい償還額$\hat{u}$の分布（864社）

$\hat{u} < 0$	$0 \leq \hat{u} < 0.25$	$0.25 \leq \hat{u} < 0.5$	$0.5 \leq \hat{u} < 0.75$	$0.75 \leq \hat{u} < 1$	$1 \leq \hat{u}$
28%	37%	11%	8%	5%	11%

（4）主観的割引率δの分布（864社）

$0 < \delta < 0.01$	$0.01 < \delta \leq 0.1$	$0.1 < \delta \leq 1$	$1 < \delta$
58%	13%	17%	13%

5. おわりに

　金融市場は今日の市場経済における重要なインフラストラクチャーであり，社会的共通資本の代表といえる．本章では，金融市場における主要なプレーヤーである政府や企業を念頭に置いて，債務者の負債制御問題について検討した．そこでの問題意識を要約するならば，何故債務者は負債の適切な制御に失敗するのかという点に尽きる．政府や巨大な金融機関の負債制御の失敗は金融危機などに直結し，社会経済に重大な混乱をもたらす．その根底に存在する問題となる構造を明らかにすることは喫緊の課題といえる．

　検討に際しては，債務者の特性に依存しないと同時に，できるだけ単純な負債残高の制御モデルを示すことを目指した．これを通して，今日の負債の制御に関する問題の本質に迫ることができたと考えている．即ち，負債の残高と償還額の間のトレードオフ関係の重要さが明らかにされた．そこで決定的な役割を果たすのが，主観的パラメータである残高重視係数 θ であり，主観的割引率 δ であった．これらのパラメータの良し悪しについて判断することは価値観の問題となるが，これらの組み合わせによっては負債制御が失敗することが示された．

　これと同様に，望ましい負債残高 $\hat{x}$，望ましい償還額 $\hat{u}$ という主観的パラメータの果たす役割も大きいことが示される．これらは残高上限 x_{max} や償還額上限 u_{max} と併せて，デフォルトの発生を考える上で決定的な役割を果たす．政府の負債制御に象徴されるように，民主主義と健全な財政運営の両立は容易ではない．

　一度基本となる単純化されたモデルを構築することができて，その基本的な構造が解明されれば，債務者のタイプごとにより特定化されたモデルにすることは比較的容易である．例えば，政府の負債制御を考えるなら，徴税とマクロ経済との関係を組み込むことでより現実的な負債制御モデルの分析が可能となるだろう．しかし，モデルの複雑化の代償として，ここで得られたような明快な解析解を得ることは困難となり，問題の解明は，数値計算を通して得られる数値解の評価に移るであろう．基本モデルが示す解の特性は，そこでも大いに

役立つはずである．単純なモデルはそこで得られる明快な論理によって，より複雑なモデルから得られる解をより見通しの良いものとする．

社会的共通資本の問題を考える上で，負債制御問題の果たす役割は非常に大きい．本章では，負債制御において決定的に重要な役割を持つ4つのパラメータを所与としてモデル分析を行った．しかし，その結果が示唆することは，それらが生み出す負債残高の経路を踏まえて，パラメータの妥当性を改めて問い直し，より良い結果となるように制御問題を修正することであるように思われる．

参考文献

明石一・今井弘之（1981），『詳解制御工学演習』共立出版．

伊藤清［企画・監修］，渡辺信三・重川一郎［編］（2012），『確率論ハンドブック』丸善出版．

櫻川昌哉・細野薫（2007），「日本の財政の維持可能性のキャリブレーションによる検証」Keio Economic Society Discussion Paper Series KESDP, No.07-6.

長井英生（1999），『確率微分方程式』共立出版．

吉村浩一・渡邉修士（2014），「最適負債制御問題」『経済経営研究』（日本政策投資銀行），Vol.35(2)．

Karatzas, I. and S. E. Shreve (1996), *Brownian Motion and Stochastic Calculus*, 2nd edition, Springer.（渡邉壽夫［訳］（2001），『ブラウン運動と確率積分』シュプリンガー・フェアラーク東京）

Morimoto, H. (2010), *Stochastic Control and Mathematical Modeling: Applications in Economics*, Cambridge University Press.

Oksendal, B. (1998), *Stochastic differential equations, An introduction with applications*, 5th edition, Springer.（谷口説男［訳］（1999），『確率微分方程式──入門から応用まで』シュプリンガー・フェアラーク東京）

Pindyck, R. (1972), "An Application of the Linear Quadratic Tracking Problem to Economic Stabilization Policy", IEEE Transactions on Automatic Control, vol.17(3), pp.287-300.

第4章　財産権制度の整備と経済成長
　　　　——法制度と金融市場

山崎福寿

瀬下博之

1. はじめに

　アダム・スミスが私的な契約の重要性に着目して，自由な契約が社会を発展させ，革新的な社会建設に貢献すると論じたのは，いまから200年前のことである．ハイエクはそれとは異なる文脈で，私的な財産権を守ることが，誰からも強制されない自由で健全な社会の確立につながり，それが文明を発展させると論じた．

　しかし，こうした財産権や所有権の重要性をまだ十分に認識していない人々がたくさんいることも事実である．その意味で，私的な財産権の重要性と契約自由の原則を侵すべきでない神聖な大原則として再確認することは，社会科学者の重要な責務であると思われる．

　本章では，諸外国の法制度とりわけ財産権と金融市場・経済成長の関係に焦点を当てた実証研究を紹介したうえで，日本の90年代以降の投資家および債権者保護に関する法改正を，資産の効率的な利用という観点から評価・検討したい．

　第2節と第3節では，法制度と金融市場，さらには経済成長との関連に焦点をあてたクロス・カントリーデータによる実証研究を紹介する．第4節では，日本の法制度の問題点やその改正について，効率性の観点から整理・検討してみよう．

2. コモン・ロー vs. 市民法
―― 法制度と株主の権利,債権者の保護

　各国,特に新興国のデータが次第に整備されるにつれて,発展する国々とそうでない国々の間の,社会的・文化的・歴史的な相違などについて,国別横断データ(クロス・カントリー・データ)を用いた実証分析が可能となり,興味深い作業仮説が提示されるようになった.その一つに,法制度と金融市場の関連性についての仮説がある.

　その嚆矢となったのは La Porta, Lopez-de-Silanes, Shleifer, and Vishny (1998)(以下 LLSV と略す)である[1].この研究は新興国を含む 49ヶ国について,各国の投資家保護の制度を採点して,法制度の違いによって,投資家の保護がどの程度異なっているかを実証した研究である.いくつかのポイントを取りだして,それぞれどのような違いがあるかを採点している.

　まず,法律家による標準的な分類にしたがって,イギリスに代表されるコモン・ローの影響を受けて法制度が整備された国々と,フランスに代表される市民法(大陸法)の影響下にある国々に大別する.さらに,市民法の中でも濃淡の異なる法制度や出自の違いをもとに,フランス市民法の影響の強い国々と,ドイツ市民法の伝統を受けた国々,さらに独自の伝統を持つスカンジナビアン諸国とに分類され,同じ市民法でもそれらを 3 つのグループに分ける.これら合計 4 つのグループについて,株主と債権者のそれぞれの保護に関して,どのような差異があるかを示すデータを作成する.

株主保護と債権者保護

　LLSV (1998) はこれらの分類とともに,株主と債権者の保護の強さを採点し,

---

[1] 法制度の歴史と金融市場の関係に興味をもつ研究者には,後で紹介する Levine (2005) の論文から先に読まれることをお勧めする.Levine (2005) では,フランス市民法の成り立ちやコモン・ローの歴史が要領よく説明されており,とても参考になる.歴史的な背景や財産権がどのように規定され,そして政府の干渉からどのように免れるかという点を含めて,政治的な自由を実現することが,経済の発展にとってきわめて重要であることを明快に論じており,この論文を読んだ後で,LLSV やその他の論文を読む方が理解が深まる.

グループごとに違いがあるかを調べている．株主の保護についてスコアの対象となるのは，以下の8項目である．

① 株式1株に対して1票の議決権があるか否か[2]．
② 郵便によって代理投票ができるかどうか．
③ 株主総会時点で株式の売買ができるかどうか．
④ 比例的な代表権を認めているかどうか[3]．
⑤ 合併や大規模な資産の処分等の重大な意思決定の際に，それに反対する（10%以下の）少数株主が，企業に対して，異議申し立てや株の買い取りを求める権利があるかどうか．
⑥ 利益の侵害があったときに，株主が訴訟を起こせるかどうか．
⑦ 新株発行のときに株主に先買い特権を認めているかどうか．
⑧ 臨時株主総会を招集するときに必要な株主の同意数の割合[4]．

各項目についてそれぞれ各1点を与え，これらを合計して各国のスコアを比較している[5]．

採点結果をみると，4つのグループのうちコモン・ローの支配する国々では，株主保護のスコアが統計的に有意に高く，逆に，フランス市民法の支配する国々では，それらが低いことが示されている．この中には，フランスはもちろんのことアルゼンチン，ベルギー，イタリア，メキシコ，ポルトガル，スペインといった国々が含まれている[6]．

---

2) こうした議決権のない株や議決権数の多い株，すなわち1株に1票以上の投票権を与えている株式を発行することが認められている国々がある．フランスは極端に多い投票権を一定の株主に与えることが許されている．これらは明らかに一般の株主の権利を侵害していると言える．
3) これが満たされないときには，株主が自分の選好する1人の経営者に持分全部を投票できない結果，ほかの経営者を有利にする．
4) これは連続量であるが，10%以下の同意でも，召集できる国には1点を与えている．この点については，後述するように，重要な批判にさらされている．
5) このうち，実際の推計では，①と⑥は排除されている．⑤と⑥は内容が似ているので，どちらかを排除することは自然かもしれない．しかし①を排除するのはどのような理由かは明らかにされていない．したがって，スコアは6点満点である．後述するように，この点には批判がある．

また，日本を含むドイツを起源とする司法制度の国々は，それらの中間に属しており，株主保護は，コモン・ローの国ほどではないが，フランス市民法の影響を直接受けている国よりはいくぶん高いという結果になっている．同じくスカンジナビア諸国のデンマーク，フィンランド，ノルウェー，スウェーデンといった国々もドイツと同程度の株主保護になっている．

　他方，債権者保護のスコアとしては以下のような項目が対象とされている[7]．

①倒産時点でオートマチック・ステイ（Automatic Stay）を認めるかどうか．ここで，オートマチック・ステイとは，企業の再建過程で担保権行使を止める行為であり，債権者の利益を侵害していると解釈される．
②企業を清算する際に，優先債権者に最初に債務が返済されるかどうか．
③企業を再建する際に，債務者すなわち経営者が，債権者の同意を必要とするかどうか[8]．
④再建にかかわった従来の経営者がその地位を保全できるかどうか[9]．経営者がそこにとどまれることが法制度によって認められているのであれば，債権者の意思決定権を制限することになり，その権利は必ずしも保護されているとは言えない[10]．

　これらの項目を採点した結果をみると，株主の権利と同様に，コモン・ロー

---

6) フランス市民法のような国では，株主の権利が保護されていないので，別の法律によって株主の権利保護が企図されている．例えば，利益の何割かを強制的に配当しなければいけないというルールがある．LLSVは，こうした点をポイントに加えて実証研究を補完している．
7) 債権者保護を考える際に難しいのは，優先債権者と劣後している債権者の間には，権利上の対立がある点である．この点は，後にふれるように筆者たちの研究テーマである．
8) 債権者の同意を必要とせずに再建が可能ならば，その過程で債権者の権利が毀損される可能性がある．
9) 日本の民事再生法は，Automatic Stayを認めたうえで，経営者が再生債権者となることも認めている．この点について，民事再生法を批判的に分析した山崎・瀬下（2002）と瀬下・山崎（2002）を参照．
10) こうした投資家保護とは別に，債権者を保護するために自己資本比率規制を課しているかどうかという点も，債権者の保護に役立つと考えられている．自己資本比率規制は，企業の倒産を避けるだけでなく，また経営者が意図して企業の資産を散逸させることを予防するという意味で，債権者の保護になる．

の国は債権者保護の程度が高いのに対し，フランス市民法の世界は必ずしもそうでないことが示されている．ドイツと同じグループやスカンジナビア諸国はやはりその中間に属している[11][12]．

最後に，法の実効性という観点から，法律通りに運用されているか採点したところ，やはり同様の結果となる．フランス市民法の国々では，法律自体のスコアは低いけれど，運用は厳しいのではないかという点を調べたところ，その実効性もあまり有効ではないことが確認されている[13]．

金融市場の発展と法制度の関係

LLSV（1997）は，LLSV（1998）で採点したスコアを用いて法制度と金融市場の発展との間の関係を実証的に分析している．

この論文で被説明変数となるのは，①株式の総価値（インサイダーに保有された部分を除く）の対 GNP 比率や対売上額比率，②国内の企業数の対人口比率，③ IPO（新規上場）や負債総額の対 GNP 比率であり，これらを各国の法制度のスコアに対して回帰している．その結果，イギリスの伝統的なコモン・ローを導入した国々では，GNP に対する株式価値や売上に対する株式価値が，フランス市民法を導入した国々に比べて，有意に高いという．また，負債総額の対 GNP 比率についても同じことが言える．

これらの結果は，コモン・ローの世界，すなわち投資家が厳格に保護されている社会では，外部金融，すなわち株式で資金を調達したり，債券で資金を調

---

11) 日本の優先権侵害事例をみると，アメリカの方が日本よりもはるかに債権者は保護されているように思われるのだが．奇妙なことに，アメリカのスコアに対して，日本のスコアは高く評価されている．

12) これに対しては，所得水準の違いがグループごとの見かけ上の差異をもたらしているのではないかという批判が考えられる．そこで，こうした違いが貧富の格差から生じてくるのかどうかという点を検証するために，検定が行われている．つまり，所得水準が高い国ほど社会的要請から，債権者が保護される結果になっており，見かけ上の相関が生じているのではないかという疑いが生じる．しかし，この点は統計的に棄却されている．

13) 各国について最も企業価値の高い 10 社を対象にして，株主所有構造を調べてみると，フランス市民法の国々では，株主の集中度が高いことが明らかになっている．法の保護が弱い分だけ，逆に，大株主による企業支配があり，経営者に対するチェック機能が働いているのではないかという仮説が提示されている．しかし，その結果，零細な投資家を株式市場から遠ざけている原因になっているのかもしれない．

達することが有利になっており，それが市場での高い評価につながっているという．

これに対して，フランスを起源としたり，ドイツやスカンジナビアを起源とするダミー変数を用いると，外部市場での株式評価が一様に下がるという回帰分析の結果が報告されている．また，これらの国々では，コモン・ローの国々に比較して，国内企業数やIPOについても低いという結果が得られている．同じく，負債についても同様の結果が報告されている．

法制度と債権者保護に対する批判

こうしたLLSV (1998) の議論に対して，その採点自体に対する批判もあるが，特に実証的な観点からの批判としては，Graff (2008) がある．Graffは，LLSVがコモン・ローの国と市民法の国との間で投資家の保護について顕著な違いがあると指摘しているが，データを精査すると，そうした差異が見つけられないと指摘する．

特にLLSVの論文では，1株に対して1票の投票権が与えられるという制度と強制的な配当についての項目（スコア）が，データとして利用可能であるにもかかわらず，実際の推計では用いられていない．他方，あまり重要とは思われない2つの項目がスコアとして算入されている．

さらに臨時株主総会を招集する際に必要な株主数は連続変数であるが，この連続変数をダミー変数に置き換えるときの基準をわずかに変更しただけで，まったく異なる結論が得られることが明らかにされている．Graffによれば，そうした修正を加えると，市民法の国とコモン・ローの国との間で，スコアの違いに有意な差はなくなってしまう．したがって，LLSVの議論は実証面で重要な欠陥を含んでおり，議論は必ずしも成功していないと批判している．

経済成長と法制度——LLSVとは異なるもうひとつの見方（Endowment view）

Levine (2005) は，法制度，とりわけ財産権の保護に関する法律やそれを実効的にする裁判制度が，経済の成長や発展に及ぼす影響を分析した研究についての展望論文であり，各国別の財産権保護の程度の違いが，どのような社会

的・自然的条件に依存しているかについても，異なる見解があることを指摘している．

　一つの見解は，LLSV のように，法律の起源が金融市場のあり方や経済成長に決定的な影響を及ぼすというものである．すでに明らかなように，フランスの市民法をその起源に持つ国と，コモン・ローの伝統を有する国々との間には，株主や債権者の保護の程度に有意な差があり，それが金融市場に有意な差異をもたらしているという考え方で，これを Law view と呼んでいる．

　これに対して，そもそも天然資源や気候といった自然条件や，入植者と原住民との間の社会的関係が，法制度や金融制度を生み出す起源となっているという考え方もあり得る．この考え方は，ヨーロッパの人々がどのような戦略を取って，植民地を支配ないし民主化していくかという過程を重視している．天然資源に恵まれていたり，利用可能な奴隷が豊富な国は，ヨーロッパからの侵略者たちにとっては，収奪の対象にする可能性が極めて高いために，貧富の格差自体はむしろ望ましいものであった．

　そのため，収奪を目的に入植する侵略者にとっては，民主的なルールや財産権を守る法律を導入することは，むしろ自分たちの収奪する機会や独占的な権利を失うことにつながる．その後のエリートたちにとっても，その既得権を守るために，民主的なルールや平等な参政権，さらには財産権の整備を進める意欲には乏しかった．そうした消極性が，現代の法制度にまで影響を及ぼしている．この見解を Levine は Endowment view と呼んでいる[14]．

　こうした見方は，もともと現代の法制度の前提となるものがどこに由来するかという点に依存している．各国の法制度がどの国から導入されたか，あるいはどういう歴史の過程で形成されたかという点を前提に，金融市場及び経済成長への影響を論じるという見方 (Law view) とは対照的に，そもそも気候や風

---

14) こうした Endowment view についての考え方を用いると，分配の不平等が大きい国の方が既得権者の利益を守るために，政府が介入する余地が大きいことは容易に理解される．それは，一見分配面でより平等化を図るという大義の下に実施される．しかし，それは財産権の侵害につながり，かえって経済の潜在成長力を奪ってしまうという点は，今日的にもきわめて重要な意味がある．日本では，外国人投資家が日本企業を買収することに対して強い抵抗感がある．これは人々に弱肉強食をイメージさせるのかも知れない．しかし，こうしたことは財産権に対する政府の介入が非常に強く，私的な財産権に対する干渉が大きいことを示している．

土，原住民の存在といった自然条件が現在の法制度を形作っており，それが金融市場の発展を経由して経済成長に影響を及ぼしているという考え方を対立軸に据えることで，Levine (2005) はこれらの異なる2つの考え方を基礎とした実証研究について，包括的な展望を与えている．

クロスセクション分析

LLSV (1997, 1998) の国別の横断データ（クロスカントリー・データ）を用いた実証研究に対して，次に紹介する地域ごとの実証研究や発展途上国のデータを用いた実証研究もある．

Jappelli *et al.* (2005) の論文では，イタリアのパネルデータを用いて，地域ごとの法の運用や裁判制度の効率性の違いが，その貸出市場の厚みや効率性にどのような影響を及ぼしているかについて分析している．イタリアでは地域ごとに民法上の取り扱いも異なっており，特に南部と北部では裁判における審理のスピードや効率性にも著しい差があるようである．

1984年から1998年までのイタリアの地域ごとのデータをみると，第1に，南部と北部では，現在審理中の訴訟数に，大きな差異があることがわかる．これらは裁判が効率的に，あるいは迅速に審理されているかどうかを示すデータとして使われている．第2に，審理が開始されて，最終的に判決が下されるまでの平均的な期間は地域ごとに差異があり，その期間が長ければ長いほど，司法制度は効率的ではないと考えられている[15]．

これら2つの変数が，地域ごとのGDPで割った貸出量にどのような影響を及ぼしているかについてパネルデータを用いて分析したところ，貸出量は裁判所の審理中の訴訟件数から負の影響を受けていることが報告されている．逆に言うと，このことは裁判の効率性の改善が，貸出に正の影響を及ぼしうることを示している[16]．

貸出量の他に，全企業に占めるオーバードラフト（当座貸越）を受けている

---

15) イタリアでは倒産後に，担保を回収するまでに必ず裁判所に届け出て許可を受けなければならないことになっている．その意味で，担保の回収にどのくらいの時間がかかるかという点が重要である．
16) これに対して，裁判期間の長さは有意な結果を示していない．

企業の割合を被説明変数にした分析もなされている．当座貸越は担保設定の必要のない一定限度額内での短期金融である．したがって，担保権設定やその行使に費用のかかることが予想される場合には，貸し手は当座貸越を選好するようになる．当座貸越企業の比率に対しては，いずれの司法制度の説明変数も正の影響を及ぼしており，裁判の遅滞がこうした企業の割合を高めているという結論を導いている．

また，総貸出に占める不良債権比率を被説明変数とした分析では，裁判の非効率性が不良債権比率を低下させるという結果が得られている．この点は，裁判の効率性を高めることが，これまで排除されていたリスクの高い投資家たちに対する貸出を増やす結果，不良債権比率を上昇させてしまう可能性を示唆するものである．たしかに不良債権比率の上昇自体は必ずしも望ましいことではないが，裁判の非効率性のために，銀行が過度にリスクに対して慎重になる結果，相対的にリスクの高い投資家に対する貸出が全体的に抑制されるという副作用の方が大きいと解釈されている．

Galindo and Micco (2004) の論文は，ラテンアメリカのデータを用いて，担保権の保護の程度の違いによって，その国の貸出市場がどのような影響を受けるかを実証的に分析した研究である．LLSV のデータのうち，債権者についてのスコアを用いて分析を拡張し，各国の貸出量を非説明変数にとって，担保権保護の程度が貸出に対して正の影響を及ぼしていることを明らかにしている．倒産時に発揮する権利が保護されていることによって，債権者は安全に資金を貸すことができ，貸出市場が拡大することがデータによって明らかにされている．

この他に，大企業と中小企業の信用上の格差についても興味深い結果が得られている．一般に中小企業は借入において，大企業に比較して信用上不利な立場にあると考えられる．しかし，担保権が十分に機能している国では，大企業との格差も縮小することが実証的に明らかにされている．すなわち，担保権が保護されている国では，大企業と中小企業の信用上の格差はそうでない国に比較して，小さくなっている．

中小企業が信用面において，大企業との資金調達上の差異が小さくなるという点は，所得分配上の観点からも重要で，債権者の権利を保護することを通じ

て，金融市場を整備することが，分配上の格差も是正することにつながると言える[17]．

3. 金融と経済成長

シュンペーターは，20世紀の初めに，金融市場における金融仲介機関の役割が経済成長にとって重要である点を強調した．しかし，多くの経済学者たちは，ジョン・ロビンソンの考え方に見られるように，金融市場の発展はあくまで経済成長の結果に過ぎず，金融市場に特段重要な役割を見出しては来なかった．

しかし，近年，他の産業以上に金融市場の重要性を認識する考え方が現れてきた．以下では金融市場の発展と経済成長の関係についての実証研究を紹介しよう．

金融市場の整備と成長・新規参入

King and Levine（1993）は，金融市場の厚みと経済成長の関係を実証分析した論文である．金融市場は経済成長の結果として発展するものであって，その逆ではないというこれまでの主張に対して，金融市場の整備によって経済成長が促進されうるという結論を得ている．

金融市場が整備されると，資金の量が増えて実物投資が増加するのと同時に，投資配分の効率性が高まることが考えられる．例えば，企業に対する金融仲介機関のモニタリング等の活動によって，資金の効率性が高まり，高い経済成長率をもたらすといったメカニズムが考えられる[18]．1960年代，70年代，80年代の各国の金融指標を用いて，その後の経済成長率をどの程度説明できるかについて推定したところ，金融市場の資金量は，その後の経済成長率の有意な予

---

17) 日本では，筆者たちの分析である太田他（2006）と山崎他（2011）以外，同じような観点からの実証分析は見当たらない．筆者たちの分析は第4節で簡単に紹介する．
18) しかし，こうした金融市場を整備することによって，高い成長率が実現でき，金融市場の資金量を増やすことによって，高い経済成長率が実現できるとしても，どのような政策的な対応によって，金融市場の資金量を増やすかどうかという点については，この論文は触れていない．この点が次の課題と言えよう．

測値になっていることが明らかになった．つまり，金融市場の資金量が多い国ほど，その後の経済成長率が高いことがわかる．

Rajan and Zingales (1998) は，同じく金融市場と経済成長の関係を実証的に研究した論文である．内部金融で十分に資金調達できる産業に比較して，外部金融に依存した産業は，金融市場の整備の度合いによってより顕著な影響を受けるはずである．この点に注目して，各国における各産業の付加価値で測った成長率を被説明変数として，その成長率の違いが，金融市場の整備水準にどの程度依存しているかについて分析している．

ここで重要な仮定は，各産業の外部金融依存度は各産業に固有なものであり，国際的には同一な値であるとしている点である．この仮定に基づいて，この値が高い産業で，かつ金融市場が整備されている国の産業ほど，高い成長率を示すという仮説が検証されている．

例えば，一国の中でもたばこ産業と比較して，外部金融に多くを依存すると考えられる医薬品産業は，金融市場の整備の度合いによって，成長率に顕著な差異が生じると考えられる．外部金融依存度といま述べた金融市場の整備の度合い，金融市場の厚みを測って，そのクロス項の係数が有意であるかどうかに注目する点が，この論文の第1の特徴である．

第2の特徴は，新規参入企業と既存企業の資金調達面における差異に注目した点である．新規参入企業が成長する際には，既存企業に比較して，外部金融に多くを依存すると考えられる．情報の非対称性を考えると，新規参入企業の方が信用面で不利である．この点に着目して，金融市場の整備度合いが，各産業における企業数と平均的な企業規模に対して及ぼす影響を分析している．

従来の実証研究では，金融市場の整備・深化の程度としては，「GDPで基準化した株式市場の総価値」や「民間部門に対する貸出総額」がしばしば使われている．これに加えて，「会計基準がどの程度整備されているかという指標」も用いられている．ここで金融市場の規模は，経済成長の単なる結果に過ぎないという批判に対応するために，金融市場を巡る環境が一朝一夕には変わらないという前提で議論をしなければいけない．つまり，金融市場の環境を外生変数とする必要がある．この点に配慮して，金融市場の整備水準を測る変数として，各国で導入されている会計基準の差異を用いている．こうした制約を課し

た上で検証した結果，金融市場と外部金融に依存する度合いのクロス項の係数が，企業の成長率に有意に正の影響をもつことが明らかになっている．

実証分析の結果，マレーシアでは金融市場が整備されている結果，医薬品産業はたばこ産業よりも1980年から90年にかけて，4％程度高い成長率を記録しているが，韓国では，金融市場の整備の度合いが中程度であるので，両産業の成長率の差は3％くらいである．さらに，金融市場が十分に発達していないチリでは，2.5％の格差しかないことが報告されている．

この点から見ても，金融市場の環境整備によって，外部金融に多くを依存している産業とそうでない産業の成長率に顕著な違いが生じることが明らかになり，金融市場は，他の市場とは異なる影響を経済に及ぼすことが実証されている．

また，新規参入企業と既存企業の規模に及ぼす影響を比較すると，金融市場の整備の程度が，企業規模に対する影響よりも，新規参入企業数により大きな影響を及ぼすことがわかる．このことは，金融市場の成長が企業の新規参入を促進し，企業数の増加を促進する結果，産業の競争水準にも影響を及ぼす．外部金融に多くを依存しなければならない新規参入企業や若い企業にとって，金融市場の整備がとりわけ重要であることがあらためて確認できる．

法制度・金融市場・経済成長

Levine（2005）の実証研究は，1960から1989年までのデータを用いて，80ヶ国の法制度と金融市場の関係を実証的に分析したうえで，それが経済成長や資本形成，さらに技術進歩や，生産性の上昇に及ぼす影響を調べたものである．

まず，各国の投資家保護，特に債権者保護の程度を調べている．説明変数としてはLLSVにもあったように，オートマチック・ステイが認められているか否か，再建後に経営者の地位が保全されているか否か，優先債権者の優先弁済権が守られているかどうかを各国について調べて採点したスコアが用いられている．その他，国際的なカントリー・リスクの指標を用いて，法の支配や実効性がどれくらい担保されているか，また，政府が民間の契約に対して干渉した頻度等の変数を用いて，それらがGDPで割った貸出額にどのような影響を及ぼすかを，1976年から1993年までの各国のデータを用いて分析している．

クロスセクション分析によれば，この有意性は極めて高く，貸出債権の保護や，その実効性を担保する司法制度が，いずれも銀行の民間貸出量に対して有意な影響を及ぼしている点が報告されている．

いま述べた債権者保護の程度や司法制度の整備，さらに法律がどのくらい強制力を持っているかという変数を操作変数に用いて，銀行貸出が経済成長，特にGDPの成長率，資本形成，さらには生産性の上昇率にどのような影響を及ぼしているか分析したところ，司法制度が整備されて，債権者が保護されている国ほど，銀行貸出が増加する結果，経済成長率にも有意な影響を及ぼしており，かつその値は非常に高い値になるという．例えば，1標準偏差だけ司法制度，債権者保護が徹底されると，GDPの年間成長率は2％程度高まるという実証結果が得られている．

経済成長が金融市場の規模を拡大していると同時に，金融市場が経済成長をリードしていくという両方の側面に十分注意して，債権者保護という法制度が金融市場の発展と経済成長につながっていることを明らかにした点で，この論文は興味深い論文である．

4. 日本の債権者保護と法改正

一口に投資家の権利を保護するといっても，現実はそれほど簡単ではない．特に，平時はともかく，企業の危機時には，株主と債権者の利害は鋭く対立し，どちらの権利を優先すべきか，という微妙な問題が発生する．もちろん，株主を含めた債権者間には，優先劣後関係が事前に決められており，そうした利害の調整を円滑にするための法制度的工夫が施されている．

ところが，日本では，事前に決定されたこの優先劣後関係をゆがめる判決や，それを認める法律を導入してきたという過去の経緯があり，企業の破綻処理や更生・再建過程において非効率な意思決定をもたらしてきたと考えられる．

この節では，債権者保護や資産利用の効率性が金融市場にどのような影響を与えるのかという観点から，日本の最近の法改正を展望してみよう．

債権者保護の必要性

1990年代に発生した不良債権を処理する過程で，貸し渋りや追い貸しと呼ばれる相違なる2つの非効率な現象が観察されるようになった．貸し渋りとは，効率的な経営をしている企業に対して銀行が融資しない現象であり，追い貸しとは，逆に継続することが非効率とおもわれる企業に対して，融資を増加させている現象を言う．

このような相反する現象の原因として，瀬下・山崎（2004）が指摘したのは，日本の法制度が債権者間の優先劣後関係を歪めてきた点である．日本の法制度や判例は，優先債権者に帰属する企業資産の価値を減らし，それを劣後する債権者へと分配させる優先権侵害を法的に容認してきた．このとき，優先債権者はこの劣後債権者への価値移転を防ぐために，自ら非効率な融資に応じる追い貸しがむしろ合理的になってしまう．さらに，そうした事態になることを事前に予想すると，効率的な経営状態にある企業に対しても，融資には応じないという貸し渋りが生じる．

実際，山崎他（2011）では，トービンの q が企業投資の十分統計量となることを利用して，キャッシュフローと銀行貸出の関係を実証し，この仮説を検証している．効率的な金融市場を前提とすると，トービンの q を説明変数とする貸出関数において，キャッシュフローと貸し出しの間には統計的に有意な関係は見られないはずである．しかし，貸出市場に何らかの非効率性があると，両者の間にも有意な相関が生じる可能性がある．

債権者保護の程度が弱いと，キャッシュフローが既存債務を返済するのに十分でなかった場合（すなわち，資金不足にある場合）には，上で説明したように，非効率な経営状態にある企業の経営者は，優先権侵害を利用して資金調達しようとする．そのため，優先債権者はこれを防ぐ目的で追い貸しに応じてしまう．すなわち，非効率な経営状態にある企業で資金不足の状態にある企業では，貸出とキャッシュフローの間に負の相関が生じる．

また，優先権侵害を含めたエージェンシー・コストが存在する場合には，キャッシュフローは内部資金なのでエージェンシー・コストは低いと考えられるから，効率的な企業ではキャッシュフローが増えると，他の条件を所与としてエージェンシー・コストが相対的に高い借り入れなどを減らすと考えられる

(ペッキングオーダー理論)[19]. すなわち, 効率的な企業では, キャッシュフローと貸出の間に負の相関が生じる.

上場企業の財務データを用いて, サンプルを効率的企業と非効率企業に分類し, 資金の過不足状態にも注意した上で上記の仮説を検証したところ, 非効率企業で資金不足状態にある企業では80年代後半以降で仮説が支持され, 特に90年代前半に, その係数はそれ以前より大きな値で有意性も高まっている. また効率的で資金不足状態にあった企業では, 90年代前半に上記の仮説が支持されており, 高いエージェンシーコストが存在していたことが示唆されている. 90年代前半に, これらの結果が強く支持されたことは, この時期に, 短期賃借権の保護に関連して優先権侵害を助長するような最高裁判断が示され, その後に執行妨害が多発したこととも整合的である. そのため, 日本の貸出市場では, 優先権侵害のような法的な不備による資金配分の非効率性が発生していたと考えられる.

日本の近年の法改正

いま述べたような資金市場における資源配分の失敗は, 1990年代以降の「失われた10年」ともいわれる長期にわたる停滞の重要な要因の一つと考えられる. この長期の経済停滞は, 同時にそれ以外のさまざまな法制度の不備や問題点も浮かび上がらせた. そのため2000年以降, 多くの法改正が実施された.

2000年の民事再生法, 2003年には会社更生法と担保執行制度, また2005年には破産法がそれぞれ改正されて施行された. さらに, 2006年には会社法と信託法も改正・施行された. これらの一連の改正は——少なくともその結果をみる限り——効率的な企業資産の利用と企業の資金調達の効率性を高めることが目的とされていたと理解することができる.

これらの法改正のポイントは驚くほど多岐にわたるため, 以下では, 債権者保護のあり方に注意を払って, 誰が企業資産のコントロール権, すなわち企業資産の「利用決定権」を保有すべきかという観点から, 近年の法改正の状況を概観してみたい[20].

---

19) Myers and Majluf (1984) を参照.

会社の権利関係――オプションによる分解

　株式会社を企業金融の側面から考えてみよう．株式会社は，株式を発行して資金を調達する法的な仕組みである．株式の特徴は有限責任制にあり，会社がいくら損失を出しても，出資者はその出資額以上の負担を負わない．そのため，投資家はリスクの高いプロジェクトに対しても積極的に出資に応じることができる．このような特徴のため，株式は資金調達上の最も重要な手段の一つとなっているが，株式にはこうした機能の他に，通常，株主総会での議決権が付与されており，会社の意思決定に直接関与することができる．

　いま，企業が株式だけで資金調達している場合を考えてみると，企業資産はすべて株式で調達した資金で購入されており，会社資産の実質的な所有者は株主である．この場合，経営者は，株主が所有する資産について，その管理と利用を委託されている主体ということになる．株主総会の重要な議決事項の一つが代表取締役の選任であることは，株主が所有者として企業資産の利用決定権を有していることの直接的な帰結である．

　株式会社が，株式以外にも銀行などから資金を借り入れている場合には，株主への分配はその借入金の返済に劣後する．この場合における企業資産の所有権の配置を明らかにするために，いま，株式会社の権利関係を，オプションを用いて分解してみよう[21]．

　株主は企業資産の所有権を有し，同時に債権者に対して債務を負っている．すなわち，債権者に対して債務の元利合計額に等しい金額を支払うという安全資産を提供している立場にある．ただし，株主が返済しなければ，債権者はその資産を差し押さえて管理することができるようになる．これは見方を変えれば，株主は債務の元利合計額を権利行使価格として企業資産を債権者に売却することができる，いわゆるプット・オプションを同時に保有していると解釈できる（企業の総資産価値が，元利合計よりも大きければ，企業資産を売却して債務を返

---

20) 近年，担保の機能を分解（アンバンドリング）して，担保以外のさまざまな法制度を，担保の機能の一部を担うものとして捉えて評価する法学者らの分析も多く見られる．例えば，神田（1983），森田（2008）や債権管理と担保管理を巡る法律問題研究会（2008）などを参照．

21) このように企業の権利関係をオプションに分解してみる見方については，例えば，野口・藤井（2000）等参照．

済する方が得なのでその権利を行使しない).このように安全資産を提供してプット・オプションを有しているポジションは,債務額を権利行使価格とするコール・オプションを有しているポジションとも等しい.これに対して,債権者は,株主から債務の元利額に等しい安全資産を提供されているかわりに,企業資産に対するプット・オプションを株主に提供している立場にある[22]).

　上記のように会社の権利関係を,オプションを用いて分解してみると,会社資産の所有権はプット・オプションが行使されない限り,株主にあるが,プット・オプションが行使されると,債権者に移転することがわかる.すなわち,企業資産の価値が債務額を下回る状況になると,企業は安全資産の払い戻しをすることができなくなるから,企業資産を債務者に債務額に等しい価格で売り渡して安全資産の払い戻しを実施する(この時,売却額と債務額が相殺されて消滅する).

　もちろん,このようなプット・オプションは明示的に存在していないから,その行使も明示的ではない.かわりに,法制度上では,安全資産(すなわち債務)の弁済についての債務不履行を契機に,企業資産を債権者に移転させる形になる.いずれにせよ,企業資産の価値が債務額を下回り,債務が弁済できなくなる(と予想される)と,企業の所有者は債権者に移行する.この企業資産の移転を法的に支える仕組みが,債権回収のための執行手続きである.

　しかし,この仕組みは,企業資産の利用という観点から見たとき,必ずしも効率的な結果にはならないかもしれない.企業資産の固定性等を考えると,さまざまな実物資産をパッケージとして組合せて利用する方が高い価値を持つ場合が多い.このような場合には,資産をそれぞれ分離して売却すると,その価値は低下してしまう.この問題を調整する法的な工夫が,民事再生法や会社更生法のような再建型の倒産手続きと解することができる.

　企業資産の所有権は基本的に債権者に帰属しており,その債権の弁済額を高めるために,こうした再建手続きが利用される.ここで注意しなければならないことは,この手続きでは企業の存続があらかじめ決定されているのではなく,あくまで資産を企業内で継続して利用できる「選択肢」を債権者に用意してい

---

[22] このとき,オプション・プレミアムは企業が支払う利子に含まれていると解することができる.

るという点にある．

　以下では，会社の権利関係をオプションに分解した状況を前提に，会社資産の利用決定権を誰に帰属させるべきかという観点から，特に事業再生の場面に焦点をあてて，近年の日本の法改正を整理してみよう．

会社法における株主と債権者

　2005年に会社法が制定され（施行は2006年），株式による資金調達の環境が整備された．企業資産の利用決定権は，平時には所有者である株主にあり，経営者はその権利を委任されている立場にある．基本的に会社法は，このような平時における利用決定権の委任のための手続きなどを規定する法律である．もちろん，次に述べるように，事業再生は株主に利用決定権が帰属する平時の場面でも起こりうる．

　事業再生に関する会社法の規定は，事業譲渡については，会社法第2編「株式会社」第7章「事業譲渡等」に規定され[23]，合併や会社分割などについては，第5編「組織変更，合併，会社分割，株式交換及び株式移転」で規定されている．

　事業再生において，債権者との関係で重要なものの一つは，会社分割の手続きである[24]．この規定は，会社法制定前の2000年に導入されたが，この手続きが導入される前には，債務の移転について，通常は債権者の同意が必要とされていた．しかし，この規定の導入に際して，債権者の承諾を不要として，代わりに会社債権者が異議を申し立てられる債権者異議手続きを採用した．

　債権者異議手続きでは，異議を述べた債権者には，弁済もしくは相当の担保を提供するか，もしくはその債権者に弁済を受けさせるために必要な財産を信託しなければならない．しかし，会社を分割してもその債権者の利益を害する

---

23) 事業再編では「事業を譲り受けた会社が譲り渡し会社の商号を引き続き使用する場合には，譲渡会社の事業によって生じた債務を弁済する責任を負う（会社法22条1項）」．

24) なお株式交換とは，ある株式会社が別の株式会社の100％子会社になる場合に，その親会社が既存の株式会社である場合の手続きであり，株式移転とは，それがあらためて株式会社を設立する場合の手続きである．株式交換と株式移転は，もともとは持ち株会社の設立を容易にするために導入されたが，その利用は持ち株会社設立の場合だけでなく企業買収の手段として利用することもできるという．詳しくは神田（2008）pp.333-334参照．

恐れがない場合には，その必要はないとされる（会社法789条，799条，810条の各5項）[25]．

また2005年の会社法制定では，合併などによって消滅する会社の株主に対する対価として，従来の存続会社もしくは新設する会社の株式だけでなく，金銭もしくは同等の価値相当物を交付することが認められ，これによって，いわゆる三角合併などが可能になった[26]．会社分割や合併は，株主の特別決議による承認を必要とするが，合併でも債権者には基本的に異議手続きしか認められていない．

このように，会社法の制定によって，事業再生の多くの場面で債権者の保護や立場は弱められることになった[27]．しかし，会社資産の所有者が株主であるかぎり，その利用は基本的に株主の意思決定に委ねられているのであり，債権者は安全資産として提供されている債務の弁済が担保される限り，――会社資産の所有権は移転していないのであるから――この意思決定に介入できないという制度設計は，効率性の追求にかなうものであると評価できる[28]．このように整理してみると，近年の会社法に関連する改正は，会社資産の利用決定権を株主とその代理人である経営者に帰属させる点を明確にし，それを徹底させることに目的があったと解することができる[29]．

25) 神田（2008）pp.323-324 および pp.331-332 参照．ただし，企業担保権が設定されている場合には，その会社は企業担保権が担保する債務を分割により承継させることはできないとされる（企業担保法8条2項）．
26) だたし，反対株主に対しては「公正なる価格」による株式の買い取り請求が認められている．詳しくは神田（2008）pp.309-310参照．
27) なお改正前は，債権者保護のために株式会社の設立に当たっては，1,000万円の最低資本金が義務づけられていた．しかし，改正後はこの最低資本金の規定も廃止された．この点では，債権者の保護は弱められたようにみえる．しかし，自己資本の金額さえわかれば，リスクに応じて金利を設定すればよいから，最低資本金をあえて法的に定めて規制する必要はないのであり，妥当な改正であろう．
28) 瀬下・山崎（2007）第1章を参照．所有権には，その活動が外部不経済の問題を生じさせない限り，効率的な主体に効率的な規模で，効率的な投資や努力を適切な時間軸で評価して，効率的に実施する動機付けを与える機能がある．
29) 会社法の施行後，一部の債権者を害する目的で実施される詐害的な会社分割の問題が浮上したため，2014年の改正で会社分割や事業譲渡に際して，その債権が承継会社等に承継されない債権者（残存債権者）を保護する規定などが導入された（法務省ホームページ http://www.moj.go.jp/MINJI/minji07_00151.html）．その場合でも，分割や譲渡の意思決定に対して債権者が直接関与することは，なお認められていない．

こうした法改正を前提にすると，法制度全体としては，平時ではなく破綻時において所有者となる債権者の意思決定権を尊重することが，次の課題になってきた．

企業破綻と利用決定権

平時の会社法に対して，破綻時における意思決定の問題を扱うのが，民事再生法や会社更生法などの倒産法制である．もちろん，企業が債務不履行を起こした場面，もしくはそれが回避できない場面では，企業資産の利用決定権は債権者に帰属すべきということになる．

注意しなければならないのは，担保付きの債権と一般債権との関係である．一般債権は，いわば企業全体の資産の利用価値を考慮して融資している．このため，債務不履行時には，一般債権者は企業という資産全体の所有者（の一人）になるのに対して，担保付き債権者は担保となっている個別の資産の所有者になる．この2つのクラスの債権者間での権利の配分が，破綻法制に求められる重要な役割である．

担保執行制度の改正

まず，担保付き債権から考えていこう．日本の法学者たちは日本の担保権，特に広範に用いられてきた抵当権に対して，さきに説明したような債務契約に内在する所有権の移転という望ましい特徴[30] を，むしろ否定的に捉えてきた．法学者たちは，抵当権を「対象となる資産の売却価値からのみ弁済を受ける権利」と定義して，抵当権者（抵当権付き債権者）に対しては，処分権しか認めてこなかった．この定義は「価値権」と呼ばれるが[31]，この定義の下では，抵当権者への利用権の移転は認められないため，望ましくない結果をもたらす．

この解釈が深刻な事態を招いたのが，「短期賃借権」を用いた執行妨害である．短期賃借権とは，抵当権設定後に抵当物に設定された賃借権であり，この権利があると，抵当権執行後でも建物については3年間，土地については5年

---

30) Aghion and Bolton（1992）参照．この議論に基づいて日本の抵当権のあり方を検討したものとしては，森田・瀬下（2002）および瀬下・山崎（2007）第3章等を参照．
31) 我妻（1967）参照（ただし，初出は1916年）．

間は賃借権が保護された．このことは，抵当権が設定された後でも，賃借権を設定してしまえば，抵当権の利用を制限できることを，民法が認めていたことを意味する．一時は，「価値権」の解釈の下で，濫用的な短期賃借権の設定は解除できるが，抵当権者には不法占有者を立ち退かせる権利はないという，驚くべき最高裁判決も出された[32]．

また，不動産を差し押さえて管理し，そこからの収益を債権の弁済に充てる「強制管理」という手続きも，一般債権者には認められていたが，抵当権者には認められていなかった．たしかに，抵当権者が一般債権者の立場で不動産を強制管理することは，必ずしも否定されていなかったとされるが，その場合には，抵当権者としての優先弁済権は否定されてしまう[33]．強制管理をしても，その成果が全ての債権者間で分配されてしまうため，抵当権者はその管理費用を考えると，強制管理を適切に実施するインセンティブを失う結果になる．そのため，利用決定権を適切に移転することができなくなる．

2003年の担保執行制度の改正では，強制管理に準じるものとして，担保不動産の収益執行が抵当権者に認められたほか，債務不履行後には法定果実である賃料の収受も権利として条文に明記された[34]．賃借権の保護に対しては，短期賃借権は廃止され，事前に抵当権者の承諾を受けた賃借権だけが，競売後も存続できる規定になった．

抵当権に対する価値権という解釈こそが，日本の債権者保護を歪めた根本的な原因でもあった．この解釈に基づく規定は，2003年の担保執行制度の改正で大幅に修正された．この改正によって，事実上，価値権解釈は放棄されたと考えられる．これによって，さまざまな形で抵当権者への利用決定権の移転を阻害していた規定が緩和ないしは撤廃され，正常な規定に近づくように整備し直されたと言える．

---

32) この問題が企業の貸し渋りにつながったとする議論については瀬下・山崎（2007）第6章等を参照．
33) 道垣内他（2003）p.34 参照．
34) 改正前には，抵当権者が賃料に対して物上代位できるかどうかについても，法律家の中で意見は一致していなかった．

倒産法制——債権者間での利用決定権の帰属のあり方

担保執行法制は，個別の担保資産の利用の効率性にかかわる問題を対象としている．資産が企業内で利用されているとき，資産を切り離して個別で利用すべきか，企業内で引き続き利用すべきかという問題に直面する．この問題を解決する手段として，再生型の倒産手続きがある．

まず一般債権者の立場を考えてみよう．一般債権者は担保を設定しておらず，企業全体の価値から弁済を受ける立場であるから，倒産時には個別資産ではなく企業資産全体の利用決定権を手に入れると考えることができる．

こうした一般債権者への利用決定権の移転の意義は，民事再生法から考えるとわかりやすい（民事再生法の問題点等は瀬下・山崎（2002）を参照）．民事再生法では，担保権者は別除権者として倒産手続き外で担保資産を処分することができるので，そこから他の債権者より優先的に債権の回収を図ることができる．そのため，一般債権者は，担保権が設定されている資産以外の企業資産に対する利用決定権だけを有する主体となる．

ここで，民事再生法ではいわゆる DIP（再生債務者）手続きが採用されている．そのため，民事再生手続きが申請されても，経営者は，そのまま会社の資産利用について意思決定できる地位にとどまる．しかし，このことをもって，債権者に利用決定権が十分に移転していないと解することは適当ではない．なぜなら，民事再生法が申し立てられたことによって，利用決定権は株主から債権者に移転し，その代理人として，従来の経営者が自動的に選任されるとみることができるからである．

一般債権者の返済原資は，担保付きの債権者と異なり，会社資産が全体として利用された場合の価値に依存している．そのため，債務不履行などの理由で民事再生法が適用された段階，すなわち，株主が債権者に対して会社資産のプット・オプションを行使したのと同じ状況になった段階では，債権者が企業資産の所有者という立場になる．

このとき，一般債権者こそ，担保付き債権が弁済された残りの価値から弁済を受けるという点で，残余請求権者であり，その収益構造は債権者よりもむしろ株主に近い立場になっている．この意味で，申請された段階では，担保権者ではなく，一般債権者に会社資産の所有権，特にその利用についての意思決定

権を移転させることが効率的であると考えられる．

　もちろん，さきに述べたように，民事再生法では担保権は別除権となっているので，担保権者は担保資産を民事再生手続き外で自由に処分できる．すなわち，その結果，民事再生手続きに入った段階で，会社の「個別資産」の所有権は担保付き債権者に移転し，その利用決定権は自動的に担保権者のものとなる．したがって，一般債権者の代理人の立場になる再生債務者は，本来は担保権者から所有権と利用決定権を買い戻さなければならない．

　しかし，担保権者にとっては，自分の債権の額面額以上に資産価値を高めても，その増加分は自分には帰属しない．したがって，従来どおり会社の資産として用いることが，その資産の最も効率的な利用方法であるとしても，リスクが存在する限り，そのような利用を承諾せず，買い戻しにも応じない可能性がある．

　そこで民事再生手続きでは，この担保債権者から会社の再生に不可欠な資産の利用決定権を移転させるために，担保権消滅請求制度を導入している．この制度によって，再生債務者（経営者）は，担保資産の清算価値（市場での売却価値）に等しい金額を担保権者に支払うことで，担保権を消滅させることができるようになった．

　担保権消滅請求制度がないときには，担保権を消滅させるためには，未回収の債権を全て弁済しなければならなかった．言い換えると，担保権消滅請求制度とは，一般債権者の代理人である経営者が，担保権者の利用決定権を担保資産の売却価値に等しい金額で買い取ることを認めた規定である．

　しかし，これはすでに説明した会社の権利関係をオプションに分解したときの議論と必ずしも整合的ではない．会社が債務を返済できない状況になった場合に，会社の「個別資産」は担保付きの債権者（担保権者）に移転する．これによって，担保付き債権者が実質的に資産の所有権と利用決定権を手に入れ，その資産の利用価値を追求して，その成果を優先的に収受することができる．

　そして，そのような利用価値の追求が可能になることで，会社で資産を利用し続けることと，会社から切り離して単独で利用し続けることの比較を通じて，効率的な利用方法が選択される．このとき，一般債権者の代理人となった経営者が，担保権者から利用決定権を買い取るためには，少なくとも担保資産を企

業の資産から分離して単独で効率的に利用したときに担保権者が得られる金額を支払わなければならない．そうでなければ，資産の効率的な利用の選択は達成されない．

　この点で，担保権消滅請求制度は，市場の売却価値までの優先弁済しか担保権者に認めていないことになる．その結果，担保権消滅請求制度は，担保権者が担保資産を会社から分離して単独で利用する機会を奪うことになり，場合によっては，それよりも非効率な企業内部での利用を優先させてしまう．したがって，担保資産をそれ自体単独で効率的に利用した場合に得られる金額を担保権者に保証しない限り，利用決定権は担保権者に留められるべきである．

無剰余の抵当権との関係

　ただし，無剰余の担保権が濫用的に設定されている場合の問題が残る．無剰余の担保権とは，担保権を行使しても弁済を受けられる可能性のない担保権をいう．抵当権については，複数順位の抵当権を設定することができる．裁判所の管理する競売制度を通じて抵当資産を売却するときには，濫用的な後順位の抵当権は自動的に消滅する．そのため，後順位の抵当権がいくら設定されていても，それは結局一般債権に過ぎず，資産の効率的な利用についての問題は生じない[35]．

　しかし，事業再生の場面では，資本の固定性があるので事業単位あるいは企業全体で売却しなければ，高い価値が実現できない場合が多い．しかし，公的な競売制度は資産単位で実施されるために，競売を利用することは難しく，任意売却や市場を通じた企業・事業譲渡などに頼らざるを得ない．ところが，任意売却やこれらの譲渡では，無剰余の抵当権を自動的に消滅させることはできない[36]．したがって，任意売却に際して無剰余の抵当権を解除してもらう必要がある．

　このとき無剰余の抵当権者に対しても，金銭的な補償をせざるを得なくなる．そのため，第一抵当権者が十分弁済されない場合でも，劣後する債権者に事実

---

35) したがって，問題は競売手続きの効率性の問題となる．
36) これは本来劣後する抵当権者を保護するという目的で作られたが，これが濫用されているケースが多い．

上の分配がなされてしまう．これは優先権侵害に他ならない[37) 38)]．また，個別の抵当資産から回収する見込みのない無剰余の抵当権者と一般債権者とを区別して扱う理由もない．そのため，こうした無剰余の抵当権を消滅させる手続きが，担保権者の真の権利を守るという観点からも必要となる．この意味では，担保権消滅請求制度は，無剰余の抵当権者による優先権侵害を取り除くことができるという積極的な機能がある．

したがって，担保権消滅請求制度の消滅価格を適切に決めることは，担保資産の効率的な利用を達成する点だけでなく，優先担保権者の権利を保護するという点でも重要である．

ところで，会社更生法では，消滅価格を担保資産の時価としている．この時価が何を指すのかについては必ずしも明確ではないが，あえて清算価値としなかった点では，利用価値を何らかの形で反映したものということができるだろう．したがって，効率的な消滅価格を決める手続きがデザインできれば[39)]，担保権消滅制度は有効に機能すると考えられる[40)]．

デット・エクイティー・スワップ

債権者への利用決定権の移転という観点からは，デット・エクイティー・ス

---

37) これについては森田（2000）等を参照．
38) 韓国では，日本と同様の抵当権制度があるが，通常の抵当権はほとんど利用されておらず，むしろ「根抵当権」が広く用いられているという（高 2007, p.148 を参照）．理由についてはよくわからないが，一つの可能性としては，このような後順位の抵当権者への価値移転を防ぐことがその目的にあるように思われる．
39) これについては，瀬下（2006）の提案を参照．
40) なお，香港には再建型の倒産法制はなく，香港の中央銀行にあたる（香港金融管理局 Hong Kong Monetary Authority）が定めているガイドライン（HONG KONG APPROACH TO CORPORATE DIFFICULTIES (http://www.info.gov.hk/hkma/eng/public/qb9911/fa03.pdf)）があるに過ぎない．しかも，このガイドラインは大口債権者が話し合いをする際の一般的な原則などを記載しており，明確な規定はほとんどない．以前，香港で行った香港の銀行員等への聞き取り調査では，再建型の倒産手続きはなくても，債権者間の話し合いによって，企業の売却を円滑に進められるので，大きな不便や問題は感じていないとのことであった．

ところで，日本の産業再生機構が，大口債権者の譲歩を引き出しながら，多額の債務を抱える企業の分割と売却を進めることで，速やかな不良債権処理を進めたことも記憶に新しい．

ワップという手続きが重要である．これは企業の債務を株式に転換する手続きであり，しばしば破綻企業の財務状態を改善するために，企業の債務を減らす手段として用いられる．企業の利用決定権という観点からすると，これによって，債権者は株主という企業所有者の立場に明示的に変化する．債権者の立場で企業資産の利用決定権を得ても，そのままでは，企業資産の価値を高めることによって得られる利益は，債権の元利合計額までに制限される結果，それ以上の収益を追求しようとしない．

これに対して，デット・エクイティー・スワップの下では，債権者の優先弁済権は放棄されるが，企業価値を高めれば高めるほど，株主として配当を多く受けられるようになる．そのため企業資産の効率的な利用をいっそう促進するであろう．

会社法では，デット・エクイティー・スワップを容易にするために，207条9項5号において，弁済期が到来している債権の現物出資では，その帳簿価格を出資額として認める規定が定められた．これによって，現物出資の価値を定め，その出資額を決めるための検査役調査の手続きを行う必要がなくなり，それを回避するために採用されてきた複雑なスキームを用いる必要もなくなったとされる[41]．

弁済期の到来している債権は，即座に全額の弁済を請求できるという点で，事実上，最も高い優先順位にある．存続する企業であれば，当然にそうした債務は全額弁済していなければならない．すなわち，その債務の実質的な価値は元利合計の額面額でなければならない．いったん弁済された金銭額が，そのまま出資金として還流されたと解釈すれば，このような規定には合理性がある．

デット・エクイティー・スワップを，既存の株式を100％減資した上で実施すれば，名実ともに債権者に企業の所有権を既存株主から債権者に移転させる手続きとしてみることができる．デット・エクイティー・スワップの整備は，利用決定権の移転という観点からとらえた場合にも，債権者保護の方法として合理的な規定と言える．

---

41) 神田（2006）pp.177-180 を参照．

利用決定権の分離

　企業の資産を経営者の意思決定から分離するための法的な整備も進められた．代表的なものは証券化のための一連の法整備と信託法の改正である．1998年に「特定目的会社による特定資産の流動化に関する法律」が制定され，2000年にはそれを改正する形で「資産流動化法」が制定された．また，同年に「投資信託及び投資法人に関する法律（投信法）」が改正され，これによって，J-REITとよばれる不動産投資信託を通じた証券化も可能になった[42]．このような証券化は，企業から特定の資産を分離して，特定の投資家（もしくはその代理人）の管理下におくことを可能にする．

　いま，不動産の証券化を例に考えてみよう．ある企業が自社ビルAを保有し，この自社ビルに抵当権を設定して資金を借りている状況を考えよう．抵当権は，瀬下・山崎 (2007) 第3章で明らかにしているように，企業が対象となる資産を買い戻し条件付きで債権者に売却する契約と，その資産を賃借する契約の組合せとして理解することができる．この場合，企業が債務不履行になる，すなわち資産の買い戻しができなくなると，その所有権は債権者の下に移転する．

　しかし，買い戻し条件を付けない方が望ましい場合もある．これが証券化である．例えば，経営者が自社ビルを買い戻すことが効率的なのは，利用者である経営者が最終的に処分権を有している方が，そのビルに対して，効率的な維持管理をすると期待されるからである．しかし，この期待は常に正しいとは言えない．特に債務不履行に陥る可能性が高まると，債務者に十分な維持管理を期待できない状況が生じる．

　こうした点を考慮すると，抵当権ではなく，すなわち買い戻し権を設定することなく完全に売却して資金調達した上で，その不動産を賃借する（セール・アンド・リースバック）形式の方が，効率性の観点からも望ましい場合がある．証券化は，そのようなセール・アンド・リースバックを活用した資金調達手法であり，不動産取得税や配当の二重課税などの税負担を回避する法的な工夫でもある．

---

42) 証券化に関する法律については岡内 (2007) 第2章等を参照．

また，完全に売却して所有権を移転させておくことによって，企業が破綻しても，その資産を倒産から隔離し，投資家の管理下に直接置くことが可能になる．すなわち，資産の利用決定権という観点からみると，証券化は，企業経営の決定権に関与する可能性を放棄する代わりに，個別資産の利用決定権を投資家に確実に移転させる法的な仕組みとして考えることができる[43]．

証券化を利用して資金調達するのは，高い格付けの証券として売却したほうが，企業が抵当権を設定して資金調達するよりも，低い金利での資金調達が可能になるからである．これは，不動産の利用決定権が，企業から完全に分離されることによって，資産の本来の価値だけに着目したファイナンスが可能になるからに他ならない．言い換えると，こうした低いコストで資金を調達できるのは，証券化を通じて当該資産（自社ビル）を売却してしまうことで，売却されずに企業内で管理されることによって，かえって効率的な利用や維持管理がさまたげられる可能性を排除できるからである．

もちろん，このような証券化の目的を達成するためには，倒産隔離の確保や適正な価格で不動産が SPC に売却されることなどが担保される必要がある．このように，証券化関連法は，オリジネーターの資金調達とその投資家という文脈の中で捉えたとき，利用決定権をオリジネーターから分離し，投資家への移転を確保する仕組みとして理解することができる．

信託法の改正

2006年には，信託法も改正された（施行は2007年）．信託は，受託者に財産を預け，管理や運用を委ねる法的な仕組みである．この信託法の改正では，信託法21条第1項3号で，信託前に生じた委託者の債務も，信託財産責任負担債務として信託できることになった．これによって，債務を限定責任信託（216条）とすることによって，会社の事業部門も信託することが可能になった[44]．その結果，企業がある「特定の事業部門を自己信託（信託法3条3項）に

---

43) この理由は，担保権が設定されていても，それを実行・行使するには裁判所に申し立てをしなければならないからである．また，不法占有者などが入り込めば，これを排除するための法的手続きが必要である．これらの手続きにかかる時間や費用は無視できない．

44) 新井（2007）p.49を参照．また限定責任信託によって，受託者は「信託財産に属する財産のみをもってその履行の責任を負うものとされる（信託法21条2項3号）」．

より固有財産から切り離し，受益権を投資家に販売することにより（井上，2007, p.163)」，資金調達することも可能になるとされる[45].

　事業を子会社化しても，これと同様の状況になるように思われるかもしれないが，子会社化してその経営権を確保するためには，少なくともその半分の株式を保有し続けなければならない．これに対して，事業部門を自己信託することによって，その収益権を受益権者に移転させて資金調達し，かわりに受託者として事業の意思決定権を維持し続けることができるという特徴がある．

　また企業の再編においては，事業部門の資産とそれにかかわる債務や投資家（受益権保有者）が，あらかじめ明確に区分されているという点で，受託者を変更する手続きをすれば良く，実質的な事業譲渡等の手続きを大幅に簡略化するものと考えられる．

　また，2006年の信託法の改正では，セキュリティー・トラストとよばれる制度が認められることとなった．これによって，担保権を債権から分離して信託することができるので，債権者が多数参加して融資するシンジケートローン等では，担保資産の管理や担保実行が容易になる．また債権が譲渡されてもその都度，登記等をする必要がなくなるといった利点がある[46].

　このセキュリティー・トラストを資産の効率的利用という観点からみた場合には，受益者となる債権者が変更されても，担保管理や処分に精通した専門的な知識を有する信託銀行等の受託者が，担保資産の管理や運用を債権者に代わって実施できるという点で，比較優位や規模の経済性を発揮しやすいと考えられる．

5．おわりに

　各国の経済発展において金融市場の果たす役割は重要である．そうした金融市場の発展を支えるためには，法制度の整備が果たす役割を無視することはできない．本章では，各国の経済発展と法制度ならびに金融市場の役割を検証した代表的な実証分析を展望したうえで，近年の日本の法制度の改正を，資産の

---

45) このような自己信託は認められないとする見解もあるとされる（新井 2007, を参照).
46) 井上（2007) pp.49-52 を参照.

効率的な利用という観点から検討した．

　本来，法制度は，誰にその利用決定権を帰属させるかを規定する重要な役割を担っている．資産の利用は，資産価値を高めることを通じて，それを担保とする資金調達を容易にして経済発展を促進することに貢献する．

　十分な信用力を持つ大企業であれば，国際的な金融市場を利用して資金調達をすることも可能なため，各国の法制度の果たす役割はそれほど大きくないかもしれない．しかし，十分な信用力を持たない中小企業にとっては，各国の法制度は，その資金調達に無視できない影響を及ぼす．

　1990年代以降，中小企業への貸し渋りが深刻な問題として取り上げられ続いているのは，日本の法制度に適切な債権者保護が欠けている点に，一つの原因があると考えられる．債権者や投資家を適切に保護する法制度が整備されていなければ，投資家や銀行は企業に資金を融資することに躊躇するだろう．資産の保有や利用に関する権限配分が適正でなければ，企業が保有する資産の効率的な利用をさまたげるだけでなく，資金調達の阻害要因にもなる．

　本章で紹介した多くの実証結果は，金融市場やそれを支える法制度の役割の重要性を明確に支持する結果を示している．また，近年の日本の法改正は，十分とは言えないまでも，資産の効率的な利用の実現という方向性に合致したものと評価することができる．

　ところで，現在，日本も含め東アジアの諸国では民法や物権法の改正が進められている．中国では2007年に物権法が成立した．日本でも民法の大幅な改正が予定されている．金融市場の発展が一国の経済成長を左右する一方，国際的な金融取引が進展し，各国金融市場間での競争も一層熾烈になる．非効率な法制度の存在は，一国の経済の帰趨をも決しかねない．東アジアの国々の物権や契約にかかわる法改正は，これらのグローバルな金融市場の結びつきや競争と無縁ではないだろう．

参考文献

新井誠［編］(2007),『キーワードで読む信託法』有斐閣．
井上聡 (2007),『信託の仕組み』日本経済新聞出版社．
岡内幸策 (2007),『証券化入門——資産価値に基づくファイナンス手法のすべて』日本

経済新聞出版社.
太田智之・杉原茂・瀬下博之・山崎福寿 (2006),「日本の破綻法制が企業の価値とその効率性に及ぼす影響についての理論と実証」『日本経済研究』（日本経済研究センター), No.53, p.72-97.
神田秀樹 (1983),「担保法制の理論的構造と現代的課題」『金融研究』（日本銀行金融研究所), Vol.12(2), pp.37-52.
神田秀樹 (2006),『会社法入門』岩波書店.
神田秀樹 (2008),『会社法 [第10版]』弘文堂.
高翔龍 (2007),『韓国法』信山社出版.
債権管理と担保管理を巡る法律問題研究会 (2008),「担保の機能再論――新しい担保モデルを探る」日本銀行金融研究所債権管理と担保管理を巡る法律問題研究会報告書.
瀬下博之 (2006),「日本の担保法制の経済分析」アジア諸国の産業発展と中小企業ディスカッションペーパー, No.0005.
瀬下博之・山崎福寿 (2002),「民事再生法の経済分析」『日本経済研究』（日本経済研究センター), No.44, pp.188-210.
瀬下博之・山崎福寿 (2004),「「追い貸し」と「貸し渋り」――優先権侵害の経済分析」CIRJE ディスカッションペーパー, CIRJE-J-103. http://www.cirje.e.u-tokyo.ac.jp/research/dp/2004/2004cj103.pdf
瀬下博之・山崎福寿 (2007),『権利対立の法と経済学――所有権・賃借権・抵当権の効率性』東京大学出版会.
道垣内弘人・山本和彦・古賀政治・小林昭彦 (2003),『新しい担保・執行制度』有斐閣.
野口悠紀雄・藤井眞理子 (2000),『金融工学――ポートフォリオ選択と派生資産の経済分析』ダイヤモンド社.
森田修 (2000),「倒産手続と担保権の変容――優先弁済権の範囲と任意売却」『倒産手続きと民事実体法』別冊 NBL 60号, pp.73-101.
森田修 (2008),「アメリカ法における預金口座担保と相殺」IMES Discussion Paper Series, No.2008-J-16, 日本銀行金融研究所.
森田修・瀬下博之 (2002)「抵当権の経済分析――「決定権移動」の観点から」東京大学社会科学研究所ディスカッションペーパー, J113.
山崎福寿・瀬下博之 (2002),「担保権消滅請求制度の経済分析――民事再生法改正の提案」『ジュリスト』No.1216, pp.107-118.
山崎福寿・瀬下博之・杉原茂・太田智之 (2011),「優先権侵害が追い貸しと貸し渋りに及ぼす影響についての実証研究」『経済研究』（一橋大学経済研究所), Vol.62(2), pp.97-112.
我妻榮 (1967),『民法研究 IV 担保物権』有斐閣.
Aghion, Philippe and Patrick Bolton (1992), "An Incomplete Contracts Approach to

Financial Contracting", *Review of Economic Studies*, Vol.59(3), pp.473-494.

Baird, Douglas G. and Robert K. Rasmussen (2001), "Control Rights, Priority Rights, and the Conceptual Foundations of Corporate Reorganizations", *Virginia Law Review*, Vol.87(5), pp.921-959.

Galindo, Arturo and Alejandro Micco (2004), "Creditor Protection and Financial Markets: Empirical Evidence and Implications for Latin America", *FRB Atlanta Economic Review*, 2nd, pp.29-37.

Graff, Michael (2008), "Law and Finance: Common Law and Civil Law Countries Compared: An Empirical Critique," *Economica*, Vol.75(297), pp.60-83.

Hall, Robert E. and Charles I. Jones (1999), "Why do some Countries Produce so much more Output per Worker than Others?", *Quarterly Journal of Economics*, Vol.114(1), pp.83-116.

Jappelli, Tullio, Marco Pagano, and Magda Bianco (2005), "Courts and Banks: Effects of Judicial Enforcement on Credit Markets", *Journal of Money, Credit, and Banking*, Vol.37(2), pp.223-244.

King, Robert G. and Ross Levine (1993), "Finance and Growth: Schumpeter might be Right", *Quarterly Journal of Economics*, Vol.108(3), pp.717-737.

La Porta, Rafael, Florencio Lopez-de-Silanes, Andrei Shleifer, and Robert W. Vishny (1997), "Legal Determinants of External Finance", *Jounal of Finance*, Vol.52(3), PP.1131-1150.

La Porta, Rafael, Florencio Lopez-de-Silanes, Andrei Shleifer, and Robert W. Vishny (1998), "Law and Finance", *Journal of Political Economy*, Vol.106(6), pp.1113-1155.

Levine, Ross (1998), "The Legal Environment, Banks, and Long-Run Economic Growth", *Journal of Money, Credit and Banking*, Vol.30(3), Part2, pp.596-613.

Levine, Ross (2005), "Law, Endowments and Property Rights", *Journal of Economic Perspectives*, Vol.19(3), pp.61-88.

Myers, Stewart (1977), "Determinants of Corporate Borrowing", *Journal of Financial Economics*, Vol.5(2), pp.147-175.

Myers, Stewart and Nicholas Majluf (1984), "Corporate Financing and Investment Decisions when Firms Have Information that Investors Do Not Have", *Journal of Financial Economics*, Vol.13(2), pp.187-221.

Rajan, Raghuram G. and Luigi Zingales (1998), "Financial Dependence and Growth", *American Economic Review*, Vol.88(3), pp.559-586.

Warnock, Veronica Cacdac and Francis E. Warnock (2007), "Markets and Housing Finance," NBER Working Paper, No.13081.

第Ⅱ部

社会的共通資本の展開

第5章　漁場の共同利用と自治的管理

間宮陽介

1. はじめに

　2013年9月1日，宮城県石巻市の「桃浦かき生産者合同会社」に漁業権が免許され，水産業復興特区第1号のモデル事業が開始されることになった．このことをある新聞はつぎのように伝えている．

> 「東日本大震災の復興策として政府が認めた「水産業復興特区」に基づき，宮城県は三十日，同県石巻市の「桃浦かき生産者合同会社」に九月一日付で漁業権を与えると発表した．民間企業が漁業権を持つのは全国で初めてで，村井嘉浩知事主導で準備してきた特区が本格的に始動する．漁業再生へ民間投資を呼び込む狙いだが，県漁業協同組合は導入に反対し続け，混乱は収まっていない．／漁業権は漁協に優先的に与えられ，各地で事実上の独占が続いてきたが，特区は「地元漁業者七人以上で構成される法人」などにも同等に与える仕組み．村井知事が震災直後から提唱，復興特区法に盛り込まれた．／特区は石巻市桃浦地区を対象とし，地元のカキ養殖業者十五人が昨年に合同会社を設立，水産卸大手の仙台水産（仙台市）が出資した．／合同会社は独自に操業計画を立て，漁協を通さずにカキを出荷できるようになる．」（東京新聞2013年8月30日夕刊）

　記事は余計な論評抜きで比較的，客観的に書かれている．地元漁協が反対をつづけ，いまでも収拾をみていないことも，脚色なしで記されている．他紙も4月に復興庁が特区を認定したときの報道に比べるとかなりトーンダウンして

いて,「水産特区は,震災復興の加速と低迷する漁業再生を一挙に図る切り札的存在」とか「特区が成功するかどうかは日本の水産業の将来に影響し得るといっても過言ではない」とかいった,水産業特区が日本水産業を再生させるデウス・エクス・マキーナであるかのような大げさな記述はかなり影を潜めている.

　しかしこれまでの過激な報道のせいか,日本水産業沈滞の原因が漁協中心の(漁業権)漁業にあるという印象が人びとの頭に根深く染みついている.海(水産資源)は国民の共有財産である.国民共有の財産である海(水産資源)を漁協が独占しているのはおかしい.漁業権の民間開放を.こうした漁協に対するネガティヴ・キャンペーンはこれまでも事あるごとに繰り返されてきたが,東日本大震災後は特に顕著である.とりわけ新聞(全国紙)が漁協批判の急先鋒であり,人びともまたそれに追随して,漁協批判の後押しをしているように思われる.このような批判一辺倒の潮流の中では,漁業権開放に反対する漁協の声が既得権益にしがみつくエゴイスティックな抵抗の叫びと聞こえるのは当然である.

　しかし,漁協は海を独占しているのでないのはむろん,水産資源を独占しているわけでもない.また漁業権を独占しているというのも事実ではない.以下の議論のために,まずこの点をはっきりさせておく.

2. 水産業復興特区とその法制化

　海における漁業を海岸からの隔たりによって分類すれば,沿岸漁業,沖合漁業,遠洋漁業の3つとなる.小型漁船が日帰りできる程度の範囲で営まれるのが沿岸漁業,沖合漁業はその外で排他的経済水域内,遠洋漁業はさらにその外側で営まれる漁業である.これらのうち,漁業権をもって営まれる漁業すなわち漁業権漁業は沿岸漁業であるが,そのすべてではない.漁業権漁業はあらかじめ設定された漁業権漁場のブロック――海岸からだいたい1kmの範囲内にある――の中でしか営むことができない.面積でいえば,漁業権漁場は沿岸漁場のごく一部を占めるにすぎないのである.

　漁業を営む権利――漁場を占有する権利ではない――である漁業権は,魚種

や漁法など漁業の種類によって，3つに区分されている．1つは，主として，海底に固着して棲息するアワビ，サザエ，ウニ，エビ，ヒラメなどの魚介類やワカメ，コンブなどの海草類を採取する共同漁業権，2つは回遊性の浮き魚を固定した漁具で獲る定置漁業権，3つは，一定海域を区画して藻類や魚介類の養殖を行う区画漁業権である．なお区画漁業権のうち，沿岸漁民の生業として行われてきた6種の漁業（ひび，藻類，真珠母貝，小割式，カキ，貝類）については特に特定区画漁業権とされ，漁業権免許において他とは別途の扱いを受けている．

　漁業権を定めた漁業法では，漁業権の区分を行うとともに漁業権ごとの免許の優先順位が定められている．漁業権の「独占」が定められているのは共同漁業権のみであり，ここでは地元漁協に限って漁業権が免許されることになっており，他の漁業者が入り込む余地はまったくない．それ以外の漁業権は漁協だけに免許が与えられるわけではないが，特定区画漁業権に限っていえば，適格者は漁協が第1順位で，以下，地元漁民の7割以上を含む法人，地元漁民の7人以上で構成される法人，その他の漁業者（個人もしくは法人の漁業経営者）・漁業従事者（家族など，漁業者のために漁業に従事する者）となっており，漁協が第1優先順位であることから，こちらも事実上は漁協に免許が与えられるといってよい．しかし特定区画漁業権以外の区画漁業権の場合には第1順位者は漁業者・漁業従事者（個人もしくは法人），定置漁業権の場合には第1順位者は地元漁民の7割以上が所属する漁協，法人（第2順位者は地元漁民7人以上で構成される法人）となっており，漁協が漁業権を独占しているとはいえない．

　漁協に単独で免許が与えられるのは共同漁業権と特定区画漁業権（先に述べたとおり，他の漁業者が完全に排除されているわけではない）の2つで，この2つにおいては免許を受けた漁協は管理を行うのみで，実際に漁業を行うのは組合員漁民である（組合管理漁業権）．これに対し定置漁業権の場合には免許を受けた漁協が自ら漁業を行う．ふつう，免許を受けた漁業権者が自ら漁業を行う場合の漁業権を経営者免許漁業権と呼ぶが，漁協に免許された定置漁業権は経営者免許漁業権であり，経営主体としての漁協は法人と同列に立つ．優先順位では漁協と法人は同格であるにもかかわらず，両者競合した場合には漁協が優先されると規定されているのは，漁協の方が同じ漁業でより経験があると考えられ

ているからである．総じていえば，漁業権の優先順位を定める基本的な考えは，地元主義，実績主義，経験主義であり，このような考えに立つ限り，漁協に相対的に高い優先順位が与えられているのは当然であろう．

それにもかかわらず，震災復興の名のもとに漁業権（特定区画漁業権）の「民間開放」が推し進められるのはなぜだろうか．宮城県が特区申請のさい復興庁に提出した文書「復興推進計画」にはそのいきさつが書かれている．

「東日本大震災の影響により，カキ養殖施設や漁船のみならず，陸上施設や住居を含めた漁業集落の全てが壊滅的な被害を受け，カキ養殖業再開の見通しが立てられない状況となった．震災前19名いたカキ漁民のうち1名が死亡，18名が難を逃れたが，震災後の再開を目指したのは当初わずか3名であった．この3名も少人数でのカキ養殖再開のリスクを懸念し，また，これ以外は，そのほとんどが60才代以上と高齢で後継者もいないことから，カキ養殖の再開を決断できていない状況であった．また，多くの住民が震災後，桃浦地区から地区外にある仮設住宅等に移動したため，カキ養殖に必要なカキ剥き作業の人材確保が極めて困難となっている．これらにより，桃浦地区の漁民のみでは，必要な養殖施設等の整備，人材の確保を行うことが困難な状況にある．」

桃浦かき生産合同会社が設立されたのは2012年8月のことである．村井宮城県知事の復興特区構想に呼応するかたちで，桃浦地区の養殖カキ業者15名と仙台市の水産卸大手「仙台水産」がそれぞれ450万円，440万円を共同出資し，設立されたものだが，おそらく特区認定が行われるまでのつなぎであろう．合同会社は漁協加入を申請し，10月に県漁協への加入を認められるのである[1]．漁協加入を報じた朝日新聞デジタル版（2012年10月31日）は，県漁協が加入を認めたのは，漁業権という既得権を盾に民間の新規参入を阻んでいるという批判をかわし，構想を骨抜きにする狙いがあるからだ，というコメントを加えている．さらに，漁協が制度見直しで独自ルートでの販売を認めることになれ

---

1) 地区内に住所または事業所をもつ漁業者法人で一定の条件を満たすものは組合員資格を有する（水産業協同組合法18条1項）．

ば，特区の利点は損なわれ，漁業権は事実上，手元に残る．つまり漁協加入は，特区を有名無実化することになる，とも述べている．

　漁協に加盟しておればメリットも多い．「合同会社が加入を申請したのは，桃浦地区で 7,000 万円かけて建設しているカキむき処理場を使うためだ．処理場を管理するのは漁協．会社が養殖を進めるには，初期投資に 8 億円近くかかる．漁協に入って「少しでも切り詰めたい」（仙台水産幹部）という事情がある」（朝日新聞デジタル版）というのはたぶん本当だろう．独自ルート，独自ブランドでの販売は認められたようで，翌年 3 月には，桃浦産カキと銘打った合同会社のカキは，県内の大手スーパーの売り場に並び，消費者の好評を博するのである．

　合同会社の特区申請は既定の事実だったのであり，発足直後の 2012 年 9 月，県は補正予算で合同会社に対する設備等の助成を行うことに決めている．合同会社助成という名目ではないものの，「養殖用敷材等緊急支援費」3 億 9,000 万円，「養殖業再生支援費」2 億 6,000 万円，計 6 億 5,000 万円のうち，85％にあたる 5 億 5,000 万円（うち，カキむき機などの購入費に 2 億 3,000 万円，養殖用イカダの購入費に 1 億 6,000 万円）が合同会社への支援にあてられるという（出村 2013）．

　はじめに水産業復興特区ありき．宮城県（村井知事）の特区への取り組みを通覧していくと，誰しもこのような印象を受けるであろう．最初に水産業復興特区構想を披瀝したのが 2011 年 5 月 10 日の東日本大震災復興構想会議．直後の 6 月 21 日，朝日新聞「耕論」において，村井知事は「いまの漁業者を守るのは大切ですが，将来の宮城，日本の水産業を守らないといけません」と述べている．何気ない発言であるが，ここには知事の水産業復興に対するホンネが集約されているように思われる．すなわち漁協から漁業権を奪還し，民間企業に開放する．そうしなければ日本水産業に未来はない，という考え方である．これはおそらく大震災以前からの知事の持論であって，震災を機に突如として現れたものではない．「いまの漁業者を守るのは大切ですが……」という奥歯に物がはさまったような言い方にそのことが表れている．復興構想会議の席上で配布された資料を読むと，復興は「いまの漁業者を守る」ことではなく，いまの漁業者を排除しての復興，民間企業を主体とした復興であることが透けて

見える．

　それはともかく，水産業復興特区構想は村井宮城県知事の主張を取り入れるかたちで実現に向かっていった．「東日本大震災復興基本法」（6月24日），復興構想会議提言（「復興への提言――悲惨のなかの希望」）（6月25日），「水産復興マスタープラン（6月28日，水産庁）」，「東日本大震災からの復興の基本方針」（7月29日，復興庁）を経て，12月14日に「東日本大震災復興特別区域法」が制定される．「現場の反論を受け付けず，専門家の意見も受け入れず，監督官庁も異議を申したてないまま」に突き進んだ法制化を，濱田武士は「熟議なき法制化」と呼び，被災地の知事の提案だからというので，唯々諾々，「熟議なし」にそれを受け入れたことを厳しく批判している（濱田 2012）．

　拙速な法制化の問題点は当然法制それ自体にも表れる．特区制度とは一般的にいえば，ある区域のある事業について，その事業が社会的・経済的に意味あると認められた場合に，法的規制の例外を認める，というものである．これが復興特区制度だとしたら，「当該地元地区内に住所を有する漁業者のみでは水産動植物の養殖の事業のために必要な施設の整備，人材の確保その他の措置を行うことが困難であると認められるときに」（特区法14条）という文言に続くべきは，「この事業の再生・復興をはかるために，（例えば財政・金融上の）法的規制を解く」といった趣旨の文言になるはずである．ところが実際にはそうではなく，自力再生が困難な場合には，法的規制を解いて，他の事業者の参入を認める，という意味あいの文言が続いている．この趣旨でいくと，この参入事業者は自力で事業を営むことが可能という前提がなければならないはずであるが，先の復興会議での配付資料をみると，水産業の再生・復興のためには相当額のイニシャルコストとランニングコストがかかるから，国の助成が必要と書かれており，このことを村井知事は「水産業の国営化」とまで言い切っている．宮城県だけでも，「桃浦かき生産者合同会社」のために破格の支出を行おうとしていることは先に触れたとおりである．「漁業者のみでは水産動植物の養殖の事業のために必要な施設の整備，人材の確保その他の措置を行うことが困難であると認められるときに」という条件によって地元漁業者を振り落とし，参入する法人事業者には県が「養殖の事業のために必要な施設の整備，人材の確保その他の措置」を行って育成をはかろうとする．まさしく「漁業権管理の権

限を漁協からはく奪する」(濱田 2012) こと，ここに特区法の狙いはある．

このような自家撞着をものともせず，知事は特区の設定と認定に向かって突き進んだ．それこそ「熟議なき」特区化である．特区法では地方公共団体が特区申請をする場合には「地域協議会」との協議を要すると定められているが，宮城県が漁協関係者との協議会を開いたのは申請の6日前である．そこにおいて特に問題になったのが漁場の区割り（漁協と新会社との区割り）である．

漁業法では，漁場計画の作成，漁業権の免許など漁業権に関する行政処分を行うさいは，海区漁業調整委員会の意見を聞かなければならないと定められている（漁業法11条）のに，このような意見聴取がなされないまま，協議会では新しい区割りが提示されている．また協議会の席上，ある漁協関係者は，区割りについて関係漁民（桃浦地区漁民）の書面同意を取ってほしいと県に要請してきたが，うやむやにされてきた，と不満をもらしている．新しい区割りは漁協にとっては特定区画漁業権の得喪もしくは変更にかかわるものであるから，その案を組合総会にかけるのが自然であり，その際には総会に先立って関係漁民（この場合は桃浦地区漁民）の3分の2以上の書面同意が必要とされている（漁業法31条）．県が書面同意の要求をうやむやに放置してきたのは3分の2以上の書面同意が得られない可能性があるからである．

公開の席で意見をぶつけ合うのではなく，徹底した個別主義を貫くのが県のやり方であった．漁民を一軒一軒回り，一対一の面談でこれから漁業を継続するか否かを聞き，区割りの是非を問う．あなたの漁場はちゃんと確保しますよといわれれば，誰もが深い考えもなくうなずくであろう．失意にうちひしがれている漁民に将来もカキ養殖を続けるつもりかと聞けば，誰だってもうコリゴリというにちがいない．個人面談での会話を言質にとって，桃浦地区にはカキ養殖を続けようとするものは1人しかいない，カキ養殖を再生させるには民間会社の力が必要という結論を導き出し，区割りは了承を得たと総括される．

これは協議会においてではないが，漁協が，特区は自力再生が困難な場合に限って認められると特区法にはうたわれているが，「桃浦かき生産者合同会社」はこれまで漁協組合員として自力でやってきた，特区を適用する状況にはないのではないか，と書面でただしたところ，次のような回答が帰ってきた．

「高齢化と後継者難で震災後カキ養殖の再開の決断を自力で行うことを断念していた桃浦地区の漁民が今日カキ養殖を再開できた大きな理由は，仙台水産の参画による法人の設立で新しいビジネスモデルを作っていくことへの期待からであり，桃浦 LLC により生産が再開されたことをもって，特区を適用する状況が失われたということではありません.」

　特区認定という期待があるから踏ん張ってやっている．特区計画が夢と砕けたら，合同会社はカキ養殖から手を引くとでもいうのであろうか．もしもそのような了簡だとしたら，「桃浦かき生産者合同会社」に未来はないだろう．

3. 漁業権開放要求の底流

　復興特別区域法は東日本大震災からの復興をはかるべく制定された．震災と津波によって壊滅的打撃を受けた被災地では，住宅・産業施設の再建を速やかに行い，場合によっては住宅の高台移転を促進するなど，大規模な建設事業が必要になるであろう．従来の法律が速やかな復興の足かせとなる場合には，特例を設け，これまでの法的規制から自由になることも必要となろう．大震災後の復興事業のために復興特区を設けることには十分な理由がある．
　だが住宅・産業施設の復興のための特区と水産業復興のための特区とではその性格に大きな違いがある．前者の場合には施設の復興がなったあかつきには，特区の役割は終わりということになる．もちろん何をもって「復興」となすかについては様々な考えがありうる．震災以前と同じ場所に同じ建物を建設すれば復興はなったと考えることもできれば，それでは不十分で，復興は「創造的復興」でなければならないという考え方もある．復旧ではなく創造的復興をというのがそれであり，この場合の復興は廃墟と化した更地の上に理想的な図柄を描きそれを実現することだということになる．復興事業が住宅の高台移転であれば，新しい人間関係が馴染んでいくには長い期間を要し，伝統が形成されるまでは復興は終わらないということもできる．しかしただの復旧であれ創造的復興であれ，そこには終点――これで復旧・復興はひと区切りついたという終点がある．終点に至れば特区事業はいちおう完了，特区は御役ご免というこ

とになる．

　しかし，（特定区画）漁業権の漁協から民間会社への移転を目的とする水産業復興特区には事実上，終わりがない．前にも述べたように，漁業の復興とは本来被害を受けた漁業者がふたたび漁業を営むことができるようにすることであり，この場合には漁民が漁業の営みを軌道に乗・せ・た・時点が復興完了の時点となる．しかし復興特区においては新規参入の民間企業が事業を軌道に乗・せ・て・い・る・状態が復興を意味する．つまりこの場合の復興とは進行形なのであり，進行形に終止符が打たれた状態は復興完了ではなく，復興の挫折になる．なぜなら，もし復興完了があるとしたら，そのときは民間の漁業会社が解体されるときにほかならないからである．そのとき特例法は通常法に戻り，漁業権はふたたび漁協の手に帰すことになろう．

　こうして，宮城県が桃浦地区の「桃浦かき生産者合同会社」に肩入れする限り，特例法は恒久法とならざるをえない．この点は建設復興特区における特区法が時限法的性格をもつのとは対照的である．合同会社にとって最大の障害は事業そのものに内在するよりは，関係漁民で漁業を継続しようとする意思をもつ者が1人から2人，3人へと増えていくことである．高齢化で継続を断念する者がいたとしても，一定の条件さえ満たせば，漁民・法人の漁協への新規加入も可能である．こうした事態は何としてでも避けたい．そうしなければ特区会社は解体ないし縮小の憂き目をみるからである．逆にいえば，会社が存続するためには漁協が解体されなければならない．国や県が推し進める水産業復興事業は漁協解体による水産業復興といっても過言ではない．

　世間一般には，東日本大震災が水産業復興特区を要請し，漁業権開放がそれに付随して部分的にしろ実現したと理解されているが，そうではない．最初に（大震災以前に）漁業権開放の要求があり，漁業権開放の要求が大震災をいわば奇貨として，復興特区というかたちで実現した，というのが真相である．漁業のビジネス化をはかり，そのことによって日本の水産業に活路を見出す．このような方向にとっては（組合管理）漁業権の存在は最大の障害である．

　水産業発展のために漁業権を他の漁業者に開放せよというのではなく，ときには漁業権開放が漁場そのものを他の用途に開放せよという要求となって表れる場合もある．例えば，臨海工業地帯で工場を建設するために漁場の全部もし

くは一部を埋め立てる場合，ダム建設のために川をせき止める場合，海中に潮受け堤防を敷設する場合——このような場合には漁業組合が管理する漁業権の明け渡しを必要とする．これらの場合には利益と利益の比較衡量によって建設事業の是非が判断される（判断主体は最終的には裁判所）のであって，「海はみんなのもの」という大義名分を掲げて漁業権の明け渡しを要求するのではない．「海はみんなのもの」という理由で漁業権開放を要求した最初の事例はおそらく，大前研一の『文藝春秋』論文（大前 1989）であろう．

大前は「海に棲息するものについては，国民全員がアクセスを持つべきだ」という基本認識から出発する．国が漁業権なるものを漁民に独占させているのはおかしな話で，誰もが魚を採り，乱獲で魚資源が枯渇しそうになれば，そのとき国が手を打てばいい．「魚は誰でも採っていいはずなのに，現実に日本ではそうなっておらず，政府はごく少数の人たちだけに漁業権を認め，その他一般の人たちを閉め出している」．大震災後の現在でこそこのような考えは正論風を利かせて広く流通しているが，論文発表当時においては奇抜な少数意見だった．内心そう思っていても心の内にとどめてしまう，日本人のこうした内向的心性を，かれは「風土病」と呼んだ．

大前が漁業権開放を要求するのは，それを民間企業に譲りわたして日本の水産業を発展させるためではない．かれの主張はマリン・レジャーのために漁業権を開放せよということである．「なぜ海を開放すべきかといえば，これからの産業を考える場合，漁業よりもマリン・レジャー産業のほうが将来性が見込めるからである．海を一部の人間がもつ漁業権から開放して，海洋レジャーの開発に乗り出したほうが，最大多数の最大幸福に繋がると思うからだ」．なるほどアメリカ暮らしが長かったかれの物言いはストレートである．漁業発展のために漁業権開放を叫ぶのではなく，産業発展の観点から漁業資源を他産業に転換せよ，東京湾，大阪湾は漁業禁止にして，マリン・レジャーのために海岸線を開放せよ，というのだから．

「風土病」論文は，みんな口をつぐんでいわないのなら自分がいってやる，という意気込みで書かれている．漁業権についての理解は大いに疑問であるが，著者にとってはそんなことはどうでもいいことである．マリン・レジャーの愛好家であるかれには，ボートを海に下ろす設備さえろくに整っていないのに，

「沿岸漁業は国がいつまでも補償する」こと——もちろん国はそんなことはしない——に我慢がならない．企業であれば適者生存で，時代に適合しなくなった企業は市場から退出しなければならない．にもかかわらず，漁業においては不適者が国の援助で生きのびている．1次から2次，2次から3次産業へという経済発展の中でもはや存在理由を失った漁業には速やかに退出願おう，というのが大前の主張である．

　日本漁業の再生を論じる者は，もちろん漁業の安楽死を唱えるわけではない．その代わりかれらはある種の漁業の安楽死を主張する．その漁業とは漁民たちの「生業」としての漁業であり，それをかれらは法人企業による「ビジネス」としての漁業にとって代えようとするのである．このような方向での漁業改革の典型例が高木委員会（日経調）の「緊急提言」である．

　提言はまず，水産資源は国民共有の財産であることを認識せよということから始まる（提言1）．そして水産業への参入のオープン化へと続き（提言2），水産予算の重点的・弾力的配分を説くことで締め括られる（提言3）．提言1から2への流れはいまではすっかりお馴染みになった論法である．注目されるのは，提言2において，水産業への新たな資本・技術・人・販売力の導入を促進するために漁業法や水産業協同組合法など，水産業関連法規の抜本的見直しを主張していることである．この点は半年後に公表された同委員会調査報告書の中でさらに敷衍され，「漁業法および水産業協同組合法など漁業関係諸制度を抜本的に改革し，透明性のあるルールの下で，特区制度の活用も含め，生産段階における新規参入による漁業権および漁場の適切な利用を促進して，沿岸漁業を広く流通，加工，販売関係者および漁業への投資に意欲のある者に開かれたものとすべきである」と述べられて，過渡的措置としての特区制度の活用が示唆されている．

　高木委員会は東日本大震災後，高木緊急委員会として，水産業再生のための緊急提言を行った（2011年6月）．震災前の提言が総論的性格をもつとしたら，こちらは被災地東北（特に三陸海岸）の現状に即した各論的提言である．全体を貫く基本思想は，漁業の法人化，集約化，大規模化と，それと表裏をなす漁協の徹底的排除である．水産資源管理のためにIQ／ITQ[1]の手法によって漁獲枠を定め，同時に漁船を大型化して漁船数を削減し，1漁船あたりの漁獲高

を増大させる．すなわち漁業の主要な担い手として法人企業を前面に押し出す算段である．そして法人企業を漁業の主要な担い手とするために，特定区画漁業権と定置漁業権は漁協を介することなく，県が直接，法人企業に免許する（つまり特区制度を用いる）．また漁業単位の大規模化に即して漁港等の施設を集約化し，施設の集約化を実行するために漁村・集落の高台移転を敢行し，その「整理統合」をはかる．

この大震災復興提言に見られるのは，市場化・自由化・オープン化の主張と管理者的・社会工学的発想との奇妙なないまぜである．将棋の駒を動かすようにヒトとモノを操作し，駒がかんたんに動きそうもない場合には，操作の一助として市場化・自由化・オープン化という手段を活用し，駒を遠隔操作しようとする．

たしかにヒト・モノ・カネの移動を自由にすれば，市場の働きで零細漁民は法人企業によっておのずと駆逐されていくであろう．しかし漁業の寡占化・独占化が三陸のあるいは日本の漁業を再生させる保証はない．このことをわきまえているから，岩手県は漁業のビジネス化ではなく，漁業協同組合を中核とした漁業再建の途を選んだ．「岩手の漁業は沿岸漁業や養殖業を主体とした小規模経営体が中心で，漁協が中心となって漁場を管理し，計画的な養殖など持続可能な水産業を実践し，後継者を育ててきました．地域のコミュニティ自体が，漁協を中心とする水産業を通じて形成されています．復興にあたっても漁協が核となることが岩手県としての基本方針です」と達増拓也岩手県知事はあるインタヴューの中で述べている（達増 2011）．

これを次の村井宮城県知事の発言と比べてみると，両者の違いがはっきりする．「宮城は海が冷たいですから，南の海でとれるマグロのような大きな魚はとれない．ホタテやワカメなど，小さなものしかとれませんので，なかなか民間が投資出来ない．そういった企業が参入しやすくするためには，自由に販売し，自由に儲けが出るようにする．そのために，漁協と同じ優先順位で入れる

---

1) 漁獲量を管理する方式．漁業者（漁船）ごと漁獲量を割り当てるのが IQ（Individual Quota）．漁業者（漁船）ごとに漁獲量を割り当てるが，割り当ての範囲内で漁獲量を漁業間で融通することができるのが ITQ（Individual Transferable Quota）．なお漁場における漁獲量の総量だけを決める，早い者勝ちの管理方式はオリンピック方式と呼ばれる．

ようにしようというものです」(BSフジ「プライムニュース」インターネット版).小規模経営主体の漁業という点で宮城も岩手も前提を同じくしながら，その前提から導き出される結論はまったく違う．達増知事は「なりわい」，すなわち生業の再生を志すのに対し，村井知事が指向するのは「自由に儲けが出る」ビジネスとしての漁業である．

　生業とビジネスがどう違うかといわれれば，こう答えよう．生業もビジネスも利益が出なければやっていくことはできない．この点では同じであるが，生業は代々漁業をやってきたから漁業をやる．先祖代々やっているうちに職住は自然に一致し，生活と仕事が一体化して，その中で技術が受け継がれまた開発されていく．漁業を営むには漁具を買い，飼料を買って支出を行わなければならないが，人びとの嗜好が魚から肉類へ移ると，手許に残る利益は乏しくなる．資源が減ると苦しい家計に追い打ちをかける．それでも漁業を捨てないというのが生業である．もちろんかれらは手をこまぬいて窮状に甘んじているわけではない，新しい技術を取り入れ，新しい流通経路を開拓して，利益を増やそうとする．

　これに対しビジネスの目的は利益そのものである．支出した貨幣 (M) を上回る貨幣 (M') を手に入れ，なおかつ同じ貨幣を支出するなら，できるだけ多くの利益が得られるように事業を再構築する．生業もビジネスも $M-X-M'$ というかたちで事業 (X) を営むが，違いは，ビジネスの場合，その目的は M'/M（利益率）をできるだけ大きくすることであり，どのような X を選ぶかは M'/M の大きさに従う．生業のように X は初めからあるのではなく，M'/M によって事後的に決まる．粘土をこね回して，あるときは牡蠣をつくり，あるときは魚をつくる．粘土をこねてどんな形のものをつくるか，あるいはつくりなおすかを決めるのはひとえに利潤なのである．

　産業構造が1次から2次，2次から3次へと「高度化」するにつれて，生産活動は生業からビジネスへと性格を変えていく．ビジネス化の究極は物財を生産することさえしない「生産」，すなわち金融商品の売買によって M を M' に変換する生産，物理工学的技術ではなく金融工学の技術を駆使する「生産」である．物を生産する自由が古典的自由主義の自由だとしたら，貨幣によって貨幣を生産する自由，すなわちビジネスの自由（「自由に儲けが出る」というときの

自由）が新自由主義の自由である．

　ビジネスは X の中味を問わないのであるから，X は機に応じてどんな形をもとりうる．逆にいえば，どのような人間の営みもビジネスの対象になりうるということである．農業や漁業といった生業的営みはもちろん，教育や医療といった事業も，芸術・文化の活動も，果てはオリンピックというスポーツの祭典も，すべてが「自由に儲けが出る」事業となりうる．といっても，これらはもともとビジネスとして営まれてきたわけではないから，自然にビジネス化されるわけではない．ビジネス化しようとすると頑強な抵抗に出会うことがしばしばである．ここからビジネス化は強権的に断行されることになる．「自由放任には自然なところは何もなかった．自由放任が成行きまかせで生じてくるはずはなかった」（K. ポランニー）というのはこの間の事情をさしている．ビジネス化（自由放任）が成行きまかせで生じるのではないということは，そこになにか外部からの強制力が作用するということである[2]．

　国家権力はそのような力の一つであるが，他方，地震，津波，ハリケーンなどの自然災害が生業の基盤を一掃し，更地と化した生業の場に生業を組み替える諸力が一気に滲入することもある．ナオミ・クラインが記す，スマトラ沖地震後のスリランカがそうであって，津波に襲われたスリランカ東部の一漁村（アルガムベイ）を，第 2 の津波，「惨事便乗型資本主義」の大津波が襲う．ただちに政府は漁村再建に乗り出し，再建計画書を作成するが，その立案を行ったのは海外のコンサルタント会社である[3]．計画書では海岸一帯はバッファーゾーンとして家屋の建設が禁止され，被災漁民は海岸から数キロメートルも離れた場所に移動させるとある．だが，ホテルなどの観光用施設は例外扱いされた．エメラルドブルーの海原が広がるこの海岸は高級リゾート地として有望の地であり，震災前から観光資本が虎視眈々と狙いを定めていた．津波に襲われる半年前には，不審火が発生して 24 軒の漁師小屋を焼くという事件も起こっている．ところが津波は——と著者は書いている——火事にできなかったことをやってのけた．海岸にあった障害物を一掃したのである．

　2）　汪暉は端的に「今日の市場社会がつくられたのは一連の自然発生的な出来事の結果ではなく，国家による介入と暴力の結果なのだ」と述べているクライン（2011, p.268 に引用）．
　3）　復興請負企業とシンクタンクとの癒着関係についてはクライン（2011, p.622）を参照．

政府の再建計画は海岸から漁民を立ち退かせ，アルガムベイを観光パラダイスとすることであった．漁業はどうなったかといえば，零細漁民のひしめく漁村を放棄したうえでの，漁業の集約化，大規模化である．スリランカ政府はアメリカの大手建設業者と契約を結び，拠点となる大型漁港を3ヶ所に建設することにした．漁業はやがて，大漁港から出て沖合で操業するトロール船が中心となるだろう．そうなれば浜から漕ぎ出す木造船はもはや用無しとなる．「再建とは，漁民の文化や生活様式を意図的に破壊し，その土地を奪うことにほかならなかった」（クライン 2011, pp.567-568）と著者は語っている．

ビジネスは利益率 M'/M をできるだけ大きくするように，X を構築すると述べた．X が粘土のように可塑的であれば，なんの抵抗もなく事業を再構築することができるが，現実にはなかなかそうはいかない．自動車製造業を明日は飛行機製造業に転換するというわけにはいかない．同様に，生業として営まれてきた漁業をただちに大規模・集約的漁業に変えることは不可能である．民間資金を大々的に投入すればただちに市場の車輪が回転し始めるというわけではない．漁業は職住一致で営まれてきたから，漁港を集約しようとしてもかんたんにはいかない．漁場には漁場の慣行（例えば入会慣行）があり，しかもその慣行は権利化していることが多いから，蓄積された権利を無視して民間会社が漁業を営むわけにはいかない．X は可塑的ではなく，それを変形するには多大のコスト（経済的コストだけではない）を要するのである．ところが，地震・津波などの自然災害は水飴のような粘着性をもつ漁業の制度的条件を流動化する．ホテルを建設するために，アルガムベイの集落に火をつけることはなかった．「津波は，火事にできなかったことをやってのけた」のである．

三陸がスリランカの漁村と同じというつもりはない．アメリカの惨事便乗型企業がこっそり入り込むわけでもないだろう．東日本大震災後の復興特区の構想や法制化（法の拘束からの解放），あるいは大震災の前と後に出された水産業再生の提言が善意に出たものであることを疑うものでもない．しかしたとえそうだとしても，進もうとしている方向は彼我で同一である．生業としての漁業を衰退させ，漁業のビジネス化を推進しようとしている点で両者，変わりはないのである．

そのような方向がはたして可能なのか．そうした方向が日本水産業の再生と

発展につながるのか. このことを考えるためには, 漁業という産業がもつ特性について考えてみる必要がある.

4. 入会漁業とその現代的意義

日本で営まれている漁業を漁場の陸からの隔たりによって分類すれば沿岸漁業, 沖合漁業, 遠洋漁業という分類となり, 漁場を誰にどう使わせるかという見地から分類すると自由漁業, 許可漁業, 漁業権漁業の3つのタイプに分けられる. 誰でも制限なく行えるのが自由漁業であるのに対し, 他の2つは誰にどう使わせるかについて規制をかける. この規制は漁場のある区域についていったん漁業を一般禁止としておいて, そのうえで一定の条件を満たす者について禁止を解除するというかたちをとる. これが法律学にいう「許可」の意味であり, 沖合漁業と遠洋漁業は農林水産大臣が許可を与える許可漁業である.

沖合・遠洋漁業の場合には許可を受けた漁業者は自由に, 漁獲量に枠がはめられている場合にはその枠の中で自由に, 漁業を営むことができる. しかし, 沿岸漁業の場合にはそれだけでは不都合が生じることがある. 沿岸漁業に特有の漁業である定置漁業や区画漁業は漁具を固定して行うから, どうしても一定の水面を占有せざるをえない. もしこの区域で自由に, あるいは許可漁業の範囲内で自由に漁業が営まれるとしたら, 指定区域に他の者が侵入し, 定置網や養殖用筏を毀損するなど, 漁業に支障をきたす可能性がある. そこでこうした漁業には漁業を営む許可だけでなく, 漁業者に指定区域で排他的に漁業を営む権利を与える必要が生じる. この権利が漁業権であり, 漁業法において漁業権は物権としての性格を付与されている (漁業法23条). 物権としての漁業権はそこから派生する妨害除去請求権と妨害予防請求権とを併せもつことになり, 他者による妨害を除去・予防するための行為を裁判所に請求することができる. こうして, 特定の「漁業を営む権利」(特定水面を支配する所有権や占有権ではない[4]) としての漁業権は, 財産権 (物権) として法的性格を確固としたものにする.

---

[4] 所有権や占有権が設定されていれば, この水域ではどんな漁業を営もうが, あるいは漁業をやろうがやるまいが自由であるはずである.

定置漁業と区画漁業には漁業権が設定され，漁業権（あるいは入漁権）をもつ者でなければ漁業を営むことができない．すなわち「定置漁業及び区画漁業は，漁業権又は入漁権に基くのでなければ，営んではならない」（漁業法9条）のである．オヤと思うのは，条文には共同漁業が抜けていることである．この条文をみる限り，共同漁業は自由に営むことのできる自由漁業だということになる．実際，例えば海女がウニや貝類を捕る漁業は定置漁業や区画漁業と違って漁業権を設定する必然性をもたない．他者の物理的妨害によって漁業に支障をきたすことは考えにくいからである．にもかかわらず共同漁業もまた漁業権なしには営むことができず[5]，漁業権は漁協のみに与えられる（漁業法14条8項，昭和37年の改正以前は14条6項）．

なぜ本来は自由漁業であるべきところに，共同漁業権という漁業権が設定されるに至ったのか．戦後の新漁業法立法を担当した水産庁専門官の解説によると，それは漁場を漁業協同組合に委ね，漁協によって漁場秩序の維持をはかるという趣旨に出たものであった．

　「定置，区画，特別の個別漁業権は第三者の侵害を排除しなければ技術的に成立しない漁業であるから権利として保護したのであるが，専用漁業権［専用漁業権とは旧漁業法の用語で，新漁業法の共同漁業権のこと］は漁法からいえばそうではなく，本来自由漁業たるべきものである．だがそれを関係漁民によって管理せしめるために漁業権とした．」（水産庁経済課編 1950, p.282）

海はみんなのものという理屈で漁場を一般に開放すれば，水産資源が早晩枯渇してしまうのは目に見えている．それなら国や自治体が漁場管理，資源管理をすればいいではないか，例えばIQ／ITQのような手法を用いて．たしかにそれも一法である．しかし日本の沿岸全域でそうした管理をするとしたら，管

---

[5] この言い方は正確ではない．共同漁業権の放棄などにより漁業権が消滅して無権利状態になれば，当該水面区域は自由漁業に復する．しかし漁業権者がいる限りはその水域は漁業権者が排他的に漁業を営む．しかしながら定置漁業と区画漁業の場合には9条の規定により，漁業権が消滅して無権利状態になっても自由漁業を行うことはできない．

理のために要する人的・物的コストは膨大となるであろう．比較衡量すれば漁業権漁業のほうが望ましいというのが，『解説』に示された判断なのである．この点に触れて浜本幸生は「日本は［競争原理のアメリカに比べて］安上がりだけれども素晴らしい制度で管理している」（浜本 1996, p.228）と述べている．これはあるアメリカ人研究者の日米比較をそのまま語った言葉である．水産資源の保全に利害関心をもつ地元の関係漁民に漁業権を与え漁場の管理を委ねることは，自由漁業を原則どおり敢行して資源の枯渇を招く，あるいは枯渇を回避するために膨大なコストをかけるよりは，はるかに合理的な選択である．このことに異存を唱える人はいないだろう．

　漁場を管理するために漁協に共同漁業権を付与するのは，そうしたほうが安上がりだという計算だけからではない．それ以上に，江戸時代以来の歴史的慣行すなわち入会漁業の慣行が共同漁業権を定めた規定の根底にあるといっていい．「歴史的に見れば，徳川期以来の部落総有の入会漁場を明治十九年の漁業組合準則により漁業組合に管理させ，それを旧漁業法で専用漁業権とした」（水産庁経済課 1950, p.282），その専用漁業権の考え方は新漁業法の共同漁業権にも貫かれている，と水産庁担当者は立法の趣旨を語っている[6]．

　漁業権は免許により与えられる権利であるから土地の「所持」を基礎にしてもつ入会権とは性格を異にするが，共同漁業権が単なる営業免許でないのは，それが漁民の慣習的権利に基づいているからである．江戸時代にはこの権利は地先水面の支配にまで及んでいたが，明治の漁業法では水面支配の権利は否定された．しかし入会漁民の漁業を営む権利まで否定されたかといえばそうではない．明治漁業法の解説者は，漁民に漁業権を付与しなければかれらの生計は困窮をきわめるという理由で漁業権をあたえたと解説しているが（檜垣 1902, p.13），明治漁業法における地先専用漁業権は国の恩恵としてではなく，むしろ入会権という慣習上の権利を追認したものとみるべきである．

　入会漁業は漁民たちが入会団体を形成し，入会権という慣習的権利と入会団

[6) 漁業組合準則は町村間の漁業調整を目的としたもので，そのためにつくられたいわゆる準則組合には入会漁民とともに有力な漁業者仲間（徳川時代に領主から免許を得た網元・船元などの系譜を引く大漁業者仲間）も含まれていた．明治 34 年の漁業法で入会漁民に地先水面の専用漁業権を与えるために入会団体を基礎として漁業組合をつくらせた．漁業組合という名称は昭和 8 年の漁業法一部改正のさい漁業協同組合と改称された．

体の定める様々なルールの下で営まれてきた．しかしこの入会団体は近代法の観点からみるとそれに馴染まない特異な性格をもっている．例えば入会団体が山林原野のある範囲を所有していたとする．もしこの団体がその構成員から独立した存在（法人）だとしたら，くだんの山林原野を所有するのは構成員とは区別される団体――人格を法的に擬制された団体である．しかし現実の入会団体においては，団体と構成員が切り離されておらず，団体が山林原野を所有することは，同時に構成員の一人一人が山林原野を所有することを意味する．皆が所有するというその点だけを取れば，この所有形態は共有（ローマ法的な）であるが，しかし共有においては共有者は相互に独立しており，団体を形成することはない[7]．このように法人有でもなければ共有（いずれもローマ法的所有形態）でもなく，もちろん個人有でもない所有形態はゲルマン法に特有の所有形態であり，ゲルマン法ではこれを総有，その主体を実在的総合人と概念化している．

　明治に入って整備された日本の近代法はローマ法を基礎としたから，実在的総合人としての入会団体を法体系に組み入れることは困難であった．かといって現に存在する入会団体をローマ法的に改変・改組するわけにもいかない．そこで民法は入会権は地方地方の慣習に委ねる（紛争が起こった場合には適宜各地方の慣習に応じて裁く）こととした．

　陸の入会権は民法では規定しえずして慣行に逃げたのであるが，海の入会権は一応，ローマ法の概念をもって規律した．明治の立法者もなかなか味なところを見せている，と『漁業制度の改革』水産庁担当者は述べている（水産庁経済課 1950, p.304）．何が味なところかというと，権利能力をもつ漁業組合（近代的法人）を漁業権の受け皿にし形式上の権利者とする一方で，実質上の権利者は組合員各自であるとする便法をとったからである．つまり形の上では近代的法人，実質的には入会団体（実在的総合人）であるというのが漁業組合であった．

　明治漁業法における漁業組合＝入会団体，漁業権＝入会権という等式は戦後

---

7) 共有は総有と違って各人が持分をもち，その持分は自由に売買することができる．持分をもつ点ではゲルマン法の合有（総手的共有）もローマ法の共有と同じであるが，しかし合有の場合には持分の売買に共同体の規制がはたらく．

の新漁業法にも受け継がれたことは条文を読んでも明らかである．漁協に免許された漁業権を組合員が「各自漁業を営む権利」とした（8条）のはその端的な表現であり，ここには，組合という法人の有する漁業権は同時に組合員の各自が漁業を営む権利であることが明言されている（同様の規定は明治漁業法（明治43年改正法）43条にある）．入会団体においては団体と構成員は外在的な関係にあるのではなく，両者の関係は「一にして多，多にして一」（中田 1949）の相即不離の関係である．各自権の各自とは「一にして多」の「多」を意味し，「多」を束ねる団体が「多にして一」の「一」，すなわち団体としての入会団体である．漁協が近代的法人の体裁をとったといっても，それは実在的総合人を廃したということではなく，むしろ形式＝近代的法人，実体＝実在的総合人という形の二重性格をもたせるようにしたということである．

　しかしやがて，漁協から実在的総合人という実体を追い払い，形式と実体とを近代的法人により統一する動きが出てくる．その契機となったのが昭和37年の漁業法改正である．法改正が現実の変化に即応した改正であるよりは，現実を変えるための改正であったことは，水産庁担当者が書いた『新漁業法の解説』（岩本 1962）からも窺うことができる．高度経済成長の進展に見合って水産業をいかにして合理化するかという問題が先にあり，そこから漁業権制度を改変しようとする．沿岸漁業の振興のために漁業従事者の協同化を促進し，同時に漁業の企業化を進めること．そのためには「社会福祉的機能」に偏った漁業権制度にメスを入れなければならない（岩本 1962, p.6）．こうした改革を行うためには入会漁業を根底から変えなければならないと，著者は解説——というより自己主張——している．曰く，「前近代的入会権的な権利行使関係は，その産業が近代化し資本主義化して行く場合には崩れ去るべき性質のものであって，制度改革後十余年にわたる漁業の実態変化により，まさにかつて制度改革のめざした漁業における封建制度の残りかすの一掃，漁業の産業としての確立という方向で，制度改革前の旧法の考え方をひきついだ第八条に残る入会権的なものの考え方の整理を必要とする段階に至ったのである」（岩本 1962, p.65）と．

　漁民の権利を守るための施策を陰に陽に行ってきた水産庁がいまや漁民の権利を廃棄せよと主張しているのである．おそらくこれは水産庁（生え抜きの水

産庁職員）の本心ではない．国の産業政策が漁業の集約化・大規模化・企業化を要請し，その政策を推進するために水産庁の立法担当部署に送られてきた調査官の国の意を体した発言だと考えたほうが自然である．改正法には上（国）からの力と下（水産庁）からの力が綱引きをしており，綱の引っ張り合いが改正法の随所に現れている．

改正法では，漁業法 8 条の「各自漁業を営む権利」は「組合員の漁業を営む権利」に置き換えられた．「各自」の文字を抜くことによって，漁業を営む権利が入会権としての権利ではないことを鮮明にしようとしたのである．「この組合員の権利は，たしかに沿革的には入会権的な漁場行使の実態の系譜をひいた規定ではあるが，［改正法 8 条の組合員の権利は］そういう実態としての入会権的なものを追認したという規定ではなく，全く別途に組合管理漁業権および入漁権の権利内容として規定されたものであり，入会権の如く慣行による規制に委ねられているものではない．このことは今回の改正によって明確になった（傍点引用者）と考える」（岩本 1962, p.67）．

これは奇妙な文章である．入会権は歴史的・慣行的権利である．法改正以前の「各自漁業を営む権利」がそうした入会権を基礎にしていることをこの調査官はおそらく認めている．しかしこの調査官によれば，改正法の「組合員の権利」は入会権とは無関係である．このことが「今回の改正によって明確になった（傍点引用者）」．これはいったいいかなることか．「各自漁業を営む権利」を「組合員の漁業を営む権利」に書き換えることはそれによって新しい事実を作為的につくりだすことを意味する．漁業権が従来も社員権であったのなら法改正によってこのことを明確にしたという言い方も可能だが，従来の入会権を社員権に覆すことは一種の革命であり，この革命によって何かが明確になるわけではないのだ．

組合管理漁業権を入会権でないということは，漁業協同組合が入会団体ではないということに等しい．ということは組合をたんに形式のみならず実質においても近代的法人とみなすということである．漁協に二重の性格を与えて近代法に組み入れる工夫（味な工夫），明治漁業法以来の工夫を無にし，漁協の性格を換骨奪胎しようとするのだ．入会団体と入会漁民の関係であった漁協—組合員の関係も当然変質せざるをえない．この関係は漁協＝法人と組合員＝法人の

社員との関係となり，組合員の漁業を営む権利は入会権ではなく組合員＝社員がもつ社員権だと附会されることになる．

一片の言葉によって事実が変わる，あるいは変えることができると考えるのは，重力の観念を頭から追い払えば人は躓いてももう転ばなくなると考えるのと同じである．いくら観念を追い払ってもひとは躓けば転ぶから，こんどは「転ばない」という言葉の意味を変えなければならない．そうやって事実をすべて，語の伝統的用法を無視して書き換えなければならなくなる．漁業法も同じで，歴史的事実としての入会団体，入会権を基礎にして組み立てられた漁業法を換骨奪胎し，法人・社員権を基礎に組み立てるには新漁業法を全面改正して新々漁業法を制定しなければならなくなる．しかし部分的な改正にとどまる限り，入会の痕跡は残らざるをえない．じっさい，熊本（2010）は木に竹をついだような改正漁業法を徹底的に検証し，社員権説は条文間に不整合をきたさざるをえないことを示した．その議論は周到であり，反論するのは困難であろう．

いったい，漁業権が社員権であることと入会権であることとの間にはどのような違いがあり，その相違が現実の漁業にどのような影響を及ぼすのだろうか．改正漁業法は相違が小さいことを見せかけているが，実際にはそうではない．第1に，入会権は物権であるから漁民各自がもつ漁業権は第三者による権利妨害に対抗しうるが，社員権は社員が法人に対してもつ権利であるからこのような対抗力をもたず，権利が私的法人の内部関係に局限化される．第2に，漁協が合併して漁協の広域化が進んだ場合，社員権説においては漁民が地先水面で漁業を営むことができなくなる可能性がある．例えばX地区漁協とY地区漁協が合併した場合，合併組合の組合構成は（$x_1, x_2, ……, y_1, y_2, ……$）（$x, y$は各地区組合員）となり，地域性が無視されることになるからである．また組合総会で漁業権の得喪を決める際，関係地区の意向を無視して総会決議がなされる可能性もある．すなわち社員権説を貫くと，入会団体の地域性を無視した漁協再編成が行われる可能性が出てくるのである．

繰り返しになるが，漁業法を社員権説に立脚させることは，漁業の歴史性と地域性を白紙の状態に戻すことを意味する．これは革命的暴挙であるから，改正漁業法は，社員権説に立脚するといいながら，入会団体・入会権を密輸入せ

ざるをえない．すなわち改正法8条では免許された漁業権を誰に行使させるかは「漁業権行使規則」に基づくとされており，この規定によって，X（Y）地区漁場はX（Y）地区組合員に限って利用させることが可能となるのである．また漁業権の得喪に関しても，平成13年の改正で関係地区組合員の3分の2以上の書面同意が必要になった（31条）．要するに，社員権説を貫徹させようとすると慣習的権利としての入会権を阻害することになるから，合併組合の構成を（$x_1, x_2, \ldots, y_1, y_2, \ldots$）とするのではなく，（$X(x_1, x_2, \cdots), Y(y_1, y_2, \cdots)$））というふうに，旧来の入会団体をベースにする構成にせざるをえなくなったということである．

海は国民の共有財産だから既得権化している海を広く国民に開放せよという言い方は，土地はもともと人びとの共有財産だから私有地として囲われた土地は一般に開放すべきだという言い方となんら異なるところはない．土地についてはこのような暴論を吐く者はいないのに，なぜ海については既得権（入会権）の剥奪が白昼堂々と唱えられるのだろうか．もちろん海は土地以上に公共性をもつから，漁業権には公共的見地から制約が課せられるのは当然である．漁業権とは漁業を営む権利であり，水面を支配する権利ではない，というのは海の公共性を踏まえてのことである．そうした制約はあるにしても，入会権としての漁業権は法律で認められた財産権であり，それを法律の変更で社員権とすることは資本主義社会の根幹にある私有財産制を否定することを意味する．

入会漁業は慣習上の権利を担った制度であるにとどまらない．それはまた漁業を持続的営みとする積極的な役割を担っている．先に述べた漁協による漁場管理はその一つである．G. ハーディンの「コモンズの悲劇」論は漁業の文脈では自由漁業の悲劇である．かれのコモンズは誰でも自由に利用できる無主地（ゲルマン法的な入会地でもなければ，ローマ法的な共有地でもない）にほかならず，個人が私的利益を求めてこの土地を利用すれば過剰利用に陥るのは避けがたい．昭和24年の新漁業法では，このような乱獲を回避するために漁協による漁場管理を考えたのである．IQ／ITQは寡占的漁場であればともかく，小規模漁業者を中心とする日本の沿岸漁業には適さない（逆にいえば，IQ／ITQ化を進めるためには入会漁業を解体し，漁業の大規模化・集約化を行うことが前提である）．漁協の自治的漁場管理は日本の漁業に最も適した管理方法といってよい．

5. おわりに

最後に，入会団体を基礎単位とした漁業は産業としても決して古びた過去の遺物ではない，ということを指摘しておこう．「前近代的入会権的な権利行使関係は，その産業が近代化し資本主義化して行く場合には崩れ去るべき性質のもの」と『新漁業法の解説』を著した調査官は断定しているが，いかなる根拠でこのようなことがいえるのか．入会団体の管理する漁場は現代の言葉でいえば資源の共同利用地としてのコモンズそのものであり，宇沢弘文の概念化した社会的共通資本（social common capital）にピタリと適合する．漁業のビジネス化をはかろうとする者の目からみると入会は旧時代の遺制にみえるかもしれないが，コモンズや社会的共通資本の概念はむしろ自然や人間の生活をビジネスの網で覆うことの問題を克服するために着想された．コモンズや社会的共通資本の観点からみると，入会の営みは旧時代の遺制であるどころか，むしろ時代の先を行くものといってよい．

ビジネスの網をかけられてしまうと，資源の枯渇，自然の破壊，日常的生活の毀損という事態が現実のものとなる．ビジネスは場所を問わないのに対し，生業は場所と一体化した人間の活動である．場所的活動としての入会は消え去る運命にあるのではなく，その場所性が問題解決のヒントを与えるのではないか．そのような観点から，いまでも世界各地に存在する生業としての入会がふたたび見直されているのが世界の現況である．

入会地，入会漁場で生業を営む者は，必ずしも資源問題，環境問題を大局的に考えて行動しているわけではない．かれらを動かすのはむしろ私的利害だといっていいだろう．生活していくためには資源を採捕しなければならない，しかもできるだけ大量に．しかし資源を乱獲すると子や孫の世代は暮らしていけないから，資源の持続的利用をはからなければならない．口開け，口止め，留山といったルールはそのための工夫である．さらにかれらは場所を構成する自然条件に習熟していなければならない．アダム・スミスによれば，農業ほど知識や経験，判断力や分別を必要とする職業はないのであって，その理由は農業の知識は現場での作業を通じて習得していかざるをえないからである．漁業も

同じである.

　入会,コモンズ,社会的共通資本は資源の共同利用地,資源を維持するための制度,そして資源を利用する活動の総体であり,これらが一体となって場所を構成する.だから入会は活動の地元主義を基本とし,不在所有制を排除する.ある意味では閉鎖的な制度であるが,その閉鎖性は $M-X-M'$ における X を固定的・粘着的にし,漁業に持続可能性を与える.これをビジネス化し流動化することは,一見すると合理的であるようにみえるが,長い目でみると合理が非合理に転化する可能性が大きいのである.

参考文献
岩本道夫［編］(1962),『新漁業法の解説』水産社.
大前研一 (1989),「日本の風土病——偏執狂」『文藝春秋』Vol.67(3), 1989年3月号, pp.280-291.
熊本一規 (2010),『海はだれのものか——埋立・ダム・原発と漁業権』日本評論社.
クライン,ナオミ［著］,幾島幸子・村上由見子［訳］(2011),『ショック・ドクトリン——惨事便乗型資本主義の正体を暴く』(上)(下),岩波書店.
水産庁経済課［編］(1950),『漁業制度の改革——新漁業法条文解説』日本経済新聞社.
達増拓也 (2011),「答えは現場にある——岩手のめざす人間と故郷の復興」『世界』No.821, 2011年9月号.
出村雅晴 (2013),「宮城県の水産復興特区認定に対する疑問」農林中金総合研究所レポート. http://www.nochuri.co.jp/genba/pdf/otr13043002-2.pdf
濱田武士 (2012),「熟議なき法制化「水産復興特区構想」の問題性」『世界』No.828, 2012年3月号.
中田薫 (1949),『村及び入会の研究』岩波書店.
浜本幸生［監修・著］,ケビン・ショート・熊本一規・水口憲哉［著］(1996),『海の「守り人」論——徹底検証・漁業権と地先権』まな出版企画.
檜垣淳三九 (1902),『漁業法正解』水産法令研究会.

第6章　地球環境問題と自生的組織の役割

栁沼　壽

1. はじめに

　日本経済が高度成長を遂げて世界の工業国としての地位を固めつつあった1970年代はまた，日本経済の成長が様々な制約に直面しつつあった時代でもある．戦後の国際通貨体制を定めたブレトンウッズ体制が崩壊しただけでなく，石油危機の発生ならびに水俣病に象徴される産業公害問題は，経済活動に対するエネルギーや自然環境が課す制約の重要性を改めて認識させられることとなった．

　経済学における「社会的費用」の議論は，公害の源泉となる生産活動に対して，社会的費用を内部化し，PPP (Polluters Pay Principle) という原則に立って，私的経済活動に伴う公害を一定水準まで抑制する，という議論である．

　ここにある考え方は，私的経済活動の行き過ぎを是正して，自然環境や資源の賦存という制約の中で経済活動はどうあるべきかという発想である．別の言い方をすれば，私的経済活動と対比される活動とはどのようなもので，どのように営めば社会として望ましいのか，という視点を欠いているということでもある．このような視点に立って「社会的共通資本」の概念を提唱したのが宇沢 (1971, 1972a, 1972b, 1974)（いずれも宇沢 1987 に再録）である．

　本章は，社会的共通資本の一つである自然資本における地球環境を取り上げ，宇沢 (1995, 2009)，Uzawa (2005) の地球温暖化モデルにおける動学的経路の均衡への収斂の意味を検討し，地球温暖化問題を解決するための科学と科学者の在り方，地球環境という社会的共通資本の管理運営に関わる組織の役割について議論している．

本章の構成は以下のとおりである．

まず，第2節では，現代社会における市民生活の安定や健康で文化的な生活を営む上で必要な財は社会的共通資本として，市場メカニズムと異なる仕組みで提供されるべきことを述べている．第3節は，宇沢（1995, 2009），Uzawa（2005）の地球温暖化モデルを取り上げ，均衡経路を辿るために必要な政策について考察する．第4節は，地球温暖化問題に関連して科学や科学者の役割を，吉川（2011）の知識進化モデルに照らして論じている．第5節では，政府ないし公的組織の責務を再考察した上で，自生的組織の有効性を論じようとしている．最後の第6節において，自生する組織に備わっている規範や価値観などの文化資本が，実践と経験を体化した暗黙的知識の積み重ねとして継承されていくことを述べた上で，経験を語り継ぐ「物語」と感情移入の重要性を指摘している．

2. 社会的共通資本の考え方

市場メカニズムにおいては，市場の構成員が各々の私的利潤を追求するために財の生産を行い，それらの財が市場を通じて交換され，私的な利益を求めて消費されていくのが建前で，その結果，各構成員の利己的動機が十分に発揮され，各々が所有する希少資源が最も効率的に利用される状態に到達する（宇沢 1987）．このことが成立するためには，経済活動で必要とされる希少資源に私的所有権が賦与され，その排他的所有権を自由に移転する権利と権利行使の強制力の賦与，という「契約自由の原則」が基本的前提となる（植草 1991）．

一方，近代社会を構成する市民は，最低限度必要な所得を確保して生活の安定を得る権利を持つだけでなく，健康にして快適な生活を営む権利をも有している．前者は生存権の思想に基づく近代国家の責務とみなされ，後者は生活権の思想に基づく国家の責務，いわゆる福祉国家の思想，として今日先進諸国において広く受け入れられている（宇沢 1995）．これら市民の基本的生活に重要なかかわりを持つ財・サービスの中，必要度が高く，しかもこれに代わる代替財が存在せず，その結果価格弾力性の非常に低い財・サービスに関しては，市場メカニズムを通じて供給すると他の財に比して価格が急上昇し，所得補助政

策を用いても全ての市民が生活に必要な基本的サービスを享受することが困難となる（宇沢 1995）．したがって，このような財やサービスに関しては，何らかの意味で公的メカニズムを通して供給される必要がある．

一方で，社会における希少資源は，私的資本（private capital）と社会的共通資本（social common capital）とに分けることができるが，ある資源が社会的共通資本として社会的に管理されるか否かは，それが生み出すサービスが市民の基本的権利に重要なかかわりを持つかどうかに依存しており，それはまた当該社会の文化的，歴史的，自然的諸条件の下において広い意味での「政治的過程」を経て決められる（宇沢 1995）．

以上のような社会的共通資本の一般的概念を宇沢（1995），Uzawa（2005）に従って整理すると，次の4種類に大別される．

自然資本（natural capital）
：森林，河川，海洋，大気，地球環境，土地
社会的基盤（social infrastructure）
：堤防，道路，交通網，電気，上下水道，通信網
制度資本（institutional capital）
：医療，教育，司法，行政サービス，金融・市場制度
文化資本（cultural capital）
：芸術，建築，景観，言語，伝統

この分類を見ると，社会的共通資本から生み出されるサービスは，従来から経済学で論じられている「公共財」と重複する部分がある．しかしながら，宇沢（1995）は，社会的共通資本の生み出すサービスの各構成員による使用量は社会から与えられるのではなく自らが決めることができ，その結果として当該サービスに混雑現象が発生する，という点において，Samuelson（1954）のいう「（純粋）公共財」（pure public goods）とは異なると考えている．

例えば Hess and Ostrom（2007）は，財の競合性と排除可能性によって財やサービスを区分し[1]，社会的共通資本は共有資源に該当するように見える．しかしながら，より基本的なことは，競合性や排除可能性という基準に照らして

社会的共通資本が生み出すサービスを位置づけるのではなく,政治的過程を通して市民の基本的権利にかかわるサービスとして,各々の社会において認知された財という視点から理解することが重要なのである.

宇沢 (1995), Uzawa (2005) は,社会的共通資本の管理運営を預かる社会的機構ないし組織は,一般の私的な希少資源の配分を担う組織(企業)と異なって,国民ないし社会から「大切な」財産を預かり,管理運営しているのであり,それが単なる委任を超えて社会から信託された (fiduciary) 責任があること,を繰り返し強調している.医療や教育あるいは金融や司法に従事している組織や専門家は,個人的な金銭的利得を基準にサービスを提供するのではなく,自らの職業的倫理に従って市民の基本的権利として最適なサービスを供給しなければならない,ということである.このことは,他方でいえば,これらのサービスを享受する個人や企業は,各々が善良な一市民としてそのような社会的機構に信託していることを認識しなければならないということでもある.

ここで言及されている職業的倫理に基づくサービスの提供,とは無報酬で提供するということではなく,本来社会にとって必要とされる価値あるいは社会的評価に見合って供給される,ということを意味している.

地球温暖化を例に取れば,CO_2 がもたらす負の外部性や森林のもたらす正の外部性は通常の市場取引においては考慮されることがない.これらの外部性を正しく考慮して,社会が本来負担すべき評価(負の外部性)あるいは社会が

---

1) Hess and Ostrom (2007) による財の分類は次表のとおりである.

		競合性 (rivalry, subtractability)	
		低	高
排除可能性 (excludability)	難	(純粋)公共財 (pure public goods) 国防・外交 有用な知識・自然環境	共有資源 (common-pool resources) 図書館 灌漑システム
	易	クラブ財 (club goods) 定期刊行物購読 デイケアセンター	私的財 (private goods) パソコン ドーナツ

もっと高くすべき評価（正の外部性）を反映する帰属価格に従って企業や個人が行動し，最適な社会的共通資本としての地球環境が提供されなければならないのである．

そのような意味を理解すれば，社会的共通資本の運営管理責任を引き受ける組織は自ずと私的企業ではなく，政府あるいは何らかの公的な色彩を持つ組織とならざるを得ない（宇沢 1995, Uzawa 2005）．

3. 地球温暖化のモデル分析

3.1 地球温暖化モデルと均衡

地球温暖化に関する気象学的あるいは地球科学的モデルはいずれも巨大な規模を持ち，今日の世界最高速のコンピューターを用いても温暖化過程の全貌を解明するに至っていない．例えば，地球温暖化の過程を大気と海洋の結合からなる物理的システムと考える大気海洋結合モデルは，日本では地球シミュレーターで動かされているが，さらに精度を上げるためには，空間スケールを細分化して雲と降水プロセスを取り入れ，エアロゾルの影響・海洋の乱流過程・海氷プロセスに加えて，植生分布・土壌中の水や炭素の挙動などの生物地球科学過程を組み込んだ地球システムモデルが必要とされる（住 2010）．

これに対し宇沢（1987, 1995），Uzawa（2005）が発展させてきたモデルは，これに比べるとはるかに小規模ながら，地球温暖化を引き起こす自然的要因に加えて，企業の経済合理的行動や，地球環境を保持育成する組織の行動を織り込んで，地球温暖化を動学的に分析するほか，地球環境の安定化に向けて，政策的・制度的手段のシミュレーションをも可能にしてくれる．このようなモデルは，気候科学の予測と異なり，社会の価値観や効用と個人や企業の行動との関係を論じられるところにその意義がある．

今，地球全体のCO2排出量をV，森林面積をRとすると，状態変数VおよびRならびにそれぞれの社会的評価を反映する帰属価格変数πおよびλの動学的経路は次のとおりとなる．

$$dV/dt = \dot{V} = \alpha x_t - \mu V_t - \gamma R_t$$
$$dR/dt = \dot{R} = mz_t - bx_t$$
$$d\pi/dt = \dot{\pi} = (\delta - \mu)\pi + y\tau$$
$$d\lambda/dt = \dot{\lambda} = \delta\lambda - \gamma\pi - y\sigma$$

ここに,大気中のCO_2総量の変化($\dot{V}$)は,生産活動(x_t)に伴うCO_2の排出量αx_tから,大洋によるCO_2吸収量μV及び森林によるCO_2吸収量γRを差し引いた分に等しい.森林面積増減($\dot{R}$)は,地球環境の保持育成に関わる組織の育林投資支出(z_t)による増加と,民間企業の消費財生産活動に伴う減少(bx_t)との差に依存する.

他方,πは大気中のCO_2に帰属すべき価格(社会的に負担すべき費用)で,μが大きければ低下し,Vが増加すると上昇する.森林面積Rの社会的評価を示すλは,Rの増加に伴い相対的に低下し,γないしπが大きければ育林による必要性が下がるのでλを低下させる[2].

ちなみにyは国民所得を表すが,ここでは$y = u(x)\phi(V)\psi(R)$という形で,生産された財からの効用uおよび,CO_2排出による効用低下ϕと森林面積が生み出す効用増加ψとの相乗効果として把握されている.

これらの動学方程式に基づく,VとπならびにRとλに関するフェイズダイアグラムをみると,いずれの動学的経路も不安定で,均衡に向かう経路$\pi = \pi(V)$と$\lambda = \lambda(R, \pi)$は存在するものの,一度そこから乖離すると図6-1および図6-2の矢印に見るように経済は発散する.

興味深いのは,πが時間的に安定している状態($\dot{\pi} = 0$)においては,πは国民所得yに対する一定割合τに比例し($\pi = |\tau/(\mu - \delta)|y$),また$\lambda$が時間的に安定している状態($\dot{\lambda} = 0$)においては,$\lambda$が国民所得$y$の一定割合$\sigma$と森林の吸収価値$\gamma\pi$の和に比例していること($\lambda = (\sigma y + \gamma\pi)/\delta$),である.このことから,動学的な均衡点($\dot{V} = 0$, $\dot{R} = 0$となるVとR)である持続可能なCO_2の総量Vと森林面積Rは,比例的炭素税(π)と育林に対する補助金(λ)に対応して定まる(宇沢2009).

---

[2] $\tau = -\phi'/\phi > 0$, $\tau' > 0$, および$\sigma = -\psi'/\psi$, $\psi' > 0$という性質を利用する.

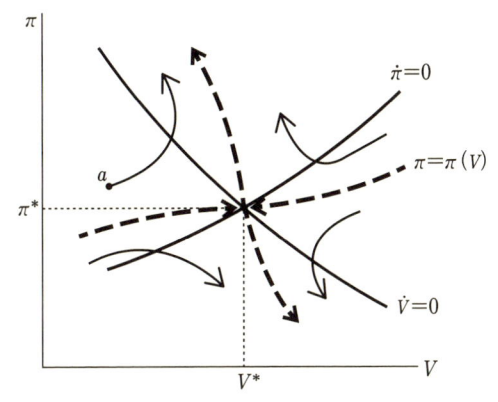

図6-1　Vとπの動学経路

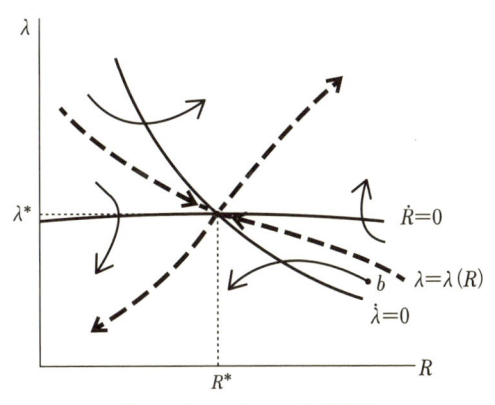

図6-2　Rとλの動学経路

3.2　経済の初期値問題と社会的機構の責務

　ここで問題になるのは，経済が初期時点で位置している場所，すなわち初期値問題，と政策的意味である．

　一般的には初期値として均衡に収斂する経路（$\pi = \pi(V)$，または$\lambda = \lambda(R, \pi)$ 上の点）が選ばれることは偶然にしか起こり得ず，初期時点においては，図6-1 のや図6-2 ののように何らかの発散経路上にあることが前提となる．

　確かに，経済が大局的な安定均衡を持つなら，政策当局は何ら政策手段を講じることなく，単に経済を見守ることで最終均衡へ到達することが保証される．

しかしながら，鞍点経路の存在する経済においては，当初よりこの均衡経路上に経済が乗っている保証はない．

経済が均衡経路から乖離する理由としては，モデルが想定する変数以外の要素による影響，個人や企業などの経済主体自身の行動変化を反映したパラメーターや方程式の形状変化などの構造的変化，そしてこれら経済主体における判断の誤りや行動面における不確定要素，など様々な要素があげられる．

したがって，均衡点が社会的に望ましい状態であるという合意がある限り，政府等の社会的組織は，このような乖離が拡大して均衡経路に戻ることが不可能にならないよう絶えず監視し，利用可能な政策手段を最大限に行使して，均衡経路周辺のある限定された領域に経済を留め続けることを第1の責務とすべきである．

今，経済が均衡への収斂経路上にあるとしよう．モデルによれば，この時 π は，図6-1の太い破線で示された均衡経路上にあり，各時点における大気中のCO_2総量の追加が，将来にわたって発生させる損失の割引現在価値と等しく，このπに対応して企業による財の生産量xとVが決定される．λについても同様に，図6-2の太い破線で示された均衡経路上では，各時点における森林面積の追加が将来にわたって発生させる便益の割引現在価値と等しく，このλに対応して地球環境の保持育成に関わる組織の育林活動量zとRが決定される．

したがって，政府ないし社会的組織のなすべき第2の責務は，均衡への経路上で，生産活動によるCO_2の排出が将来にわたってどれだけの社会的損失をもたらすかという社会的評価としての帰属価格πと地球環境を保全拡充するための活動が将来にわたって生み出す社会的便益を表す帰属価格λを的確に計算して，これらを各経済主体に提示し，各主体が合理的な意思決定を行い，実行していくことを確認することである．その延長として，情報の分析と社会的な説得に加えて，育林活動等の地球環境維持活動を社会的組織が自ら提供するという第3の責務が生じうる．

しかしながら，社会的組織の責務はこれに留まらない．それは，最終的な均衡点そのものを，地球環境に与える負荷をより少なくなる方向に誘導，牽引するという責務である．社会的共通資本としての地球環境が持続性を確保するには，経済活動による地球環境負荷を長期的に低下させていく必要がある．この

ことは，図6-1において V^* を左方に，図6-2において R^* を右方にそれぞれシフトさせることを意味しているが，この時，社会的組織は技術進歩や経済主体の意識・行動変化に伴うパラメーターの変更，あるいは社会として認識すべき諸変数の影響を的確に見定めるためにシミュレーションを行うだけでなく，これらの変更が企業や個人の合理的意思決定をする際の与件として受け入れられるよう説得，誘導し，場合によっては自らが必要な環境を確保提供するための組織となる必要も出てくる可能性がある．

4. 地球温暖化問題と科学者の役割

4.1 科学の新たな役割

現代科学が，「個々の学問領域における因果関係の厳密な確定」と「異なる領域や不確かな事柄を断定しない」という知的禁欲主義を中核に据えた「知の生産システム」として，社会的な信頼を築いてきた結果，社会運営面において科学技術への依存は急速に拡大してきた（小林 2002，吉川 2011，鎗目 2011）．これまでの科学の発展は，発生的には人間が生き延びるために必要に応じて自然環境を利用するという「開発性科学」の性格を持ち，そのことにより，現代科学が成立する以前には統合的であった知識[3] が理学的知識，工学的知識，社会科学的知識等に分けられ，さらにその内部が細分化されて今日に至っている．

Rommetveit et al. (2010) も，本来の科学が実践的・具体的な世界から作り出されたにもかかわらず，現在の科学が標準化され，非人格的 (impersonal) な知識生産方法を確立してきたと認識している．その結果，今日の科学が，「実践的な世界とつながった知」，という本来の文脈から離れ，「知の切り離し (decoupling of knowledge)」が生じていることを指摘，改めて科学を実践的な文脈へと戻すことが重要であると指摘している．

このような状況において，現在まで悪化を辿る地球環境問題に対処するために要請されているのが「持続性科学 (sustainability science)」への転換である (Gupta et al. 2012)．持続性科学においては，様々な領域に分化した学問分野間

---

[3] 吉川 (2011) は，これを伝統的な知識ないし土着的知識 (indigenous knowledge) と表現している．

で共通する言語と理解を確立し，長期にわたる巨視的変化に基づいて実験室ではなく現実世界の中で検証を進めなければならない．さらに，分析的思考（analysis）に基づく「理解のための知識」ないし「分析科学」から，構成的思考ないし統合的思考（synthesis）に基づく「行動のための知識」ないし「構成科学」を目指し，持続可能性を現実世界に実現することを最終使命とすることが求められている（吉川 2011）[4]．

そのようにして構築される持続性科学は，異なる社会の構成員や異なる科学的原理など，社会における利害を異にする関係者（societal stakeholders）を統合して，規範的かつ政治的要素も受け入れるべきであると Gupta et al.（2012）は述べている．これは，Rommetveit et al.（2010）が，温暖化に関する客観的な将来予測から離れて，地球環境問題を具体的な実践と地域コミュニティの中に埋め込むことに集中すべきであると指摘しているのと同じである．それによって，行為者としての人間（human agency）を含む，より包括的なモデルへの統合可能性が開かれる（なお，Cornell 2010 も参照のこと）[5]．

このような科学自身の変革と対立の克服過程は Kuhn（1962）のいう「科学革命（science revolution）」そのものだが，「科学革命」の過程が，旧来の理論から新しい理論に軋轢なしに移行するのはまれである．Douglas（2010）は，新しい理論への移行を拒絶する理由を指摘している．まず，旧理論も広範な知

---

4) Liu et al.（2007）では，様々な学問分野の概念と方法論を用いて，世界各地の自然システムと人間システムの相互作用過程には，双方向フィードバックループ（reciprocal feedback loops），閾値（threshold），時間差（time lags），頑健性（resilience），非斉次性（heterogeneity），サプライズ，を持つ非線形動学体系（nonlinear dynamics）という特徴があることを見出している．これらのキーワードと方法論が新しい持続性科学の発展にとって重要な役割を演ずる可能性がある．また，柳沼（2004）は，物理化学，生物化学，科学哲学，および社会科学における近年の新しい知見をレビューして，相互作用とフィードバック，非線形的な秩序の出現，信頼と社会交流資本，などに関する議論や方法論が既存の知の枠組みの転換につながる可能性を指摘している．

5) 持続性の科学は，科学技術と社会の接点である現場から発する学問という性格を持つ「科学技術社会論（Science and Technology Studies, Social Studies of Science and Technology）」の考え方とも重複する．そこでは，「現場の勘（local knowledge）」あるいは「暗黙的な知（tacit knowledge）」と，実験室のような理想的条件の下で純粋に成立するもののみを対象にしようとする科学者ないし専門家集団との間のコンフリクトないし対立が取り上げられるが（藤垣 2002b），持続性科学も地球環境という包括的な世界における現場の科学ないし臨床の学として同様の課題を克服していく必要がある．

識の体系内部に位置付けられているので，理論的整合性から一部だけ新理論に変えることができないこと．また，旧来のパラダイムが多くの分野で機能しているので，ある特定の領域で当て嵌まらないからと言って切り捨てることができないこと．そして最後に，理論の対象が客観的な現実と同一視されているので，従来の理論を放棄することは科学者という人間にとって不安と喪失感の源となる，ことである．特に最後の点が重要だというのが Douglas（2010）の認識で，これを乗り越えるには科学論争とは異なる形での決着方法が求められている．

因みに，Lubchenco（Bergman 2012）は，全体像を見据えたエコシステム思考（holistic, ecosystem thinking）の立場に立ち，「科学の利用という視点から啓示を受けた科学（use-inspired science）」という道が可能であることを科学者に呼び掛けている．また，現代における「邪悪な問題（wicked problems）」の例である地球の気候変動に対して，変化を記録して問題点を指摘するだけでなく，解決策を提示しどうすればよいか，について一般市民と意思疎通を図るべきと述べている．そのことが科学者にとっての社会的契約（social contract）でもあるという認識は興味深い．

4.2 知識の進化過程と科学者

科学技術と政治とのかかわりは産業革命以来の古くて新しい問題である．かつては，科学技術は中立であるが，政治の側に利用責任があるとの認識が一般であった．公害問題においても科学技術に本来責任はなく，汚染者としての企業，被害者としての一般市民という構図で捉えられていた．その状況を根本的に変えたのは，地球温暖化問題であり，ここに初めて科学技術の中立性や観察者としての科学あるいは楽観的な進歩主義に対する疑念が生まれてきた．

このような流れの中から科学技術と政治のかかわり方として新たに登場したのが IPCC（Intergovernmental Panel for Climate Change：気候変動に関する政府間パネル）という世界的な科学者集団組織である．この組織は世界中で発表されている気候変動に関する膨大な科学的知見や技術的発見を整理し，各国における政治的・政策的判断に資するよう資料の提供と提言をすることを目的としている．IPCC が，"Policy Relevant, not Policy Prescriptive"（政策に適切なもので，

図 6-3　知識の進化

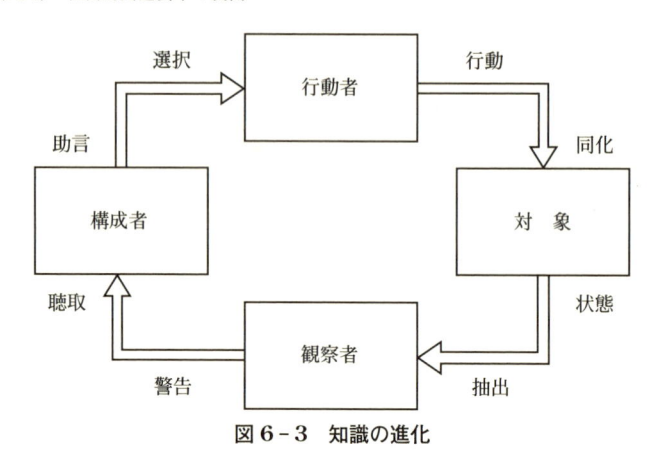

しかし政策を規定するものではない），とうたっている所に組織の狙いが見て取れる（住・三村 2010）．

IPCC のこうした意図と立場を，吉川（2011）に従って，知識の進化過程という視点から捉えてみよう．社会においてある問題が提起され，解決策が提示され，結果として当初の問題が解決される，あるいはより高次の段階に進む，という知識の進化過程には立場を異にする組織や人間がかかわりをもつ（図6-3）．

地球温暖化問題の提起という段階では，まず観察型科学者あるいは分析型科学者が地球の気候変動を観察してその原因を分析する．彼らは現状を分析し，それが将来の世代にどのような意味や影響を持つか，を予測して世界に向けて発信する．図6-3における「観察者」の立場がこれに該当する．

次に観察型科学者の分析と予測あるいは警告を受けてこの問題の解決策を検討して提示する役割を担うのが構成型科学者で，解決策には，CO_2 排出を削減する技術や新製品のような技術的ないし物理工学的な適応策や提案のほか，個人や企業の意識や行動の変化あるいは社会制度の変革などの経済社会的提案，に至るまでが幅広く含まれる．こうした立場にある組織や個人は図6-3においては「構成者」として位置付けられている[6]．

---

6) 実際には，分析型科学者による様々な政策シミュレーションにみられるように，構成型科学者との境界は吉川（2011）のいうほど明確ではない．

その後に，これら「構成型科学者」(自然科学者及び社会科学者)の提案や助言を選び取って政策として具体的に実行する段階が不可欠である．

図 6-3 において「行動者」と示されている，市民や企業の行動へと繋がることによってはじめて問題解決への一歩が踏み出されるという意味である．重要なことは，観察者・構成者を含めて社会の全構成員が行動者であることで，特定の立場の者が行動者の枠外にいることが許されないのが，地球温暖化問題なのである．

社会の構成員による行動が当初の問題解決にどの程度貢献したかを確認するのが図 6-3 における「対象」という世界である．個人や企業の行動結果が社会あるいは地球全体にどのような状況変化をもたらしたかを観察して分析するのは，再び観察型ないし分析型科学者で，ここで知識進化過程の次の段階に入っていくことになる．

この図に基づいて考えれば，科学者集団としての IPCC がどのような立場に立とうとしているかは明らかである．IPCC 自体は自ら観察し分析するのではなく，観察型科学者による膨大な分析や事実を再構成して解決のための提案や助言をする立場に立っている．現代における(分析型)科学者は，自らが属する固有の研究領域において，同一の論理を共有する世界への没入とその世界における評価の確立に関心を集中し，図 6-3 における構成的な思考を排除する傾向があったことは否めない．IPCC はここに新たな科学者の役割を見出して自らを構成型科学者の組織として位置づけようとしたのである．

吉川 (2011) は，地球温暖化問題が 1950 年代から科学者によって警告されてきたにもかかわらず，この知識進化の循環ループが切断されていたために社会を動かす力となりえなかったことを指摘している．ここで切断されていたのは「観察型科学」から「行動」に至る繋がりである．IPCC が構成型科学者の集団として地球環境という社会的共通資本の管理運営に関わり，それを通して構成型科学を知識進化過程の一環として位置付けようとしたのは，まさにこの間を埋めるためだったといえる．

別の見方をすれば，構成型科学者は社会に対して具体的な規則や制度を決定する「政治的過程 (political process)」の一部として機能することを目指したともいえる．実は，図 6-3 においては具体的な政策を決定する政治的過程を担う

立場の組織や人間が書き込まれていない．この過程では，科学的知識と行動のギャップを埋めるために，政府を含む社会的組織によって，直接的な規制，経済的なインセンティブによる誘導，あるいは意識改革や道徳的な義務への訴えかけ，など広範な政策判断と行動が求められる（Krznaric 2010）．

しかも，Rommetveit *et al.*（2010）も指摘するように，IPCC の科学的知識と提言は，地球環境問題を具体的な実践として地域コミュニティの中に埋め込むには不十分のままに留まっている．その結果，構成型科学者集団としてのIPCC の在り方に疑問さえ生み出している．このことは，図 6-3 のループを完成させるためには，地球全体の視点に立つ構成型科学者と行動者の橋渡しをして，個別地域に固有の政策課題を明らかにして提言・実践する科学的・政治的過程が必要なことを示唆している．

5. 地球温暖化と政府あるいは自生的組織の役割

5.1 社会的組織の責務と「政府の失敗」

地球環境問題の解決のためのアプローチとして，独立した権限を有する各国政府の統治（governance）に依存しようとする考えと，炭素排出権市場に見られるような市場による環境主義（market environmentalism）とでもいう考えがあることはよく知られている（Hulme 2009）．

一般的なイメージとして経済の私的部門は地球温暖化問題に対して積極的でないとみられている．しかしながら，民間部門が経済的利益のみを優先して地球温暖化問題をないがしろにしているわけではない．Tienhaara *et al.*（2012）には，世界規模の大企業が地球温暖化問題のために積極的に関わっている事例が紹介されている．例えば，持続可能な開発のための「世界ビジネス協議会（World Business Council for Sustainable Development）」などを通じる意識改革などへの支援，より直接的には様々な技術上のイノベーションを通じての環境問題への対処，政府のドキュメントや一般社会での討議を通じて新しい規範やアイディアを形成するためのコミュニケーターの役割，NGO と協力して環境基準などを自らに課すなど規制者としての役割，などがそれである．

それでも市場経済に広範に存在する「市場の失敗」のために，政府の役割と

して期待されるのは，直接的規制や間接的なインセンティブによる誘導から，必要な財・サービスの提供まで多様な政策と対応である[7]．

図 6-3 において政府とは，構成者と行動者の間に入るべき政治過程の中心にあって公的に賦与されたな意思決定権限の下に種々の政策や制度をそれぞれの地域や国の実情に合わせて策定・運用し，その実行を監視して担保する役割を果たすべきものとして位置付けられる．

既に動学モデルに関して指摘したことによれば，経済を均衡経路の近傍にとどめる政策，および均衡経路上を辿らせるための政策，に加えて，均衡における地球環境への負荷を削減する政策，が政府などの社会的組織に課せられた重要な責務であった．ここで，Giddens (2011) による，地球温暖化のために政府が果たすべき役割をまとめてみよう．

- 遠い将来の目標を定め，どのように実現するかに焦点を当て，企業や第三セクターあるいは個人に長期的思考を促す
- 地球温暖化とエネルギー問題に関するリスクに対処する
- 低炭素経済がもたらす構造問題に対処して地域間の政治的・経済的な収束を目指す
- 汚染者負担の原則 (polluters pay principle) を貫くために様々な制度化を試み市場に介入する
- 地球温暖化対応策を阻止しようとする企業部門の利害に対抗する
- 地球温暖化問題を政治課題の最優先とする
- 低炭素経済に誘導していくために適切な経済的財政的な政策を開発する

---

7) 「市場の失敗」に対する政府の対応には次のような場合がある．
〈外部性の解消〉
　公害や環境問題及び地球温暖化問題などで，市場取引を経由せず，経済主体間に被害や便益が及ぶ場合，政府はそれらを抑制あるいは促進するために課税や補助金等の措置や規制・監視を執り行い，場合によっては自ら財・サービスを提供する．
〈独占等の非効率の解消〉
　何らかの理由により市場に独占や寡占が発生する場合，政府はその弊害を取り除くために，法制度等による規制と監視あるいは当該企業の組織改編等を執り行う．
〈市場取引における情報の非対称性や不完全性の解消〉
　情報の非対称性や不完全性のために，社会的に必要な財やサービスが提供されない場合，それらの解消のための規制措置や財・サービスあるいは情報を提供する．

・地球温暖化の影響を予測し，影響を最低限に抑えるために適切な予防措置を取る
・身の回り，地域，国，国際間，など様々なレベルにおける地球温暖化政策を統合する

　Giddens (2011) の挙げている役割の中には，長期的思考の促進と適切な経済政策，あるいは市場への介入や企業との対抗，などのように重複や程度の差と思える議論が含まれ，独立した項目とは見なし難い部分がある．しかし，温暖化やエネルギー問題等のリスクへの対応，あるいは持続可能な均衡へ到達するまでの移行期間における各地域での政治的・経済的影響の平準化と最小化，また地球温暖化政策の高次元での統合化，政策担当者としての一貫した信念の保持，などは評価できる視点である[8]．特に，政策面での高次元での統合は，個々の地域や国による政策の集計結果と本来地球全体で求められている政策との整合性あるいは調整可能性をどう持てるか，という政策における集計問題ないし合成の誤謬に関わるとの問題提起は，IPCCの存在意義の根幹に関わるものである．

　以上のことから，政府ないし社会的組織の責務は改めて次の7つに集約することが可能であろう．

---

[8] Compagnon *et al.* (2012) は地球環境の統治問題 (governance) における政府の役割を5点に集約している．
  1. 多額の資金や人材と専門家あるいは新しい情報などを動員して地球環境政策面で門番の役割を果たす (gatekeeper)．政策モデルの移転を促進ないし阻止するなど地元住民の便益を害する可能性もある．
  2. 自国の規則・規範を設定する規制者としての役割 (regulator)．官僚の介入などで国際的な基準との乖離や手直しも行われる．
  3. 「グリーン国家 (green state)」への移行などを比較的効率よく達成するための調整役 (facilitator)．新興国などでは外国人の活動に対して積極的な調整機能を務めることが多い．
  4. 国際的な場で国民の声を代表する役割 (international advocate or speaking for the people)．しばしば自国の利益を外国からの圧力などから守るために使われる．
  5. 環境基準などグローバリゼーションの負の効果から国民を守る役割 (protector).
  ここでの議論は，いずれも政府が何をなすべきかというよりどのような立場に立ってふるまえるか，に焦点があてられている．

1) 長期的均衡経路からの乖離を一定範囲にとどめるための短期的政策
 2) 長期的に見た適切な帰属価格の設定と経済主体の行動規準化
 3) 均衡経路上における適切な地球環境保持改善活動の提供
 4) 均衡点における地球環境負荷の継続的逓減
 5) 均衡に至るまでの移行期間中のリスク・不平等の最小化
 6) 政策担当責任者としての一貫した政策態度あるいは信念の継続
 7) 地球全体としての温暖化対策との整合性と調整機能の確保

　これらの責務を，各々の地域や国における政治過程の中心にあって意思決定ならびに政策・制度の策定・運用の権限を与えられている社会的組織として，政策を実行していくのが政府に求められる役割である．これらの政策を実行していくために，従来以上に計画的側面を強化すべきだというのが，Giddens (2011) の見解であるが，これは余りに単純に過ぎる．これら全ての責務を遂行できる政府のような単一の組織体の存在を仮定すること自体非現実的で，市場が万能でないのと同様政府も万能ではないのである．
　したがって，ここで改めて「政府の失敗」を取り上げることには意味がある．
　「政府の失敗」により，政府が適切に規制やインセンティブを設計できなくなる，あるいは公的サービスを提供できなくなる理由については，表6-1および表6-2に示したように経済的失敗 (economic failure) と契約上の失敗 (contract failure) がある（Young 1998a, 1998b）．
　「経済的失敗」と「契約上の失敗」の存在は，市場の歪みを修正するために政府が採用した静学的効率化 (static efficiency) 政策が，そのままでは社会の最適な状態をもたらさない可能性があることを示唆している．地球温暖化問題における政府等社会的組織の責務は，望ましい将来の均衡に向けて技術や経済主体の行動の変化を織り込んで動学的効率化政策 (dynamic efficiency) (Baumol 2002, 2010) を追求することにも関わりを持つ．しかしながら，最適経路に関する将来の予見力・明確な社会効用関数の定義やその実現に必要な情報と政策手段に対する認識，経済主体の意思決定と行動に関する情報や技術進歩等の予測能力，また政権交代などによる政策変更による社会的最適化関数の変更可能性，など様々な理由から「政府の失敗」が生じる可能性は高いのである．

表6-1　経済的失敗

- 範疇上の制約（categorical constraint）
  市民に同一のサービスを提供する制約下においてそれと異なるサービスを求められた場合に対応ができない
- 多数派の制約（majoritarian constraint）
  政府が多数派の意見に基づいてサービスを提供しているとき少数派の需要に対応できない
- 時間軸上の制約（time horizon constraint）
  官僚の任期内での仕事という制約下で，より長期的に必要なサービスが提供されない
- 知識上の制約（knowledge constraint）
  官僚的な方法に依存した情報や研究が社会に必要とされる対応と整合しない
- 規模の制約（size constraint）
  大規模な官僚組織への直接的アクセスが困難なため，政府の判断や行動が一般市民のそれと乖離する

表6-2　契約上の失敗

- 財やサービスの持つ本質的な複雑性や判断上の困難性
  医療や高等教育のように技術的に高度な側面や多面性を持つ財については情報の非対称性により社会的に望ましい財の提供ができなくなる
- 財やサービスの提供の受け手における評価能力の欠如
  学校教育前の子供に対する世話，精神的な病を持つ人に対するサービスなどのように利用購入者の評価能力欠落により適切な量が提供されない
- 財やサービスの消費者と購入者の不一致
  小さな子供のデイケアサービスを両親が購入したり，高齢の両親に対する家庭看護サービスの子供による購入など，直接サービスの経験をしない代理人が購入するため，正しい情報が消費者から購入者に伝わらず，適切な量が提供されない

　Ostrom et al.（1994）も指摘するように，（中央）政府等の役割を担う代理人（agent）は最適な規則や政策を考え出すために必要な情報や誘因を持っているとは限らない．しかも，そのような規則や政策がどのように（企業や一般市民に）理解され，影響を受ける人々から合意されるか，また，どのようにして規則や政策の実行が監視（monitor）され，強制力を持って実行されるか，について明確な説明がされることはほとんどないのである．

　現実に，種々の政策や制度を決定し，執行・監督する権限を公に与えられて

いるほぼ唯一の組織として政府が存在し，かつ機能していることを認めるとしても，ここでの問題は，これらの静学的ないし動学的効率化政策を担う政府の政策策定及び実行能力に対する信頼の欠如であり，政治的過程そのものが，多数の関与者間での妥協の装置となっていることとも当然関係している．加えて，地域ごとの政策と地球全体の政策との整合性をチェックし調整する役割を担う組織が存在しないことも個別政府のモラル・ハザードを否定できない要因になりえよう．宇沢（1994）は，社会的共通資本の管理運営の役割は各地の「自治体」が担うべきものとしているが，ここでも「政府の失敗」は避けて通れない．

5.2 自生的組織の役割

このような政府や社会的組織の失敗や能力の欠如に対応するには，政府という枠を離れた組織としての「自生的組織（self-organized system）」（Ostrom et al. 1994）が有効となるかもしれない．自生的組織の形態には様々なものがあり，組織の目的や形態が明確に制度化された組織や団体（例えば非営利組織（NPO）や非政府組織（NGO））から，組織形態も曖昧で，個人が緩やかに繋がっている公に認知されていない任意組織，さらには単独の個人による活動，に至るまで多様な形態が存在している．

今日，市民・参加・平等を掲げる「市民環境主義（civic environmentalism）」の下，労働組合・女性グループや企業を含む様々な非政府団体（non-state actors）が，地球温暖化問題を政府よりも効率的かつ迅速に対処し，市場よりも公正にかつ民主的な参加を伴って対処できるという信念のもとに活動している，という事実があることを見過ごしてはならない（Hulme 2009）．

これら自生的組織の全体は Wenger et al.（2002）に従って，「実践共同体（community of practice）」ということができる．実践共同体には，固有の知識や関心領域（domain）に関心を寄せる人々がボランティアとして集まる場（community）があり，そこで様々な実践（practice）が取り組まれる，という構造的な特徴を持つ「私的な機関（private agency）」（Kersten et al. 2012）と位置付けることができる．

このような自生的組織としては，非営利組織（NPO）ないし非政府組織（NGO）が代表的であるが[9]，「政府の失敗」を解決する上でなぜこうした組織

が好ましいか，Young（1998a）に従ってその理由を挙げてみよう．

1. 余剰を分配しないという制約（non-distribution constraint）が，特定の個人や組織のために金銭的な余剰を流出させずに，本来の目的のために収入を適切に使うインセンティブとして機能している．この点は Sansing（2010）も指摘している．
2. このような組織のリーダーは，主としてボランティアで公的サービスの提供を個人的信念として強く指向するので，営利目的組織や一般市民・官僚の意思を反映する公的組織に比べて，より高い信頼を得ることができる．Giddens（2011）が，NGO が選挙で選出されてできた組織でもなく，市場原理に従う組織でもない，がゆえに独自の目的を追求する組織活動を展開できるとみているのも，同様の考えに基づく．
3. 第1の点と関連するが，自ら提供するサービスに全資源を投入するので NPO が当初約束したサービスを確実に提供する保証を与えてくれる．
4. さらに，NPO は消費者協同組合などと同様，生産と消費が組織内で統合されているので，情報の非対称性が生じにくく，本来の目的のために必要な活動が適正に提供される．

ただ，上記4条件の中には，NPO によるモラル・ハザードの可能性を排除する条件がない．NPO ないし NGO などの自生的組織は，固有の目的を長期間にわたって追求する過程で，評判（reputation）という重要な資産を獲得し，それによって組織や機関の活動に対する信頼を勝ちとることができる（Hughes et al. 2010）．信頼の確保と維持のために絶えず努力を続けることそれ自体がモラル・ハザードを防いで適正な活動の展開を促し，その結果これら機関や組織の存続が保証されるのである．

このように考えると，NPO あるいは NGO など固有の使命を帯びた自生的組織が，宇沢（1995），Uzawa（2005）の言う，地球環境という社会的共通資本の維持管理を社会から信託された（fiduciary）責任を担う組織と考えるのは自

---

9) ここでは非営利組織（NPO：non-profit organization）と非政府組織（NGO：non-government organization）の違いについてはこだわらず，ほぼ同等の組織とみなす．

然であろう．

　一般に，NPO が果たす役割は大きく 2 つに分けられる（Giddens 2011）．一つは，民間企業に対する働きかけの機能（Giddens は圧力団体と呼んでいる）である．NPO は，その活動目的あるいは使命に従って，社会の構成員に対して，どのような財を供給すべきか，どのような財を供給すべきでないか，を様々な場を通して働きかける．これは Kersten *et al.* (2012) の言い方を借りれば，「警告 (alarm)」あるいは説得，を需要者の立場から行っているということになる．必要と思えば自らが自ら進んで財やサービスの生産を行い，場合によっては金銭その他の面での支援を行ったり，企業の活動そのものを抑制するための直接行動に出ることもある．それによって温暖化モデルにおける生産構造を需要側から変革しようとするのである．

　ほとんどの自生的組織が，地球環境問題の解決を目指して日々取り組んでいる多様な実践そのものが，企業をはじめ社会の構成員に対する直接的な情報発信ないし働きかけの意味を持っていることは強調するに値する．そしてこの実践と経験の蓄積と記憶が，将来に向けての重要な文化資本として機能するのである．

　もう一つの重要な役割が，科学的情報を調整（coordination）して意思決定者や一般大衆に気付かせる機能である．その意味は，自らの実践の経験を含む様々な科学的知見を固有の使命に沿う形で整理して，多様な場を通して情報発信し，地球温暖化問題に関する政策決定に間接的に影響を及ぼす，あるいは社会の構成員に問題の重要性を理解させ，科学者を含む全構成員に意識や行動の変化を促す役割を担っているということである．

　別の言い方をすれば，それまで当然の前提と考えてきた意思決定や行動の基準あるいはモデルにおけるパラメーターの変更や，従来注意を向けなかった変数や活動の意義を認めさせる，ことを意味している．

　Boulding (1968) は，異なる専門の間を媒介する専門家を指す「媒介の専門家」の重要性を指摘し（藤垣 2002b），科学の世界における専門的研究の成果と一般市民との間に存在するギャップを埋めるための組織あるいは人材として媒介の専門家の必要性を説いている．その意味では，IPCC は分析的立場に身を置く科学者と政策を判断・決定する立場にある政策当局との間にあって媒介者

として機能を果たしているということができる．一方NPOが果たしうる媒介者としての機能には，IPCCと同様の役割も存在しうるが，政府と社会の構成員，科学者と社会の構成員との媒介等，多様な媒介機能が含まれる可能性がある．

先の図6-3でいえば，これらの自生的組織は，知識進化過程の循環における一つの要素として存在するのではなく，循環を構成するすべての要素に影響を及ぼし，繋がりを持つことができる，いわば社会全体の中に埋め込まれた全方位的な連携の可能性を持つ組織ということができる．

このような自生的組織は政治過程にも影響を持つことは間違いないが，政府のように公に認められた政策決定と施行の権限が委ねられていないため，担うべき責務の範囲もおのずと異ならざるを得ない．

政府等の公的組織には，既に指摘した1)〜7)の責務を引き受けて，与えられた権限に基づく政策の決定と実行，ならびに制度の制定とその実施を確実なものとする監視の役割が求められる．これに対して自生的な組織は，政府に期待される役割を補完する一方で，温暖化の解決に向けて取り組んできた多様な実践と知見に基づいて，社会効用関数（財の生産に伴う社会的効用関数u，CO_2排出による効用低下効果ϕ，森林育成による効用増大効果ψ）の形状や，モデル内の諸パラメーターの値（例えば，財の生産に伴うCO_2排出係数α，森林育成活動による森林拡大効果m，財の生産に必要な資源投入係数A，森林育成に必要な資源投入係数M，将来の効用の割引率δ），さらに従来留意することのなかった新しい変数への着目，などを提言して説得し，社会の構成員に受け入れさせる調整能力が求められていると解釈できるのである．

こうした自生的組織の広範な影響力と調整力を社会が受け入れていくことに大きな存在意義を認める半面で，各々の自生的組織が固有の使命を持って実践と経験を積み重ねるとしても，それらが同一の方向に向かって歩みを進める保証が存在しない．個々の自生的組織を社会全体で集計したときにはたして本来期待された結果がもたらされるか，については別途議論が必要であろう．

5.3 自生的組織と社会的共通資本

Ostrom *et al.*（1994）には，灌漑システムのような共有資源（common-pool

resources：CPR) の長期的維持管理のために世界各地で様々な規則が定められ，管理されてきた事例が豊富におさめられている．それらに共通することとして，共有資源の利用に関わる当事者が，政府や自治体等が組成する委員会など外部の権威に過度に頼ることなく，自ら共有資源を管理する仕組みと組織を立ち上げて合意を形成して規則を定め，それらを関係者間で通用させてきたことが挙げられている．

例えば，南カリフォルニア州にある Raymond Basin では，水採取権（pumping rights）の制限を課しているが，これは採取権者が互いに交渉をした最終合意を判決として確定したものである．さらにこの合意された判決を監視し，報告する義務を負う水資源監督官（watermaster）を指定する役割も最終的には RBMB（Raymond Basin Management Board）という採取権者の代表で構成される「自生的な組織（self-organized system）」が担うこととなった．

日本については，山崎（2011）が，コミュニティデザイナーとして，地域の住人が自ら活動を生み出せる仕組みづくりにかかわってきた例がある．その中で環境問題ともかかわりがある島根県海士町の事例を挙げてみよう．

島根県海士町は，島根県にある離島だが，山内町長の発案で住民と行政職員が参加する総合計画を作成することになった．その過程で，Ｉターン者・Ｕターン者・地元居住者が共に参加するワークショップが組織され，住民の関心がある「ひと」・「暮らし」・「環境」・「産業」の4分野を総合計画の柱として据えた．そして住民が提案した多くのプロジェクトを，自分たちにできるところから始め，どうしてもできないところを行政が補う，という方針の下に実現に向けて取り組みを開始した．

その結果，「環境」に関するプロジェクトとしては，「水を大切にプロジェクト」が動き出し，専門家と中学生を巻き込んで湧水の水質検査を進めている．また，物々交換のコミュニティ「もったいない市場」が生まれ，倒産した建設関連会社の従業員が，持続可能な社会に乗り換える，という意味を込めた新会社「トランジット」も立ち上がってきた．

アメリカの事例も日本の事例も，当事者が集まれば直ちに自生的な組織が立ちあがるというものではない．Ostrom et al.（1994）も指摘するように，関係者が相互に相手を知らず，問題意識の違いなどによって有効なコミュニケーシ

ョンを欠く結果，合意や規範の策定とそれらの有効な実施に必要な制裁等を自分たちで生み出せない場合には，自生的組織が立ちあがること自体が困難となり，例え立ち上がったとしても問題を解決できる状態に持って行くことが大変難しい．さらに遡って，最初の段階におけるコミュニケーション可能な状況の設定，全員の同意（consensus）が優先目標になって最も困難で重要なことが先送りないし未解決のままになってしまわないよう，様々なノウハウが必要とされる（山崎 2011, Consensus Building については Scalvi 2010 を参照)[10]．

こうした導入的手続きを経て互いに相手と意見交換が可能になる状況が生まれれば，個々の当事者の考え方が近くなり，その後の議論の進展と合意形成の可能性が高まるように作用する．このような過程から生まれる規則や規範は，経験的にあるいは他所での評判に基づいた既知のもので，参加者が記憶と実行と監視が容易で単純なものとなり，関係者全体の便益を改善するものになりやすい（Ostrom *et al.* 1994)．

共有資源や地球温暖化問題に関して人々が従うべき規則や規範が自生的組織と共に立ち上がった後，それらが成功裏に実行されていくためには，参加者が規則や規範を理解し，それらがきちんと機能するにはどうすべきかをよくわかっている必要がある．Ostrom *et al.*（1994）は，このような知識（あるいは意識や規範）を「社会交流資本（social capital）」と位置付け，長い時間をかけて維持・発展させていくべきものであるとしている[11]．

「実践共同体（community of practice）」としての自生的組織においては，その目的と価値に共感した個人が，所属する組織を離れて集まる場が形成され，参加者が持ち寄る事例・物語・理論・規則・枠組み・模範・原則・ツール・教訓・経験則など様々な資源を共有しながら実践が行われる．最後に実践結果の確認を通してさらなる信頼と帰属意識の高まりに繋がっていくのである．

自生的組織に備わっている，固有の信頼感や帰属意識（Ostrom *et al.* 1994 の

---

10) 山崎（2011）の例では，地元で独自の活動を展開しているグループの中心に居ながら当該問題から距離を置いているような人の参加が最終的な結果に大きな影響を持ったり，問題の重要性を参加者自らが気付くまで根気よく意見交換の場を支援し続ける，という裏方としてのリーダーシップの存在が不可欠であることが指摘されている．

11)「社会交流資本」については様々な議論があるが，ここでは柳沼（2003）に従って，「社会に存在する資源を獲得するために人々が接触・交流する場」としておく．

いう社会交流資本）や，物語・枠組み・模範・原則・教訓など実践に際して共有されて活かされる資源，および価値観や倫理観，はいずれも Throsby (2001) の言う「文化資本（cultural capital）」そのものである（栁沼 2003)[12]．

このように自生的組織が地球温暖化問題への取り組みの中から発見・蓄積してきた規範や文化・価値観を，社会の構成員に語り伝え，次の世代に継承していく過程が繰り返され，地球環境への負荷が少ないより望ましい長期均衡の実現へと近づいていくことが期待されるのである．

6. 感情移入と物語

最後に，問題「感情移入（empathy）」とその重要性について触れておきたい[13]．地球温暖化を究極的な重要性を持って引き受けようとする自生的組織が維持・発展させるべき規範や価値観は，地球環境という社会的共通資本を管理運営するための文化資本であるが，Krzinaric (2010) によれば，このような文化資本を生み出す源は「感情移入（empathy）」にあり，それを創出することが，結果として人々の行動に大きな変化を生み出し，社会の変革に貢献するための最も強力な方法となる．感情移入は人間同士の交流やコミュニケーションから生み出される感情であり，制度や誘因という政府などが関与・策定する政策的変革よりも，自生的組織が得意とする人間関係やコミュニケーションの変革こそが社会を変革する力となる．

Krzinaric (2010) に従えば，感情移入を引き出す方法には，教育的な学習，人々の間の会話の創出，および直接的体験の提供，がある．

教育による方法としては，一般的な学校教育の他，映画・小説・ノンフィクション・ウェブリポートなどの2次情報によって，時間的・空間的に遠い人々

---

12) Uzawa (2005) は，社会交流資本が経済学的な概念としては不適切としながらも，これと重複する文化資本については肯定的にとらえ，社会的共通資本の一部とみなしている．ここでは社会的共通資本の概念をより広義にとらえ，Ostrom *et al.* (1994) の社会交流資本を含むものと解釈する．

13) Smith (1759) の「道徳感情論」第1章では，「同情（sympathy）」（水田訳では「同感」）について議論されているが，19世紀までは，今日の同感あるいは感情移入の意味を持つ empathy と同義で，感情的な反応を共有する意味で用いられていた（Krzinaric 2010）．

の立場に空想力を介して立ち入る方法がある．第2の方法としては，学校・協会・姉妹都市を通して人々の交流に関与している機関の調整力（coordination）を借りて行う，市民や自生的組織あるいは科学者や政治家を交えての対話やシンポジウムなどがある．そして，第3に，「地球温暖化未来博物館」などのような環境問題を体感・経験できるような機会の提供があり，この方法は直接的な身体記憶となって，感情移入を深めることにより大きく貢献できるのである．

地球温暖化問題を自らと将来世代にとっての最大課題ととらえて活動を展開する自生的組織にとって，社会の変革をもたらすために不可欠な要素とされる「感情移入」を深める方法が，また同時に自生的組織が繰り返し取り組んできた活動そのものでもあるという対応関係があるのは興味深い．これは活動と感情が相互に作用しあうフィードバックの過程を通じて次第に高次元へと昇華する過程で，芸術の創造や職人的技能の蓄積の過程と類似している．

感情移入を生み出す源に立ち会った人間は，その記憶と経験を，一方では身体的習慣や儀式として伝承し，他方では「物語」として蓄積し繰り返し語り伝えていく．野家（2005）は，「ピタゴラスの定理」のような科学的真理でさえも，「感性的に具体化する反復」を通じて初めて世界の中に客観的に存在しうるものとなり，また歴史的過程において受け継がれていく学問の「伝統」として形作られていく，と述べている．

身体的記憶としての「暗黙的な知恵」を継承する者の「感情移入」は，Polanyi（1967）のいう相手の振る舞いや考えに精神を集中して吸収しようとする「潜入（dwell-in）」の状態を引き起こし，その場において伝える側と引き継ぐ側が立ち会い，次の世代への継承が実現していくのである（柳沼 2007）．

地球温暖化に関する数多くの知見や経験も同様に，共同体における実践と意見交換や説得の反復が，構成員の意識や価値観，さらにその根源にある感情移入の高まりを生み出し，倫理観や価値観などの暗黙的な知恵として「潜入」の場を通して継承されるのである．

野家（2005）のいうように，共同体における物語行為は一種の編集作業として経験を時間的に組織化する装置であって，経験は「語る」ことを通じて伝承され，共同化される．同時に，物語の伝承は「伝統」を再生産する教育装置であり，人と人との共同体的結合を回復する「世代間コミュニケーション」の手

段に他ならない．

「語る」という行為は，言語的ネットワークを介して「経験」を象(かたちど)り，それを共同化する運動であり，それは記憶の中に蓄えられ，次に同種の行為を行うに際しては，それを規制する規範として機能する．W. ベンヤミンが，真の物語に伴う効用は，ある時はモラルとして，また別の時には実際上の手引きとして，またあるときは格言や処世訓という形で存在する，と述べていることからもわかる通り（野家 2005），「物語」は感情移入を深みに導くために共同体が持つべき装置として，共同体の規範や価値観という文化資本を生みだし，継承していく力となっていく．

地球温暖化に深く関わりを持つ様々な自生的組織は自らの固有の使命と経験を物語として蓄積して伝承し，繰り返し社会の構成員に向けて語りかける．そのことが地球環境の保全維持という究極の目標の実現へと向かう重要な契機となっているのである．自生的組織が将来にわたって存続し，語り続ける意義がそこにある，ということができる．

7. おわりに

本章は，地球環境という社会的共通資本の動学的均衡に関する宇沢モデル（宇沢 1995, 2009, Uzawa 2005）を基に，政府ないし社会的組織の担うべき責務を考察し，これらの責務を担う組織として政府ないし社会的組織と異なる非営利組織あるいは非政府組織などの自生的組織への期待と可能性を論じたものである．

以下，本章の議論を要約しておこう．

まず，宇沢モデルに基づき，財を生産する企業活動が CO_2 の排出を招く一方，地球環境保全組織が森林の育成を通して CO_2 を吸収する構造を持つ動学モデルが不安定な均衡経路を持つことを確認した．

次いで，このモデルの動学的性質から，均衡経路からの乖離を防ぐための短期的政策，均衡経路上で必要な生産活動や地球環境保全活動を導く帰属価格の適切な計算と各主体への提示・監視，そして均衡状態における地球環境への負荷の不断の削減，という政府ないし社会的組織の担うべき責務を導き出した．

その後，地球温暖化問題に不可欠な従来型科学の持続性科学への転換の必要性を論じ，吉川（2011）による知識進化の循環過程モデルにおける，構成型科学の位置づけを考察している．

地球温暖化に関する政府ないし社会的組織が担うべき責務に加えて，移行期間中のリスク最小化，政策の長期的一貫性（頑健性），および全世界の政策課題との整合性と調整能力の確保，を加える必要性を指摘した後，これらの責務を果たす組織が政府に限定される必要はなく，自生的組織がその責務ないし機能を代替しうることを述べている．

自生的な組織は自らの使命と固有の価値観に基づいて，地球温暖化問題の解決を目指す実践の中から様々な管理・運用の規則や規範を作り出してきたが，それらを共同体の社会交流資本（広義の社会的共通資本）として継承していくことが重要であることを強調している．実践と繰り返し語り伝えることから相乗的に生まれる「感情移入（empathy）」が，社会の構成員が持つ意識や倫理あるいは判断基準を変革させる力の源であることを認識すべきことを改めて指摘している．動学モデルに即していえば，これらは，パラメータの変化，関数型の変化，関与変数の変更，につながるものである．

以上が本章の論旨であるが，検討不足な論点も多い．

まず，本章が地球温暖化問題に関わる公的組織及び自生的組織の活動と効果について実証的な検証をしていない点が挙げられる．地球温暖化問題における政府の失敗の大きさはどの程度か，自生的組織の個別の活動及び社会全体での集計された活動をどう評価するか，などがそれである．

また，政府と自生的組織の役割分担あるいは補完関係についても抽象的にとどまったきらいがある．

さらに，自生的組織の実践と感情同化の関係，あるいは物語と経験や規範の継承との関係などは十分な整理ができなかった．

それでも，自生的組織の活動を社会的共通資本の蓄積と継承という視点から捉え，その背景として「感情同化」作用の存在を多少なりとも浮かび上がらせることはできたと考えている．

参考文献

植草益（1991），『公的規制の経済学』筑摩書房．
宇沢弘文（1971），「公共経済学に関するノート 1」『季刊現代経済』Vol.3, pp.78-95.（宇沢弘文（1987），『公共経済学を求めて』岩波書店，所収）
宇沢弘文（1972a），「公共経済学に関するノート 2」『季刊現代経済』Vol.4, pp.122-137.（宇沢弘文（1987），『公共経済学を求めて』岩波書店，所収）
宇沢弘文（1972b），「公共経済学に関するノート 3」『季刊現代経済』Vol.6, pp.180-193.（宇沢弘文（1987），『公共経済学を求めて』岩波書店，所収）
宇沢弘文（1974），「公共経済学に関するノート 4」『季刊現代経済』Vol.12, pp.192-206.（宇沢弘文（1987），『公共経済学を求めて』岩波書店，所収）
宇沢弘文（1987），『公共経済学を求めて』岩波書店．
宇沢弘文（1993），「地球温暖化の経済分析」宇沢弘文・國則守生［編］『地球温暖化の経済分析』（序章所収），東京大学出版会．
宇沢弘文（1994），「社会的共通資本の概念」宇沢弘文・茂木愛一郎［編］『社会的共通資本──コモンズと都市』（第 1 章所収），東京大学出版会．
宇沢弘文（1995），『地球温暖化の経済学』岩波書店．
宇沢弘文（2009），「地球温暖化と持続可能な経済発展」宇沢弘文・細田裕子［編］『地球温暖化と経済発展』（第 4 章所収），東京大学出版会．
小林傳司（2002），「科学技術と公共性」小林傳司［編］『公共のための科学技術』（第 1 章所収），玉川大学出版部．
住明正（2010），「気候変動と気候モデル──過去から未来を予測する」小宮山宏・武内和彦・住明正・花木啓祐・三村信男［編］『サステイナビリティ学 2──気候変動と低炭素社会』（第 2 章所収），東京大学出版会．
住明正・三村信男（2010），「気候変動と IPCC──国際的観点で評価する」小宮山宏・武内和彦・住明正・花木啓祐・三村信男［編］『サステイナビリティ学 2──気候変動と低炭素社会』（第 1 章所収），東京大学出版会．
鳥居昭夫（1997），「公共財」植草益［編］『社会的規制の経済学』（第 5 章所収），NTT 出版．
野家啓一（2005），『物語の哲学』岩波書店．
藤垣裕子（2002a），「科学的合理性と社会的合理性 - 妥当性境界」小林傳司［編］『公共のための科学技術』（第 2 章所収），玉川大学出版部．
藤垣裕子（2002b），「現場科学の可能性」小林傳司［編］『公共のための科学技術』（第 9 章所収），玉川大学出版部．
柳沼壽（2003），「熟練の集積と地域社会──大田区を通して考える」宇沢弘文・國則守生・内山勝久［編］『21 世紀の都市を考える──社会的共通資本としての都市 2』（第 8 章所収），東京大学出版会．

栁沼壽（2004），「知の枠組みの転換とイノベーション」『地域開発』（日本地域開発センター），Vol.480, pp.38-45.
栁沼壽（2007），「地域社会における技能習得と教育の職業的意義」『経営志林』（法政大学経営学会），Vol.44(1), pp.17-36.
山崎亮（2011），『コミュニティデザイン――人がつながるしくみをつくる』学芸出版社.
鎗目雅（2011），「サステイナビリティ学とイノベーション――科学技術を駆使する」小宮山宏・武内和彦・住明正・花木啓祐・三村信男［編］『サステイナビリティ学1――サステイナビリティ学の創生』（第4章所収），東京大学出版会.
吉川弘之（2011），「サステイナビリティ学の概念――フレームワークをつくる」小宮山宏・武内和彦・住明正・花木啓祐・三村信男［編］『サステイナビリティ学1――サステイナビリティ学の創生』（第2章所収），東京大学出版会.
Baumol, W. J. (2002), *The Free-Market Innovation Machine*, Princeton University Press.
Baumol, W. J. (2010), *The Micro-theory of Innovative Entrepreneurship*, Princeton University Press.
Bergman, B. (2012), "NOAA's Jane Lubchenco on 'society's wicked problems'", UC Berkeley News Center, December 10, 2012. http://newscenter.berkeley.edu/2012/12/10/jane-lubchenco-wicked-problems/
Boulding, K. E. (1968), *Beyond Economics : Essays on Society, Religion, and Ethics*, University of Michigan Press.（公文俊平［訳］（1975），『経済学を超えて［改訂版］』学習研究社）
Compagnon, D., S. Chan, and A. Mert (2012), "The Changing Role of the State", in: F. Biermann and P. Pattberg (eds.), *Global Environmental Governance Reconsidered*, MIT Press.
Cornell, S. (2010), "Climate Change: Brokering Interdisciplinarity across the Physical and Social Sciences", in: R. Bhaskar, C. Frank, K.G. Høyer, P. Naess, and J. Parker (eds.), *Interdisciplinarity and Climate Change: Transforming Knowledge and Practice for Our Global Future*, Routledge.
Douglas, R.M. (2010), "The Ultimate Paradigm Shift: Environmentalism as Antithesis to the Modern Paradigm of Progress", in: S. Skrimshire (ed.), *Future Ethics: Climate Change Apocalyptic Imagination*, Continuum International Publishing Group.
Giddens, A. (2011), *The Politics of Climate Change*, 2nd Edition, Polity Press.
Gupta, A., S. Andresen, B. Siebenhuener, and F. Biermann (2012), "Science Networks", in: F. Biermann and P. Pattberg (eds.), *Global Environmental Governance Reconsidered*, MIT Press.

Hess, C. and E. Ostrom (2007), *Understanding Knowledge as a Commons: from Theory to Practice*, MIT Press.
Hughes, P. and W. Luksetich (2010), "Modeling nonprofit behavior", in: B.A. Seaman and D. Young (eds.), *Handbook of Research on Nonprofit Economics and Management*, Edward Elgar.
Hulme, M. (2009), *Why We Disagree About Climate Change: Understanding Controversy, Inaction and Opportunity*, Cambridge University Press.
Kersten, W., E. Akadanova, and K. Zoeteman (2012), "NGOs and sustainability attitudes", in: K. Zoeteman (ed.), *Sustainable Development Drivers: the Role of Leadership in Government, Business and NGO Performance*, Edward Elgar.
Krznaric, R. (2010), "Empathy and Climate Change: Proposals for a Revolution of Human Relationships", in: S. Skrimshire (ed.), *Future Ethics: Climate Change Apocalyptic Imagination*, Continuum International Publishing Group.
Kuhn, T. (1962), *The Structure of Scientific Revolution*, The University of Chicago Press.（中山茂［訳］（1971）,『科学革命の構造』みすず書房）
Liu J., T. Dietz, S.R. Carpenter, M. Alberti, C. Folke, E. Moran, A.N. Pell, P. Deadman, T. Kratz, J. Lubchenco, E. Ostrom, Z. Ouyang, W. Provencher, C.L. Redman, S.H. Schneider, and W.W. Taylor (2007), "Complexity of Coupled Human and Natural Systems", *Science*, Vol. 317(5844), Sept. 14, pp.1513-1516.
Ostrom E, R. Gardner, and J. Walker (1994), *Rules, Games, and Common-Pool Resources*, University of Michigan Press.
Ostrom, V. and E. Ostrom (1977), "Public Goods and Public Choices", in: E.S. Savas and Diebold Institute for Public Policy Studies (ed.), *Alternatives for Delivering Public Services: Toward Improved Performance*, Westview Press.
Polanyi, M. (1967), *The Tacit Dimension*, Routledge and Kegan Paul Ltd.（佐藤敬三［訳］（1980）,『暗黙知の次元——言語から非言語へ』紀伊國屋書店）
Rommetveit, K., S. Funtowicz, and R. Strand (2010), "Knowledge, democracy and action in response to climate change", in: R. Bhaskar, C. Frank, K.G. Høyer, P. Naess, and J. Parker (eds.), *Interdisciplinarity and Climate Change: Transforming Knowledge and Practice for Our Global Future*, Routledge.
Samuelson, P.A. (1954), "The Pure Theory of Public Expenditure", *Review of Economics and Statistics*, Vol.36(4), pp.387-389.
Sansing, R. (2010), "Distribution policies of private foundations", in: B.A. Seaman and D.R. Young (eds.), *Hnadbook of Research on Nonprofit Economics and Management*, Edgar and Elgar.
Sclavi, M. (2010), "Governance and Consensus Building", in: R. Plunz and M.P. Sutto

(eds.), *Urban Climate Change Cross Roads*, Ashgate.

Smith, A. (1759), *The Theory of Moral Sentiments*.

Throsby, D. (2001), *Economics and Culture*, Cambridge University Press.（中谷武雄・後藤和子［監訳］（2002），『文化経済学入門——創造性の探究から都市再生まで』日本経済新聞社）

Tienhaara, K., A. Orsini, and R. Falkner (2012), "Global Corporations", in: F. Biermann and P. Pattberg (eds.), *Global Environmental Governance Reconsidered*, MIT Press.

Uzawa, H. (2005), *Economic Analysis of Social Common Capital*, Cambridge University Press.

Wenger, E., R. McDermott, and W.M. Snyder (2002), *Cultivating Communities of Practice: a guide to managing knowledge*, Harvard Business School Press.（野村恭彦［監修］・櫻井裕子［訳］（2002），『コミュニティ・オブ・プラクティス——ナレッジ社会の新たな知識形態の実践』翔泳社）

Young, D.R. (1998a), "Contract Failure Theory", in: J.S. Ott (ed.) (2001), *The Nature of the Nonprofit Sector*, Westview.

Young, D.R. (1998b), "Government Failure Theory", in: J.S. Ott (ed.) (2001), *The Nature of the Nonprofit Sector*, Westview.

第7章　効果的な二酸化炭素排出制御
——排出権取引の実際と理論

國 則 守 生
大 瀧 雅 之

1. はじめに——理論構築上の背景

　排出権取引市場は，本来的に脆弱な性質を持っている．つまり，元来外部的な現象である二酸化炭素の排出現象を市場取引によって制御しようというわけであるから，政府の補助・介入なしには成立しえないのである．Lovins and Cohen（2011, p.227）は，このことを次のように簡潔に紹介している．すなわち，

> 「新しい取引法制に関するコペンハーゲン宣言に世界的な合意が得られず，アメリカの上院が排出権取引施行を否決するや否や，炭素の価格は極端に下落した．アメリカにおいては，ほとんど価格が付かなくなった．ヨーロッパでは，1トン当たり25ユーロから5ユーロへと低下した．2010年10月までには持ち直し12ユーロとなったが，相次ぐ規制強化によってのみ，トン当たりの価格がやっと維持されている状況である．」

である．
　理論的分析が主眼となる本章では，次の2つのことが主たる目的となる．第1に，上で述べたような排出権取引市場の脆弱性がどこに由来するのかをより明確にすることである．その結果，二酸化炭素を排出する経済主体が，直接・間接的にその被害を蒙る主体とは隔離されていることが，地球温暖化という著しい外部不経済を生起させる原因であり，それゆえに，どんなに緩いものであっても，将来排出権に関する規制が強化されるという期待（expectations）なしには市場が成立しないことが明らかにされる．

第2に，現在のところ最も一般的な取引形態である，総量規制を含まぬ相対型の排出権取引（offset trading：オフセット取引）の性質を分析する．この分析はOtaki（2013a）とは異なり，静学的なものに留まるが，動学的なすなわち世代交代を考えた場合の排出権取引への拡張は容易と予想される．なぜならば，それは総量規制を含む排出権取引（cap and trade）の応用だからである．Cap and trade は，ヨーロッパ諸国では一般的であるが，ここでのオフセット取引に関する分析を応用して，その性質を考えることができる．すなわち，cap and trade はオフセット取引の理論に，総量規制の制約式が1本余分に加わるだけだからである．

　最後に，現行の相対型のオフセット取引と世界共通の比例的炭素税の厚生比較を行う．無論，最適な世界共通の比例的炭素税の実施により，より高い厚生水準を達成できるが，同時にわれわれは，途上国がこうした税制を受け入れることの難しさを強調したい．すなわち，先進国と途上国の間にぬきがたい所得格差があることは事実である．こうした厳しい現状をわきまえたうえで，途上国にも温暖化対策のテーブルに付いてもらわねばならないのである．したがって，常識の範囲での所得分配の公正を保障するための所得移転は必定である．このような観点からしたとき，比例的炭素税に比べて，相対型の排出権取引は，相手の「顔」が見えるがゆえに，より効果的な働きをすると考えるのが現実的である．最終的には世界共通の均一炭素税を目指すにせよ，実現困難な急進主義（radicalism）を捨て，まずはできるところから始めようという漸進主義（gradualism）が，最終的なわれわれの到達点となる．

　そこで理論的な分析に入るまえに，一般的な排出権取引のタイプについて議論したあと，地球温暖化に関わる排出権取引市場のこれまでの動きをオフセット取引を中心に簡単にまとめてみよう．

2. オフセット取引の現状

2.1 排出権取引のタイプ

　排出権取引は大きく分けて3つのタイプがある（USEPA 2003）．第1はcap and trade，第2はproject-based trading，第3はrate-based trading と呼ば

れる．

　第1のcap and tradeは規制当局が目標総排出量に相当するアラウアンスを排出当事者に当初何らかの方法で配分し，その後各排出当事者の実際の排出量に見合うアラウアンスを獲得すべく当事者間でアラウアンスを売買することを通じて経済効率を達成しようとするシステムである．このシステムは環境保全を考慮しつつ対象とする排出の範囲（バブルという）を充分に広くとることによって排出権取引への参加者を増やし経済効率を高めることができる．

　第2のproject-based tradingは，credit tradingあるいはオフセット取引とも呼ばれるもので，低コストのオフセット・クレジットを提供することに使われることが多い．また，この取引には典型的にはbaseline and creditという方式が採用される．ベースラインとは，もしこのプロジェクトが無かった場合に想定される仮説的な（hypothetical）の排出量であり，実際の排出量との比較でオフセット・クレジット（削減クレジットとも呼ばれる）が計算される．どのようにbaselineを仮定するかによってオフセット量が決定されるだけに，project-based tradingでの最も大きな課題の一つである．

　第3のrate-based tradingは規制当局があるセクターに対して排出原単位（例えば排出量／生産量）などで示される達成基準（performance standard）を設定し，その排出原単位を下回る努力を行った排出当事者にはクレジットを与える一方，排出原単位を上回った排出当事者は超過分のクレジットを調達することを義務づけるプログラムである（超過分を補うクレジットの調達を課さないプログラムもある）．Project-based tradingおよびrate-based tradingからのクレジットはオフセットとして使われる．

　3つのプログラムを運営・取引費用（administrative and transaction cost）の観点からみると，クレジット当たりでproject-based tradingが最も高く，rate-based tradingが続き，cap and tradeは最も低いといわれている．

2.2　オフセット取引の課題

　Offset Quality Initiative（2008）によれば，オフセットの品質には，①実質である（real）こと，②追加的である（additional）こと，③現実的なベースライン（realistic baseline）であること，④数量化できる（quantifiable）こと，⑤確

認・証明できる（verifiable）こと，⑥オフセットの所有が明確なこと（unambiguously owned），⑦リーケッジ（leakage）をきちんと考慮すること，⑧効果が永続（permanence）のこと，⑨危害を加えない（no harm）ことなどが影響を与えるとされる[1]．特に重要なのは②の追加性（additionality）と③のベースラインの考え方であり，⑦のリーケッジとも結びついて，オフセットの実効性を決定づけている．このとき，適切なベースラインを設定し，追加性を満たしつつ，オフセット・プロジェクトの排出クレジット量を数値化する評価方法としてはプロジェクト別評価方法（project-specific assessments），標準化評価方法（standardized assessments）およびハイブリッド評価方法（hybrid assessments）の3つの方法がある．

プロジェクト別評価方法は，オフセット・プロジェクトの固有の状況をケース・バイ・ケースで評価するものである．標準化評価方法は共通に当てはめることができる基準をもとに評価する方法である．典型的なアプローチとしては特定プロジェクトに関して規制面，財務面，組織面，技術面の評価に対して客観的な適応条件のセットとして追加性を定義する．このアプローチでは詳細な技術的，経済的な分析が含まれており，生産量当たりのエネルギー効率や排出効率，その技術の市場浸透率などが含まれている．あるセクターとその立地の観点から特定の技術で定義された技術ベンチマークによって追加的とされることもある．このアプローチではリーケッジを正確に対処することは難しいとされる．ハイブリッド評価方法は，上記の2つを取り入れたもので両者の長所短所のバランスを図ろうとする手法である．標準化アプローチが推奨されることがあるが，実際にはプロジェクト固有アプローチをある程度取り入れざるを得ない側面があり，妥当な採択を行うためには個々の専門家の判断が必要とされることが多い．

Offset Quality Initiative（2008）はハイブリッド方法が透明性・標準化とプロジェクトの固有要因のバランスをとることができるという点で優れていると

---

[1] このうち，追加的であることとは，オフセット取引があることによって初めて実現するプロジェクトを対象とすることを指している（したがって，オフセット取引の有無に拘らず，実施されるプロジェクトは対象外として排除することとなる）．また，リーケッジとは，プロジェクト実施に起因してプロジェクトの範囲外で生ずる排出増加を指している．

評価している.

2.3 京都議定書

1997年に採択された京都議定書は二酸化炭素などの6種類の温室効果ガスに関して具体的な削減目標を掲げたが,市場移行国を含む先進国全体を対象に,2008年から2012年の先進国全体の排出量を1990年比で少なくとも5%削減することを目的とした.そして,この目標を達成するために各国別に削減目標を定めるアプローチを取った(EU8%減,アメリカ7%減,日本6%減,カナダ6%減,ニュージーランド±0%,ロシア±0%,オーストラリア8%増など).アメリカ,カナダはその後締約を見送り,離脱した.日本は2002年批准し,議定書自体はロシアの批准を経て2005年に発効した.

この各国別削減目標を容易にする目的で京都議定書には京都メカニズムと呼ばれる3種類の柔軟措置が決められた.クリーン開発メカニズム(CDM：Clean Development Mechanism),共同実施(JI：Joint Implementation),排出権取引(ET：Emissions Trading)である.

このうち,CDMとJIは双方ともproject-based tradingであるが,CDMは京都議定書で排出削減を定められている先進国(投資国)が途上国(ホスト国)で排出削減プロジェクトを実施し,そのプロジェクトから生じたクレジット(CER(Certified Emission Reduction)credits)を先進国の排出削減努力としてカウントすることができる制度である(一方,JIは先進国間の取引である).CDMはオフセット取引の代表的なもので,プロジェクト参加者以外の関係者はUNFCCCのCDM理事会(CDM Executive Board),投資国およびホスト国によって設立されたDNA(Designated National Authority)ならびにCDM理事会によって指定された民間のDOE(Designated Operational Entity)によって運営されている.

そこではCDMのオフセット取引の申請・登録が進むにつれてプロジェクト種類別にCDM独自の方法論の整備が行われてきた.そのなかには追加性証明ツールの使用が推奨されている場合や,オフセット・クレジット量を数値化する方法などが含まれている(方法論のマニュアルはUNFCCC(2012)を参照のこと).

2004年以降,2014年5月末までに7,516件のプロジェクトが登録され,

2008～12年の約束期間末には二酸化炭素換算で年間22億トン以上のCERsが供給されることとなっている (UNFCCC 2014).

2014年5月末現在で登録されたホスト国別のCERsは中国 (60.8%), インド (11.4%), ブラジル (4.8%), 韓国 (2.1%), メキシコ (2.0%), インドネシア (1.8%), ベトナム (1.8%), チリ (1.1%), ペルー (1.1%), 南アフリカ (1.0%), マレーシア (0.9%), アルゼンチン (0.8%), タイ (0.7%), ナイジェリア (0.7%), ウズベキスタン (0.7%), その他 (8.4%) となっている. 中国, インド, ブラジルでほぼ4分の3を占めており, なかでも中国のシェアは極めて大きい.

2014年5月末の登録されたプロジェクト7,516件を種類別にみると, エネルギー産業 (74.6%), 廃棄物処理 (10.8%), 製造業 (4.3%), 漏洩排出 (固形／オイル／ガス) (2.6%), 農業 (2.4%), 化学 (1.4%), エネルギー需要 (1.3%), 鉱業 (1.0%), 植林・再植林 (0.7%), 運輸 (0.3%), 漏洩排出 (ハロン／SF6) (0.3%), 金属生産 (0.2%), エネルギー流通 (0.1%) となっており, エネルギー産業の割合が圧倒的に大きい. なお, 同じエネルギーでも省エネルギー分野や運輸分野の割合が極端に小さい.

プロジェクトの登録推移をみると, 2012年にかけて増加したが, 第1約束期間を過ぎた2013年に入って急減している.

2.4 ベースラインと追加性

CDMは, ①CDMによるオフセット取引によって先進国の削減義務を直接代替したり, EU ETSなどと部分的にリンクすることによって先進国での削減活動のコスト有効性を向上させる, ②カーボン価格を下げることによってカーボン・リーケッジと競争力の問題を緩和する, ③クリーン技術の途上国への移転を促進する, などの効果が考えられる (Burniaux et al. 2009). その際, 炭素価格の格差 (carbon price differential) はオフセット・メカニズムによってオフセットを利用できないときに比べて縮小しており, 炭素リーケッジを減少させ, 競争力問題を緩和する可能性がある. 逆に言えば, 炭素リーケッジが起こるのは, 大きな炭素格差があるからである.

現実にオフセット・クレジットによって炭素リーケッジが少なくなるかどうかは, クレジットが発行されるベースラインの定義に依存している. 現在採用

されているベースラインの考え方は Annex I の一部の国が commitment を行い，それ以外の国は排出 commitment を行っていないシナリオの下でのベースラインを想定しているとされる．その場合，オフセット・メカニズムの存在がベースラインに与える影響を考慮していないため，その分，ベースラインが過大となっている．すなわち，クレジット・メカニズムが全くないとして定めた BAU のベースラインから導き出されるオフセット・クレジットの量は過大であるという問題が存在する．

また，Wara（2009）によれば個別のプロジェクトの観点から，追加性がない普通のプロジェクト（business-as-usual projects）が多くのクレジットを獲得する例が続いており，その問題の根底には信頼を持ってベースラインを決定することができないプロジェクトがあることを指摘している．また，Schneider（2009）は，調査した多くのケースでオフセット・クレジットが追加性を満たしているかどうかに関して疑問を呈し，追加性を評価するツールの改善を提唱している．

このようにプロジェクト・ベースでのオフセット・クレジットではベースラインの設定と追加性が大きな課題であると考えられるが，特に追加性をクリアするために特有な条件を満たさなければならないなど，プロジェクトの形成に大きな制約があることが指摘されている（Shirakawa 2013）．

一方，CDM でのプロジェクトの形成を促進するため，小規模プロジェクトのバンドリングと活動プログラム（Programme of Activities）と呼ばれる承認方法が新たに採用された．前者はプロジェクトをまとめてクレジットを発行するもので，後者はタイミングと地理的場所が異なる複数のプロジェクトを一つのプロジェクトと認めるものである．このような改革は行われてきたものの，CDM に特有の承認条件や国別あるいは対象別に偏りが見られること，さらにはクレジット価格の低迷が続くなかで 2013 年から 2020 年における第 2 約束期間では日本をはじめとして数値目標を提示しない国に対して京都メカニズムの使用に制限が加えられ，日本などの国が第 2 約束期間に炭素市場から購入することができなくなり需給の大きなインバランスを招いていることなどを背景に，CDM 改革への要請が高まっている．その一環として CDM 自体のレビューも進められ現状の柔軟性措置を改善するなどのことも検討の対象となっている．

2.5 新市場メカニズムの議論

 2013年以降の排出削減のための対策（「途上国による適切な緩和行動」（NAMA）を含む）の協議の一環として京都メカニズム以外の新たな市場メカニズムの設立に向けての議論が2007年のバリ会議（COP13）から始まり，2010年のカンクン会議（COP16）などを経て，2011年のダーバン会議（COP17），2012年のドーハ会議（COP18）へと継続して行われた．

 このなかで，新市場メカニズム（New Market-based Mechanism）として想定されている制度にはEUなどが提唱しているセクター別クレジット・メカニズム（SCM：Sectoral Crediting Mechanism）とセクター別トレード・メカニズム（STM：Sectoral Trading Mechanism）の2つの制度があるとされる（山岸 2013）．Sterk（2010）によれば，SCMとはある途上国のあるセクターで排出目標あるいは排出原単位（例えば排出量／生産量）の目標（ベースライン）を設定し，その目標以下の排出量・排出原単位まで努力した場合，その下回った分をクレジットとして受け取るもので，プロジェクト・ベースのCDMをセクターに拡張したものである（もし，目標を達成できなかった場合にもペナルティーがかからないことが想定されている）．また，セクター別の絶対的な目標の代わりにセクター別排出原単位を採用した場合には，アウトプット予想が異なると排出量が増えるリスクがある．一方，STMはSCMをさらに推し進めたものでセクターでのcap and tradeを想定している．事前に途上国は全体目標の排出権を受け取り，目標以下の排出量となった場合にはその努力分を販売できるとともにもし目標を達成できなかった場合は，その不足分を購入しなければならない．

 いずれの場合も，プロジェクト・ベースからセクターに拡大することによってより大きな削減量となる可能性があり，温暖化対策として有効な削減量を得ることを期待している．特にこれまでのCDMでは対象にすることが難しかった分野もカバーすることが可能となる．またセクターに広げることによって取引費用を少なくすることも想定している．EUとしては，第1ステップとして先進途上国（more advanced developing countries）において新しい段階のセクター別市場メカニズム（sectoral market mechanism）を導入することによって将来は国全体としてのcap and tradeシステムに繋げることを意図している（EC

2010).

　もう一つの目立った動きは，日本が提唱し準備している二国間オフセット・クレジット制度（JCM/BOCM：Joint Crediting Mechanism/Bilateral Offset Credit Mechanism）のような2国間で進めるオフセット取引の動きである（海外環境協力センター 2013）．どのようなオフセット方法となるのか，2国間で行われる今後の展開を見なければならないが，同時にそこで創出されたオフセット・クレジットが国際的に認められるにはどのような基準やルールが必要なのかといった課題に対しても対処しなければならない．

　以上，これまでの削減努力をオフセット取引の観点を中心としてみてきたが，これまでのオフセットの評価は，先進国での削減対策のコスト抑制（cost containment）の側面が強いものであったといえよう．しかし，それだけでは不十分でそもそも二酸化炭素の排出に際し，先進国・途上国の間でどのような炭素価格を付けるべきなのかなどの観点が抜け落ちている側面がある．特に，CDMの対象となるプロジェクトを超えて，はるかに大きな規模と考えられる先進国から途上国への直接投資などにともなう温暖化対策をどのように考えればよいのかなどの視点を含めて広く議論する必要があると思われる．

3. モデル[2]

3.1 モデルの前提

　このモデルでは，2つのタイプの国を考えよう．一つは十分工業化が進んだ先進国で，この国が二酸化炭素を排出すると考える．今一つは途上国でこの国は当初二酸化炭素を排出していないとする．世界にはこの2つのタイプからなるn組の取引単位(d_j, u_j)が存在し，互いの間で排出権が取引されるものとする．ここでd_jとu_jはj番目の先進国・途上国の取引ペアを表している．

　簡単化のために，それぞれの国は同一の効用関数U_j^i：

$$U_j^i \equiv c_j^i - \Psi(e_1^d, \cdots, e_j^d, \cdots, e_n^d, e_1^u, \cdots, e_j^u, \cdots, e_n^u) \equiv c_j^i - \Psi(\vec{e^d}, \vec{e^u}), \quad (1)$$

---

[2] 本節のモデルは，Otaki（2013b）を拡張したものである．

を持っているものとする．ただし c_j^i は，タイプ $i(i=d, u)$ に属する j 番目の国の消費量である．Ψは消費財生産により発生する二酸化炭素からの不効用を表す関数である．ここでΨは一次同次の準凹関数で以下の意味で「対称的」(symmetric) であるとする．すなわち，

$$\Psi(\cdots, e_l^k, \cdots, e_{l'}^{k'} \cdots) \equiv \Psi(\cdots, e_l^{k'}, \cdots, e_{l'}^{k} \cdots), \forall k, k', l, l'. \tag{2}$$

である．この「対称性」は以下の経済学的意味を持つ．すなわち，排出された二酸化炭素による不効用は，それがどの国で排出されたかに依存しないという意味である．このことは二酸化炭素の大気中における拡散速度から考えて，十分に説得的である．

消費財の生産量 c とそれに伴う二酸化炭素の排出量 e の間の関係を占める準誘導形の生産関数は，

$$\begin{aligned} &c = \alpha F(e), \ \alpha \text{ is some positive constant.} \\ &F' > 0, F'' < 0, (e < \bar{e}). \ F' = F'' = 0, \ (e \geq \bar{e}). \end{aligned} \tag{3}$$

であるものとする．また差し当たりは，先進国のみが生産技術を保有していると想定する[3]．そして途上国は相対型の排出権取引や比例的炭素税が採用されるまで，こうした技術にはアクセスできないものとする．

3.2 完全な自由放任経済

われわれの考える自由放任経済とは以下のようなものである．すなわち国内における生産部門（企業）の意思決定が，消費者のそれとは完全に分離されている経済である．このような経済においては，企業は彼らの二酸化炭素排出によって生ずる様々な「迷惑」(nuisance) を考慮に入れることはない．したがって，図7-1に示されているように，生産量は最大水準の $F(\bar{e})$ となる．そしてこの場合は，炭素の価格は0である．

---

[3] のちに排出権取引の付帯条件であるベースラインを問題にするとき，途上国にもより非効率的な（単位消費量当たりの排出量が大きい）生産技術が存在するものと仮定する．しかしながら，この問題は，当座資源配分の問題だけを扱うに際しては本質的な問題とならないので，しばらくは捨象して考える．

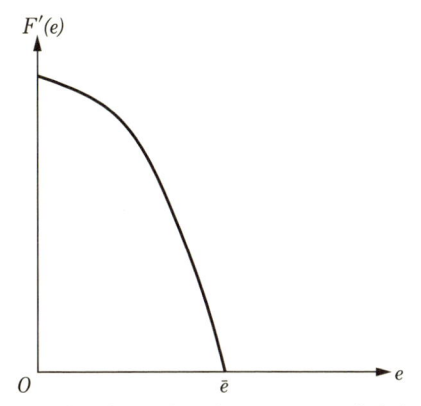

図7-1 完全な自由放任経済における二酸化炭素の排出

Lovins and Cohen (2011, ch. 8) が述べているように,そしてこれまでの歴史が示すように,政府の介入なしには排出権市場は成立せず,炭素の単位価格は無視できるほど廉価となってしまうのである.

3.3 非協調的比例的炭素税——ナッシュ均衡による配分

非協調的比例的炭素税を定式化する

国民の意識が自由放任経済から少し高まり,それぞれの国が自らの社会厚生のためだけに,二酸化炭素排出を抑えるために,比例的炭素税を導入した場合を考えてみよう.するとこの問題は,以下のように定式化される.すなわち,

$$\max_{e_l^k}\left[\alpha F(e_l^k) - \Psi\left(e_l^k, \overline{e_l^{k*}}\right)\right], \overline{e_l^{k*}} \equiv (e_l^{k*}, \vec{e}_2^{\,*}, \cdots, \vec{e}_{l-1}^{\,*}, \vec{e}_{l+1}^{\,*}, \cdots, \vec{e}_n^{\,*}),$$
$$\vec{e}_j^{\,*} \equiv (e_j^{d*}, e_j^{u*}).$$

である.この問題の解は

$$F'(e_l^{k*}) = \frac{1}{\alpha} \frac{\partial \psi}{\partial c_1^d}\Big|_{\varepsilon_i^k = \frac{1}{n}}, \tag{4}$$

で表されるが,このような協調のない比例的炭素税によって達成される資源配分は,二酸化炭素排出に関する国際的なゲームのナッシュ均衡によるそれと同一であることがわかる.この意味で協調のない比例的炭素税は,国際的にはある種の自由放任主義であり,他国との協調を求めない政策スキームであること

がわかる．しかしながら，それでも先に述べた完全な自由放任主義に比べれば，国内の過剰排出の問題を内部化しているだけ，資源配分が改善されることは，想像に難くない．事実次節でそのことが厳密に証明される．

3.4 相対型排出権取引

相対型の排出権取引の定式化

　第 j 番目の先進国・途上国ペアの相対型の排出権取引は，次の制約条件付き最大化問題の解として定式化される．そしてこれが，カーボンファイナンスの市場が完全競争的で，その利潤が無視できるほど小さいとしたときの，現行の排出権取引のスキームに対応している．ただしこの場合，財の生産によって得られる利得は，後に分析する直接投資の場合とは異なり，途上国に帰着することに留意されたい．すなわち，

$$\max_{e_j^d, e_j^u, P} \Big\{ \alpha F(e_j^d) + P - \Psi(e_j^d, e_j^u, e_1^{d*}, e_1^{u*} \cdots e_n^{d*}, e_n^{u*}) \Big] \\ + \lambda \Big[\alpha F(e_j^u) - P - \Psi(e_j^u, e_j^d, e_1^{d*}, e_1^{u*} \cdots e_n^{d*}, e_n^{u*}) - \overline{U} \Big] \Big\}, \quad (5)$$

である．ここで P は排出権の支払い総額である．$*$ は他のペアにおいて合意された最適排出量を表している．λ はこの問題のラグランジュ乗数であり，$\overline{U}$ は契約相手である途上国の留保効用を表している．(5)式の第 1 項は先進国の，第 2 項の括弧内は途上国のそれぞれ当該取引から得られる経済的利得を表している．

　ここで計算を容易にするために，

$$\varepsilon_j^l \equiv \frac{e_j^l}{\sum_{l,k=1}^{n} e_k^l} \equiv \frac{e_j^l}{E}.$$

という変数を新たに導入しよう．ε_j^l と E を用いると，Ψ は次のように変形される．

$$\Psi = \psi\left(\overrightarrow{\varepsilon^d}, \overrightarrow{\varepsilon^u}\right) E \equiv \psi\left(\overrightarrow{\varepsilon}\right) E.$$

すると Ψ の「対称性」から，上述の最適契約問題の解は，オイラーの定理を用いることで，

$$\alpha F'(e_l^{k*}) = 2 \left.\frac{\partial \psi}{\partial c_1^l}\right|_{\varepsilon_j^{l*}=\frac{1}{n}} \equiv \theta_2^*, \ \forall j, l,$$

$$P^* = \alpha F(e_l^{u*}) - \left.\Psi\right|_{\varepsilon_j^{l*}=\frac{1}{n}} - \overline{U} = \alpha F(e_l^{u*}) - n\theta_2^* e^* - \overline{U} \quad (6)$$

として表現されることになる．ここで(6)式の上側の方程式の右辺が，最適な炭素価格と対応している．

さらに(6)式の下の方程式より，設定すべきベースラインが内生的に定まる．途上国に(5)式だけの所得移転を，オフセットのスキームで行うためには，

$$\theta_2^*[e_2^B - e_2^*] = \alpha F(e_2^*) - n\theta_2^* e_2^* - \overline{U}$$
$$\Leftrightarrow e_2^B = \frac{\alpha F(e_2^*) - \overline{U}}{\theta_2^*} - [n-1]e_2^* \quad (7)$$

だけのベースライン e^B を想定すればよい．(7)式の意味するところは，極めて明解である．すなわち途上国が工業化する経済的価値 $\alpha F(e_2^*) - \overline{U}$ を最適炭素価格で評価したもの（右辺第1項）から，他の $n-1$ 個の取引単位が同様な行動をとることから生ずる二酸化炭素の発生量を減じたものを，当該取引単位に認められた二酸化炭素の許容量とみなし，これをベースラインとすべきであることを主張しているのである．第2節でも論じたが，ベースラインをどこに設定するかは，現状の制度では極めて難しく，かつ曖昧である．ここでの議論は，オフセット取引の根幹にかかわるベースラインの引き方に，経済学の立場から，一定の視座を与えるという意味で重要である．

なおこのような経済の考え方は，部分的には二国間の協調ゲームであり，世界全体では対称的ナッシュ均衡となるという想定の下でなされている．

3.5 世界共通の協調的比例的炭素税

世界共通の協調的‐比例的炭素税スキームの定式化

世界共通の協調的比例的炭素税は，次の最適化問題として定式化される．すなわち，

$$\max_{\vec{\varepsilon}} \left[\alpha F(e_1^d) - \Psi(\vec{\varepsilon})E + \sum_{(l,k) \neq (1,d)} \lambda_l^k \left[\alpha F(e_l^k) - \Psi(\vec{\varepsilon})E - \overline{U^m} \right] \right]. \quad (8)$$

である．このような定式化から直ちに明らかなように，達成される資源配分は，世界的に見てパレート効率的となる．最適化問題自体の対称性から，すべてのラグランジェ乗数が 1 の値をとることは明らかである（厳密な証明は章末の数学付録を参照のこと）．これを勘案すると，最適排出計画について，次の公式が成り立つことを確認できる．

$$F'(e^*) = \frac{n}{\alpha} \frac{\partial \psi}{\partial c_1^d}\Big|_{\varepsilon_j^{l^*} = \frac{1}{n}} \tag{9}$$

この公式は，公共財（あるいは負の公共財）供給に関する所謂 Samuelson (1954) ルールの一種である．すなわち一国の二酸化炭素排出によって得られる限界便益が世界全体にふりまく限界不効用の総和となるように，排出量を定めることがパレート効率性を達成するための必要かつ十分な条件となるのである．(9)式の右辺が，当該炭素税の最適税率となる．

3.6 二酸化炭素排出抑止手段の厚生経済学的効果

(7)式の定式化から世界共通の協調的比例的炭素税が，実現のための政治経済的困難を無視すれば，最適であることは自明であるが，他の代替的手段の厚生経済学的なランク付けはどうなっているのだろうか．考えてみよう．われわれは，Ψ の「対称性」と 1 次同次性をもとにこの問題を解析できる．

それぞれの国の効用 U_l^k は，

$$\begin{aligned} U_l^k(j) &= \alpha F(e^*(j)) - \frac{\partial \psi}{\partial c_1^l}\Big|_{\varepsilon_l^{k^*} = \frac{1}{n}} \cdot E^*(j) \\ &= \alpha F(e^*(j)) - n \frac{\partial \psi}{\partial c_1^l}\Big|_{\varepsilon_l^{k^*} = \frac{1}{n}} \cdot e^*(j). \end{aligned} \tag{10}$$

と書くことができる．この時，包絡面の定理を適用することで，

$$\begin{aligned} \frac{dU_l^k(j)}{dj} &= \frac{\partial \psi}{\partial c_1^l}\Big|_{\varepsilon_l^{k^*} = \frac{1}{n}} \cdot e^*(j) > 0, \quad (1 \leq j < n) \\ \frac{dU_l^k(j)}{dj} &= 0, \quad (j = n) \\ \frac{dU_l^k(j)}{dj} &= \frac{\partial \psi}{\partial c_1^l}\Big|_{\varepsilon_l^{k^*} = \frac{1}{n}} \cdot e^*(j) < 0, \quad (n < j) \end{aligned} \tag{11}$$

という関係が得られる．したがってここから明らかなように，相対型の排出権取引は個別の国が自由裁量で税率を決定できる非協調的比例的炭素税に比べて，パレート優位にあることがわかる．

このことは，たとえ世界共通の協調的比例的炭素税がどれほどすぐれていても，その税率の高さ（(4)式と(9)式を比較されたい）及び国際的な所得再分配の困難を考えたとき，地球温暖化問題への認識の深さの相違ともあいまって，事実上不可能であるという事実を弁える必要があることを示唆している．そして非協調的な比例的炭素税を採用するぐらいなら，むしろ現行の相対型の排出権取引のスキームを整備すべきことをも意味している．

3.7 排出削減的技術進歩の厚生経済学的分析
——省エネ投資に経済合理性はあるか？

ここでは省エネ投資に代表される排出削減的技術進歩が世界経済全体にいかなる厚生経済学的影響をもたらすかを分析する．このような技術進歩は，われわれのモデルの中では，パラメータ α の上昇として表現できる．より一般的な一般均衡分析に入る前に，一つ注意を喚起しておきたいことがある．

それはいかなる排出権取引形態においても，排出削減的技術進歩が生ずると，二酸化炭素排出量が逆に増えてしまうことである．これは一見直観に反して，わかり難いかもしれない．しかしながら，(4)式，(5)式，(9)式にみるように排出削減的技術進歩は

$$炭素の帰属価格 \equiv \frac{最適炭素価格（最適税率）}{\alpha}$$

を押し下げる働きがあることを忘れてはならない．つまり，1単位当たりの消費財を製造するのに必要な二酸化炭素が少なくなるということは，実質的に炭素価格が廉くなることを意味する．したがって，上記の結論に到達するのである．

さて以上の注意事項を頭に入れて，二酸化炭素排出による世界的で相互的な負の外部性をすべて織り込んだ，一般均衡分析における比較静学に進もう．すると(10)式と包絡面の定理から，以下の式が得られる．すなわち，

$$\frac{dU_j^d}{d\alpha} = F(e^*) - [n-j]\frac{\partial \psi}{\partial e_1^d}\Big|_{\varepsilon_i^h = \frac{1}{n}} \frac{de^*}{d\alpha} > \frac{1}{\alpha}\left[\alpha F(e^*) - \eta\Psi\right],$$

$$\eta \equiv \frac{de^*/e^*}{d\alpha/\alpha}, \ \forall j, \ \frac{dU_n^d}{d\alpha} > 0, \tag{12}$$

である.ここで η は技術進歩率に対する均衡二酸化炭素排出量の弾力性である.ここで,

$$\alpha F(e^*) - \Psi > 0$$

であるから,もし η が十分に小さく技術進歩に伴う総排出量の増加がそれほど深刻でなければ[4],このような技術進歩は世界全体の厚生に資するところがある.

しかしながらこの主張は,Otaki (2013a) のような動学分析により初めて明らかとなる二酸化炭素の後世への残存効果を無視している.世界経済全体としては,当該技術進歩により排出総量は高まるわけであるから,これは明らかに将来世代の負担となる.この効果まで取り入れて考えれば,ここでの結論は暫定的で,後に修正が必要となる可能性を否定できない.こうした分析は,ダイナミックでかつインターナショナルな資源配分の最適問題によって定式化されることになろうが,今のところ将来の課題である.

3.8 直接投資への排出規制の重要性
──先進国・途上国間の所得再分配メカニズム再考

われわれの 3.4 節で論じた相対型の排出権取引モデルでは,途上国が自ら立案した設備投資を先進国が排出権と交換にファイナンスすると考えてきた.したがってこの場合,工業化の直接的なメリットは途上国に帰着することになる.

---

4) もしそうでなければ,経済厚生はセカンド・ベストの排出制御スキームの下では,当該技術進歩によりかえって悪化する.これは一種の「合成の誤謬」(fallacy of composition) あるいは「コモンズの悲劇」(tragedy of commons) である.すなわち大気というコモンズを効率的に使おうとする結果,逆にその利用頻度が高まり,かえってそのコモンズを台無しにしてしまうのである.

しかし第1節でも論じたように，こうした取引はマイナーなものであり，かつ途上国における二酸化炭素の排出は，先進国の直接投資がかなりのウェイトを占めていると考えられる．

したがって，こうした直接投資にも排出権取引によって，何らかの規制をかける必要が急務である．そこで本項では，先進国は途上国に直接投資し，炭素税の支払い（排出権価格の支払い）を控除した収入を得ると考える場合と，従来の排出権取引のスキームをそのまま適用した場合を考えてみよう．

すなわち，先進国の直接投資からの純収益は，

$$\alpha F(e^*(j)) - j \cdot \frac{\partial \psi}{\partial e_1^I}\Big|_{e_i^I = \frac{1}{n}} \cdot e^*(j) \equiv \alpha F(e^*) - \tau(j) \cdot e^*(j),$$

として表される．ここで τ_j は炭素税率あるいは炭素1単位当たりの排出権市場での価格である．したがって，取引相手の途上国の収益 $R(j)$ は，

$$R(j) \equiv \tau(j) \cdot e^*(j), \tag{13}$$

となる．このような取引スキームを表すラグランジェアンに現れる制約条件式は，最適解ではすべて張ることが知られているから（Uzawa 1958），消費で測った取引利得は $\overline{U^m}$ となる[5]．

以上が比例的炭素税における所得分配であるが，われわれはまだ現状の排出権取引のスキームを直接投資に適用した場合の先進国・途上国間の所得移転の問題を分析していない．この問題は Uzawa (2003) が強調するように，途上国に排出規制交渉のテーブルに乗ってもらう上で不可避である．ところで先の節で紹介した「ベースライン」は，先進国・途上国間の所得移転の大きさを決定する上で極めて重要な働きをする．このあらましを簡単に述べておこう．

すなわち，ベースラインの二酸化炭素排出量（重量で測る）を e^B としよう．すると二酸化炭素の単位重量当たりの価格を θ と書くと，先進国は，

[5) 想定されている効用関数が準線形（quasi linear）であることから，消費で測った余剰は効用そのものと考えてよい．加えて対象均衡に議論を絞り込んでいることから，留保効用 $\overline{U^m}$ は，内生的に決定されることに留意されたい．この結果は，数学付録にあるように，すべてのラグランジェ乗数が1の値をとるという性質から来ている．

$$\theta\left[e^R - e\right] \tag{14}$$

だけの排出権を獲得することになる. 留意すべきは, こうした先進国側の直接投資に対してオフセット・トレーディングによる規制をかけると, 先進国が排出権を「購入する」という所得移転のメカニズムが消えてしまうことである. 真実は, 2.4節の場合に比べ(13)式に当たるだけの財が途上国から先進国に逆に移転されているというところにある.

つまり 2.4 節で論じたケースとの決定的な相違は, 企業の所有権が途上国にあるか, それとも先進国にあるかである. 2.4 節では所有権が途上国にあったために, 排出権取引によって彼らも (6)式の第1項に見られるように, 工業化のメリットを享受できた. しかしながら, 先進国からの直接投資の場合には, 所有権が先進国側にあるために, 現行のオフセット・トレーディングのスキームをそのまま適用すると, 排出権が途上国から先進国に移ってしまうのである.

上で分析した相対型の排出権取引において,

$$\alpha F'(e_l^{k^*}) = 2 \frac{\partial \psi}{\partial c_1^l}\bigg|_{\varepsilon_j^{l^*} = \frac{1}{n}} = \theta, \ \forall j, l \tag{15}$$

となるように二酸化炭素の単位重量当たりの価格を定めれば, 「ベースライン」を設けても, 確かにパレート効率的な配分は達成される. だが(13)式と(14)式の対応関係を見れば明らかなように, 先進国から途上国への所得移転額の変化 ΔP は,

$$\Delta P = -\theta e^B \tag{16}$$

であることがわかる. すなわち, 「ベースライン」の設定は, 応益性をみたす比例的炭素税に比べ, 逆進的な途上国から先進国への所得移転として作用するのである.

一般に先進国・途上国間の所得格差は覆うべくもないから, 直接投資の排出規制に関して, オフセット・トレーディングは所得再分配上決して望ましくないのである. したがってこうした排出権売買の現状には変更の要があり, 先に提示したモデルのように「ベースライン」を廃止し, 排出二酸化炭素量そのものに比例して価格を決定することを前提としたうえで, 途上国を相対型の排出

権取引スキームに参加してもらうために，別途一括税として（排出量とは独立の）排出権そのものを売買する価格を，これに加えることが望ましいのである．これは基本的な産業組織論のテキスト（例えば Tirole 1988）に現れる franchise fee あるいは two-part tariff と呼ばれる価格付けの方法である．

先の節で紹介したように，現行では，先進国は(11)式で表された排出権を，直接投資や植林などと引き換えに，それを先進国同士の市場で売買している．本節を閉じるにあたって，このタイプの取引を，もう少し詳しく検討しておこう．

そこで先進国がA，Bと2つ存在し，さらに途上国Cが存在する状況を考えよう．先進国Aが途上国Cに直接投資し，e^Bだけの単位重量で測った排出権を獲得したとしよう．そしてこの排出権を簡単化のために排出権を保有していないと仮定する先進国Bに価格θで売却する取引を考える．このとき世界共通の均一炭素税を排除するという意味で，次善の(e^B, θ)を求めてみよう．

すると，このケースは trilateral な排出権取引と考えられるから，最適な排出量e^*は，先に求めた修正サミュエルソン・ルールから，

$$\alpha F'(e^*) = 3 \frac{\partial \psi}{\partial e_1}\big|_{\vec{e_3} \equiv (e^*, e^*, e^*, \vec{e_3})},$$

$\vec{e_3}$は，(e_A^d, e_B^d, e_C^l)を含まない排出量ベクトルをみたす．したがって二酸化炭素の最適価格は

$$\theta = 3 \frac{\partial \psi}{\partial e_1}\big|_{\vec{e_3} \equiv (e^*, e^*, e^*, \vec{e_3})}$$

ある．排出権の買い手である．あとはベースラインの設定による所得分配さえ求めればよい．そしてこのとき，

$$e^* = e^B - e^* \Leftrightarrow e^B = 2e^*$$

である．つまりベースラインを最適排出量の倍に定めることで，このような排出権取引は成立することになる．

先に論じた先進国・途上国間の相対型取引に比べ，このような trilateral な取引は，より包括的であるために取引参加国全体で考えたときの資源配分を，((11)式から明らかなように) パレート改善している．しかしながら，依然われわ

れは，途上国から先進国へ向けた逆進的な所得移転が生じていることに，強く留意すべきである．

4. おわりに——結論

本章では，消費／二酸化炭素排出に関する静学的な効果的配分の手法として，比例的炭素税（非協調的なもの・協調的なもの）と相対型の排出権取引を比較した[6]．非協調的な比例的炭素税は，世界全体での消費／二酸化炭素排出ゲームのナッシュ均衡ともいえるが，相対型の排出権取引に比べ，資源配分の効率性が落ちる．一方世界全体での協調的比例的炭素税は，二酸化炭素排出がもたらすすべての負の外部性が税率に織り込まれているために，パレート効率的な資源配分を達成できる．

しかしながら，こうした理想的なスキームにおける税率が現在施行されている炭素税や二酸化炭素の価格から比べて極端に高くなることを鑑みれば，現時点では実効性の乏しいと考えられる．したがって，理想を一気に追い求める「急進主義」(radicalism) ではなく，できるところからやっていこうという「漸進主義」(gradualism) の観点が必要である．

そうした観点からすると，事実上排出規制を免れている先進国の対外直接投資に対して，何らかの対策が必要である．その第1ステップとして，直接投資も，本章で求めたように（このままでは実用に供するにはあまりに素朴だが）理論の力を借りて「ベースライン」の設定から極力恣意性を除いた形で，現行の trilateral なオフセット・トレーディングに組み込まねばならない．

それをもとに，炭素排出が地球環境保全のために価格が付くものである（有料である）という認識を根付かせたうえで，逆進的な「ベースライン」という陰伏的な所得移転のメカニズムを取り除き，さらに複数の取引相互の連関まで考えた相対型の排出権取引 (multilateral emission trading) へと進むのが自然な流れであろう．世界共通の協調的な比例的炭素税は確かに究極の到達目標であ

---

6) この分析では大気中に残存する二酸化炭素の量を所与として考えてきた．したがって，動学的で累積的な二酸化炭素の影響は分析の外に置かれている．Otaki (2013a) ではこの問題が扱われているが，逆に国際間の効果的配分が取り扱われていない．

るが，その実現に向けては，段階的にまだ幾多の政治的困難を潜り抜けねばならないであろう．

最後に，排出削減的技術進歩は必ず消費ばかりでなく二酸化炭素の排出量を増加させる．この種の技術進歩が二酸化炭素の実質価格を低下させるからである．確かにこれは現世代を利することができるが，二酸化炭素の蓄積を加速し，将来世代への負の遺産として継承されてしまうことに留意しなくてはならない．

数学付録

(6)式の最適化の必要条件は，

$$\alpha \lambda_l^k F'(e_l^{k*}) = \left[1 + \sum_{j \neq l, k} \lambda_j^k\right] \frac{\partial \psi}{\partial \varepsilon_1^d}\bigg|_{\varepsilon_j^k = \frac{1}{n}}.$$

である．したがって，$\lambda_j^k = 1, \forall j, k$ はこの条件を満たす．（十分性）

次に，仮にある p このペア (j'', k'') について，$\lambda_l^k \neq 1$ であったとしよう．すると，

$$\frac{1}{\lambda_{S''}^{k''}}\left[1 + \sum_{j, k} \lambda_j^k\right] = 1 + \frac{n - p + \sum_{(j', k') \neq (j'', k'')} \lambda_{j'}^{k'}}{\lambda_{S''}^{k''}}$$

が (j'', k'') について成立する．

他のペアに関しては，

$$\frac{1}{\lambda_l^k}\left[1 + \sum_{j \neq l, k} \lambda_j^k\right] = [n - p] + \sum_{(j', k')} \lambda_{S'}^{k'}$$

が成立する．ここで，

$$S_p \equiv \sum_{(l'', k'')} \lambda_{S''}^{k''}.$$

と定義しよう．すると「対称性」の要求から，

$$1 + \frac{n - p + S_p - \lambda_{S''}^{k''}}{\lambda_{S''}^{k''}} = [n - p] + S_p \Rightarrow \lambda_{S''}^{k''} = 1.$$

であり，これは矛盾である．したがって，$\lambda_l^k = 1, \forall l, k.$ である．（必要性）

[謝辞]

本章の執筆にあたっては加藤晋氏（東京大学社会科学研究所准教授）の示唆に富んだ建設的なコメントに感謝する．また瀧口勝行氏（元日本政策投資銀行設備投資研究所所長），武者秀明氏（日本政策投資銀行設備投資研究所副所長）には制度上の知見を賜った．同じく深謝する次第である．

参考文献

海外環境協力センター（2013），「新メカ EXPRESS」No. 8, August 2013.
山岸尚之（2013），「ドーハにおける市場メカニズム関連議論——COP18・COP/MOP8 報告」WWF ジャパン．http://www.wwf.or.jp/activities/20130128ReportOnMechs_JPN.pdf
Burniaux, J.-M., J. Chateau, R. Dellink, R. Duval, and S. Jamet (2009), "The Economics of Climate Change Mitigation: How to Build the Necessary Global Action in a Cost-Effective Manner", OECD, Economics Department Working Papers No. 701.
EC (2010), "What is the 'Major Overhall' of the CDM that EU is Envisaging?", Question 44, International Carbon Market. http://ec.europa.eu/clima/policies/ets/linking/faq_en.htm
Lovins, L. and B. Cohen (2011), *Climate Capitalism: Capitalism in the Age of Climate Change*, Hill and Wang.
Offset Quality Initiative (2008), "Ensuring Offset Quality: Integrating High Quality Greenhouse Gas Offsets into North American Cap-and-Trade Policy". http://www.c2es.org/docUploads/OQI-Ensuring-Offset-Quality-white-paper.pdf
Otaki, M. (2013a), "Endogenous Social Discount Rate, Proportional Carbon Tax, and Sustainability: Do We Have the Right to Discount Future Generations' Utility?" *Environmental Systems Research*, Vol. 2(1).
Otaki, M. (2013b), "Emission Trading or Proportional Carbon Tax: A Quest for More Efficacious Emission Control", *Environmental Systems Research*, Vol. 2(8).
Samuelson, P. (1954), "The Pure Theory of Public Expenditure", *Review of Economic Statistics*, Vol. 36(4), pp. 387-389.
Schneider, L. (2009), "Assessing the Additionality of CDM Projects: Practical Experiences and Lessons Learned", *Climate Policy*, Vol. 9(3), pp. 242-254.
Shirakawa, Y. (2013), "JCM/BOCM: Japan's Proposal on New Credit Mechanism", June 20, Global CCS Institute.
Sterk, W. (2010), "New Mechanisms for the Carbon Markets? Sectoral Crediting, Sectoral Trading, and Crediting Nationally Appropriate Mitigation Actions", JIKO

第7章　効果的な二酸化炭素排出制御　257

Policy Paper 4/2010, Wuppertal Institute.
Tirole, J. (1988), *The Theory of Industrial Organization*, MIT Press.
UNFCCC (2012), CDM Booklet, 4th Ed, Infromation updated as of EB 69.
UNFCCC (2014), Project Activities, Date as of: 31 May. http://cdm.unfccc.int/Statistics/Public/CDMinsights/index.html
USEPA (2003), "Tools of the Trade: A Guide to Designing and Operating a Cap and Trade Program for Pollution Control", EPA430-B-03-002. http://www.epa.gov/airmarkt/resource/docs/tools.pdf
Uzawa, H. (1958), "The Kuhn-Tucker Theorem in Concave Programming", in: K.J. Arrow, L. Harwich and H. Uzawa (eds.), *Studies in Linear and Nonlinear Programming*, Stanford University Press.
Uzawa, H. (2003), *Economic Theory and Global Warming*, Cambridge University Press.
Wara, M. (2009), "Methods of Cost Containment in a Greenhouse Gas Emissions Trading Program", written testimony of Dr. Michael Wara, Assistant Professor, Stanford Law School / Faculty Fellow, Program on Energy and Sustainable Development / Center Fellow, Woods Institute for the Environment,to the U.S. Senate Committee on Energy and Natural Resources, September 15, 2009.

第8章　ディスクロージャー制度の構築
―― 監査システムと経済社会の信頼確保

八 田 進 二

1. はじめに――社会的共通資本の考え方と制度資本

　19世紀末に，ソースティン・ヴェブレンが唱えた制度主義，すなわち，「資本主義と社会主義を超えて，すべての人々の人間的尊厳が守られ，魂の自立が保たれ，市民的権利が最大限に享受できるような経済体制を実現しようとするものである．」(宇沢 2000, p. i) との考え方を具体的に表現したものが社会的共通資本と解されている．そして，この社会的共通資本は「一つの国ないし特定の地域に住むすべての人々が，ゆたかな経済生活を営み，すぐれた文化を展開し，人間的に魅力ある社会を持続的，安定的に維持することを可能にするような社会的装置を意味する．」(宇沢 2000, p. ii) とされている．社会的共通資本は，一般に，自然環境全般（大気，水，森林，湖沼，海洋，沿岸湿地帯など）を包含する自然資本，主として都市を構成する物理的，空間的施設を示す社会的インフラストラクチャー（堤防，道路，港湾，電力・ガスなどの供給施設，上・下水道，交通機関，様々な文化的施設など）としての社会資本，そして，この社会的インフラストラクチャーを制度的な側面から支えるものとしての制度資本（教育，医療，司法，行政，金融，警察，消防などの制度および市場自体を含む）の3つの大きな範疇に分けて考えることができる．

　このうちの制度資本は，「社会的共通資本の機能，役割を考えるときに重要な意味をもつ．」(宇沢 2000, p. 6) ことから，社会的共通資本を管理する社会的組織のあり方が極めて重要とされる．つまり，社会的共通資本は，それぞれの分野における職業的専門家によって，専門的知見に基づき，職業的規律にしたがって管理，運営されるものであり，そうした「管理・運営は決して政府によ

って規定された基準ないしはルール,あるいは市場的基準にしたがっておこなわれるものではない.……社会的共通資本の管理・運営は,フィデュシアリー (fiduciary) の原則にもとづいて,信託されているからである.」(宇沢 2000, p. 23) との理解に立つのである.つまり,「社会的共通資本は,そこから生み出されるサービスが市民の基本的権利の充足にさいして,重要な役割を果たすものであって,社会にとって極めて『大切な』ものである.」ことから,「社会的共通資本の管理を委ねられた機構は,あくまでも独立で,自律的な立場に立って,専門的知見に基づき,職業的規律にしたがって行動し,市民に対して直接的に管理責任を負うものでなければならない.」(宇沢 2000, p. 23) のである.

こうした,社会的共通資本の視点に立脚したとき,市場関係者が適切な意思決定を行うために必要な信頼しうる情報の提供を行うディスクロージャー制度は,金融制度と密接不可分の関係にあるだけでなく,健全な資本・市場経済の発展を担う会計および監査制度の構築と維持を根幹とする制度であることからも明らかなように,まさに,制度資本の重要な一翼を担っているものといえる.そこで,以下では,社会的共通資本としてのディスクロージャー制度について,その根幹をなす会計・監査制度の設計から,管理・運営についてのあり方と課題について考察することとする.

2. ディスクロージャー制度の根幹をなす会計・監査制度

経済主体としてのいずれの組織および事業体においても,その使命に見合った活動の実態および結果を正しく利害関係者に伝達し,もって必要な意思決定を可能にさせるためには,信頼しうる情報が適時かつ適切に作成および伝達されることが不可欠である.こうした情報の中核に,確立した基準に準拠して作成される会計情報が位置づけられることは論を待たないであろう.と同時に,不特定多数の利害関係者を擁する企業等においては,こうした会計情報の信頼性を確保するための方策として,独立の職業的専門家である会計プロフェッションによる監査を義務づけることで,経済社会の信頼を確保しているのである.

とりわけ,自由な資本市場を背景とする民主主義社会においては,自己責任の下に経済的な意思決定を行うことが求められていることから,会計情報の信

頼性を担保するためのディスクロージャー制度の構築が極めて重要である．しかしながら，21世紀を迎えた世界の市場は，グローバル化，情報ネットワーク化あるいは複雑化といった課題とともに，それを支える確立した基準等の国際的統一化の流れが加速してきたことから，20世紀までの環境とは比較にならない劇的な変革が見られるのである．

こうした変革を余儀なくさせた原因が，2001年12月に露呈したアメリカのエンロン社による会計不正事件にあったことは周知のとおりである．ただ，わが国の場合，当時にあっては，それはまさに対岸の火事として等閑視されており，社会的共通資本としてのディスクロージャー制度に与える影響を正しく見極めることができなかったのである．

その後，市場の信頼の失墜を回復し，かつ，投資家を保護するため「2002年サーベインズ＝オックスリー法」[1]（以下，「企業改革法」と称する）の制定がなされたが，同様に，ディスクロージャー制度に及ぼす影響の重大さに意を払う者は皆無に近かったのである．

というのも，わが国では，ディスクロージャー制度を語る場合，まず第1に，会計の問題として取り上げ，会計基準ないしは開示基準等の枠組みの整備に主眼を置くとともに，そこでの情報の信頼性を担保するための監査について，若干の取組みを行うといったところが通例であったといえる．ただ，2002年の監査基準の改訂および2003年の公認会計士法の改正以後は，会計不正の撲滅に向けて従来にも増して監査の重要性と厳格化が声高に叫ばれるようになったことから，会計と監査がディスクロージャー制度を支える2本柱として認識されることとなったのである．

---

[1] 同法の正式名称は，「証券諸法に準拠し，かつ，その他の目的のために行われる企業のディスクロージャーの正確性と信頼性の向上により投資家を保護するための法」（Act to protect investors by improving the accuracy and reliability of corporate disclosures made pursuant to the securities laws, and for other purposes）であるが，同法1条において「2002年サーベインズ＝オックスリー法」と略称する旨が規定されている．ただし，わが国においては，同法に対して「企業改革法」なる呼称を用いていることから，本章においても，一応，かかる呼称を用いることとした．なお，この『企業改革法』を巡る主要な問題に対しては，八田（2002，2003），八田・町田（2002a，2002b，2002c），八田他（2003）において検討を行っている．また，『企業改革法』の概要については，八田・橋本（2002a，2002b，2002c，2003）を参照されたい．

しかし,「企業改革法」で示された基本的視点は,ディスクロージャー制度の改革は,会計上の改革および監査上の改革だけでは十分でなく,さらに,企業の内部統制を中核としたコーポレート・ガバナンス上の改革を度外視してはなしえないということを明確に示した.まさに,「会計,監査そしてコーポレート・ガバナンス三位一体の改革」こそが,ディスクロージャー制度改革の根幹に据えられなければならないということを教えられたのである.

信頼しうる企業情報の発信に際しては,その背後において,誠実な経営者の下での健全な企業活動が透明性の高い形で推進されていることが前提とされなければならない.ところが,会計および監査が果たすべき役割は,通常,こうした活動結果を事後的に記録ないし検証することに主眼がおかれており,そのすべてが,企業活動の後追いである点に特色がある.しかし,21世紀に入って発覚した多くの会計不正事件では,図らずも,当事者である経営サイドにおける倫理観の欠如ないしはコンプライアンス意識の希薄化が指摘されたことで,旧来にもまして規律づけの強化を図ることこそが,ディスクロージャー制度の信頼性向上に不可欠であることが示された.つまり,会計および監査における事後対応に加えて,事前の措置として,有効な内部統制を整備および運用することでの規律にしたがった組織管理が極めて重要であることが明らかにされたのである.

その意味で,21世紀のディスクロージャー制度改革の問題については,単に20世紀の延長線上にあるものとして捉えることは適当ではなく,エンロン前の「20世紀における状況」とエンロン後の「21世紀における課題」ということで,明確に区別して議論をしていくことが不可欠である.

ところで,エンロン前の好景気に沸いた1990年代のアメリカにおいても,ディスクロージャー制度の拡大とともに,ディスクロージャー情報に対する信頼性付与のための監査の拡大といった取組みが積極的に進められており,それらはエンロン事件を契機に突如として始まったものではない.同時に,ディスクロージャーの失敗ともいえる「不正な財務報告」が後を絶たない状況も指摘されており,こうした状況に危機感を抱く警鐘も何回となく鳴らされていたのである.以下では,日米におけるディスクロージャー制度改革の流れを概観するとともに,社会的共通資本としてのディスクロージャー制度の構築のために

は，会計，監査そしてコーポレート・ガバナンスの三位一体での改革こそが，新たなディスクロージャー制度改革には不可欠であるとの視点での考察を行うこととする．

3. 20 世紀におけるアメリカのディスクロージャー制度の状況

1980 年代後半から始まったグローバル経済における競争の激化や情報技術（IT）の高度化は，企業を取り巻く経営環境を根底から，しかも，加速度的に変化させたことは，周知のとおりである．こうした時代背景については，「グローバル化」「情報ネットワーク化」あるいは「ソフト化」といった言葉で形容されたところでもあり，その後 1990 年代に入ってからは，企業経営そのものの変革も見られ，「オールド・エコノミー」から「ニュー・エコノミー」へと舵取りがなされることとなったのである．

加えて，企業のディスクロージャーについては，非財務情報，将来指向的情報さらには無形資産に関する情報といった，旧来の製造業や商業といった企業形態を念頭においた財務報告においては埒外におかれてきた情報の重要性が飛躍的に増大したのである．そのため，情報利用者のニーズに応えるべく，「意思決定有用性」の理念の下に，「顧客指向」の観点から情報利用者の声を反映させる形で，目的適合性，有用性，信頼性および効率性を追求した財務報告ないしは事業報告への変革が主張されるようになった．つまり，財務諸表情報を中心とする既存の財務報告では，財務情報ないし定量的な過去情報に焦点が当てられてきているが，1994 年の『事業報告の改善──顧客指向：投資家および債権者の情報ニーズを満たすこと』（通称『ジェンキンズ報告書』，AICPA (1994)）の提示する新たな「包括的事業報告モデル」は，こうした情報では企業の実態を把握する上で不十分であるとの認識から，全面的に時価を導入することは控えつつも，IT 革命という追い風を受けて，非財務情報ないし定性的情報や将来指向的情報へと開示を拡充させた事業報告を提唱したのである．他方，ニュー・エコノミーの台頭により議論の的となった無形資産会計の問題は，事業報告の要である財務諸表自体の改善の必要性を再認識させる結果をもたらしたのである．これら両面における事業報告の改善については，企業に対する

ステークホルダーの広範ないし多様な期待への迅速な対応と，評価の厳格化により，信頼性の高いディスクロージャー制度の達成に貢献するものと解されていたのである．

ところで，エンロン前においても，ディスクロージャー制度の信頼性を担保する視点から，監査の拡大や会計プロフェッションの保証業務への積極的関与の動きも見られた．

まず第1に，監査に対する「期待のギャップ」解消のための取組みとして，アメリカ公認会計士協会（AICPA）は，1988年に，一度に9つの監査基準書（SAS）の公表を行い，違法行為等の不正，会計上の見積り，さらにはゴーイングコンサーンの問題等に対する期待のギャップへの対応をはじめ，監査業務の品質の改善を図るための指針を示したのである．

第2に，1987年に，不正な財務報告全米委員会（通称，トレッドウェイ委員会）は『不正な財務報告』（NCFFR 1987）と題する報告書を公表し，不正な財務報告の原因等を多面的に検討するとともに，その防止策について具体的な勧告を行っている．中でも，企業の内部統制に対する広範な議論の必要性と，内部統制概念自体に関する統合的な枠組みを明示することの重要性を指摘している点は，コーポレート・ガバナンスの強化という視点からも特筆に価するものである．これを受けて，トレッドウェイ委員会支援組織委員会（COSO）では，1992年および1994年に，内部統制に関する包括的な議論を集約するとともに，かかる内部統制に対する監査人の関与を織り込んだ報告書『内部統制の統合的枠組み』（COSO 1992および1994）を公表したことは周知のとおりである．この報告書で示された内部統制についての考えは，その後，2002年7月制定の「企業改革法」の下で導入されることとなった，内部統制報告制度の運用についての基準にもなっている．

第3に，開示の拡大した事業報告に対する監査人の関与として，1997年にAICPAの「保証業務に関する特別委員会」（通称，エリオット委員会）が報告書（AICPA 1997）を公表し，財務情報以外の情報などに対する保証の付与のあり方について提言を行っている．

このように，アメリカにおいては，エンロン事件が顕在化する前から，社会的共通資本としてのディスクロージャー制度の信頼性を確保すべく，会計，監

査そしてコーポレート・ガバナンスを三位一体として捉えて，その改善に取り組むことの必要性が明確に意識されていたのである．

しかし，その一方において，アメリカでは，企業社会での後を絶たない不正な財務報告の状況に重大な危機感を抱き，かかる状況を払拭するために市場の関係者すべてが必要な取組みを行う必要があるとの警鐘が何回となく鳴らされていたのである．こうした警鐘は，エンロン事件の伏線ともいうべき不正の温床となるような状況が複数潜在していたことを暗示していたものと解することができる．ところで，当時の財務報告への不信感に基づいて，最初に警鐘を鳴らしたのが，1998年9月に証券取引委員会（SEC）のレビット委員長が行った「ザ・ナンバーズ・ゲーム」と題する講演（Levitt 1998）であった．レビット氏の講演は，公正な市場を確保する立場にある監督当局として，財務報告の誠実性が脅かされているアメリカ企業社会の現状を厳しく批判するとともに，証券市場を支えるすべての関係者に対して，必要とされる改善措置を講じることの必要性を訴えたのである．

このレビット氏の講演を契機に，SECをはじめ関係各方面において，ディスクロージャー制度に関する具体的な改革が進行することとなった．まず第1に，コーポレート・ガバナンス上の改革としては，企業の監査委員会の有効性向上に関するブルーリボン委員会が，1999年に，監査委員会改革のための10項目にわたる改善勧告を含む報告書（Blue Ribbon 1999）を公表しており，これを受けて，SECも「監査委員会の開示」と題する規則を公表して，監査委員会活動の実態を開示する方向を導入した．第2の監査上の改革としては，監査業務監視の自主規制機関として，1978年の創設以来活動を行ってきた公共監視審査会（POB）が，2000年に不正捜索型の監査の導入等の改善勧告を含む報告書『監査の有効性に関する専門委員会――報告と勧告』（AICPA（2000），通称『オマリー・パネル報告書』）を公表するとともに，2001年2月には，POB自体の憲章（Charter）を改正して，独立の立場からの監視および調整等の活動を行うため，自らの権限および業務範囲を大幅に拡大しようとした．しかし皮肉にも，エンロン事件の発生後POBは，自主規制機関としての適格性等に対する厳しい批判に晒され，改革後日も浅い2002年3月に自主解散の憂き目を見ることとなったのである．さらに，第3として，SECは，2000年8月，不正

情報の発信源ともなりやすい,アナリストおよび機関投資家に対する選別的開示を禁止する公正開示規則の採択を行うとともに,アナリストの独立性強化のために,倫理規則の見直し等を講じる対応が図られることとなった.ただ,この格付機関をも含めて規制を講じることは想定されなかったことが,さらにその後の2007年以降露呈した「サブプライム問題」発生の温床にも繋がったのではないかとの見方もされるところである.

いずれにしても,このように,エンロン前においても,公正なディスクロージャー制度を担保するための取組みがなされてはいたものの,そしてまた,エンロン事件を想起させるような事案が露呈していたものの,結局は,改革の結果を見届けることができずに,エンロン事件の発生を見ることとなるのである.

4. 21世紀のアメリカのディスクロージャー制度改革

新世紀を迎えて間もない2001年12月,不幸にも,会計・監査の先進国として自他共に認めるアメリカにおいて,その後の会計不信の震源ともなったエンロン事件が発覚し,これを契機として一連の会計不祥事が勃発し,その影響は,世界各地に飛び火することとなった.しかも,かかる事件の伏線あるいは兆候に対しては,それまでも何回となく警鐘が鳴らされ,具体的な改善ないし改革が推し進められていた矢先の出来事であったことから,この事件が関係者に与えた衝撃は計り知れないものであった.

その後,アメリカにおいては,公正な証券市場の再生と投資家の保護を念頭に,異例の規模と速さで抜本的な大改革が断行され,2002年7月に企業改革法が成立した.企業改革法の中には,会計,監査そしてコーポレート・ガバナンスに関して,以下のような,広範囲にわたる改革が規定されることとなったのである.

1. 会計基準の設定主体および会計基準のあり方(すなわち,原則主義か規則主義か)に関する研究の開始
2. 会計事務所に対する非政府組織としての監視機関である,公開会社会計監視委員会(PCAOB)の新設

3. 監査人の独立性規制の強化として，監査業務と非監査業務の同時提供の禁止および監査担当責任者の交代期間の7年から5年への短縮
4. 監査委員会の改善および権限の強化として，会計事務所（監査人）の選任，報酬決定および業務監督に対する直接責任と監査報告書の受理を規定
5. CEO, CFO といった経営者の責任意識の高揚策として，年次報告書および四半期報告書に対する宣誓書の提出ならびに，内部統制の有効性評価報告書の提出と監査人の関与の義務づけ

企業改革法およびその後順次公表されてきている SEC 規則等に見られる基本的な考え方は，社会的共通資本としてのディスクロージャー制度の管理・運営のために，透明で信頼しうる企業情報の開示と経営者責任の明確化に向けて会計，監査そしてコーポレート・ガバナンスを三位一体で改善・強化し，健全かつ活力ある経済社会のインフラストラクチャーを整備していくことを大前提に据えているところに特徴がある．そして，投資家保護と市場の健全性を確保し，改革を実効あるものとするために，まさに投網のように，自国の法規制の網を当該資本市場の恩恵に浴している域外の外国企業等に対してもかけようとする，域外適用の姿勢を明確に打ち出していることで，国際的にも大きな影響を及ぼすこととなったのである．

こうした新たな制度改革の中で，企業に対して最も大きな影響を及ぼしたのが，企業改革法の404条に規定された内部統制報告制度の導入であったと解されている．さらに，当初は，それほどの注目が寄せられてはいなかったアメリカの財務会計基準と国際会計基準（IFRS）との関わりについては，その後，アメリカ以外の国々において「IFRS のアドプション」が加速されたこともあり，わが国にも多大な影響を有するアメリカのその後の動向がことさら注目を浴びることとなったのである．

このように，エンロン後のアメリカにおけるディスクロージャー制度改革は，会計，監査，そしてコーポレート・ガバナンスといった視点を踏まえて，多面的および重層的に幅広く行われてきていることが理解できる．ただ，こうした継続的な改革の中にあって，2007年夏以来問題視されるようになった「サブ

プライム問題」は，2008年9月のリーマン・ブラザースの破綻へと繋がり，その結果，金融・資本市場の混乱と全世界経済の低迷という，これまでに経験したことのない影響を及ぼすこととなり，改めて，これまでのディスクロージャー制度改革の是非についても問われることとなったのである．

5. わが国のディスクロージャー制度改革の動向

ところで，わが国の場合も，20世紀末から21世紀にかけて，ディスクロージャー制度の根幹をなす会計，監査およびコーポレート・ガバナンスの問題については様々な取組みがなされてきている．

まず，第1に会計上の問題としては，1990年代の後半に始まった「会計ビッグバン」と称された，短期間における矢継ぎ早での新会計基準の制定とその適用等（すなわち，個別から連結決算への移行，キャッシュフロー計算書の導入，税効果会計・研究開発費会計・金融商品会計・退職給付会計・減損会計・企業結合会計等の新会計基準の制定とその適用等）がある．なお，新会計基準においては，従来にも増して予測ないし見積りの要素の介入する余地が大きく，経営者サイドの会計判断と監査人サイドの監査判断に齟齬をきたすおそれのあることも危惧されるところであった[2]．

さらに，会計に関しては，会計基準自体の設定等を行う設定主体の位置づけ，および，国際会計基準と国内会計基準との整合性を担保するための取組み等様々な問題もある．前者の会計基準の設定問題については，わが国の場合，戦後，一貫して官（国）のレベル（現在は，金融庁の企業会計審議会）で行われてきていたものを，2002年7月に，新設された財団法人財務会計基準機構の下での企業会計基準委員会（ASBJ）といった，民間レベルでの会計基準設定主体

---

[2] 新会計基準等の多くで受け入れられた会計上の予測，予想ないし見積りの介在により従来にも増して財務数値に経営者の主観的判断介入の余地が増大した．それに対して，2002年改訂の「監査基準」では，監査人に対して，実質的判断を要請する規定を導入したのである．この結果，会計判断の現場において，企業の経営者サイドと監査人サイドとの間に，かかる将来予測の判断について，争いが生じるのではないかとの危惧が示されていたが，2003年に生じた「りそな銀行」と「足利銀行」の繰延税金資産計上額に関する両者の対立は，かかる危惧が露呈したものといえる．実質的判断に対しての理解は，八田・高田（2003），pp. 122-125を参照されたい．

へと方向転換が図られたことである．こうした改革は，変革著しい経済環境に即応する形での会計基準の設定等を独立的，機動的に行うのに相応しいものと期待されてのことであった．しかし，後者の国際会計基準との関わりについては，結局は，自国の基準を墨守する流れの中で，会計基準のコンバージェンス議論に終始してきたことから，国際会計基準（IFRS）のアドプションに対しては，今日に至るまで迷走状態を繰り返してきている．しかし，企業会計審議会が2013年6月19日に公表した「国際会計基準（IFRS）への対応のあり方に関する当面の方針」（以下，「当面の方針」）では，IFRSの任意適用要件を大幅に緩和するとともに，わが国においてエンドースメントされたIFRSの採用を容認する等，一見，IFRSの全面採用に二の足を踏んでいるように見えるものの，実質は，アメリカの動向を見届けることも踏まえて，まさに，IFRSの全面採用に向けた過渡的な対応が示されたものと解される．

　第2の監査上の問題としては，1990年代後半のアジア経済危機に端を発した，会計および監査情報に対する不信感の表れとして，わが国の監査に対しても，国際社会から批判が寄せられ，その結果として，1999年3月期決算において，いわゆる海外向けのディスクロージャー情報である英文財務諸表に添付の英文監査報告書において，利用者向けの注意文言の記載を要請された「レジェンド問題」があった．かかる事態に対しては，その後，2002年1月の「監査基準」および12月の「中間監査基準」の改訂，さらには，2003年6月の「公認会計士法」の大改正等を踏まえて，わが国の公認会計士監査制度の根底からの見直しと厳格化が図られることとなったのである．その後も，2005年10月の「監査基準」と「中間監査基準」の改訂，および「監査に関する品質管理基準」の新設，さらには，2007年3月に「四半期レビュー基準」の新設がなされてきたものの，止まることのない会計・監査不祥事を受けて，2013年3月には，当面，上場会社監査に対してのみの適用ではあるが「監査における不正リスク対応基準」が新設され，信頼しうるディスクロージャー制度の管理・運営に資することが期待されている．

　さらに，第3のコーポレート・ガバナンス上の問題としては，その中核的な課題でもある内部統制の構築と有効性の維持に関して，企業関係者の意識を大きく変革させる出来事が見られた．その一つは，2000年9月20日に大阪地方

裁判所が下した「大和銀行事件」での判決文であり，他の一つは，2002年4月5日に神戸地方裁判所が表明した「所見」での内容であった．これら2つに共通することは，大規模企業では，経営者が個々の従業員の行為や組織全般の活動を直接監督することは不可能であることから，経営者の責任は，有効な内部統制を構築しそれを通じて企業内の監視を図ることであるとの考えを明示した点である．したがって，その後は，内部統制システムの構築義務が，取締役に求められる注意義務の要件を構成するとともに，これらの判決がわが国における経営者の内部統制構築責任の内容に関する重要な先例となる可能性があると解されてきている．こうした背景を前提に，さらに，コーポレート・ガバナンスの実効性を高めるとの観点から，2003年から施行の改正商法，さらには，その後，2005年制定の会社法では，会社機関の見直しの一環として，大会社についてのみであるが，わが国に固有の監査役制度の設置に代えて，アメリカ型の監査委員会等を備えた委員会設置会社の採用を容認するとともに，いずれの形態にあっても，「業務の適正を確保するための体制」（いわゆる「内部統制システム」）を整備することが，経営執行サイドに課せられることとなったのである．

　ところで，2004年10月以降，鉄道会社の不正事案を筆頭に，わが国のディスクロージャー制度に対して直接影響を及ぼす有価証券報告書における複数の不実開示問題が発覚したことにより，証券市場に対する投資家の信頼は著しく損なわれることとなったのである．ただ，ここで指摘された一連の有価証券報告書における不実開示等では，これまで想定されていた「会計情報の開示」問題を超えて，さらに広範囲な「企業情報の開示」が問題となった点が特徴であり，ここにおいてもディスクロージャー制度の拡大といった問題が投げかけられたのである．

　そもそも，証券市場の主人公ともいえる公開会社に対しては，企業活動の実態を忠実に描写した会計情報の開示と，それに対する監査が求められている．しかし，こうした企業のディスクロージャー制度を支える会計と監査は，いずれもが，情報発信の主体である企業および企業経営者の行動ないし活動の「後追い」としての役割を担うものであり，企業および企業経営者の誠実性を度外視して，本来の役割を遂行しうるものではない．つまり，投資家保護を標榜す

ることのできる,健全かつ信頼しうる証券・資本市場の構築のためには,市場の主人公である企業および企業経営者の側において,誠実かつ透明性の高い行動を推進することのできる規律と,健全な経営マインドが備わっていることが何にも増して重要なことなのであり,こうした企業サイドにおける規律付けこそが,まさにコーポレート・ガバナンスとしての問題なのである.かかる問題意識を前提に,2006年6月に成立した金融商品取引法では,企業開示制度の整備の一環として,新たに,四半期報告制度,内部統制報告制度,そして経営者による確認書制度の3つの新たな制度の導入が図られた.そして,これらの新制度は,2008年4月以降開始事業年度の上場会社から適用となって現在に至っている.

ところで,21世紀に入ってからの,わが国において講じられてきたディスクロージャー制度改革の内容を見るに,その改革に向けた時間的な速さもさることながら,そこに盛られている改革項目のすべてが,社会的共通資本としてのディスクロージャー制度の根底に関わる広範な問題を対象にしており,証券・資本市場に対する信頼性の向上に向けた強い意気込みを感じ取ることができる.それは,ちょうど,2001年12月に発覚したアメリカでのエンロン社の経営破綻を契機に蔓延した,いわゆる会計不信を一掃するために,極めて短期間の間に制定された「企業改革法」の趣旨に符合するものといえる.

以上のように,社会的共通資本の一翼を成す健全なディスクロージャー制度の構築を目指すためには,会計,監査そしてコーポレート・ガバナンスの3つの視点からの取組みがなされなければならないこと,そして,その場合にあっても,常に,関係する基準ないし規則等の策定に際しては,国際的な視点を踏まえた上での議論が進められなければならないことを再認識すべきであろう.

6. おわりに——ディスクロージャー制度改革における課題と展望

以上,社会的共通資本としてのディスクロージャー制度の問題を考えるに際して,エンロン前の20世紀における状況とエンロン後の21世紀の課題とに識別し,両者の間には決定的な違いがあるとの認識の下に,さらなる信頼性強化のための取組みについて,日米における近時に至るまでの動向を概観してきた.

そこでの基本的視点として，あくまでも，信頼しうるディスクロージャー制度を構築するためには，会計，監査そしてコーポレート・ガバナンスの3本柱を中核に据えた議論，さらには，会計基準，監査基準およびコーポレート・ガバナンス関連規程の国際的統一化を前提にした議論が不可欠であることが理解された．少なくとも，資本ないし証券市場におけるグローバル化の流れは，より一層加速することを前提に国際的な視点を踏まえて歩調を合わせることが何よりも重要である．

　その意味で，社会的共通資本としての企業情報のディスクロージャー制度は，会計の枠組み，監査の枠組み，そしてコーポレート・ガバナンスの枠組みのそれぞれにおいて，国際的な動向も視野に入れながら，今後とも大変革する可能性は大いに考えられる．そして，これらの共通項は，社会的共通資本の一部として，すべて民主主義社会における公正な「社会統制の手段」であることから，その時代の社会選択および合理的な選択に委ねられるということである．

　わが国の場合，「会計ビッグバン」により会計基準は国際的水準に近づいたとされるが，IFRSの全面的な導入等の国際的統合の流れにはいまだ完全には乗り切れていない．また，監査基準については，基本的に，国際的な動向を継続的にキャッチアップするとともに，不正リスクに対する監査対応については，他国に先んじた先駆的対応が講じられてきており，あとは，職業的専門家である会計プロフェッションの側における厳格な適用ないし運用の問題が課題とされている．さらに，コーポレート・ガバナンスの枠組みの中核にある内部統制問題については，金商品取引法適用会社における内部統制報告制度だけでなく，より広く資本市場に関わる事業体における内部統制対応が円滑に浸透することが強く期待されるところである．

　つまり，信頼しうるディスクロージャー制度を構築するためには，透明性の高い会計・開示システムの確保による説明責任の履行，信頼性の高い監査システムの確保による独立的な監視の導入，そして，誠実なコーポレート・ガバナンスの確保による経営責任の誠実な履行が保証されることが不可欠なのである．しかし，いかに信頼性の高い制度にあっても，それを支えるのは，あくまでも「人間」である．そしてまた，いかなる制度も時間の経過とともに，制度疲労（ないし機能不全）を生じるのが通例である．

したがって，社会的共通資本の中の制度資本の一翼をなすディスクロージャー制度については，常に，継続的な監視と改革に向けた取組みが不可欠であるといえるのである．

参考文献
宇沢弘文 (2000),『社会的共通資本』岩波書店．
宇沢弘文 (2005),『社会的共通資本と設備投資研究所』日本政策投資銀行設備投資研究所（非売品）．
宇沢弘文・茂木愛一郎［編］(1994),『社会的共通資本――コモンズと都市』東京大学出版会．
八田進二 (2002),「株式会社監査制度の方向性――監査委員会制度の実態に迫る」『月刊 監査研究』Vol. 28(10), pp. 1-6.
八田進二 (2003),「米・企業改革法とコーポレート・ガバナンスの課題」『リスクマネジメント Business』2003 年 2 月 1 日号, pp. 6-10.
八田進二 (2009),『会計プロフェッションと監査――会計・監査・ガバナンスの視点から』同文舘出版．
八田進二［編著］(2009),『会計・監査・ガバナンスの基本課題』同文舘出版．
八田進二・奥山章雄・山崎彰三・岸田雅雄 (2003),「座談会　米国「企業改革法」の実態とわが国への影響」『企業会計』Vol. 55(1), pp. 129-149.
八田進二・髙田敏文 (2003),『新監査基準を学ぶ――逐条詳解（増補版）』同文舘出版．
八田進二・橋本尚 (2002a, 2002b, 2002c),「サーベインズ＝オックスリー法の概要とわが国への影響(1)-(3)」『週刊　経営財務』Nos. 2589-2591.
八田進二・橋本尚 (2003),「サーベインズ＝オックスリー法（米国企業改革法）に関するSECの規則案の概要――301条（公開会社の監査委員会の設置）に関する適用除外」『週刊　経営財務』No. 2608.
八田進二・町田祥弘 (2002a),「米国「企業改革法」にみる監査人の独立性規制の将来像」『税経通信』Vol. 57(13), pp. 22-30.
八田進二・町田祥弘 (2002b),「米国「企業改革法」にみる監査委員会制度の将来像」『月刊　監査』No. 464, pp. 4-12.
八田進二・町田祥弘 (2002c),「米国「企業改革法」にみる監査規制の将来像」『JICPAジャーナル』Vol. 14(11), pp. 95-100.
American Institute of Certified Public Accountants (AICPA) (1994), Special Committee on Financial Reporting, *Improving Business Reporting ― A Customer Focus : Meeting the Information Needs of Investors and Creditors*, AICPA.（八田進

二・橋本尚［共訳］(2002),『事業報告革命――アメリカ公認会計士協会・ジェンキンズ報告書』白桃書房)
American Institute of Certified Public Accountants (AICPA) (1997), Special Committee on Assurance Services, *Report of the Special Committee on Assurance Services*, AICPA.
American Institute of Certified Public Accountants (AICPA), Public Oversight Board (2000), Panel on Audit Effectiveness, *Report and Recommendations*, AICPA. (山浦久司［監訳］(2001),『公認会計士監査――米国POB：現状分析と公益性向上のための勧告：監査の有効性に関する専門委員会報告書』白桃書房)
Arthur Levitt, Jr. (Levitt) (1998), *The Numbers Game*. (中央青山監査法人［編］(2004),「ザ・ナンバーズ・ゲーム（会計上の数字合わせ）」『収益の認識』所収, 白桃書房, pp. 269-279)
Blue Ribbon Committee on Improving the Effectiveness of Corporate Audit Committees (Blue Ribbon) (1999), *Report and Recommendations of the Blue Ribbon Committee on Improving the Effectiveness of Corporate Audit Committees*, NYSE.
Committee of Sponsoring Organizations of the Treadway Commission (COSO) (1992 and 1994), *Internal Control — Integrated Framework*, AICPA. (鳥羽至英・八田進二・高田敏文［共訳］(1996),『内部統制の統合的枠組み――理論篇』『内部統制の統合的枠組み――ツール篇』白桃書房)
National Commission on Fraudulent Financial Reporting (NCFFR) (1987), *Fraudulent Financial Reporting — Conclusions and Recommendations*, 1987. (鳥羽至英・八田進二［訳］(1991),『不正な財務報告――結論と勧告』白桃書房)

第9章　グローバル新時代における経営・会計の
イノベーション
――共生価値と統合思考がもたらす持続可能な経済社会

小　西　範　幸

神　藤　浩　明

1. はじめに

　世界を取り巻く経済環境，企業経営およびディスクロージャー制度は，金融市場やサプライチェーンのグローバル化の進展を背景とする相互依存関係の深化を起因として大きな変貌を遂げつつある．そこでは，安全保障，人権，地球環境等の社会的諸問題に与える企業経営の影響が大きくなってきている中で，世界的な金融危機を契機として，資本主義経済の再構築だけではなく，企業経営と企業会計の新しいあり方が模索されてきている．

　本章では，経済，経営および会計の3分野での有機的再構築を行うべき歴史的転換点を迎えているという認識の下，会計ディスクロージャーを起点とした3分野の一体的改革へ向けての提言を行うことを目的としている[1]．この会計ディスクロージャーでは，2つの試みによって社会的共通資本としてのさらなる役割の向上が期待される．一つは，組織の価値創造プロセスを，組織のビジネス活動とアウトプットによってもたらされる財務資本，製造資本，知的資本，人的資本，自然資本，および社会関連資本に分類される資本の増減または移転の中で示すことである．もう一つは，株主だけでなく，広範なステークホルダーを意識した情報開示への取り組みを促すことである．

　本章では，まず，グローバル新時代の定常社会を肯定的に捉え，ダイバーシ

---

[1] 設備投資研究所経営会計研究室では，現在，『経営と会計の新機軸』をテーマに研究を進めている．本章は，そのプロジェクトの一つである「統合思考にみる経済・経営・会計の一体的改革」の成果の一部であり，宇沢 (2000) の社会的共通資本の考え方を，経営・会計分野に組み入れようとする試みである．

ティとの両立を可能にする持続可能な経済社会の構築を論じる．次に，持続可能な企業経営の普遍的な原理として，日本的経営の特徴ともいわれた「人本主義」，そして，わが国古来の「三方よし」や「道徳経済合一説」の思想等との関連性を踏まえて，共生価値の概念を再認識する．

これらの検討を踏まえた上で，共生価値を志向する企業経営を的確に表現する 21 世紀型の新しい会計ディスクロージャーのあり方を提案する．そこでは，国際統合報告評議会（IIRC）の主張する統合報告の本質を紹介し，持続的な企業経営の根底となる短期，中期および長期の価値創造を包括的な観点から捉えた統合思考に基づく財務報告，すなわち統合報告の可能性を展望する．

2. 経済社会ビジョンの再設計

2.1 グローバル新時代の定常社会

2008 年のリーマン・ショックによる世界的な金融危機から早 6 年が経過しようとしている．この間，資本主義のあり方そのもの，および経済学の有用性が問われる一方，今後のグローバル化の見通しは困難なものになっている．

前者の視点においては，市場メカニズムの不安定性を増幅した金融資本主義の姿を象徴する，国境を越えた激しい資本移動に警鐘が鳴らされ，経済学批判の特集まで展開された[2]．経済学が「経世済民」の学問として，有効な処方箋を提示するためには，資本主義の多面性を容認し，経済学の現実社会への適用や啓蒙的役割を，後述する企業経営のあり方と関連づけて再考する必要がある．その際，過去の著名な経済学者達が資本主義と対峙する際に提示したフィロソフィを呼び覚ますことが一つの有益な手掛かりになるのではないかと思われる（詳細は 3.1 節）．

後者の視点においては，金融危機以降，グローバル化の動きが足踏みしているという現実を踏まえることである．世界の貿易は伸び悩み（世界 GDP に占める輸出比率は 1986 年 17.2％→2008 年 32.0％へ上昇した後ほぼ横ばい），世界の対外

---

[2] 経済学批判の特集については，例えば，"What went wrong with economics — And how the discipline should change to avoid the mistakes of the past", *The Economist*; 2009 年 7 月 18 日号を参照のこと．

直接投資と国境を越えた資本移動は減衰している（前者の世界 GDP に対する割合は 2007 年 3.5% を直近ピークとして 2012 年 1.9% へ低下．後者のそれは 1990 年 4.5%→2007 年 20.9% へ急伸した後急落，2012 年は 5.0% 止まり）．その背景には，世界景気が不安定な中，新興国を中心とした「隠れた保護主義」の台頭や，金融規制強化の動きが関係しているとされる[3]．

このようにグローバル化の行方は混沌としているが，近年注目を集めた，40 年先の世界を楽観と悲観の両極から予測した 2 冊の提言書（前者：The Economist 2012，後者：Randers 2012）で示された，先行きのグローバル化の見立ては，興味深いことに，概ね一致している．グローバリゼーションの勢いは金融危機以前ほどには戻らず，開放の程度が著しく劣る「コントロールされたグローバリゼーション」，あるいは，世界は「統合」から「分裂」へ，地域的な解決策に焦点が移る可能性が想定されている．とするならば，グローバル化は着実に進展するとはいえ，その速度は落ちると予想される「グローバル新時代」には，グローバリゼーションの背景思想となった，拝金主義に陥りやすい市場原理主義とは異なる，"Think Globally, Act Locally" の姿勢こそが求められる．

堀内（2007）は，かねてからこの姿勢を貫き「国民経済」を重視した下村治博士（1910〜89）が，いち早く 1974 年に提唱したゼロ成長（成長率が文字通りのゼロとなるのではなく，長期的に最大 2% 程度の，せいぜい微速度の成長）ビジョンにおいても，その持続可能性には，「イノベーション」，「均衡」，「節度」の 3 つの視点が重要であると指摘した．実質 GDP 成長率が 2000 年代以降平均 0.7% へ低下し，潜在成長力も 1% 弱と試算される中，経済政策に「節度」という倫理的要素を欠き，一般政府は 2011・2012 年末と 2 年連続の債務超過に陥り，マクロ経済の長期的「均衡」を喪失した感のあるわが国経済の現状を見るにつけ，その指摘は正鵠を射ていると思われる．

政府が想定する，成長戦略の効果が着実に発現する経済再生のケースでも，2013 年度以降 10 年間の実質 GDP 成長率は平均 2% 程度とされているので（内閣府『中長期の経済財政に関する試算』2014 年 1 月公表），それは下村博士の言うゼロ成長社会の範疇である．ましてや，経済財政諮問会議専門調査会「選択する

---

[3] グローバル化の動きが足踏みしていることについては，例えば，"The gated globe", *The Economist*; 2013 年 10 月 12 日号を参照のこと．

未来」委員会がまとめた中間報告書『未来への選択』（2014年5月公表）で示されたように，今後50年，現状維持の場合は「人口急減・超高齢社会」と対峙せざるを得ない．潜在成長率を高めてゼロ成長社会を脱していくためには，資本投入の寄与度が低下を続け，かつ労働投入の寄与度が出生率の回復，女性・高齢者の労働参加促進と高齢者の労働時間延長を見込んでも継続的なマイナス傾向を余儀なくされることが予想される中では，全要素生産性（TFP）の寄与度の上昇，すなわちイノベーションの効果に期待をかけるしかない．ただし，Cowen（2011）が指摘した通り，18世紀の産業革命に匹敵するほどの顕著なプロダクト・イノベーションを生み出す機会が減り，生活水準の飛躍的向上を実感しにくくなっているとしたならば，イノベーションのマクロ的なインパクトに過大な期待をかけない方がよいかもしれない．

　表9-1はわが国の経済成長率（実質GDPもしくは実質GNI（68SNAではGNP）を1人当たりに換算して算出したもので，イノベーションによる生産性上昇を表す代理指標）と，現在もしくは今後の生活実感を比較してまとめたものであるが，これまでの成長率と主観的な生活実感との相関は必ずしも明瞭ではない．高度成長期，低成長期，バブル崩壊以降のゼロ成長期の3期間に分けて大きなトレンドをみると，成長率の低下に伴い，現在および今後の生活実感も悪化しているが，90年代の生活実感は低成長期に比較して向上している．また，3期間内における両者の時差相関係数（成長率は前年度の計数を採用）を計算すると，相関が高く有意なのは高度成長期と90年代に限られること，低成長期以降は今後の生活実感との相関が現在のそれと比較して弱まっていること，特に2000年代以降の両者の相関は極めて低く，有意でないことがわかる．

　表9-1が示唆するように，生活実感を高める上で，必ずしも成長にこだわる必要はないとすれば，堀内（2007）が説いた通り，持続可能なゼロ成長社会は，ジョン・スチュアート・ミル（1806~73）が，『経済学原理』（1848）の中でポジティブな評価を与えた「定常状態」の世界を示唆する．広井（2009）が主張する，「少子・高齢化社会」と「環境親和型社会」を結び付ける概念としての「定常型社会」（経済成長を絶対的な目標としなくても十分な豊かさが実現されていく社会）や，近年進展がみられる幸福度の研究もこの延長線上に位置づけられよう．定常社会を肯定的に捉えることは，ジョン・メイナード・ケインズ（1883

表9-1 わが国の経済成長率と,現在もしくは今後の生活実感

項　目	(単位)	高度成長期 1964〜73年	低成長期 1974〜89年	ゼロ成長期 1990〜2013年	ゼロ成長期 1990〜99年	ゼロ成長期 2000〜2013年
①1人当たり実質GDP平均成長率	年度 (%)	7.7	2.8	0.7	0.7	0.7
②1人当たり実質GNI平均成長率		7.8	3.0	0.5	0.8	0.3
③現在の生活感 D.I.	調査年 (%ポイント)	73.4	53.3	52.0	61.2	45.7
④今後の生活感 D.I.		67.2	56.7	48.6	62.4	39.0
①(前年度成長率)と③の時差相関係数 (1968〜2013)		0.79*	0.40	0.56***	0.85***	0.30
①(前年度成長率)と④の時差相関係数 (1968〜2013)		0.80*	0.23	0.37*	0.62*	−0.02
②(前年度成長率)と③の時差相関係数 (1968〜2013)		0.80*	0.46*	0.61***	0.86***	0.32
②(前年度成長率)と④の時差相関係数 (1968〜2013)		0.79*	0.31	0.47**	0.62*	0.13

注：1. ①と②は，1964〜80年度は68SNAベース(1990年基準)，81年度以降は93SNAベース(2005年基準).
　　2. ③は，現在の生活感が去年と比べて「向上」+「同じ」-「低下」と回答した者の割合．1998, 2000年調査は未実施．
　　3. ④は，今後の生活の見通しが「改善」+「同じ」-「悪化」と回答した者の割合．1964〜67, 1998, 2000年調査は未実施．
　　4. 時差相関係数の * は10％有意水準, ** は5％有意水準, *** は1％有意水準(いずれも t 検定).
出所：内閣府「国民経済計算」,「国民生活に関する世論調査」,総務省「推計人口」により作成.

〜1946)が倫理的な終着点とみなした,物質的な豊かさを享受し,欲求が満たされた時代に生きる先進国の現代人にとって,経済活動の目的をあらためて問い直すことでもある.

2.2 社会的共通資本概念をベースとした Non-GDP 統計

1930年にケインズの書いたエッセー「孫の世代の経済的可能性」は,100年後の2030年頃の先進国が「豊かさの中の停滞」という成熟経済の宿命に苛まれることを予言した.その注目点は,ケインズが,人類は100年以内に経済的な問題からほぼ解放されると同時に,生活の「質」に関わる側面を重視する生き方(美や知の精神性に効用を感じる生き方,自然を愛でる生き方,教養教育を重視し

たり，防災を含む生活の安全性を確保したり，健康的な生活を営む生き方など）を新たな価値観として選択できるかどうかの問題に直面すると言い当てたことにある．かつてジョン・ケネス・ガルブレイス（1908～2006）が，わが国への期待として寄せた言葉を拝借すると，GNP に向かいすぎた関心を，GNE（グロス・ナショナル・エンジョイメント：経済以外の芸術，科学，教育など，人生の喜びや知的な楽しみ）に向けて，これを享受できるような国になれるかどうかを問うたことに等しい．

定常社会の基礎条件を成すものが社会的共通資本の概念にあたる（堀内 2007）．ここに，物質的側面に焦点を当てて作成される GDP 統計に加えて，数値化されにくく，したがって軽視されやすい定常社会における生活の質を的確に表す指標の開発が求められる理由があり，社会的共通資本概念をベースとした Non-GDP 統計の整備が急がれる．幸いにも欧米ではこうした取り組みが始まっている（Stiglitz et al. 2010, 福島 2013）．

EU では，欧州統計局が既に 2005 年以降隔年で「持続可能な発展指標（SDI：Sustainable Development Indicators）」の作成・改良を続けていたが，仏サルコジ前大統領が 2008 年 2 月に，ジョセフ・スティグリッツ（1943～）を議長とする世界の社会科学者 24 人を招集した「経済業績と社会進歩の計測に関する委員会」（略称：スティグリッツ委員会）を設置し，経済的，環境的，社会的な持続可能度を計測する適切な指標を検討するよう指示したことが契機となっている．その最終報告書は 2009 年 9 月に「経済業績と社会進歩の計測に関する報告」として公表され，当時世界的な反響も大きかったとされる．

重要なポイントは，生活の質を①個人的な満足度，②個人が果たしている諸機能と諸機能を果たせる能力（客観的な幸福度），③経済的幸福度の公正な割り当てという 3 つの方法で計測し，特に②について 8 分野（「健康―死亡率と罹病率」，「教育」，「個人的な諸活動―報酬を伴う労働の時間と質，無報酬の家庭内労働，通勤時間，余暇時間，住宅状況」，「政治的発言権と統治」，「社会的なつながり―社会的資本への関わり」，「環境の諸条件」，「個人的な身の危険」，「経済的安全度への脅威」）に分けて新指標の必要性を論じたことである．生活の質を測る新指標の目的は，GDP には直結しないが，人的資本や社会的資本のレベル向上を通じて個人の幸福度を高めることにあり，それが間接的に TFP の上昇による GDP 増加に

繋がる場合は結果にすぎないと考える．したがって，定常社会において，今後 TFP がマクロ的にみて大きなインパクトを持ちにくいとしても，プロセス・イノベーションの効果も含めた TFP の重要性はいささかも薄れることはない．

　このスティグリッツ勧告は，その後 2 つの展開をみている．一つは，EU の戦略決定に大きな影響力を持ち，2010 年 6 月に欧州理事会が採択した，今後 10 年間の長期戦略である「Europe2020」において，Non-GDP の 5 大数値目標が初めて設定されるに至った．具体的には，①「雇用」（20〜64 歳の就業率を 69％→少なくとも 75％へ引き上げ），②「研究開発」（研究開発支出対 GDP 比率を 2％→3％へ引き上げ），③「気候変動」（温室効果ガス排出量を 1990 年比 20％削減），④「教育」（早期学校中退者比率を 15％→10％へ引き下げ，30〜34 歳の大卒比率を 31％→少なくとも 40％へ引き上げ），⑤「貧困」（貧困層削減率 25％）であり，これらの数値目標は，いわば，連邦レベルの主要業績評価指標（KPI）にあたるとも考えられる．

　もう一つは，2011 年 4 月の国連総会で，GDP を超える新統計を国連統計局は開発するべきという決議が採択され，2012 年 6 月に国連主要加盟国 20 ヶ国を対象とした *Inclusive Wealth Report 2012: Measuring progress toward sustainability* が初めて公表されたことである．その最大の特徴は，国民の幸福感に繋がる客観的な福利厚生度（well-being）の増大を把握する上で，対象 20 ヶ国について「製造資本」，「人的資本」，「社会関係資本」，「自然資本」の 4 つの資本（ストック）に着目し，現時点で計測の困難な「社会関係資本」を除く 3 つの資本から，1990〜2008 年の「包括的富裕度指数（Inclusive Wealth Index，以下 IWI）」を試算したことにある．

　表 9-2 はその結果を集約したものである．計測期間は日本経済がバブル崩壊後の長期低迷といわれた時期にあたっているにもかかわらず，わが国のこの間の 1 人当たり IWI の年平均成長率は，1 人当たり実質 GDP 年平均成長率と大差ないが，英米を上回っていることに加えて，1 人当たり IWI の水準は 19 年連続第 1 位を維持している．内訳でみると，「人的資本」（19 年連続第 1 位）が 71.7％，「製造資本」（19 年連続第 1 位）が 27.1％，「自然資本」が 1.1％を占め，特に「人的資本」の蓄積が大きいことがわかる．因みに，「人的資本」以外に，今後の賃金獲得可能額（＝平均余命×平均賃金）の割引現在価値を「健康資本」

表 9-2 対象 20ヶ国の IWI（包括的富裕度指数）と資本別内訳

(2000 年米ドル価格表示)

国名 (単位)	IWI (包括的富裕度指数) 2008年 (10億ドル)	IWI 1990~2008年 (年平均%)	人口成長率 1990~2008年 (年平均%)	1人当たりIWI 2008年 (10億ドル)	1人当たりIWI 1990~2008年 (年平均%)	製造資本 2008年 (10億ドル)	人的資本 2008年 (10億ドル)	自然資本 2008年 (10億ドル)	1人当たり健康資本 2008年 (10億ドル)	1人当たり実質GDP 1990~2008年 (年平均%)
オーストラリア	6,106	1.41	1.29	283.8	0.12	67.0	132.4	84.5	4,931	2.2
ブラジル	7,414	2.30	1.38	38.7	0.91	7.6	23.8	7.3	1,765	1.6
カナダ	11,062	1.41	1.03	331.9	0.37	56.5	172.0	103.4	5,047	1.6
チリ	1,019	2.56	1.35	60.6	1.19	13.0	35.1	12.6	2,127	4.1
中国	19,960	2.92	0.83	15.0	2.07	4.6	6.6	3.8	1,089	9.6
コロンビア	1,205	1.62	1.70	26.8	-0.08	6.4	11.1	9.4	1,441	1.7
エクアドル	360	2.14	1.76	25.6	0.37	4.3	16.6	4.7	990	1.8
フランス	12,955	1.95	0.51	208.6	1.44	51.8	154.2	2.7	4,873	1.3
ドイツ	19,474	2.06	0.23	236.1	1.83	59.5	161.9	14.7	4,989	1.5
インド	6,164	2.66	1.74	5.2	0.91	1.5	2.4	1.3	589	4.5
日本	55,106	1.10	0.19	435.5	0.91	118.2	312.4	4.9	6,557	1.0
ケニア	123	2.85	2.79	3.2	0.06	0.8	1.7	0.7	475	0.1
ナイジェリア	893	0.53	2.44	5.9	-1.87	0.4	1.5	4.1	567	2.5
ノルウェー	1,566	1.33	0.67	327.6	0.66	90.3	201.4	36.0	6,794	2.3
ロシア	10,327	-0.50	-0.19	72.1	-0.31	9.3	14.9	47.9	1,413	1.2
サウジアラビア	4,947	1.57	2.72	189.0	-1.12	19.5	66.4	103.2	2,703	0.4
南アフリカ	1,846	1.57	1.64	37.4	-0.07	6.5	21.1	9.8	1,482	1.3
イギリス	13,424	1.26	0.38	219.1	0.88	24.4	193.0	1.8	5,479	2.2
アメリカ	117,833	1.74	1.04	386.4	0.69	73.2	291.4	21.7	6,346	1.8
ベネズエラ	3,094	1.70	1.99	110.3	-0.29	14.1	55.9	40.3	2,046	1.3

出所：UNU-IHDP and UNEP, *Inclusive Wealth Report 2012: Measuring progress toward sustainability* により作成.

と定義づけて試算しており，わが国は1990～95年まで6年連続第1位，96年以降13年連続第2位にある．GDP統計では把握できない，わが国経済社会の潜在力を垣間見ることができる．

IWIの試算は，これからも改善を加えながら定期的に公表され，次回2014年度には「社会関係資本」の推計結果も明らかになる予定である．わが国の場合，人々あるいは，人と組織との間に協調的な行動を促す「信頼」，「規範」，「ネットワーク（絆）」の側面では一日の長があるといわれることから，「社会関係資本」を加味したIWIでみると，さらに優位に立つ可能性もある．このように，IWIを計測しようという試みは，定常社会を積極的に評価しうるNon-GDP統計の整備へ向けた一例であるとともに，第5節で詳述する企業レベルでの統合報告による開示と対をなす動きとして，その行方が大いに注目される．

3. 共生価値の台頭

3.1 モラル・サイエンスの再興

過去の著名な経済学者達が資本主義と対峙する際に提示したフィロソフィの中で，定常社会においても有益なものは存在する．

経済学の泰斗による市場経済に対する見方は，注意深く読みとれば，決して市場原理主義礼賛論ではない．それは良識ある新古典派自身が，「見えざる手」に象徴される新古典派経済学に存在する前提条件や限界をわきまえていたことからも明らかである．

例えば，大瀧（2001）によると，アダム・スミス（1723～90）は，市場メカニズムの効率性を支えるための道徳の必要性を認識しており，ケネス・アロー（1921～），フリードリッヒ・ハイエク（1899～1992）は，市場経済の「自生的秩序」を支えるための道徳を求め，市場原理主義においては，市場が機能するためのこの基礎的条件が軽視されていると注意喚起していた．

また，堂目（2008）によると，スミスは，『道徳感情論』（1759）において，社会の秩序と繁栄がもたらされるのは，「徳への道」と「財産への道」を同時に追求し，利害関係や偏見を持たない，胸中の「公平な観察者」の「同感」が

得られるよう，正義感によって制御された野心の下で行われるフェア・プレイのルールに則した競争だけであること，そして，『国富論』(1776) において，「自然的自由の体系」に向けた規制の緩和・撤廃は，人々の感情に配慮しながら時間をかけて慎重に進めなければならないことを説いていた．

さらに，1980年代末期に「資本主義（市場主義）vs. 共産主義（計画経済）」という構図の冷戦体制が終焉を迎えてまもなく，敵失で勝利した資本主義の多面性をいち早く指摘したのはミシェル・アルベール (1991) である．そこでは，個人の成功を重視し，人々の意識を競争へと駆り立てる，近視眼的な「アングロサクソン型資本主義」と，連帯を大切にする集団主義的な特色を持ち，従業員の教育を重視し，長期的な視点から，社会貢献にも配慮する「ライン型資本主義」の2つに大きく類型化し，後者は前者に比して派手さはないが，長期的には勝ると指摘されていた．金融危機を経た現在，後者の特徴を自ら評価せず，アングロサクソン化を急速に進めたわが国にとっては傾聴に値する．後者への道を志向することは，とりもなおさず「人間本位の資本主義」を取り戻す契機になるからである．

以上から示唆されることは，現代の経済学に必要なのは，スミスの時代から続く「モラル・フィロソフィ (moral philosophy)」の系譜に連なる，社会の一員としての人間を扱う学問を意味する「モラル・サイエンス (moral science)」を再興することではないかと思われる．ロイ・ハロッド (1900~78) が，現在の社会的課題の真の解決には，事実観察から得た多くの知識と人間性に対する深い理解が必要だと信じていたように，21世紀の経済学に期待される使命は，自然科学とは異なるモラル・サイエンスへの回帰を通じて，より善い人間社会のあり方について積極的に提言していくことであろう．

モラル・サイエンスの視点は，定常社会においても重要な役割を果たし続ける．それは定常社会でも，個人や企業レベルの成長の可能性まで否定されるものではなく，イノベーションによるダイナミズムは経済活力を保持する上で必要不可欠であり，イノベーションを促す上で期待される条件が，最近にわかに注目されている「ダイバーシティ（多様性）」の推進にあるからである．定常社会とダイバーシティの両立は可能であり，その架け橋ともなりうるのが，モラル・サイエンスの役割ではないかと考えたい．

一口にダイバーシティといっても，その内容は実に様々である．男女共同参画社会の形成，仕事と生活の調和のとれた働き方を目指すワーク・ライフ・バランスの実践（社員の正規・非正規の均等待遇，裁量労働制の拡大，各種休暇制度の充実等）と女性，高齢者，障がい者，外国人労働者の活動支援など多岐にわたる．ダイバーシティの内容は，まさに前節で検討した生活の質の問題とも密接に関わるだけに，そのマネジメント力が問われる．

このように，定常社会は静態的で，かつ必然的に持続可能な社会ではない．定常社会であっても，個人や企業の自助努力と政府のセーフティネット機能なかりせば，持続可能性は必ずしも保証されない．また，ダイバーシティに欠けると，持続可能な発展はおぼつかなくなる．この意味で，グローバル新時代には，多様な価値観を認めた上でのリスクマネジメントの重要性が増してくるに違いない．

3.2 共生価値にみる普遍的な経営原理

それでは，持続可能な企業経営に求められるものは何か．それを検討するには経営原理の視点からの考察が有用である．企業経営の具体的な仕組みや制度は，その企業の置かれた環境によって変わりうるが，時代と国境を越えて通用する経営原理は変えてはならず，普遍的でなければならないからである．その原理までも変えてしまうと，経営のブレに繋がる．

90年代末以降，金融市場からみた企業評価を重視する経営改革が促され，わが国でも，多様なステークホルダー間の適切なバランスを欠いた企業経営が散見されるようになった．その主因を，わが国の会計制度を世界標準に近づけるために順次実施された「会計ビッグバン」（税効果会計，時価会計，減損会計，退職給付会計の導入等，一連の会計制度改革）に求める見方がある（大畑 2013）．グローバル経済下における株主主権偏重の企業経営により，IRR（内部投資収益率）やROE（株主資本収益率）に代表される，株価との連動が意識されやすい財務指標に重きが置かれ，効率的な金儲けが目的化して短期の業績志向に拍車をかけた．

金融危機を経て，Porter and Kramer（2011）が「共通価値の創造（CSV：Creating Shared Value）」という概念を用いて，会社の事業を通じて，中長期的

に公益（＝社会的課題の解決）に貢献することの重要性を提唱したのは決して偶然ではなく，以来これに呼応した動きが国内外問わずみられるようになった[4]．

　例えば，経済同友会から2012年6月に企業の存在意義を問う提言書『社会益共創企業への進化』が出されたが，ここで謳われた，本業を通じてステークホルダーとの協働により，イノベーション・価値創造を行い，社会との持続可能な相乗発展を実現する企業像はCSVの実践そのものである．小林（2011）が提唱した「MOS（マネジメント・オブ・サステナビリティ）」も，効率的な利益創出を目指す「MBA軸」（＝欲），イノベーションの継続的創造を目指す「MOT軸」（＝知）と並んで，社会や環境への貢献を行いつつ，全体の最適経営を目指すもう一つの経営基軸（＝義）を導入する試みである（その他のわが国企業の取り組み事例は，赤池・水上（2013）に詳しい）．

　また，1人当たり年間所得3,000ドル未満で生活する世界の貧困層40〜50億人（潜在市場規模年5兆ドル）を対象とする「BOP（Base of Pyramid）ビジネス」の普及や，福祉・教育など社会問題の解決を目的としつつ，ビジネスとしても成立させる「社会起業家（ソーシャル・アントレプレナー）」の台頭などの動きも，単なる慈善事業とは異なる，CSVの具現化の一環とみなされる[5]．

　ただし，CSVという概念自体はわが国企業にとっては決して目新しいものではない．広範なステークホルダーとの共生価値を意識しながら，公益と私益の両立を目指すという姿勢は，わが国企業がDNAとして持ち続けてきた行動原理そのものである．そのコア概念となる共生価値が，近年，普遍的な経営原理として再認識されつつあることは，わが国にとってまたとないチャンスである．

　わが国には，これまで共生価値と親和性のある経営原理が提唱あるいは実践されてきた歴史があることを忘れてはならない．江戸時代に活躍した近江商人

---

4) CSVは，サステナビリティを新たなマーケットの事業展開として捉え，経営戦略と直結した活動にしていく「戦略的CSR」，あるいは本業とCSRを統合した段階を表す「CSR3.0」と称されることもある．先駆的にCSVへ取り組んでいるグローバル企業としてはネスレがよく知られている．

5) 事業を通じた貧困，飢餓，病気や環境問題の解決など，公益を目的とし，人間の利他心に基づく「社会的事業（ソーシャル・ビジネス）」の動きもみられるが，私的利益を追求しない点でCSVとは異なる．

の伝統的精神として有名な「三方よし」（売り手よし，買い手よし，世間よし）の理念，同じ江戸時代の思想家石田梅岩（1685～1744）が，『都鄙問答』（1739）において，顧客満足とその見返りとして適正利潤を受け取ることの正当性を説いた商人道，その教えを継承した松下幸之助（1894～1989）の唱えた「企業は社会の公器」という共存共栄の思想，そして，日本の「近代資本主義の父」と称される渋沢栄一（1840～1931）の講演口述をまとめた『論語と算盤』（1916）に記された，ビジネス上の競争には道徳が必要であること，『論語』に象徴される道徳と，お金を儲ける経済という，一見かけ離れた2つを融合させることが，富の永続に不可欠であるという「道徳経済合一説」などがその代表的なものであろう．

　経営学の分野では，株主資本主義との対比で，従業員主権を意識した「人本主義」（伊丹 1987）や，わが国の企業統治を支えていた重要な思想を「長期連帯主義」（加護野 2014）に見出す考え方がそれにあたる．特に，前者の確からしさは，約7千社の中小企業訪問をこなした坂本（2008）によると，「社員とその家族」，「社外社員とその家族」，「顧客」，「障がい者や高齢者等地域住民」，「出資者・支援者」の順に幸福の実現を目指している企業が，共通して安定的に高い業績をあげている点で説得力を増しつつあるのは興味深い．

　また，わが国は世界で最も長寿企業が多いという点も共生価値を再認識する上でアドバンテージとなる．老舗経営の本質は「不易流行」，「伝統と革新」（変える勇気と変えない冷静さ，それを識別する知恵），「忘己利他」などといわれる．産業の新陳代謝を図る際，開廃業率を高めることを主眼に据える傾向が強いが，老舗経営について学ぶことからは，既存企業のビジネスの中身の新陳代謝を図るという複眼思考の大切さも教えられる．

　わが国企業が連続増収または連続増益を長期間にわたって達成することが難しくなっており，その発生確率が独立性の仮定の下で期待される確率と大差ない状況にあること（桜井・音川 2013），会社が繁栄を謳歌できる期間は1983年調査時点の30年から，2013年調査時点の18年へ短命化していること（日経ビジネスによる試算）を踏まえると，老舗経営のケース・スタディから永続性のヒントを学ぶ意義はある．アメリカに比べて半世紀遅れの状態にあるファミリービジネスの研究蓄積も急がなければならない．

共生価値の真髄は，公益に資する高い志と使命感にあると換言できる．ケインズの恩師アルフレッド・マーシャル（1842〜1924）は，ビジネスの世界でも，人間性の進歩により資本家が蓄積した富を公益のために進んで提供する「経済騎士道」の精神（≒公共的な精神）を尊重する環境の浸透を期待していた．わが国における個人の社会への貢献意識は明らかに高まっており[6]，「経済騎士道」の精神が発揮される定常社会の到来が待たれる．

4. 財務報告の新機軸

4.1 財務報告の概念フレームワーク

財務報告の目的は，企業への将来の正味キャッシュインフローの見通しを評価するのに役立つ情報を提供することである．一方，企業は，キャッシュフローの金額と時期を変えるために効果的な行動をとって，予想されない必要性や機会に適応できる能力，すなわち「財務弾力性（financial flexibility）」を高める必要がある．つまり，企業にとっては，現金創出能力を有することが重要であって，それはリスクを伴う会計事象を通して，将来のキャッシュフローに影響を及ぼす．

ある事象を財務諸表で認識するには，蓋然性と信頼性の2つの規準を満たすことが必要とされ，以前にはアメリカの財務会計基準審議会（FASB）と国際会計基準審議会（IASB）の概念フレームワークでも同様の規定が設けられていた．しかし，現行の概念フレームワークでは，信頼性という用語は，既に使われなくなっており，この概念の内容の大半は忠実な表現という基本的な質的特性と検証可能性という補強的な特性で補われるようになっている（IASB 2010）．

現代の財務報告における認識規準の特徴は，将来のキャッシュフローを織り込んでの認識領域の拡大化であり，それに伴って測定可能性が重視されるようになってきている．個々の財務報告基準をみてみると，キャッシュフローを基

---

[6] 内閣府「社会意識に関する世論調査」によると，社会の一員として，何か社会のために役立ちたいと思っていると回答した者の割合は，1974〜89年平均47.6%→90〜98年同61.2%→2000〜14年同63.9%（うち2008〜14年同67.0%）へ上昇している．そのうち「自分の職業を通して」貢献したいと回答した者の割合も，調査開始以降98〜2007年平均20.8%→2008〜14年同25.2%へ高まっている．

礎とした認識および測定として整理でき，IASB の概念フレームワークの見直し作業では，蓋然性規準を削除する動きがみられる（IASB 2013）．

この見直し作業では，例えば，会計事象の発生確率が 50％に満たないものは認識しないというような閾値を規定しないことによって，認識時点での財務諸表への計上の可能性を排除することをなくして，認識と測定を同時に行う経済性規準の合理性を高めようとしている．そこでは，資産および負債の定義を改めて，定義と認識と測定の関係について一貫した説明ができるよう努力が払われている．その結果，財務諸表の数値に含まれている仮定および判断に直接的に関連するリスク，すなわち，認識および測定に伴うリスクが忠実に表現できるようになり，将来のキャッシュフローの予測に目的適合的な情報が提供されるようになる．

リスクは，発生の蓋然性，原因および影響が決定されると，確率分布が求められることによって確定する．その大きさを測定する一つの指標として，確率分布の標準偏差（または分散）が用いられる．この確率分布から，発生の可能性の範囲にわたって，リスクが発生する見込みが決定され，そうして当該事象に関する不確実性が逓減していく．したがって，不確実性は潜在的なリスクの基礎を提供するものではあるが，リスクとは区別しなければならない．

4.2 財務報告基準の現代的特質

ある会計事象に関して，蓋然性（発生確率）とその影響度（キャッシュフロー）が決定できるようになると，これらの確率分布が求められて認識が可能となる．この確率分布では，当該事象の発生の可能性の範囲にわたってリスクが発生する見込みが決定され，不確実性が逓減していく．つまり，会計事象は，リスク（あるいは不確実性）を伴う会計事象であると考えることができる．それは，発生可能性が高い将来キャッシュフローを単一の数値で示した見積キャッシュフロー，あるいは発生可能性のある将来キャッシュフローの確率加重平均である期待キャッシュフローをもって認識される．ここでの特徴は，キャッシュフローの見積・予測を損失認識（例えば，資産の評価損や負債の早期の予測計上）の方向に適用し，利得認識（例えば，資産の評価益）の方向には容易に適用しようとしていないことである．

発生可能性が高い事象は，影響度の高低に関係なく最頻値をもって認識され財務諸表に計上される．一方，発生可能性が低い事象であっても，現在価値測定の活用によって財務諸表に計上できるようになってきている．それは，測定と認識が同時に行われる経済性規準が採用されるようになってきているからである．例えば，認識時において見積ったキャッシュフローが期待値から大きく乖離している場合，あるいは，事象の発生確率の閾値が50％を下回っているような場合には，測定値の計算で当該リスクの調整を行うことで財務諸表に計上する．

期待キャッシュフロー技法を用いて測定した場合には，見積ったキャッシュフローが期待値から乖離するリスクは，分子の将来キャッシュフローか，あるいは分母の割引率に反映させる必要がある．しかし，実務上では，将来キャッシュフローに反映させることが容易でないため，当該リスクや貨幣の時間的価値等を反映させるための割引率を用いて調整することが多い．

このように，キャッシュフローを基礎とした測定においては，将来キャッシュフローの見積り，その見積りの変動の可能性に関する評価，貨幣の時間的価値，およびリスク・プレミアム等に係るリスク調整を行って公正価値が忠実に表現できるようにしている．つまり，認識に伴うリスクが高い場合には，測定値の計算でリスク調整を行うことで認識に伴うリスクを逓減させてから財務諸表に計上しているのである．それでも財務諸表に計上できなかった事象，すなわち，依然として不確実性が生じている会計事象は，注記か，あるいは「事業等のリスク」等の財務諸表以外で記載されるようになる．

4.3 リスク情報開示の現状

訴訟に係るリスクを例にとって考えてみると，①発生可能性と影響度の両方が確定でき，認識および測定の要件を満たすリスク事象は引当金に計上して，②そのどちらかが確定できないために認識の要件を満たさないリスク事象は偶発債務として財務諸表の注記に記載する．そして，③そのどちらも確定できずに認識および測定の要件を満たさないリスク事象は，「事業等のリスク」に記載するのである．

このように注記に記載される偶発債務は，引当金よりも高い程度のリスクを

有しているが「事業等のリスク」よりは低くなる．また，注記には財務諸表項目の明細や記述的な説明も掲載され，例えば，銀行が開示している市場リスクに関して，金融商品の状況やその時価等の情報が記載されている．

　注記は合理的保証の対象ではあるが，開示要求が多すぎて必ずしも効果的に開示と保証が行われていないという批判がある．これに対して，欧州財務報告諮問グループ（EFRAG）やFASBなどが討議資料や公開草案を公表して，注記における開示の目的適合性の改善を検討している．実務上では，財務諸表項目に係る処理と開示に関連して，企業と監査人との協議の中で説明する必要があるとされた事項や開示しておいた方がより良いと考えられた事項が注記に所収されている．

　わが国では，2004年度決算期より，証券市場への信頼性を高める目的で「事業等のリスク」は，「経営者による財務・経営成績の分析」および「コーポレート・ガバナンス」とともに有価証券報告書において独立した項目として開示されている．「事業等のリスク」では，事業活動が原因で晒されているビジネスリスクが一括して開示されるようになったが，その開示内容は提出会社の自主的判断に任されている．記載されている情報は，経済全般に係るリスク，業界特有のリスクおよび企業固有のリスクに大きく分類することができる．

　「事業等のリスク」は，発生可能性と影響度の両方が決定できずに不確実性が残るリスクの程度の高い事象であり，保証上では，財務諸表および注記との整合性の検証（read）によって対応しているに過ぎない．しかし，作成上では，経理部が主導して「事業等のリスク」を開示している場合もあるが，一般的には，良好なリスクマネジメントの下，各部門・部署で管理しているリスク情報を経営戦略室等で統括し，それを経理部が整理したものを「事業等のリスク」で開示していると考えられる．なぜならば，リスク管理は戦略レベルでは主にビジネスモデルそのものに深く関係があり，リスク選好について継続的に検討することは，リスクを回避しヘッジする方策と同様に価値創造のための最善の方策ともなりうるからである．それによって，企業はリスクに対し回避，移転，軽減，許容および活用といった広範囲にわたるリスク対応へと，選択の幅を拡げることが可能となる．

4.4 保証に係わるリスク

　ここでは，財務報告と保証におけるリスク概念を比較して，両者のリスク概念の関係を明らかにしてみたい．これまで説明してきたように，財務報告では，会計事象はリスクあるいは不確実性を伴うリスク事象であると考えられる．そこでは，認識時点でリスクの程度が高いものは，期待キャッシュフロー技法等の測定を用いてリスクを逓減させてから開示することになる．依然として不確実性が生じているためにリスクが確定できない事象については，注記あるいはその他の情報によって開示が行われる．

　そこでの認識規準の特徴は，将来のキャッシュフローを織り込んでの認識領域の拡大化であり，それに伴って測定可能性が重視されるようになってきている．その意味は，認識規準と測定規準の連携強化，すなわち経済性規準の重視である．IASB の財務報告の概念フレームワークの見直し作業では，蓋然性規準を削除する動きがみられ，そこでは会計事象の発生確率における閾値を規定しないことによって，認識時点での財務諸表への計上の可能性を排除しない．したがって，結果として，経済性規準の活用によるリスク事象の積極的な財務諸表での開示を促すと同時に，財務諸表以外でのリスク事象との関係の説明が必要になる．

　合理的保証は財務諸表における重要な虚偽表示を看過しないことを目的として行われるものであるため，監査人が財務諸表の重要な虚偽の表示を看過して誤った意見を形成する可能性を監査リスクと位置づけ，これを一定の水準以下に抑えるべく監査手続が計画されることになる．したがって，合理的保証上のリスクは，財務報告におけるリスクとは，通常，異なる形で用いられていることになる．しかしながら，合理的保証におけるリスク評価の最初に実施される事業上のリスクの理解に関するリスク評価手続やゴーイング・コンサーンに関する監査手続の領域では，財務報告の対象となるビジネスリスク等のリスク概念と極めて近いものが用いられている．

　さらに，企業が公正価値測定の介在する項目の処理や開示を行う場合には，監査人も，当該項目にかかわって企業がいかなる仮定および判断に関連するリスクを認識および測定しているかを理解する必要がある．そして，監査人とし

ての心証形成において，監査証拠の入手およびそこから得られる保証の程度が当該項目のリスクあるいは不確実性に深く関連するものであることなどから，一定の範囲で財務報告上のリスクと保証上のリスクの概念は関連しているということができる．

このように，財務報告の対象となるべきリスクあるいは不確実性を伴う会計事象を考える上では，合理的保証に加えて限定的保証の可能性がいかなる意義を有しているのか，また，限定的保証の限界はどこにあるのかを検討する必要が生じている．現在では，財務報告と保証におけるリスク概念の共有が限定的であるとしても，今後に向けてはリスク概念の共有を図っていかなければならない．

COSO レポート（COSO 2013）では，リスクの評価に関する原則が4つあり，その中に，環境・社会・ガバナンス（ESG）情報などのサステナビリティ情報の明示が要求されるようになっている．そこでは，内部統制報告に係るリスクの評価対象の範囲の見直しに伴い，当該保証のあり方が変わっていくことが予想される．

また，COSO レポートでは，組織内のコミュニケーションと外部とのコミュニケーションが要求されており，統合報告書の意義が増してくると考えられる．それは，統合報告の対象にも従業員等の企業内部者が含まれ，統合報告の信頼は，内部統制と報告システム，内部監査，および独立した外部の保証によって高まるからである．統合報告書に対しては，外部の保証は必ずしも要請されるものではないが，ガバナンスの役割を担う責任者が署名した書面の添付が要請されていて（IIRC 2013b），当該報告書の作成作業と公表によって，経営の質と評価に改善がもたらされ，その後の企業価値の創造と維持を堅固なものにすることが可能となる．そこでは，外部監査，内部監査および監査役監査の3つの監査の間での期待される情報共有とコミュニケーションのあり方が提起され，三位一体の新しい監査体制を構築できる可能性が生じてくる．

5．統合思考にみる経営・会計の革新

5.1　グローバルリスクと統合リスクマネジメント

現代のグローバル社会における経済・経営環境の不安定さに伴い，国家レベ

ルでグローバルリスクに対する「弾力性（resilience）」を高める必要性が増してきたと同時に，企業レベルでも同様なリスク対応を高める必要性からリスクマネジメントの重要性が増してきている．ここで言う弾力性とは，国際的に相互依存関係にある多様なグローバルリスクをマッピングして，国家がそのようなリスクに適応して回復する能力のことである．

　グローバルリスクは，外的リスクを指しており，その他にもプロセスの崩壊や人為的ミスなどの予防可能なリスクや潜在的な収入とリスクとを比較した際に自ら進んで取る戦略的リスクがある．外的リスクは，人的な影響や管理を超えるものであり非常に複雑に構成されているので，企業が単独で管理し軽減できる範囲を超えている．そこでは，弾力性に重点を置いて，回復する能力を培うことをもって対応を図ることが肝要と考えられている．

　図9-1の縦軸は，グローバルリスクの発生の可能性と発生した場合の影響の程度がどれくらい予測可能であるのかを示しており，横軸は，その対処方法についてどれくらいの知識量があるのかを示している．ここで重要な点は，(A) のリスクの予測可能性と当該知識量が多い場合にのみ，リスクに対して予測戦略を利用して，これ以外の場合には回復力を重視することである．

　グローバルリスクに対して，予防可能なリスクと戦略的リスクに関しては，リスクマネジメントの手法を通じて対応することが可能であると一般的に理解されている．つまり，経営者がこれらのリスクを識別・評価し，そしていかに受け入れ管理するかは，経営者のリスクマネジメントの考え方に拠っているということができる．

　近年では，①リスクの発生の背景および内容の把握から始まり，②リスクマップの作成によるリスク分析・評価，③リスクマネジメントに沿った戦略の策定・実施，④リスクおよび業績の測定と，⑤内部統制システムの監査や財務・業務情報システムの監査等のモニタリング，そして最終的には，⑥当該リスク情報の開示までを一貫して行う統合リスクマネジメントの導入の有用性が広く一般に認められるようになってきている（AICPA, CICA 2000）．

　リスク情報の開示によっては，①実際的な将来予測情報の提供，②財務報告の有用性の向上，③良好なリスクマネジメントの促進，④経営者の管理責任の説明，⑤資本コストの低減などの効果が得られる（ICAEW 1997）．このように，

		少ない	多い
リスクの「予測可能性」	高	予測戦略よりも弾力性を重視（C）	予測戦略を利用（A）
	低	弾力性を強化（D）	予測戦略よりも弾力性を重視（B）

リスクとその有効な対処法に関する知識の量

図9-1　弾力性に焦点を当てたリスクの分類

出所：World Economic Forum（2013）p.37.

　現代のグローバル社会では，リスクがキーワードとなって，経済と経営と会計が相互に作用し合う関係になってきている．

　このような状況の中で，これまでの財務諸表を中心とした伝統的な会計ディスクロージャーでは，企業経営の実態が十分に説明できないとの指摘がある．また，内部統制報告制度の導入など，監査体制の充実によって財務報告の信頼性が高まってきたとはいえ，財務諸表を中心とした保証では限界があるとの指摘もあがってきている．しかし，財務諸表以外の情報は，財務諸表を中心とした財務情報とは別個の会計ディスクロージャーとして取り扱われてきたため，財務諸表を補足あるいは補完する機能は認められていても，これまで財務報告の枠組み中での議論は尽くされておらず，保証の視点からも同様に議論が不十分である．

　近年では，これらの情報の統合開示という枠組みの中で財務諸表以外の情報開示が活発に議論され始めた．それは，企業の社会的責任（CSR）を明確にするよう求める声が高まっており，企業価値創出への貢献度も向上しているESG情報の開示に注目が集まってきているからである．

　財務諸表の本文および注記，並びに「事業等のリスク」等において開示されているリスク情報は次のように整理でき，それらの統合開示を試みることは，財務報告の目的適合性を高めるばかりではなく，その目的の範囲を拡げる．

(1) 報告数値に含まれている仮定および判断に直接的に関連するリスク
　　（すなわち，認識および測定に伴うリスクあるいは不確実性）

(2) 事業活動が原因で晒されているリスク
 (a) 事業目的の変更の影響に関連するビジネスリスク
 (b) 市場状況または他の外的要因へのエクスポージャーに関連するビジネスリスク
(3) 企業が利益を追求する際に進んで受け入れるリスクの量であるリスク選好度に関する情報

5.2 リスク情報の統合開示

　特定のリスク情報は，相互に関連し合うために本来なら有機的に結びつくものであるが，財務報告の中では分断開示されているため，情報利用者は分析のための不必要なコスト負担を余儀なくされている．このような事態を改善するための一つの方策としてリスク情報の統合開示が考えられ，これは IIRC が公表した『国際統合報告フレームワーク』での考え方にも整合する (IIRC 2013b)．それと同時に，その保証の検討を行う必要性が生じてくる．

　図9-2は，統合報告に何を含めるかを決定する際に必要な重要性 (materiality) の決定プロセスを示している．そこでは，まず，(1) 目的適合性を有する事象を特定する．それは，企業の長期にわたる価値創造能力に対して，過去または現在において影響を与えた事象，あるいは将来において影響を与える可能性のある事象である．次に，(2) これらの事象の中から，価値創造に与える既知の影響または潜在的な影響という視点から事象の重要度 (importance) の評価を行い，統合開示に含めるものを決定する．そして最後に，(3) 優先づけを行って統合開示での表示方法を決定する．

　重要度の評価では，図9-2で示す通り，事象の発生可能性とその影響度の大きさの両方を検討する．図9-2は，リスクマップと同様なものであり，ここでは発生可能性が高く影響度も大きい事象は，発生可能性が低く影響度も小さい事象と比べて重要度が高い．図9-2のA点のように，影響度が大きく発生可能性が低い事象の方が，B点のように発生可能性が高く影響が小さい事象よりも重要度が高い．なぜなら，A点の事象が現実のものとなった場合には，企業の長期にわたる価値創造能力に重大な影響を与えるからであり，それは，蓋然性規準ではなく経済性規準を重視しようとしている財務報告の概念フレーム

第9章　グローバル新時代における経営・会計のイノベーション　　297

目的適合性（Relevance）
組織の価値ドライバー及びそれらに影響を与える事象を特定する．

重要度（Importance）
目的適合性を有する事象の内，事象の影響度を評価して報告書に含めるべき項目を判断する．

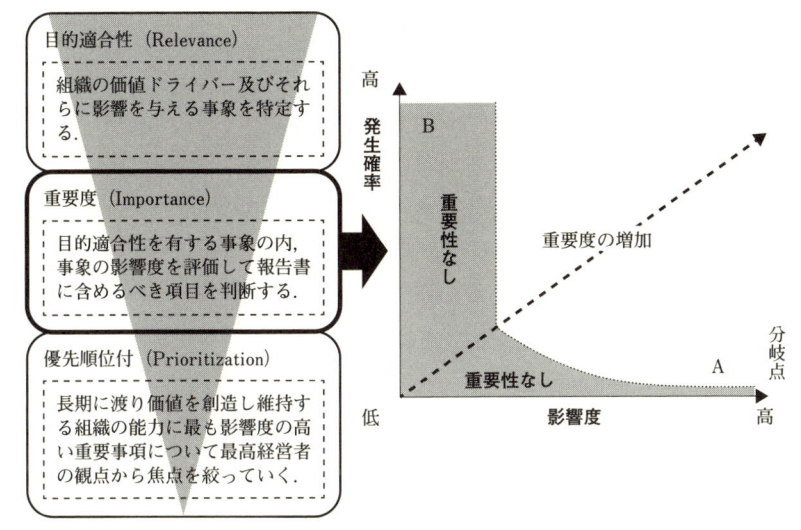

優先順位付（Prioritization）
長期に渡り価値を創造し維持する組織の能力に最も影響度の高い重要事項について最高経営者の観点から焦点を絞っていく．

図9-2　重要性の決定プロセスと重要度の評価

出所：IIRC（2013a）5.11.

ワークの見直し作業とも一致する．

　このように，目的適合的な事象の全てについて重要性があると考えられるわけではないので，重要度の評価を行って統合報告に含める事象を決定しているのである．換言すれば，財務諸表と財務諸表以外の情報を統合するための基本的な概念がリスクであるということができるのである．したがって，リスクあるいは不確実性を伴った会計事象が財務報告の中で統合的に表示あるいは開示できるようになる．

　財務諸表では，認識および測定に伴うリスクあるいは不確実性が反映された項目が表示されていて，「事業等のリスク」等のその他の開示情報では，ビジネスリスクやリスク選好度に関する情報が含まれている．したがって，財務報告におけるリスク情報は，事業活動から得られるキャッシュフロー（あるいは，損益）のボラティリティとして位置づけることができ，それらを表示・開示することによって，実際的な将来予測情報の提供が可能となり，リスクあるいは不確実性を伴う会計事象の帰結に対する責任から部分的に解放されることになる．

5.3 21世紀型の会計ディスクロージャー

　社会というコミュニティで抽出された課題に対して，その中の各主体が共鳴した上で，発信者と受信者の双方に何らかの取り組みの変化が現われて，はじめてコミュニケーションが意義あるものとなってくる．その点，財務報告は本質的には影響の双方向性の性格を有している．しかし，社会的課題を解決するという視点でみた場合には，単に財務報告が，ある主体から特定の相手に対して実績を重視した財務情報を発信して交流を促すという範囲に留まっていたのでは，共生価値の概念は成立しえない．そこでは，アカウンタビリティに加えて，企業の構成員たる経営者あるいは従業員などが自らの活動に関する説明責任を果たすこと，すなわち，企業活動の説明責任（コーポレート・アカウンタビリティ）も明らかにされてこそ，情報の伝達が双方向に近づいていき，そこでは，社会的責任投融資が促されていくことが考えられる（図9-3を参照）．

　これまでの投資者や債権者を主に対象とした財務諸表が中心の財務報告は，企業経営における重要事項，例えば経営戦略を伝達するプロセスというより，会計基準等の法令遵守のための財務情報を伝達するプロセスである．現在では，公表している多種多様な財務諸表以外の情報は，社会からの新しい情報開示の要請に対して既存モデルに付加して作成したものなので，開示量が増大して複雑化しており，その目的適合性が低下している．したがって，財務報告の目的適合性を高めるためには，開示情報の整理と削減を目的とするだけではなく，情報の統合開示というアプローチが必要となる．

　統合思考は，組織の短期，中期および長期の価値創造を包括的な観点から捉えた意思決定および行動の前提となる考え方であり，統合報告は統合思考に基づく組織内外とのコミュニケーションのプロセスである．したがって，統合報告は，経営者とステークホルダーとのコミュニケーションを促進して，20世紀型の財務報告モデルとして形成されてきた株主中心の短期的な企業価値向上志向を再考する契機を与える．

　統合報告書では，①組織のビジネスモデルにおいて，②重要性の高い要素，すなわち，財務資本，製造資本，知的資本，人的資本，自然資本，および社会関連資本に分類できる組織の資源がどのように組み合わされ，そして関連して

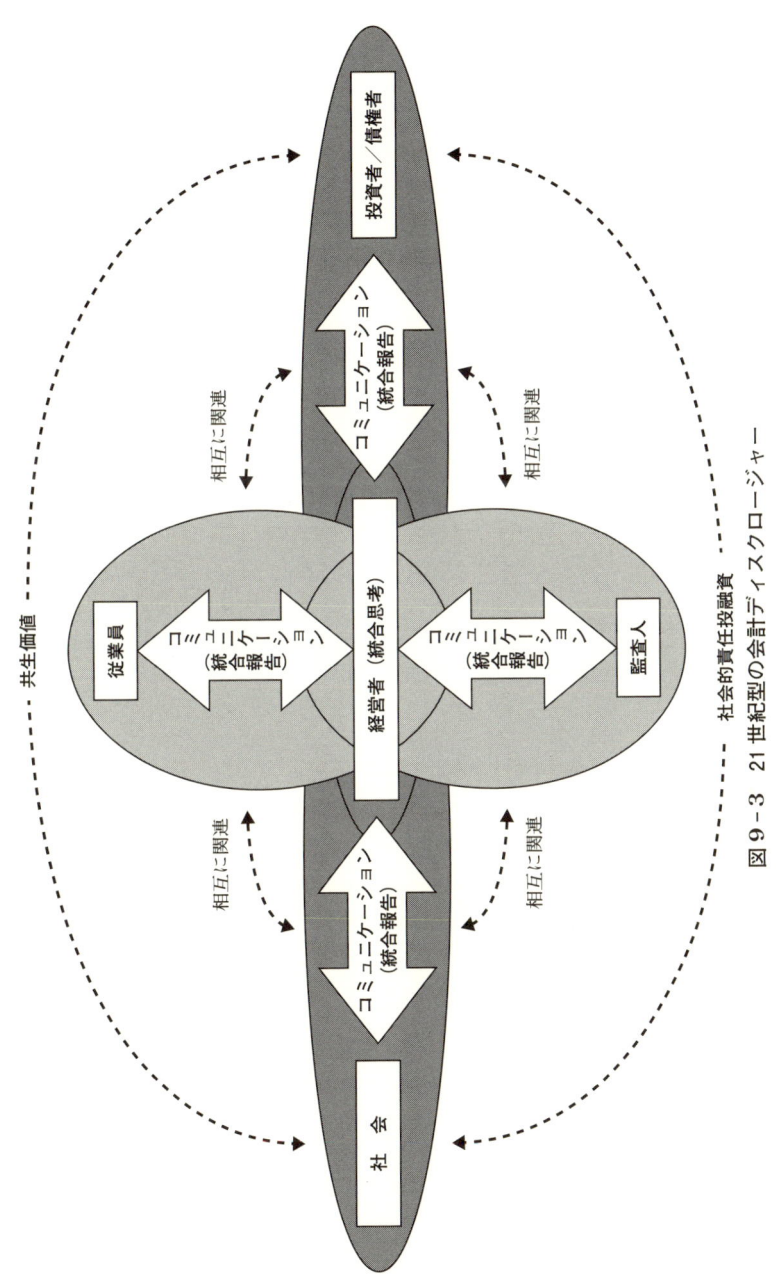

図 9-3 21世紀型の会計責任ディスクロージャー

出所:小西 (2012).

いるかを用いて，③組織の価値創造プロセスについての説明を行う．統合報告書の公表により，組織の価値創造プロセスが可視化され，企業の持続的な価値創造の取り組みが識別・評価できることによって，(a)ステークホルダーの同等な扱いの保証，(b)実際的な将来予測情報の提供，(c)経営者の管理責任の説明，(d)良好なリスクマネジメントの促進による内部統制の拡充などの効果が得られて，財務報告の目的適合性の向上が図られる．

統合報告書において，重要な財務情報と非財務情報を選択し，これらの情報を主要業績評価指標（KPI）や主要リスク評価指標（KRI）を通して有機的に結合させることにより，企業の価値創造の取り組みが忠実に表現できるようになる．それと同時に，統合報告書の作成責任者が署名した書面を添付することや，あるいは第三者保証などを通して「信頼（creditability）」を高めていかなければならない．KPIは，目標がどの程度達成できたかを事後的に測定する指標であるのに対して，KRIは，リスク発生の要因を指標化したものである．例えば，巨額の貸倒損失が発生するリスクに対しては，KPIには，過去の貸倒損失の発生実績や貸倒率の推移などがあり，KRIには，その予兆となる主要な顧客の財務状況の変調や当該顧客の業界の倒産件数などの動向を指標化したものがある．

統合報告における統合には，財務情報および非財務情報からの情報選択と，それらの情報の結合の意味があり，そこではリスクと重要性の概念が鍵となる（図9-2を参照）．選択には，統合報告の範囲の画定が関連し，それは財務報告の範囲と当該情報の配置にも影響を与える．一方，結合には，KPIやKRIと6つの資本概念が関連し，それは財務報告における情報の表示と開示に影響を与える．このように，統合報告は，財務報告の目的適合性をさらに高める可能性を秘め，21世紀型の会計ディスクロージャー構築の契機を与える．

6. おわりに

本章では，グローバル新時代の定常社会を積極的に評価しうる社会的共通資本概念をベースとしたNon-GDP統計の整備を図るとともに，モラル・サイエンスへの回帰を通じて，公益や社会的公平などを尊重し，長期的に良好なパフ

ォーマンスを生み出す源泉たる人間を重視する「人間本位の資本主義」の再興が共生価値の概念に対して鍵を握ることを示した.

　グローバル経済下にあるわが国でも，ステークホルダー間の適切なバランスを欠いた企業経営が散見され，株主主権偏重の企業経営が主流を占めるようになってきて久しい．しかし，グローバル新時代の定常社会においては，持続可能な企業経営を可能ならしめる普遍的な経営原理が共生価値の再認識にあることを明らかにした．

　グローバル経済下での多様なリスクに直面した企業経営では，リスクマネジメントの重要性が飛躍的に増してきている．それは，当該情報の開示が社会的に求められてきているためでもある．そのため，財務諸表の数値に反映できなかったリスク情報は，記述的に財務諸表以外の情報として積極的に開示する傾向がみられる．本来ならば，有機的に結びつくはずのリスク情報も財務報告の中では分断開示されているので，本章では，これらの情報を統合的に開示できる財務報告，すなわち統合報告の必要性を主張した．

　統合報告は，組織の中長期の価値創造を求める統合思考に基づくため，企業と広範なステークホルダーとの双方向型のコミュニケーションを想定した21世紀型の会計ディスクロージャー構築の絶好の機会を提供すると同時に，企業経営と経済社会に好影響を及ぼす．

参考文献

赤池学・水上武彦（2013），『CSV経営――社会的課題の解決と事業を両立する』NTT出版．
伊丹敬之（1987），『人本主義企業――変わる経営 変わらぬ原理』筑摩書房．
伊藤邦雄［責任編集］（2013），『別冊企業会計　企業会計制度の再構築』中央経済社．
宇沢弘文（2000），『社会的共通資本』岩波書店．
大瀧雅之（2001），『景気循環の読み方――バブルと不良債権の経済学』筑摩書房．
大畑伊知郎（2013），『日本経済を壊す会計の呪縛』新潮社．
加護野忠男（2014），『経営はだれのものか――協働する株主による企業統治再生』日本経済新聞出版社．
橘川武郎，パトリック・フリデンソン［編著］（2014），『グローバル資本主義の中の渋沢栄一――合本キャピタリズムとモラル』東洋経済新報社．

古賀智敏［編著］(2011),『IFRS 時代の最適開示制度――日本の国際的競争力と持続的成長に資する情報開示制度とは』千倉書房.

小西範幸 (2004),『キャッシュフロー会計の枠組み――包括的業績報告システムの構築』岡山大学経済学研究叢書第 31 冊.

小西範幸 (2012),「コミュニケーションツールとしての統合報告書の役割」『會計』Vol.182(3), pp.60-75.

小西範幸［編著］(2013),「リスク情報の開示と保証のあり方――統合報告書の公表に向けて」日本会計研究学会スタディ・グループ最終報告書.

小西範幸 (2014),「統合報告の国際的動向と財務報告の可能性」『企業会計』Vol.66(5), pp.18-27.

小西範幸・神藤浩明［編著］(2014),「統合報告の制度と実務」『経済経営研究』(日本政策投資銀行設備投資研究所), Vol.35(1).

小林喜光 (2011),『地球と共存する経営―― MOS 改革宣言』日本経済新聞出版社.

坂本光司 (2008),『日本でいちばん大切にしたい会社』あさ出版.

桜井久勝・音川和久［編著］(2013),『会計情報のファンダメンタル分析』中央経済社.

佐藤倫正［編著］(2012),「国際会計の概念フレームワーク」国際会計研究学会研究グループ最終報告書.

末永國紀 (2011),『近江商人　三方よし経営に学ぶ』ミネルヴァ書房.

堂目卓生 (2008),『アダム・スミス――「道徳感情論」と「国富論」の世界』中央公論新社.

八田進二［編著］(2009),『会計・監査・ガバナンスの基本課題』同文舘出版.

平田雅彦 (2010),『ドラッカーに先駆けた江戸商人の思想』日経 BP 社.

広井良典 (2009),『グローバル定常型社会――地球社会の理論のために』岩波書店.

福島清彦 (2013),『ホントは世界で一番豊かな国日本――成長幻想を打ち壊した国連調査』金融財政事情研究会.

堀内行蔵 (2007),『下村治博士と日本経済――高度成長論の実践とゼロ成長ビジョンの含意』日本政策投資銀行設備投資研究所（非売品）.

横澤利昌［編著］(2012),『老舗企業の研究［改訂新版］』生産性出版.

Albert, M. (1991), *Capitalisme Contre Capitalisme*, Paris, Seuil.（小池はるひ［訳］, 久水宏之［監修］(1992),『資本主義対資本主義』竹内書店新社）

AICPA (1997), *Improving Business Reporting: A Customer Focus, Comprehensive Report of the Special Committee on Financial Reporting*.（八田進二・橋本尚［共訳］(2002),『事業報告革命　アメリカ公認会計士協会・ジェンキンズ報告書』白桃書房）

AICPA, CICA (2000), *Managing Risk in the New Economy*.

Cheng, M., W. Green, P. Conradie, N. Konishi, and A. Romi (2014), "The International

Integrated Reporting Framework: Key Issues and Future Research Opportunities", *Journal of International Financial Management & Accounting*, Vol.25(1), pp.90-119.

COSO (2013), *Internal Control-Integrated Framework: Executive Summary*, AICPA.

Cowen, T. (2011), *The Great Stagnation: How America Ate All the Low-Hanging Fruit of Modern History, Got Sick, and Will (Eventually) Feel Better*, Dutton Adult. (池村千秋 [訳], 若田部昌澄 [解説] (2011), 『大停滞』NTT 出版)

IASB (2010), *The Conceptual Framework for Financial Reporting 2010*.

IASB (2013), "A Review of the Conceptual framework for Financial Reporting", *Discussion Paper*.

ICAEW (1997), *Financial Reporting of Risk: Proposals for a Statement of Business Risk*.

IIRC (2013a), Integrated Reporting, *Cosultation Draft of the International<IR>Framework*.

IIRC (2013b), *The International<IR>Framework*.

Keynes, J. M. (1931), Essays in Persuasion, Macmillan & Co. (山岡洋一 [訳] (2010), 『ケインズ説得論集』日本経済新聞出版社)

Konishi, N. (2007), "Risk Reporting of Japanese Companies and its Association with Corporate Characteristics", *International Journal of Accounting, Auditing and Performance Evaluation*, Vol.4(3).

Porter, M. and M. Kramer (2011), "Creating Shared Value", *Harvard Business Review*, Vol.89(1)-(2), pp.62-77.

Randers, J. (2012), *2052: A Global Forecast For The Next Forty Years*, Chelsea Green Publishing Co. (野中香方子 [訳], 竹中平蔵 [解説] (2013), 『2052——今後40年のグローバル予測』日経BP社)

Stiglitz, E. J., A. Sen, and J-P. Fitoussi (2010), *Mis-measuring Our Lives: Why GDP Doesn't Add Up: The Report by the Commission on the Measurement of Economic Performance and Social Progress*, New York: The New Press. (福島清彦 [訳] (2012), 『暮らしの質を測る——経済成長率を超える幸福度指標の提案：スティグリッツ委員会の報告書』金融財政事情研究会)

The Economist (2012), *Megachange: The World in 2050*, Economist Books. (東江一紀・峯村利哉 [訳], 船橋洋一 [解説] (2012), 『2050年の世界——英「エコノミスト」誌は予測する』文藝春秋)

World Economic Forum (2013), *Global Risks 2013: Eighth Edition*.

第Ⅲ部

社会的共通資本と市民社会の構築

第10章　21世紀の都市計画・まちづくり

大　西　　隆

1．はじめに

　国連の発表している人口予測をみると，第2次大戦直後には，世界の都市圏人口の半数以上が欧州と北米の都市に居住していたのに対して，100年後の2050年には，アジアの都市圏が54％強を占めるようになり，アフリカの都市圏を含めると73％に達する．2050年には世界人口の70％を占めるとされる都市圏人口は，経済活動，社会活動の中心的な担い手であり，したがって，都市，とりわけアジア都市の役割は今後極めて大きくなる．つまり，単に人口のシェアだけではなく，まさに世界の諸活動の中心が欧米からアジア・アフリカに移っていくような変化が今世紀の前半に進行していく．
　一方，日本で起こっていることは，こうした動きとはかなり異なる．都市圏への人口集中は，なお継続しているとはいえ，総人口が激減期に入ろうとしているので，都市化の動きも鈍化し，遠からず都市人口も減少する．こうした中で，日本にとっての課題は，出生率の増加による人口の安定化を長期的に見据えつつ，当面の人口減少社会に適応する都市社会をいかに構築していくのかである．前者は人口減少に対する緩和策を求め，後者は人口減少に対する適応策を求めているといえよう．これらの政策の立案とその効果的な実施に成功しなければ，わが国は，諸活動の極端な収縮期に入って，活力の低下が避けられない．しかし，もし，緩和策と適応策で効果を上げれば，やがて，世界の他の国々がたどるであろう，同じような途に光を灯すことになる．その意味では，人口減少に対する対応は，単に国内における取組みというばかりではなく，世界の他の地域においてもやがて参考になる内容を含んでいるといえよう．

本章は，こうした問題意識から，特にわが国の都市計画の発展を，人口の軌跡と関連させながら概観し，さらに人口減少社会に向かう中で，都市計画・まちづくり，さらに都市政策がカバーするべき諸課題について言及することを目的とする．

2. 人口と都市

2.1 人口の変化

　都市計画もまちづくりも，それ自体が目的なのではなく，人と人工物と自然との集合体である都市やまちを改善するための手段である．したがって，都市計画やまちづくりがどうあるべきかは，都市やまちがどのように変化し，その過程でどのような問題が生じているのか，あるいは，将来において生じる可能性があるのかに対応して論じられるべきであり，変化に応じ，生じる問題を的確に解決するような都市計画やまちづくりが優れたそれとなる．

　その意味で，わが国の都市計画やまちづくり，いや，まちづくりが比較的最近になって定着した用語であり，それまでの長い期間は，もっぱら都市計画がこの分野の用語であったことを踏まえるならば，少なくとも都市計画は，大きな転換点に立っているといえよう．それは，端的に述べれば，都市人口が増加する時代における都市計画から，都市人口が減少する時代における都市計画への転換点である．2040年になっても（現時点で国による市町村別人口予測が示されているのは2040年まで），対5年前と比べて人口増加しているのはわずかに全国で30に満たない大都市周辺の市町村に留まると予測されている．さらに，2040年に，2010年の国勢調査人口と比べて増加を保つのは，全国で約80の市町村に過ぎない（表10-1，表10-2）．

　しかも，2040年には，2010年に比べて，総人口は2,000万人程度減少するが，これはまだ序の口に過ぎない．これ以降，人口減少はさらに本格化して，毎年100万人単位で減少する時期が，2075年頃まで35年間程続く．その結果，2110年におけるわが国の人口は4,200万人となり，現在に比べて8,600万人減と予測されている（図10-1）．

　もちろん，100年先の人口が正確に予測できるのか，という反論はあり得る．

表 10-1 地域ブロック別 5 年前と比べて人口が減少する市区町村数

(市区町村数：総数 1,683)

ブロック	2005〜2010 年*	2010〜2015 年	2015〜2020 年	2020〜2025 年	2025〜2030 年	2030〜2035 年	2035〜2040 年
北海道	163	173	177	179	179	179	179
東北	155	162	158	165	165	167	167
関東	165	213	263	296	303	309	314
北関東	82	88	100	101	103	103	104
南関東	83	125	163	195	200	206	210
中部	223	261	278	297	302	306	308
近畿	164	189	208	218	221	221	222
中国	97	101	104	106	106	107	107
四国	87	92	92	94	94	94	94
九州・沖縄	211	225	240	248	258	261	265
総計	1,265	1,416	1,520	1,603	1,628	1,644	1,656

注：*平成 25 (2013) 年 3 月 1 日現在の市区町村 (1,683 自治体) に組替えた値で集計．
出所：国立社会保障・人口問題研究所「日本の地域別将来推計人口 2013 年 3 月推計」．

表 10-2 地域ブロック別 2010 年と比べて人口が減少する市区町村数

ブロック	平成 52 (2040) 年の人口指数（平成 22 年 = 100 とした場合）								総計
	40 未満	40〜50	50〜60	60〜70	70〜80	80〜90	90〜100	100〜110	110 以上	
北海道	5	21	59	56	24	9	5			179
東北		11	56	60	23	11	4	2	1	168
関東	2	4	21	58	83	68	60	16	5	317
北関東	2	1	7	25	39	17	10	3	1	105
南関東			3	14	33	44	51	50	13	4	212
中部	2	12	38	57	79	75	33	12	8	316
近畿	2	17	29	42	52	54	21	4	6	227
中国		9	18	36	24	13	6	1		107
四国	3	11	27	24	20	7	2	1		95
九州・沖縄		7	31	76	71	41	24	15	9	274
総計	14	92	279	409	376	278	155	51	29	1,683

注：総人口の指数とは，平成 22 (2010) 年の総人口を 100 としたときの各年次の値のこと．
出所：国立社会保障・人口問題研究所「日本の地域別将来推計人口 2013 年 3 月推計」．

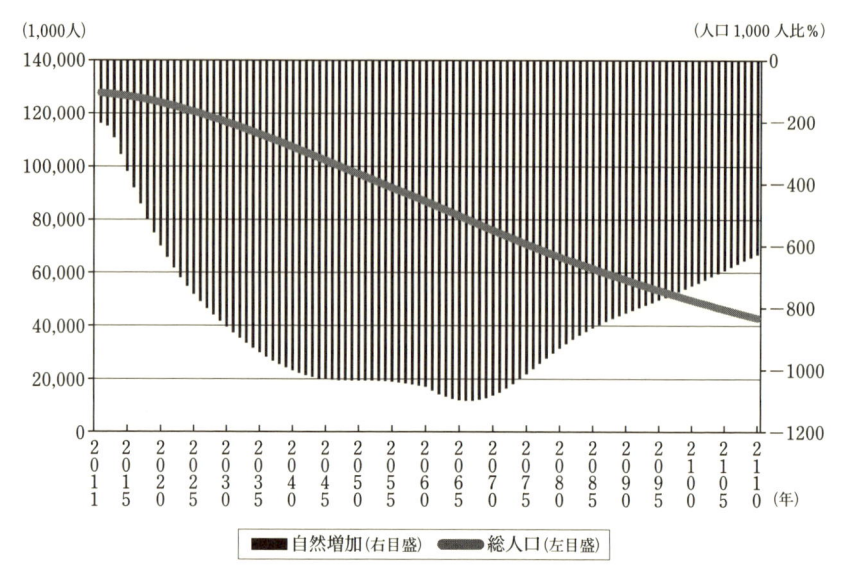

310　第Ⅲ部　社会的共通資本と市民社会の構築

図 10-1　総人口と年間人口減少数の将来推計（出生死亡中位）

出所：国立社会保障・人口問題研究所「日本の将来推計人口　2012年1月推計」．

　人口予測は年齢別出生率・死亡率を仮定して，反復計算して行う（コーホート要因別法）ので，中長期的には，特に出生率が大幅に増加することによって，人口が横這いか，増加に転じ，予測が外れることも期待できる．しかし，期待はあっても，その兆しが見えていないのがわが国の現状である．したがって，総人口の減少，都市を含めたほぼすべての地域社会における人口減少が，さらに拡大し，継続される恐れが多分にある．しかも，人口減少は，少子高齢化といわれるように，長寿命化を伴って進んでいくのであるから，老年従属人口指数（老年人口／生産年齢人口）がうなぎ上りに上昇する（図10-2）．加えて，世帯においては，単独世帯が増加し，やがて夫婦＋子供というこれまでの典型的な家族像が成り立たなくなる．つまり，特に都市は，夫婦と子供という家族の暮らしの場から，高齢者のみならず，若い世代にも及ぶ単独，母子，夫婦だけの世帯といった少人数世帯の暮らしの場へと急速に変貌していく（図10-3）．

第 10 章　21 世紀の都市計画・まちづくり　311

(老年人口／生産年齢人口 ×100)

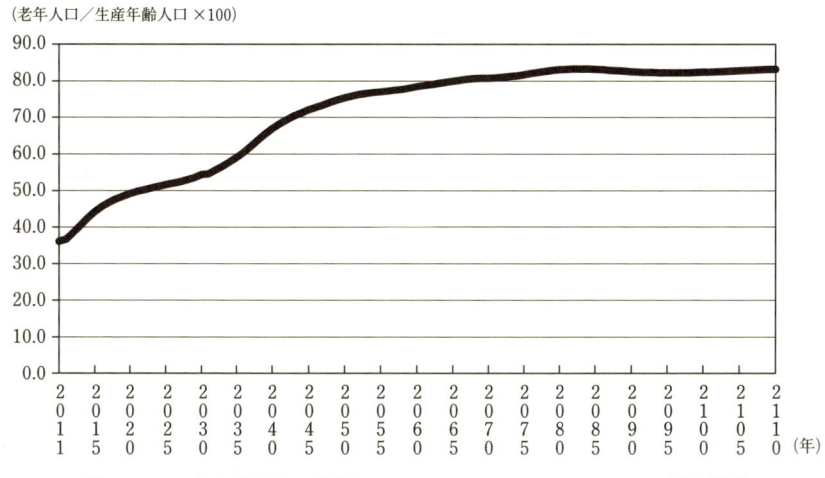

図 10 - 2　老年従属人口指数（老年人口／生産年齢人口 × 100）の将来推計
出所：国立社会保障・人口問題研究所「日本の将来推計人口　2012 年 1 月推計」．

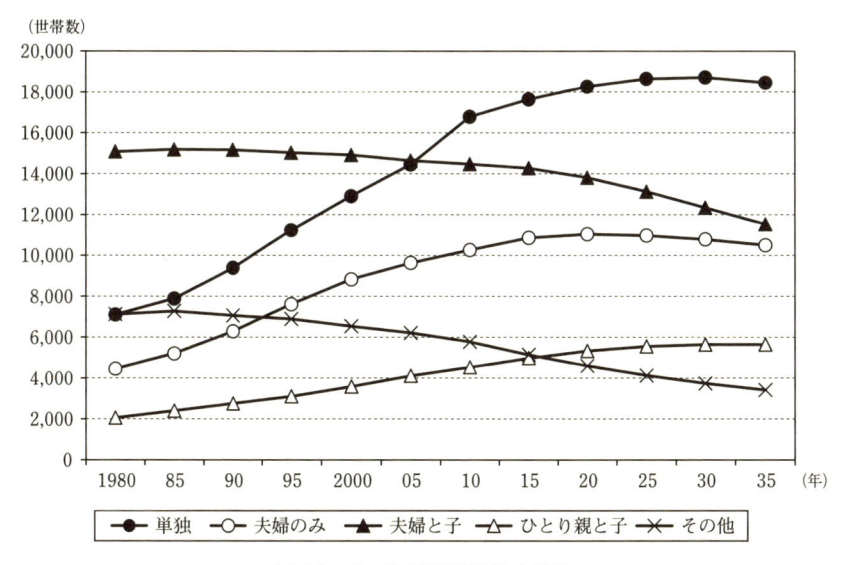

(世帯数)

――●―― 単独　――○―― 夫婦のみ　――▲―― 夫婦と子　――△―― ひとり親と子　――×―― その他

図 10 - 3　類型別世帯数の推計
出所：国立社会保障・人口問題研究所「日本の世帯数の将来推計（全国推計）」(2013（平成 25）年 1 月推計)．

312　第Ⅲ部　社会的共通資本と市民社会の構築

(1960年を100としたときの値)

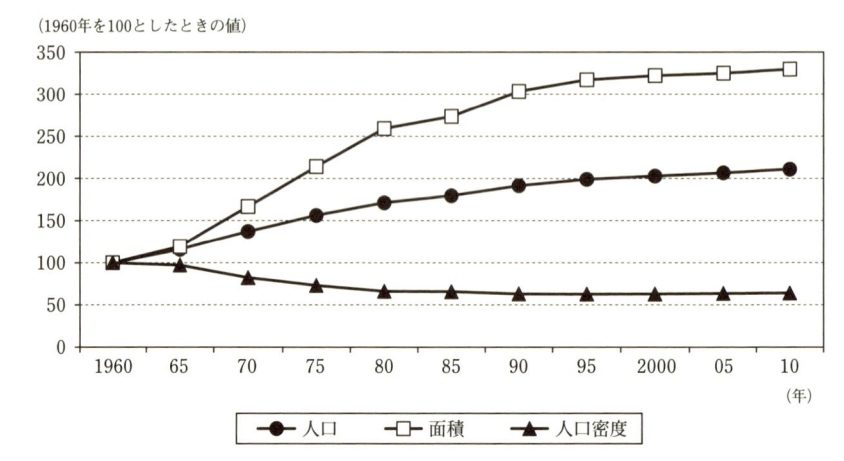

図10-4　人口集中地区の人口・面積・人口密度
出所：総務省「国勢調査」．

2.2 都市の変化

　都市に暮らす人の変化は，都市そのものにどのような変化をもたらすのであろうか？ 直接的な影響は人口密度の低下である．その影響は，既に地方都市等では，実質的な市街地を示す DID（人口集中地区）の密度低下となって表れている．しかし，DID は定義上の下限値があるから，市街地の密度が低下するとともに，それに続いて統計上は市街地とみなされない（DID 外の）低密度居住地区が広がる低密度都市が形成されていく（図10-4）．

　もちろん，居住地の密度低下はマイナス面だけではないことは言うまでもない．わが国でも，かつてマンションもない時代に，東京都心で450人／ha を超えるような高密度居住の区もあった．長屋やせいぜい2階建てアパートの部屋ごとに多人数家族が暮らすといったこの時期の居住環境から，団地居住や，郊外化が進み，都心の居住者密度が低下したことが，居住水準や環境を改善する効果をもたらしたのは間違いない．しかし，さらに低密度化が進めば，共助を可能とするコミュニティー活動，つまり，近隣の助け合いができなくなり，人々は孤立感を深める．また，行政，医療福祉，教育等をはじめとする種々のサービス提供，道路，上下水道，エネルギー，情報通信等のインフラ供給にお

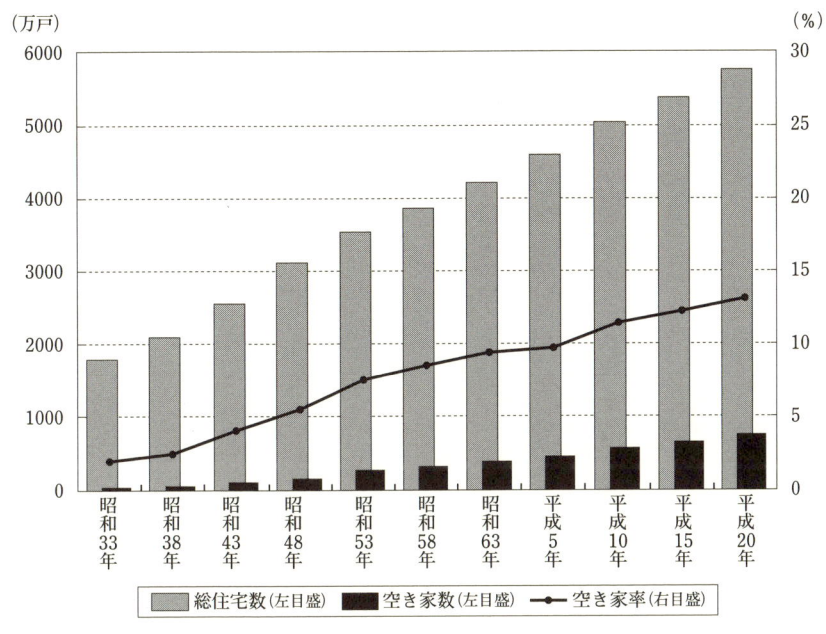

図10-5　全国の総住宅数，空き家数及び空き家率の推移
出所：総務省「平成20年住宅・土地統計調査」．

いても，施設当たりの利用者が減少することによる効率の低下，すなわちコスト高が避けられないことになる．その結果，サービス水準が低下せざるを得ない．したがって，歯止めのない密度低下に対抗するために，空地を有効利用したり，マンションを供給したりすることによって，密度を高めるための方策（コンパクトシティ化，都心居住政策，都市の集約化等）が適用されるようになる．

また，人口減少や低密度化が進めば，都市の荒廃に繋がるという指摘もなされている．既に，空き家数（絶対数も，住宅ストックに占める比率も）は増えている（図10-5）．次第に管理されない空き家が増えることになれば，防犯や防災上のリスクが増大する．あるいは，老朽化し，汚れた建物が増えれば，都市景観の質低下にも繋がる．

一方，単独世帯や世帯人員の少ない世帯が増えれば，昼間は主人が外で働き，主婦が家事に当たるという伝統的な家族の生活スタイルは，ますます主流ではなくなり，昼間は誰もいない住宅が増える．こうした生活スタイルを支えるた

めに，インターネットなどを通じた物販・サービス提供が進み，地元商店街の衰退に拍車がかかる．

これらの動きは，商店街，幼稚園・小中学校，あるいは町内会やご近所といった，家族の誰かが強く帰属し，そのことが新たな人間関係を形成してきたというような地域の繋がりを再生産する仕組みが次第に脆弱になり，地域に居住しながら，地域に強い絆を持たない人々や世帯が増えていくことを促している．地域社会は，密度の希薄化だけではなく，人々の繋がりをつくる紐帯機能の弱体化によって変質を遂げるようになる．その結果，密度低下に対抗して居住者の再集約を図ろうとする施策に，水を差すような動きが生じることになる．つまり，都市らしく人々に集まって住んでもらいたいと願っても，人々は，まちそのものに中心的な役割を見出せないようになっているから，拡散化を避けるような都市政策を実施しようとしても関心を持たないのである．わが国の都市計画の理念である集約居住は，現実の人々の居住地選択行動と既に合わなくなっているという意味で，合理性を失いつつある．

もっとも，大都市などでは，交通機関を通じた中心性，すなわち駅勢圏の中心としての駅前繁華街の機能はなお存続するだろうから，全ての都市が一様に中心性を喪失するわけではない．中心が定まり，そことの結び付きを保ちながら都市が発展するという構造を失うのは，既に自動車が主な足となった地方都市において顕著な現象となる．

2.3　都市計画とまちづくりの変化

人口と都市の変化は都市計画やまちづくりにどのような影響を及ぼすであろうか？ 後述するように，都市化時代においては，行政による施設やサービスの提供と宅地化の進行がバランスを保って進むことによって，無秩序な市街化に伴う混雑現象，公共施設やサービスの不足による不便な生活が生じない環境を整えることに都市計画の役割があったといってよい．都市化の勢いが鈍りつつも，多くの都市で都市人口が緩やかに増加してきた最近の数十年間は，経済が高い水準に到達したこととも相まって，都市の施設が充実し，サービスが向上したという意味で，わが国の都市が，爛熟した時期であったともいえよう．しかし，都市の人口が急速に減少し始めると再び変化に対応した計画や事業が

都市計画に求められるようになる．都市人口が増加する都市化ではなく，都市人口が減少する逆都市化に対応する都市計画が必要となる．

それは，まず，市民が共同して利用する施設に関わる需給関係にあらわれる．幼若年層の増加を伴う人口増加社会における都市化では，保育所，幼稚園，小中学校といった幼若年層が利用する施設の供給促進が大きな課題であった．都市を外延的に拡大させつつ，道路などの基盤と，必要な公共施設を整備して，快適な生活が送れるようにすることが都市計画の役割であった．このため，日本の都市計画制度では，土地利用規制，公共施設整備，さらに市街地開発をまちづくりの主要な手段とする制度を確立して対処してきた．こうした日本の都市計画制度の変遷を次節で追ってみよう．

3. 都市計画・まちづくりの展開

今日までの日本の都市計画制度の変遷をたどり，その特徴を捉えるために，特に都市計画に関わる法制度の変遷を軸に据え，都市化の進展に対応してどのように制度が発展してきたのかを考察していこう．

(1) 東京市区改正条例

日本の近代的都市計画法制は，1888年（明治21年）に公布された東京市区改正条例に始まった．名が示すとおり，当初は東京市を中心とした地域のみに適用されたが，やがて，京都，大阪，横浜，神戸，名古屋へと適用都市を増やしていった．その内容は，市区改正，すなわち市街地整備（道路，上水道，下水道，排水路の整備）を実施することであり，事業期間中，特に道路と上水道整備に関わる事業が多かった．財源には地租税，営業税，家屋税等の既存の税の付加税が充てられ，これらを償還財源とした公債発行も認められた．

明治期の東京のまちづくりは，銀座や丸の内の煉瓦街，日比谷官庁街計画等，特定の地区に欧米風の街並みを造るという欧化主義から出発したが，東京市区改正条例に基づく事業によって一般の市街地の基盤整備にも及ぶようになった．同条例が適用された30年間で東京府の人口は2.4倍（1888年⇒1918年）になり，全国1位の集積を形成するに至った（図10-6）．

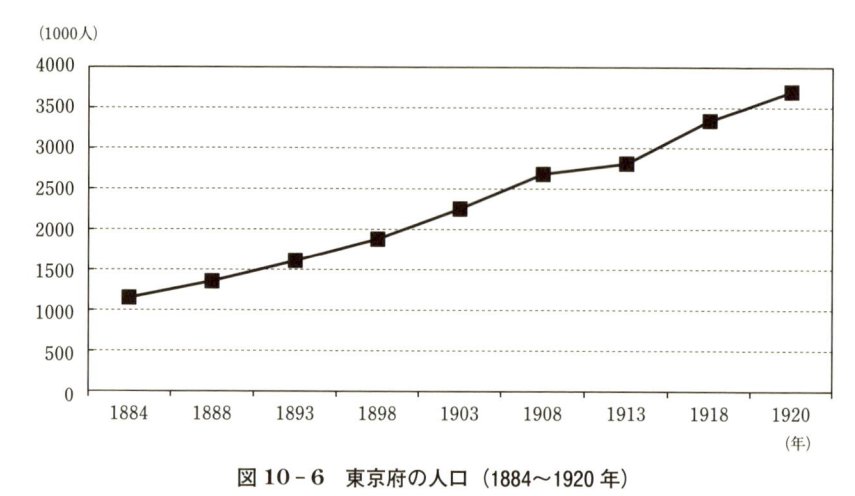

図10-6 東京府の人口（1884〜1920年）

出所：帝都統計年鑑.

　一方で，政府の行政組織は未整備であった．東京市区改正に関わる事業の審議・決定に当たった東京市区改正委員会は内務大臣の監督下に置かれたものの，事業執行と費用負担は東京府が担当した．東京府は，計画内容を定める主体ではないまま，その実行に責任を負うという，その後長く続いた都市計画の機関委任事務としての性格付けが始まった．

(2) 都市計画法（旧法）

　1918年には東京市区改正条例が改正され，他の都市にも適用されることになった．しかし，一方で，より総合的な内容を持つ都市計画法（旧法）が準備されており，市区改正事業を継承しつつ，1919年に旧法が公布され，翌年6大都市に適用され，以降1968年に都市計画法（新法）が制定されるまで，適用対象を拡大させつつ存続することとなった．また，同じく1919年には市街地建築物法が公布され，都市計画と建築物管理という2つの法を基本とした今日に至る都市計画法制の枠組みが整えられた．

　東京という市街地の整備に当たるという生まれ方をした東京市区改正条例とは異なり，旧法は，都市全体に適用される土地利用規制や，既成市街地と郊外を含んだ都市全体の管理を行うという問題意識を持ちながら生み出された．そ

の内容は以下のように整理することができる．

① 都市計画を適用する対象を都市計画区域として定めた．中心市の行政域を大きく超えた範囲が定められ，周辺の都市でも重要な都市施設の整備が行われることになった．
② 用途地域制が初めて導入された．住居，商業，工業地域を基本とし，工業地帯と他の用途との混在を避けることに重きが置かれ，具体的な規制は市街地建築物法が担当した．
③ 市街地整備の手法として土地区画整理が明記された．事業には耕地整理法を準用するとされ，郊外部の幹線道路沿いなどの新市街地整備手法として活用され，わが国の市街地整備に欠かせない事業として発展することになった．
④ 都市計画事業の財源として地租税を特別税として課税できるとし，さらに都市計画事業で多大な利益を得る者に事業費の一部を負担させる受益者負担の仕組みも導入された．しかし，都市計画は国の計画とされたものの，その事業は国だけではなく地方公共団体の長が国の機関として執行することになり，その際は，費用負担を義務付けられるという機関委任事務のねじれた関係が制度化された．また，都市計画事業が事実上所管部課の持つ補助金行政によって縦割り的に管理されるという傾向はますます強まった．

(3) 旧法の時代

1919年から1968年までの旧法の時代には，わが国の都市をめぐる大きな変化があった．第1に，市街地の居住人口に関する継続的な統計はないものの，東京圏等大都市部の人口増加は全国をはるかに上回っており，戦前戦後を通じて，都市への強い人口集中が起こったことである．このため，都市計画は都市化にいかに対処するのかという課題を突き付けられた．第2に，関東大震災と第2次世界大戦によって，前者では東京・横浜，後者では全国各地の都市が倒壊や延焼による大きな被害を出し，復興のための都市計画を進めることが課題となった．第3に，敗戦とその後の社会諸制度の改革で，地方自治制度が発足

表 10-3　土地区画整理事業の実績

(平成 19 年 3 月 31 日時点)

施行状況 適法及び施行者		事業着工		うち換地処分		うち施行中	
		地区数	面積 (ha)	地区数	面積 (ha)	地区数	面積 (ha)
旧都市計画法		1,183	49,101	1,183	49,101	—	—
土地区画整理法	個人・共同	1,249	18,820	1,203	18,187	43	558
	組合	5,626	116,573	5,015	99,023	590	16,871
	公共団体	2,674	119,918	2,001	91,992	658	27,380
	行政庁	103	4,443	102	4,436	1	7
	都市機構	268	31,076	200	22,468	68	8,608
	地方公社	107	2,574	104	2,430	3	144
	小計	10,027	293,403	8,625	238,536	1,363	53,567
合計		11,210	342,504	9,808	287,637	1,363	53,567

注：1. 計数は，各々四捨五入しているため合計と符合しない場合がある．
　　2. 事業着工後に中止した地区等があるため合計と符合しない場合がある．
　　3. 2005 年の DID 面積は 12,560km² (27.2%)，2010 年は 12,744km² (27.5%)．
出所：街づくり区画整理協会「土地区画整理事業の特徴と実績」．

したものの，都市計画法については，そのまま継続適用され種々の問題が持ち越されたことである．

　全国的な都市化に伴い，戦前の段階でも都市計画法適用都市は拡大したが，戦時下になると，防空，軍事施設，軍事産業優先の観点から都市計画の規制緩和等が導入された．また，震災と戦災からの復興では，それまで主として都市の縁辺部で実施されてきた土地区画整理事業を既成市街地にも適用し，市街地の道路網や公園を拡充することによって延焼の危険を低めようという観点からの復興土地区画整理事業が実施された．このことが区画整理をさらに普及させることになった（表 10-3）．

　大都市への人口流入，あるいは全国的な都市化の波は，1950 年代後半から，1960 年代にピークを迎えたので，旧法はそれに対処する課題を負うことになった．しかし，無秩序な市街化（スプロール現象）の抑制という意味では有効な土地利用規制手段を持っていなかった．このため，東京圏で，一度は計画されたグリーンベルトが結局は実施されない等の結果を生んだ．一方で，高速道路，道路，公園，公営住宅，住宅金融，住宅公団，区画整理，ニュータウン等に関わる事業法が整備され，都市における公共施設，住宅供給，面的開発が進むことになった．

(4) 都市計画法（新法）

　都市計画制度は，ようやく1968年に新しくなった．まさに都市化の真っただ中，スプロール現象が社会問題化している中での新法制定（旧法を廃止，同名の新法を制定）であった．したがって，スプロール対策とされる区域区分（線引き）制度と開発許可制度が種々の議論を経て盛り込まれたものの，遅きに失したという批判も少なくなかった．一方，戦後の行政制度改革の底流を流れている地方分権を進めるべきという観点にも影響を受けつつ，大部分の都市計画の決定権を，国から，県と市町村に移した．しかし，都市計画は機関委任事務とされたために，上意下達の仕組みは残されたままであった．また，公聴会や案の縦覧制度も導入され，分権と参加という面で一定の進展を見たものの，都市の将来像を市民が語り合い，描くための住民参加を取り入れた都市計画マスタープランの制度は新法制定時には存在せず，1992年の法改正で取り入れられた．

　区域区分とは，都市計画の対象地域である都市計画区域を市街化区域（既成市街地及び概ね10年以内に優先的・計画的に市街化を図る区域）と市街化調整区域（市街化を抑制すべき区域）とに分ける制度で，都市的土地利用を進める地域を限定することによって公共施設の整備に対応した計画的な市街化を進め，スプロール現象を抑えようとしたものである．こうした計画制度と，開発許可（建物の建築を目的とした土地の区画形質の変更に関わる許可）制度を組み合わせて，放っておけば開発される可能性の高い市街地周辺の市街化調整区域での開発を抑えることによって，スプロール抑制に大きな効果を上げたといえよう．もっとも，市街化区域と市街化調整区域の境界線（線引き）を5年ごとに見直すという運用がなされてきたために，市街化調整区域に指定された農地等の所有者は，いずれ市街化区域への編入を受けて，都市的開発を図りたいという期待を抱くことになり，線引き見直し，すなわち，市街化区域の拡大や廃止の願望が持続的に保持されることになった．

　都市計画の財源については，既に制度化されていた都市計画税（目的税）が維持され，道路整備や区画整理等は道路財源で行い，下水道整備では都市計画税が主要財源となるというパターンが作られ，特定財源を得て，事業は進んだといえよう．

　新法制定により，都市計画制度を構成するべき，①都市計画の決定や実施の

主体，②都市域の将来像管理，③都市計画の実施手段（土地利用規制，都市施設整備，市街地開発事業），④都市計画の財源，のうち，②都市域の将来像以外については種々の規定が盛り込まれた制度になった．しかし，欠けている都市域の将来像は，まさに都市計画が目指す目標に関わるものといえるから，これが無ければ，一体何を目指して都市計画やまちづくりが行われているのかという疑問を抱かざるを得ない．換言すれば，日本の都市計画は，目標像を定めて，都市を構築していくという観点ではなく，相隣関係や局地的な公共施設整備水準に対応して開発や建築の許容範囲を決めていくという局地戦を展開してきたといえるのかもしれない．その背景には，民有地が多く，土地所有権が強い中で，土地利用に関わる強い規制はできにくいという制約を負っていたことがあるといえよう．

(5) 新法の時代

　新法の時代はまだ続いている．その過程で，規制の強化と緩和の2つの方向での制度改革が行われてきた．規制強化という観点では，1970年代には，スプロール抑制が大きな課題であったので，未線引き都市計画区域への開発許可制度の適用拡大などの規制の精密化が進んだ．また，北欧流の詳細な土地利用規制を取り入れた地区計画制度が新設されたり，用途地域が8種類から12種類へと細分化されたりして，土地利用計画制度を中心に，規制の精緻化や強化が行われた．

　一方で，都市計画規制を緩和することによって開発を促進しようとする都市開発関連業界の圧力も都市計画制度に影響を与えた．郊外では，1980年代には，一定のインフラ整備を伴う計画的郊外開発として認められるための規模要件を引き下げる等の緩和が図られた．しかし，大規模郊外開発がショッピングセンター等の大規模小売店舗整備を目的とするケースが増加し，中心市街地にある商店街の衰退が進んだため，2000年代になって，集客性のある郊外開発を抑制する規制強化の法改正が行われた．その一方で，諸分野の規制緩和の動きに連動して，都市計画においても，地方都市では，区域区分制度が選択制になり，廃止する県や都市計画区域が現れた．

　規制緩和は，大都市中心部で，より強力に進められたといえよう．その始ま

りは，1980年代の民間活力活用論である．市街地の都市開発を促すために，規制緩和型の地区計画が導入されたり，敷地統合型の開発を促す既存制度においても，一段と規制緩和が行われた．都市計画における規制緩和は，容積率緩和を主たる内容としていた．容積率規制は，敷地面積に対する延べ床面積の割合を規制しているので，これが緩和されれば，同一の敷地に建設できる建物の延べ床面積が増大することになり，強い床需要が見込める大都市中心市街地などでは，収益性が増して，開発事業が促進される．こうして規制緩和によって都市開発が進んだため，建物が更新されたり，規制緩和の条件となった公開空地の確保等によって空間の質が向上したりするメリットが生じた反面，住宅地に隣接，近接した地域等では，巨大建築が与える日照や通風障害，圧迫感，交通混雑等による負の影響が生じた．また，容積率緩和の効果が，大都市中心部に偏って顕れるために，大都市への集中，特に東京都心部への集中現象が一層促進され，地方の衰退が進んだことも否めない．

　新法制定以降のもう一つの変化は，都市計画分野における地方分権化が進んだことである．分権改革全体の動きの中で，都市計画は福祉行政等と並んで，住民生活に身近な行政として，地方分権を進めるべき分野と認識された．特に，地域住民の参加によって計画が練られ，実施されていくことが，まちの活性化や，満足度の向上に繋がることから，参加と分権を促す改革が実施された．その結果，広域的な視点が必要となる区域区分やその実効性を担保する開発許可制度，さらに指針としてこれらを位置付ける都市計画区域マスタープラン等を除いて，多くの都市計画は市町村の事務となっていった．

(6) 都市計画制度の展開

　マスタープラン（目指すべき都市像）と，それを実現するべき土地利用規制，都市施設整備，市街地開発等の手段，さらに，そのための財源，それらを決定し，実施する仕組みなどから構成される都市計画制度は，(1)～(5)に述べたように，明治以降において，わが国都市の発展とともに発達してきた．都市化が進み，都市における移動が活発化し，種々の都市機能が集積するのに対応して，将来の都市を次第に規模の大きなものに修正しつつ，その整備方法を拡充してきたのである．しかし，その過程は爬行的であり，必ずしも，順調に快

適な都市が実現できていったわけではない．

そもそもマスタープランが制度上登場したのは1990年代になってからであり，それまでの都市計画は，将来の都市像という目標を持たないままに，進行する都市化に対症療法的に対応してきたのである．将来像を定めるには，都市化の勢いが激しく，もたらす変化が大き過ぎたといえるのかもしれない．

都市計画を実現する手段としての土地利用規制は，旧法以来定着してきたものの，規制力が弱く，用途混在による雑然とした街並みが現出するのを防げなかった．また1990年以降に特に顕著になった土地利用規制緩和型都市計画によって，高容積・高層の建物が各地に建つことによって建築紛争が頻発した．こうした問題が発生する背景には，都市・郊外鉄道が発達し，駅周辺に商業・業務・住宅の大集積が形成され，人口稠密な市街地を構成するというわが国の都市化の特徴がある．同時に，土地の希少性が高く，私的土地所有権が強いことを背景に，土地が細分化され，多くの零細土地所有者が存在するわが国は，土地への影響に対して敏感な社会である点も指摘できよう．これらから，所有した土地に与えられている容積率や割増を最大限に活用しようとする意識が生まれる一方で，それが自らの土地に及ぼす影響にも強く反応することになるのである．

最近では，郊外大型商業施設の立地によって中心市街地の商店街が衰退したという認識の下で，大型商業施設等集客施設の郊外立地を規制するなど，より強力な土地利用規制も行われるようになった．ただ，一方で，線引き制度の廃止といった緩和措置も行われており，中心部の商業者，郊外の農業者等の利害に影響されやすくなっていると指摘することもできよう．

都市施設整備は，東京市区改正条例において導入されていた制度であり，それ以来，都市計画の重要な手法として位置付けられてきた．特に，道路整備は，その上下空間を利用して上下水道，電気，ガス，情報通信線等も整備できることから特に重視された．このため，一般道については，自動車燃料に対する課税を主たる原資とした特定財源が設けられ，自動車による道路利用者が整備費を負担する仕組みとなったために整備が進んだ．ただ，これらの事業は，それぞれ中央官庁に担当課が置かれ，独自の財源を持って事業が行われることになったために，連携せずに別個に計画されて，実施されるという縦割り行政の弊

害も生んだ.

　道路や公園の整備では，計画決定されると，計画地には建築物の規模（階数）を制限する建築規制がかけられ，事業を容易にする措置が取られた．しかし，計画決定から事業実施までに数十年間という長期を要する場合もあり，その間，権利制限が継続するという問題が生じた．

　市街地整備は，欧米諸国に比べて短期間に都市化が進んだわが国では重要な手法であった．特に，土地区画整理事業は，土地所有者の協力で，土地の整形と道路や公園整備を行う地権者協力型の都市開発手法として普及し，わが国の既成市街地（DID）面積の 27％程度において実施されてきたことになる．また，大都市部では，急速な都市化に対応して，大規模な住宅地供給を行う必要から全面買収型によるニュータウン整備が進んだ．これらに加えて，都市の中心部で行われる都市再開発事業が，実施例の多い市街地整備の代表的手段となった．

　都市計画の財源は，東京市区改正条例以来，都市計画を実施するのに不可欠なものとして制度化された．現在では固定資産税に上乗せして課税される都市計画税が都市計画の目的税となっている．しかし，実際には，縦割り行政の下で，様々な財源が都市計画に充てられてきた．その中で，特に重要な役割を果たしたのが，前述のように道路整備や区画整理事業に使われた道路特定財源である．この制度は，1950 年代にはじまり，2008 年に廃止されるまで，道路をはじめとする基盤整備に大きな役割を果たした．廃止直前の 2007 年には 5.6兆円規模であった．一般に受益者負担の仕組みを内包した財源制度は，負担と受益が対応するという点で合理的なものであるが，都市の限られた空間を道路で埋め尽くすのではなく，公共交通を適切に導入することによって，より効率的な輸送を図るなどといった大局的な見地に立った計画を上位に置かなければ，道路だけが増えて，大気環境悪化，交通事故多発，温室効果ガス大量排出などの弊害を生む．わが国の道路特定財源制度の導入や廃止が，それぞれ最適な時期に行われたのかどうかについては議論の余地があるとしても，都市化進行期に制度が導入され，人口減少社会を迎える時期に廃止されることになったのは，制度の性格から見て，適切な判断といえよう．もちろん，道路特定財源制度の廃止が道路予算全体の廃止を意味するのではない．廃止によって，道路が無条件に確保される特定の財源を基に整備されるのではなく，他の事業との比較を

通じて重要度を判断しながら行われるようになったことを意味している．

　都市計画の計画者，決定者については，国主導の体制から次第に地方分権化されていくという経過をたどってきた．都道府県主体の時期を経て，現在では，市町村が都市計画事務の中心を担っている．同時に，都市計画のマスタープランが住民参加型で作成されるようになったことを契機として，市町村が，住民や，広く市民とともに案を考えて，成案をまとめる参加型の都市計画が発達した．住民の合意を形成しつつ行政を進めることは一般論としても重要であるが，都市計画においては，特に計画段階で土地所有者等の利害関係者の合意を得ておくことは事業の実施にとっても有効であるため，参加型の制度が普及したといえよう．

　実は，本章のタイトルにも用いた「まちづくり」という用語は，このような参加型制度の発達とともに普及してきた．用語そのものは，遅くとも 1950 年代には自治体の活動の中で既に使われていたのであるが，普及したのは，1992 年に都市計画マスタープラン（市町村の都市計画に関する基本的な方針）が制度化され，その作成に当たって，「あらかじめ，公聴会の開催等住民の意見を反映させるために必要な措置を講ずるものとする」と法律に明記されたことによる（都市計画法 18 条の 2）．都市計画マスタープランは，都市計画を実施するほとんどの自治体で作成されることになった．その過程で，単にアンケートやパブリックコメント等による意見聴取に留まらず，ワークショップ等での議論を通じて計画を練り上げていく手法も積極的に導入されていった．その結果，都市計画が，「トップダウンの計画」ではなく，主権者であり，都市の在り方によって大きな影響を受ける住民・市民が意見を述べて作成していく「ボトムアップの計画」であるという認識が広がった．それとともに，「都市計画」という固い印象の法律用語ではなく，「まちづくり」という柔らかい用語が好まれるようになったといえよう．

4. 人口減少時代の都市計画

　125 年間にわたる日本の都市計画制度の変化をたどってわかることは，現在の制度は，種々の修正を重ねてきたとはいえ，1968 年に制定された新法の下

にあり，これから始まる本格的な人口減少社会の都市計画として十分に機能するのかは検証されていないことである．人が集積することによって様々な共同利用施設を生み，便利さや快適さが増してきたのが都市であることを踏まえれば，都市内の各所で人が少なくなっていく過程で，それが失われていくのをどう食い止めるのかは未体験の重要なテーマである．

　このテーマにチャレンジしていく上で，直ぐに最適な法制度とそれに基づく都市再編の営みを見出すことは容易ではないし，さらにそれを合意の下で適用していくことは，人口減少に向かう都市社会の大きな転換がまだ多くの人々に共有されていない現段階では一層の難しさがある．そこで，まず人口減少に伴って生ずる種々の都市問題への対処を通じて，時代に合った法制度を漸進的に形成していくというアプローチをとることが重要であると筆者は考える．その意味では，人口減少時代，筆者の用語を使えば逆都市化時代において，都市計画が対処するべき問題の一つひとつに誠実に対応することを通じて，逆都市化時代の都市計画が生まれるといえよう．本節では，そうした観点から，これから本格化する逆都市化時代に取り組むべき課題を明らかにして，逆都市化時代の都市計画・まちづくりの姿を浮かび上がらせてみたい．

4.1　集約化によるまちづくり――コンパクトシティ

　都市化時代のまちづくりが，土地利用規制，都市基盤整備，さらに土地区画整理等の面的開発を組み合わせて，基盤の整ったまちを造っていくことを目指してきたとすれば，逆都市化時代のまちづくりの基本は，人口減少の過程で，過度な密度低下に至らないように誘導し，都市基盤や，コミュニティー活動を維持することである．

　しかし，わが国のような自由主義国では，個々の住宅や企業の立地を特定の場所に限定するといった過度な規制をかけることは考えられないから，個人や個々の企業の判断に委ねられる立地行動を誘導するような先導的な土地利用を行うことが重要となる．すなわち，駅などの交通結節点，幼稚園・小中学校，老人福祉施設，病院，役所等という地域の人々の日常行動の集約地となるような施設を将来のコミュニティーの中心となり得る場所に立地させることによってコミュニティーの集約的再編を図ることである．生活に便利な場所を創り出

して，個人や企業の合理的な判断で集約的な再編が起こることに期待するのだから，ある程度時間を要することを覚悟しなければならない．したがって，コミュニティーの再編の姿を都市のマスタープランに明記して，持続的な政策とすることも必要である．

　特に，軌道系の交通システムの駅を中心とするようなコミュニティー形成は，拠点であることが誰にも意識されるし，実際に交通利便性が高いことで，個人や企業にとっても魅力的であろうから有力な手法となる．こうした意味で，富山市が提案している路面電車駅，鉄道駅等を拠点と見立てたコンパクトシティ構想は他の都市にとってもモデルとなり得る．これらの先例を踏まえて，国土交通省では都市再生特別措置法の改正によって，コンパクトシティの形成を支援する制度を設けた（図10-7）．

　一方で，都市の集約化を進める上でいくつかの留意点がある．まず，人口減少社会は，高齢社会でもあることを踏まえることである．高齢者にとっては，住居を移すことは若壮年層以上に容易な決断ではない．高齢者向けケア付き住宅等といった高齢者が移りやすい住居を整えることによって，集約型のまちづくりが高齢者にメリットをもたらすような制度設計も重要である．

　また，住宅をはじめとする諸機能の拠点となる地域は十分にゆとりをもって設定し，窮屈な地域に集約するといった感じを与えないことも肝要である．そもそも，郊外化はゆとりのある生活環境，自然豊かな生活環境を目指して進んだものであり，狭隘な地域への集約化は，自然との触れ合い願望やゆとり指向と両立しない恐れがある．特に地方都市では，集約化＝マンション暮らしでは満足しない人々も多いと思われるから，集約化においても戸建て住宅に住める計画が必要となるし，マンションの場合であっても，緑地や利便施設を供給して，日常生活の満足を高めるよう工夫することが求められる．

　集約化においては，公共交通が利用可能な仕組みを設けることは必要だが，車社会を否定するものとはなり得ないことも留意点となる．自動車普及率も頭打ちの感があるが，地方都市では，多くの人にとって自動車が日常行動の足になって久しい．したがって，集約化によって，通勤通学時等には，公共交通を利用する人が増えることを期待するものの，買い物，レジャー等には自動車を活用する人が多いことを十分に理解して，車でも便利な集約化を図るべきであ

コンパクトなまちづくり

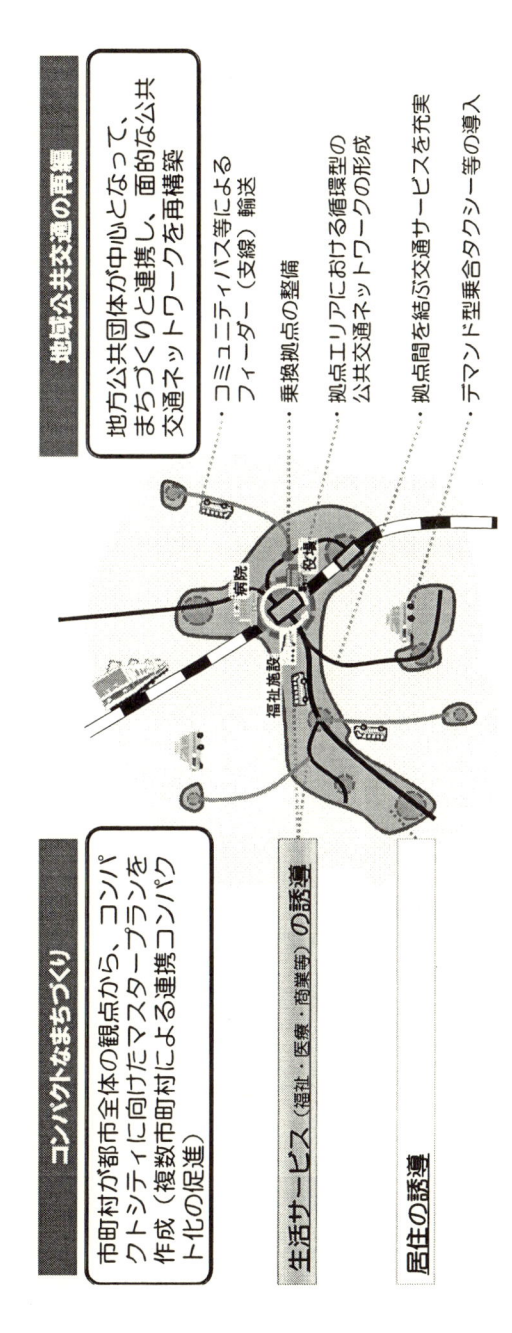

市町村が都市全体の観点から、コンパクトシティに向けたマスタープランを作成（複数市町村による連携コンパクト化の促進）

地域公共交通の再編

地方公共団体が中心となって、まちづくりと連携し、面的な公共交通ネットワークを再構築

- コミュニティバス等によるフィーダー（支線）輸送
- 乗換拠点の整備
- 拠点エリアにおける循環型の公共交通ネットワークの形成
- 拠点間を結ぶ交通サービスを充実
- デマンド型乗合タクシー等の導入

生活サービス（福祉・医療・商業等）の誘導

居住の誘導

図10－7　国土交通省の提唱するコンパクトシティ

出所：国土交通省HP．https://www.mlit.go.jp/en/toshi/city_plan/compactcity_network2.html

る．人口減少社会では，高齢化と相まって自動車交通量自体が減少すると見込まれるから，混雑は減る．また，ハイブリッド自動車や電気自動車が普及すれば，有害排気ガスはいうまでもなく，二酸化炭素等の温室効果ガスの排出量も削減される．さらに，自動運転機能が発達するにつれ重大な交通事故も稀な事例になるとさえ期待できる．こうした状況変化や技術革新の下で，自動車利用が継続することを踏まえた上で，自動車利用と両立できる集約化を図ることが重要である．もちろん，自動車は必ずしも個人所有ではなく，カー・シェアリングなど新しいタイプの利用形態が普及し，駐車のスペースの節約を果たすことも考えられよう．

4.2　環境・エネルギー問題と取り組む

　地球環境問題の重要性が指摘されて以来，環境問題への取り組みを都市計画の中心に据える考えは，わが国の都市においても普及してきた．環境共生都市，エコ・シティ，グリーンシティ等というこうした考えを体現させたネーミングも，まちづくりの目標を示すために使われてきた．

　振り返ると，はじめは，都市化によって失われた自然環境を，公園，緑地，あるいは農地，さらには都市を取り巻く山林等の形でできるだけ保全し，自然と都市との共生を図る田園都市のような概念が共有されていた．同時に，いくつかの都市では高度成長の過程で，深刻な被害を生んだ公害問題を体験したので，大気汚染，水質悪化，騒音振動，光害といった健康や生活の質に影響を与えるような人為の環境問題を解決する取り組みも強められた．

　そして，1990年代以降は，温室効果ガスの大量排出による地球温暖化の危機が世界的に認識され，温室効果ガス排出の主因であるエネルギー利用と自動車利用の削減や低炭素化が重要課題となり，環境とエネルギー問題が一体的に論じられるようになった．それとともに，環境やエネルギー問題に関連した都市計画も，公園・緑地を確保したり，自然環境を保全する土地利用や都市施設整備計画から，都市におけるエネルギーの効率的な利用（省エネ），分散型システムにおける再生可能エネルギーの地域的な供給と需要（新エネ）等，従来はエネルギー供給企業に委ねられていた事業を，自治体が都市政策として扱う必要が出てきたのである．それに応じて，省エネ実施や，新エネの生産と供給を

表10-4 千代田区の低炭素街区形成のための地区計画

名称	神田駿河台東部地区地区計画
位置	千代田区神田駿河台一丁目，神田駿河台二丁目，神田駿河台三丁目及び神田駿河台四丁目各地内
面積	約10.7ha

地区整備計画

土地の利用に関する事項	建築物の機能更新においては，エネルギー使用の合理化，自然環境の保全など環境改善に寄与した計画とする．特に，エネルギーを消費する建築物については二酸化炭素排出原単位平均を約 $56kg\text{-}CO_2/m^2$ 以下とするとともに，二酸化炭素排出総量についても増加しない計画とする． ただし，区長がやむを得ないと認めた場合は，この限りではない．

出所：千代田区地区計画一覧．

円滑に行うために都市計画が果たす役割が生じたといえよう（表10-4）．

まず，マスタープランにおいて，環境・エネルギーのテーマを取り上げることが重要である．土地利用計画，都市施設計画，さらには，これらを一体的に進める市街地開発等における環境・エネルギー問題への取り組みを統合してマスタープランに定めるべきである．その内容は，環境エネルギー問題への取り組みが多様化していることを踏まえて，公園緑地など自然環境の保全から，公害防止，温暖化防止まで多岐にわたる．特に，新しいテーマであり，かつ都市が主因である地球温暖化を防止するためのエネルギー問題についても都市計画に位置付けることが求められる．

エネルギーに関して，土地利用計画では，既に地区計画の中で，地区で行われる開発に際して二酸化炭素排出量の床面積当たりの原単位を定め，さらに地区の排出総量の上限を定めているところもある．また，主要な温室効果ガス排出事業者に対して，削減計画の作成を求め，排出量抑制を積極的に促す自治体もある．これらは，排出量削減を目標としているが，その達成手段は省エネと新エネ利用である．新エネについては，太陽光発電，コ・ジェネレーション等の分散型エネルギー供給を地域で行ったり，下水処理場や廃棄物焼却場などで副産物として生産される熱エネルギーを周辺地域に供給したり，さらには遠隔地で供給される風力や小水力発電を，送電線網を利用して供給したりするなど，

既存の設備を有効に活用しながら供給促進していくことが重要である．当面は，Feed-in Tariff 制度等によって，再生可能エネルギーの高コスト分を納税者が負担する公的補助や電力需要者が負担する内部補助を行うこともやむを得ないが，再生可能エネルギーの供給コスト削減を図り，補助制度なしや僅かの内部補助制度で供給できる見通しを立てて進めることが肝要である．再生可能エネルギー供給には，小規模で，不安定なものが多いので，蓄電熱装置（蓄電池，揚水発電，蓄熱）を開発して，安定化を図ることも不可欠である．こうした，施設の整備計画を立て，初動期に施設整備等の補助事業を行うのも都市計画の役割となる．

4.3 防災・減災

都市防災は，かねてから都市計画の主要な要素の一つであった．その重要さは，わが国では，阪神淡路大震災（1995 年）と東日本大震災（2011 年）の体験を経て一層増した．これらはいずれも巨大地震がもたらした災害だが，前者では犠牲者の多くが建物の倒壊に因るものであったのに対して，後者では地震が引き起こした津波によるものであったという大きな違いがあった．地震多発地帯という宿命を負っている上，予想される南海トラフ巨大地震では，この両方の原因による犠牲者が最大で 32 万人に達する恐れがあるとされているので，様々な形態での地震災害に対する防災・減災を図ることはわが国における都市計画の最も需要な役割の一つといってよい．

地震の揺れがもたらす建物倒壊による被害を軽減するためには，構造物の耐震強化を図り，かつ家具類も倒壊させないことが鍵を握る．したがって，この場合には，建物は被害に遭っても，人は避難して生命を守るという建物被害と人的被害を分ける減災論は成り立たない．建物倒壊の多くは地震動と一体で瞬間的だからである．しかし，関東大震災で多くの犠牲者を出した大震火災に対しては，延焼防止のまちづくりを行うことによって，一部の建物は火災で被災しても，延焼を防いだり，延焼の及ばない地に避難することによって生命を守ることができる．その意味で，延焼防止の延焼遮断帯や避難路や避難場所を確保する減災論は有効である．

また，東日本大震災における被害は，津波によって生じた．津波災害に対し

ては，経験上の津波到達高を超える位置に住宅，病院，福祉施設，さらに幼稚園・小中学校等を建設し，さらに地震の規模に応じて避難する習慣を怠らないようにすることで，人的被害を防ぐことができる．したがって，巨大津波も防ぐことができるという安全神話に陥るのではなく，防潮堤や防波堤などの防災施設で防げる範囲をわきまえて，それ以上の規模の津波であれば，避難することが人的被害を防ぐ唯一の手段であると認識しておくことが重要である．これが減災の考え方であり，津波のように，規模は大きいが，到達までに避難する余裕のある場合もあり得る災害については不可欠の対策である．

都市計画には，不燃化の促進，延焼遮断帯，避難路・避難地の確保，防潮堤や防波堤等の防災施設の整備，津波，河川氾濫，土砂崩れ等から安全な場所への居住地や商業業務地の移転等，幅広い対策に取り組むことが求められる．特に，人口減少時代においては，4.1節に述べた集約化などの居住地の再編を進めて，ハザードマップに示される危険な場所から，安全な場所へと移住することが課題となる．人々を誘導する機能を持つ施設の先導的な立地を通じてコミュニティー全体を安全な場所へと移していくことも計画の中に含むべきである．

このように安全性を飛躍的に高めるための都市計画を実施するには，災害危険度を示すハザードマップを作成して，それに基づいて，コミュニティーにおける災害対策の合意形成を進めるとともに，その合意を基礎に，長期的なプランの下にコミュニティーの移転を進めることが必要である．その際には，長期的に安全を確保するという観点の下に，小中学校，病院，高齢者福祉施設等をはじめとする避難しにくい人が使う施設や，地域の核となる施設を，建替え時期などを見計らって先導的に移転することが有効である．そして，先導的移転施設の周辺には，次期のコミュニティー予定地を確保して，住宅移転を徐々に進めるなどの長期的計画が求められる．

また，移転に際しては，人口減少によってコミュニティーの人口規模が縮小傾向をたどると想定されることから，いくつかのコミュニティーを集約して，社会活動が営めるような規模を確保することも重要となる．住宅の耐震化とともに，コミュニティーの安全性を確保することは，事前復興と呼ばれる対策に属する．自然災害の被害を繰り返さないためには，災害体験後だけではなく，種々の機会をとらえて，安全性を高める対策を施すことが望ましい．

4.4 スマート・シティ

　和製英語としても，英語圏でも，スマート（smart）という形容詞が，都市，コミュニティー，あるいは電力のネットワークを表すグリッド（grid）等とともに使われる．都市計画の分野では，成長（growth），規制（control）等とともにも使われてきた．その意味するところは，「賢い」というsmartの意味から発展して，「最適な」とか，「最適に制御された」といった意味を含んでいると解釈できる．さらに多くの場合には，関連する情報をコンピューターによって収集・分析して最適に制御するといった意味を含んで使われる．ここでは，これらの用語の代表例としてスマート・シティを取り上げて，こうした概念が都市計画にさらに大きな影響を及ぼすことについて考えてみよう．

　スマート・シティは，まず都市を支える様々な基盤が，それぞれ最適に運営されることを意味する．こうした発想に馴染むインフラとしては，電力や熱等のエネルギー，交通，情報通信，上下水道といった供給・サービスの体系がネットワーク型になっており，時間とともに異なる規模で発生する需要を最小費用で満たすように全体の供給量や供給方法を制御しなければならないという特徴を持ったものが挙げられる．そこでは，エネルギーと交通は別々に供給されるというように，種別ごとに別個の体系であると同時に，それぞれの種別で，独立した供給単位が存在しており，需給が管理される．こうした体系では，複雑な需給の組合せに的確に対処することが求められるので，膨大なデータをさばいて正確に解にたどり着くことができるコンピューターの活用が適している．中央制御室で全体の情報を把握しながら体系を運営していくという点にスマートさが発揮されるのである．もちろん，独立した供給単位間の相互影響にも的確に対処して，各種別の全体の効率性を高めることも求められる．

　また，異なる種別においても，交通を運営するにはエネルギーを必要とするし，交通によって，人の移動が起こるので，エネルギー需要の場所が変化する，というように相互影響が生ずる．こうした相互影響に対処するには，異なる都市基盤種別の運営主体間での情報伝達や調整が日常的にスムーズに行われることを要するので，相互で使えるデータの特定，その標準化や，アウトプットの共有等が行われていることが望ましい．

これらの都市基盤種別の中で，交通は，個人が自動車を運転するというように，人の行動そのものを含んでいる．したがって，エネルギーや水の流れ等とは異なり，人の行動における誤りが事故に繋がったり，トラブルを起こすことを制御することが必要となる．ITSによる車間距離の自動制御，縦列自動走行，さらに自動運転といった安全や低燃費での走行管理などが行えるようになれば，スマート・シティの有用性は高まる．GPS等の位置情報の精度が増し，携帯電話や，携帯端末やパソコンを通じた位置情報収集が可能になったので，人の行動をリアルタイムで把握し，交通制御に応用することも可能になってきた．例えば，これらの情報に基づいて，信号を制御したり，携帯電話や端末にリアルタイムの最適経路を送って誘導すれば，混雑を緩和できるといった応用も考えられよう．

　また，都市基盤を通じた供給システムの最適制御という観点からみた都市の土地利用のあり方に関わる情報提供が行われれば，それに対応した土地利用計画によって需要を制御することが望ましいという意味で，都市計画策定に際しての重要情報となる．都市計画には欠かせない人々の合意形成の行方まで確定したり，織り込むシステムが生まれるとは思えないが，少なくとも合理的な合意形成が行われるように支援することができれば有用性は高い．

　このように，情報通信手段の発達によりスマート・シティの内容は日進月歩である．一人ひとりの自由な行動が，集合すれば混雑を起こしたり，最適ではないサービスの使い方に結び付く可能性がある．サービス供給の在り方と人々の行動の双方に影響を与えつつ最適なインフラサービスの提供を図ることがスマート・シティの狙いである．

4.5　分権と参加

　本章で何度か触れてきたように，近年の都市計画の特徴は，地方分権と参加型の意思決定が進んだことによって，土地所有者や都市住民の合意によって，将来の都市像や，それを実現するための規制や事業が決められるようになってきたことである．合意形成に基づく都市計画が進んだことを背景にして，まちづくりという柔らかな表現が用いられるようになってきたことも指摘した．これを「参加型のまちづくり」と表現すれば，その転機となったのは，1992年

の法改正による都市計画マスタープランの導入に際して，住民の意見を反映させることが義務付けられたことであった．これを端緒に，いわば意見を反映するための手段として，アンケート，公聴会，パブリックコメント，ワークショップ，審議会への住民参加等様々な方法での住民・市民参加が発達した．

同時に，その前段階で，都市計画の地方分権が進んできたことが，参加型のまちづくりの基礎をつくったといえよう．地方分権化は，都市計画制度の発足以来，新制度発足等を節目に徐々に進んできたのであるが，近年では，市町村が都市計画を決定するに当たって，都道府県と協議は行うものの，同意を得ることは要しないという市町村中心の制度が定着しつつある．身近な自治体に都市計画の決定権限があるからこそ，住民や市民の参加が意味を持つ．つまり，分権と参加は，相互に関連しながら発展するべきものである．

しかし，分権もまだ十分とはいえない．特に，税源配分においては，地方分権の進展を反映したものとはなっておらず，国による補助制度が市町村の事業実施に大きな影響を与えている．旧道路財源をはじめ，都市計画の事業に充てられてきた財源の一層の地方移管を進め，実施する事業においても市町村の自主性を強める改革がなお必要である．

また，例えば，地区計画で，床面積当たりのCO_2排出量の削減や新築建物からのCO_2排出総量を決めても，強制力を持たすための建築制限条例（建築基準法の委任条例）には，こうした項目を設けられない制度（建築基準法）になっているという問題等，国の都市計画分野の基本法である都市計画法や建築基準法の規律密度が高いことが，市町村のルール制定の足枷になっている事例があるので，都市計画法や建築基準法は，都市計画の領域に関する基本法として，規律密度を低め，具体的な規制の内容や事業の手続きは，条例に委ねて，市町村の権限を実質的に強めることが必要である．

一方で，まちづくりにおける「住民」と「市民」の概念を整理することも課題である．住民を，土地所有者や居住者として，都市計画の規制や事業によって生活や経済上で直接影響を受ける人々と定義し，市民を，より広く，当該都市計画によって直接的な生活や経済の影響は受けないが，まちに対する愛着や個人の価値観といったレベルで都市計画に関心を持つ人々で，場合によっては市に関心を寄せる市外の人々までも含むと考えれば，もっぱら住民の参加によ

って合意形成を図るべき都市計画と，市民の広い合意によって進めるべき都市計画とが存在することも明らかになってきており，これを踏まえた適切な住民・市民の参加が制度的に確立される必要がある．特に，市民の関心が強い，シンボリックな空間の在り方，多くの人が利用する公共施設の在り方等をめぐっては，狭義の住民だけではなく，広義の市民合意を得て，都市計画を進めることが自治体に求められるようになってきた．

そして，こうした市町村のまちづくりのルールは，自治体条例として定め，市民がその内容を承知し，活用するものとならなければならない．そのためには，もちろん都市計画法・建築基準法，さらには，自治体条例などで，合意形成の主体に言及するなど制度的に確立することが必要であるが，同時に，その内容を審議する市町村の都市計画審議会やその他の関連審議会の模様をインターネット公開するなど，さらなる情報公開によって，より多くの市民が問題を共有し，議論の展開を知るようになることが重要である．

そして，住民や市民においても，単に個人の経済的利害や生活上の価値観だけで，都市計画の良し悪しを判断するのではなく，市民の共有財産としてのまちの価値を皆で高めていくような都市計画を作成し，実現していくことが問われている．その意味では，まちの理念を実現するような市民全体の合意の下で，いかにして個々の事案の利害対立を調整していくことができるのかをめぐって，合意形成方法の一層の経験と改善が求められているといえよう．

5. おわりに

ちょうど，本書が出版されるのと同時に，政府において「まち・ひと・しごと創生本部」が設置され，特に，地方における産業・雇用創造を通じた人口安定化に向けたビジョンを作成し，長期的な視点で実行していくことになった．本章の観点からは適切な施策の方向ということになる．しかし，容易ではない．これまでも，少子化対策は実施され，法律もできている．また，地方活性化に至っては，戦後の一貫した国土政策の基調であったともいえる．税財政の優遇，産業立地基盤や都市の整備，さらに大都市における工場や大学の立地規制に至るまで様々な施策が実施されてきた．しかし，結果としては，少子化対策，地

方活性化ともに大きな成果を上げるに至らなかった．それどころか，ますます新たな出生者は減少し，多くの地方都市では産業の停滞傾向が止まっていないのである．したがって，これまでどおりの施策を繰り返すのでは成果を上げることはできないことを，出発点から認識するべきである．本章は，都市政策に絞って論じたが，少子化対策そのものに視野を広げるならば，第一線で働きながら，子どもをつくり，育てることができる環境を整えることが最も重要であろう．そのためには大胆な制度変更を行うことにためらいがあってはならないだろう．一方で地方活性化の産業政策では，これまでの補助金や，税財政的な優遇措置によって，農林漁業などが国際競争力を失ったまま存続してきたツケを払うことが先決事項と思う．その意味では，いったん体質強化のための試練を経て，再生を図ることが必要な産業も少なくない．むしろこうした試練を早めに体験して，地域の雇用を支える基幹的な産業を，早く，そしてできるだけ多様に形成していくことが，雇用創出の鍵を握る．本章で論じた都市政策が，人口政策や産業政策と連動することによって，真の意味の日本の再生に繋がることに期待したい．

参考文献

赤木須留喜（1968），「都市計画の計画性」東京都立大学都市研究会『都市構造と都市計画』東京大学出版会．
飯沼一省（1934），『都市計画』（自治行政叢書 10 巻），常磐書房．
池田宏（1931），「都市計画法の由来と都市計画」『都市公論』（都市研究会）Vol.14(11), pp.2-28.（池田宏遺稿集刊行会［編］（1940），『池田宏都市論集』池田宏遺稿集刊行会，所収）
石田頼房（2004），『日本近現代都市計画の展開── 1868‒2003』自治体研究社．
伊藤滋・奥野正寛・大西隆・花崎正晴［編著］（2011），『東日本大震災　復興への提言──持続可能な経済社会の構築』東京大学出版会．
大西隆（2004），『逆都市化時代──人口減少期のまちづくり』学芸出版社．
大西隆［編］（2011），『人口減少時代の都市計画──まちづくりの制度と戦略』学芸出版社．
大西隆・城所哲夫・瀬田史彦［編］（2013），『東日本大震災　復興まちづくり最前線』学芸出版社．

大西隆・小林光［編］(2010),『低炭素都市——これからのまちづくり』学芸出版社.
大場民夫 (1995),『土地区画整理——その理論と実際』新日本法規.
富山市 (2007),「中心市街地活性化基本計画」.
富山市 (2008),「富山市総合交通戦略」.
富山市 (2009),「環境モデル都市行動計画——コンパクトシティ戦略による CO_2 削減計画」.
日本学術会議 (2012),「学術からの提言——今,復興の力強い歩みを」.
東日本大震災復興構想会議 (2011),「復興への提言」.

第11章　都市と持続可能性
　　　——事例としての鎌倉

薄井充裕

1. はじめに

　本章では，現代都市が直面する課題を社会的共通資本の観点から考えてみたい．事例としてここでは鎌倉を取り上げる．社会的共通資本の3つの構成要素——自然資本，社会的インフラストラクチャー，制度資本——のいずれにおいても鎌倉は独自の様相をみせるが，鎌倉が抱えてきた，そして現在直面している諸課題は，日本の多くの都市に共通し，将来にわたる示唆をここからうることができると思うからである．
　50年前，古都鎌倉で起こった宅地開発問題を契機として，日本においてもナショナル・トラスト運動が始動し，歴史的風土保存のための立法も行われた．
　その一方，東日本大震災の衝撃は鎌倉の今後の都市政策に大きな影を投じることとなった．太平洋に向かって扇状に広がった低湿地に都市機能が集まる鎌倉市中心部を，2011.3.11のような大津波が襲撃した場合，神奈川県や鎌倉市の想定でも甚大な被害が予測されている．
　「景観形成」と，今後想定される地震，津波被害等から地域住民の安全を確保するための防災型「都市整備」——この2つはどのように「両立」しうるのか——．自然資本，社会的インフラストラクチャー，制度資本の三者鼎立にとって，困難かつ英知を求められる課題がここには伏在している．

2. 自然資本の保全
──ナショナル・トラスト運動から世界遺産登録まで

2.1 ナショナル・トラストと古都保存法

　志賀重昂『日本風景論』の初版が出版されたのは 1894（明治 27）年であった．本書は，豊かな自然のなかから生み出された日本の風景のもつ独自の素晴らしさを，瀟洒(しょうしゃ)，美，跌宕(てっとう)（起伏に富む，伸び伸びとしている）という言葉であらわし多くの読者の共感を生んだ．

　1935（昭和 10）年には和辻哲郎『風土──人間学的考察』が上梓された．ここでは，志賀が着眼した日本の自然の特質が，「モンスーン的風土」という概念で再整理され，永きにわたって形成された日本人の精神的な気質や人心の機微が風土との関係において論じられた．和辻の問題意識は，急速に進む近代化の過程で日本の都市や地域が改変され，いわば無節操に西欧化されることについての危惧の念が根底にあった．

　近代以前，あるがまま，あたりまえに存在した日本の原風景，風土についての重要性が，時代とともにより鮮明に自覚されるようになり，それを失わせるような急激な自然の改変に対して，市民レベルからこれに抵抗し拒否する動きもあらわれるようになった．鎌倉はその代表的な事例である．

　鎌倉の歴史をみると，今日にいたるまで単線的に発展をとげてきたわけではないことがわかる．むしろ，幕府がおかれた中世以降は，停滞，衰退の時期が永くひなびた農漁村の地位に甘んじてきた．その間，多くの災害にも見舞われ破壊と再興も繰り返してきている．

　近代以降，鎌倉は別荘地，海水浴場として注目されることとなるが，その一方，志賀の言葉を借りれば，瀟洒，美，跌宕の風情は，古都として永きにわたって維持されてきた．そこを強く自己認識することで，鎌倉は独自の価値志向をもつに至ったかもしれない．

　鎌倉を訪れる多くの観光客が足をはこぶ鶴岡八幡宮．鎌倉駅からほど近く，若宮大路を北に，三の鳥居をすぎ流鏑馬(やぶさめ)馬場，若宮をへて石段を上がった小高い本宮前は市内を一望できる好立地である．

鎌倉幕府のいわば発祥の地としての歴史を有する鶴岡八幡宮の背後には大木も聳える深い森林を擁する．その一角，御谷山林の保全が問題になったのはいまから約半世紀前の 1960 年代中葉である．外部からの流入圧力の強い宅地開発ブームのなかで，鎌倉の「聖地」とでもいうべきこの御谷地区に乱開発が持ち上がったのである．

当時，行政には許認可上これを阻止する法律的なバックボーンがなく，神奈川県知事は市民による自発的な活動に期待するしかないという異例のメッセージを出した．それに呼応するように，1964 年，開発に反対する鎌倉風致保存会の住民らが募金活動を開始し，はやくも翌年 6 月開発予定地の土地の一部約 1.5ha を 1,500 万円で購入した．

また，鎌倉在住の作家大佛次郎は，随筆「破壊される自然」を朝日新聞 (1965 年 2 月 8 日〜12 日) に掲載した．ここで紹介された英国ナショナル・トラストがその後，世に広く知られるようになり，同トラストをモデルとして 1968 年 12 月，観光資源保護財団（現公益財団法人日本ナショナルトラスト）が設立された．財団の保護資産第 1 号は，茨城県の天心遺跡記念公園（旧日本美術院五浦研究所）であるが，こうした経緯から，鎌倉御谷山林は日本のナショナル・トラスト発祥の地という伝説を生んだ[1]．

こうした活動を契機として 1966 年には古都保存法（「古都における歴史的風土の保存に関する特別措置法」）が制定され，歴史的風土保存区域の指定や地区内の開発規制などが規定され，鎌倉は京都，奈良などとともに直ちにその指定対象となった．鎌倉の輝かしい歴史の一齣であったといえよう．

2.2 鎌倉市都市景観条例と景観法

和辻の『風土』発刊後 3 年をへた 1938 年に設けられた風致地区制度（「風致景勝ノ保全ヲ期スルト共ニ史都鎌倉及関係郷土ノ維持保存上遺憾ナキヲ期セムトスル」ことを目的として風致地区を都市計画決定）は，古都保存法によって広がり，鎌倉市の面積 3,953ha のうち，695ha が歴史的風土保存区域に，そのうち 226.5ha

---

1) 木原（1984）pp.16-34．（財）鎌倉風致保存会，（社）日本ナショナル・トラスト協会（http://www.nationalgeographic.co.jp/materials/materials_article.php?file_id=2001&article_no=5）．

表 11-1 鎌倉市における都市法規制の指定状況

単位：ha

区　域	面　積
市街化区域	2,569
市街化調整区域	1,384
歴史的風土保存区域	982.2
（うち歴史的風土特別保存地区）	(573.6)
風致地区	2,194
鎌倉景観地区	224.8
北鎌倉景観地区	7.2
人工林	179

出所：「鎌倉市森林整備計画」（鎌倉市，神奈川県，平成24年3月）他から作成．

が歴史的風土特別保存地区に指定され，その後の鎌倉の景観形成に大きく寄与することになった．

　現在，鎌倉市は，市域全部3,953haが都市計画区域（一体の都市として総合的に整備，開発，保全する必要がある区域）に指定されている．都市計画区域のうち，市街化区域（既に市街地を形成している区域及びおおむね10年以内に優先的かつ計画的に市街化を図るべき区域）は2,569haであり，一方，都市近郊の農地を保護し，山林などの自然環境を保全するための市街化調整区域（農林漁業の振興及び自然環境の保全のために，宅地造成や建築行為を厳しく規制する区域）は1,384haである．市街化調整区域には鎌倉地域の山林とその周辺地域，海岸線及び農業振興地域などが指定されている．

　なお，後述する「第3次鎌倉市総合計画」では，現在でも市街化調整区域において，土地利用の転換による保養所や屋敷等の売却に伴う開発が行われていることが指摘されている．

　古都保存法に基づく「歴史的風土保存区域」は，鎌倉市全体の面積の24.8％にあたる982.2haに拡大され，うち14.5％にあたる573.6haが「歴史的風土特別保存地区」に指定されている．開発行為などに対して，前者では知事への届出が，後者では知事の許可が必要となることから，歴史的景観保全には大きな影響力がある．

　鎌倉市は2,194ha（市全域の55.5％）を風致地区に指定している．風致地区内での開発行為などには，鎌倉市風致地区条例に基づき，鎌倉市長の許可を要する．ここでは，建築物の位置，形態，意匠（色彩，材質を含む）などが周辺の風

致と調和することが義務付けられ，また建築者の高さ，建ぺい率，壁面後退距離などで一定の基準を満たすことが必要となる．鎌倉市の場合，建築物の高さはここで 8～15m に規制されている．

さらに，鎌倉景観地区 224.8ha（鎌倉市雪ノ下一丁目他）や北鎌倉景観地区 7.2ha（鎌倉市山ノ内地内）を指定し，いずれも 15m（一部 10m）の高さ規制のほか，建築物の屋根及び外壁の基調色は，原色・刺激色など周囲のまち並みと不調和となるような色の使用を避けることとしている．

鎌倉のメインストリートたる若宮大路沿道には目につく高層建築物がないが，これはこうした鎌倉市によるきめ細かい対応が行われていることによる．

本来この地域は，高さ制限がなく，30m 以上の建物の建築も可能だが，行政指導で 15m（5階建程度）以下に抑えられてきた．また，風致地区での高さ制限も，本来は 15m 以下とされていたが，行政指導で 8m（2階建程度）以下に抑えられてきた．さらに，若宮大路を中心とした市街地を，より積極的に景観形成を図る地区として上記のとおり景観地区に指定し，15m の高さ制限のほか，建築物のデザインや色についても基準を定めているのである．

鎌倉の市内を散策する訪問者が，他の都市にない落ち着きを見い出すのは，実はこうした隠れた意匠，自己規制が働いているからであるといえる．

鎌倉は市域も，行政組織も大きくはないが，市民の自治意識は高く，市に行政能力もあることから，その後も全国的にみてユニークな活動を展開してきた．1995 年「鎌倉市都市景観条例」，「鎌倉市まちづくり条例」，1996 年「鎌倉市緑の基本計画」が，また 2002 年には「鎌倉市開発事業などにおける手続及び基準などに関する条例」が相次いで制定され，鎌倉市独自の景観づくりに拍車がかかった．

2004 年には「景観法」が成立し，全国の都市は，地域の特性に応じた考え方を景観計画に定め，建築行為の規制・誘導が図れるようになった．これは，先導的な役割を果たした鎌倉など地方公共団体の「独自のルール」が国を動かし，法律に昇格され一般化された成果ともいえる．

同法の施行に伴い，鎌倉市は 2005 年 5 月に景観行政団体となり，市全域を景観計画区域に指定した．2006 年 12 月に景観計画を確定し，翌年 1 月から運用を開始した鎌倉市は，土地利用に合わせて市域を 21 の類型にわけて，地区

毎に景観形成の方針及び基準を定めている．これにより，歴史的遺産の周辺地域，丘陵地に広がる住宅地域，海沿いの商業地域など，それぞれの地域がもつ特徴的な景観をよりよく保全することを目的としている．

　本計画を貫く基本理念は，「人間活動にとって最適な規模（ヒューマンスケール）を持つコンパクトな都市」ということであり，随所で，この「ヒューマンスケール」という言葉が用いられ「鎌倉らしさ」の保全が強調されている．

　このため，周辺との調和が重視され，「周辺の景観の特徴をつかむ」こと，「周辺からの見え方に配慮し，周辺景観になじむ形態意匠とする」こと，「周辺景観の向上に役立つよう要素のデザインを工夫する」ことを，3つの基本的な「作法」として，建築物等の計画を行い，良好な都市景観の形成をめざす方針を打ち出している．

　具体的には，「通りからの見え方，高台などの眺望点からの見え方など，周辺からの見え方をチェック」し，「屋根の形状や向きの協調，前面道路への空地の確保，地域で多用されている伝統的な素材の活用」などに努めることなどが，「建築行為等の景観形成に関する方針（共通事項）」として定められている[2]．

　鎌倉の景観を中心とする都市政策の現状は，上記に限らず多面的な広がりをもっており，それを守る地域住民の誇りの源泉でもある．後に述べる震災，津波対応ではこうした従来の考え方をそのまま踏襲していけるのかという問題提起を行うこととなるが，ここでは以上，鎌倉の先導的な景観保存活動の意義を高く評価しておきたい．

2.3　世界遺産登録と緩衝地帯（バッファゾーン）の設定

　遡って，鎌倉の歴史的遺産は，1992年に「古都鎌倉の寺院・神社ほか」として，ユネスコ世界遺産委員会の暫定リストに掲載された．

　2004年景観法成立を契機として，鎌倉市は「武家の古都・鎌倉」という基本的考え方をまとめ，国指定史跡の指定や保存管理計画の策定，対象構成資産

---

[2]　「鎌倉市景観計画」2013年9月4日更新（http://www.city.kamakura.kanagawa.jp/keikan/keikaku.html）．「「武家の古都・鎌倉」の街並みを守れ」，JFSニュースレター，No. 84，2009年8月号（http://www.japanfs.org/ja/news/archives/news_id029348.html）．

の周辺の景観や環境を保護する緩衝地帯（バッファゾーン）の検討などを行った．

世界遺産は，登録遺産はもちろんだが，その遺産の状況に応じて周辺環境や景観を保護していくことも求められる．そのために設定する区域が緩衝地帯と呼ばれる．

一般に，緩衝地帯の範囲内では，遺産の本質的価値や環境が損なわれないよう建物の高さ等が制限されるが，こうした規制等の内容については対象となる遺産の状況に対応して，それぞれの国の法律や条例等が適用される．

緩衝地帯自体は，世界遺産として登録される範囲ではないが，登録される遺産の周辺環境を保護するために，近年はできる限り広く設定することが求められる傾向にある．「武家の古都・鎌倉」の緩衝地帯については，次のような考え方に基づいて設定されている．

- 原則として，建物及び工作物等の高さ規制を含めた許可制の利用制限がある法令等により構成する
- 資産及び緩衝地帯内部から周囲の山稜を眺望したときに，そのスカイラインを阻害しないような設定とする
- 可能な限り広範囲に，また各資産を一体的に包括する設定とする

鎌倉では，既に多くの地域が，古都保存法や風致地区条例により緩衝地帯としての要件が確保されていたが，若宮大路周辺地域と北鎌倉駅周辺地域には，法令に基づく適用がなく，まちづくりの視点からも課題となっていた．このため，景観法の施行に併せて2008年3月にそれぞれ景観地区指定を実施し，ここで想定する緩衝地帯の要件が整備された[3]．

世界遺産登録への推薦事務は国（文化庁）が行うが，候補資産の保存管理に関する事項とともに，ユネスコ世界遺産センターに提出される推薦書案の作成は，地元自治体が主体となって行うこととされている．「武家の古都・鎌倉」の候補資産は，鎌倉市だけでなく隣接する横浜市や逗子市にも所在することか

---

3) 「世界遺産登録をめざして＜「武家の古都・鎌倉」の緩衝地帯の考え方＞」鎌倉市ホームページ（http://www.city.kamakura.kanagawa.jp/sekaiisan/torikumi.html#koremade-torikumi01）．

ら，2007年7月に広域行政を担う神奈川県を含めた4県市により「神奈川県・横浜市・鎌倉市・逗子市世界遺産登録推進委員会」(4県市推進委員会) が設置され，4県市が協働してことにあたることとなった．

地元の取り組みは行政に限定されない．むしろ市民の積極的な参加をユネスコは求めている (「世界遺産条約履行のための作業指針」)．そこで，市民と市が両輪となって鎌倉の世界遺産登録に向けた取り組みを進めていくために，2006年7月世界遺産登録推進協議会が設立された．推進協議会 (会長：松尾崇鎌倉市長，特別顧問：養老孟司東京大学名誉教授／現在は活動を終了) には，市民団体，宗教界，商工関連団体，教育機関などの幅広い団体が参加し，その活動目的は，「鎌倉の歴史的遺産の価値が，日本のみならず，世界の貴重な財産として多くの人々に理解され，大切に保全され，未来後世の人々にきちんと継承されていく」ため市民，社寺，事業者，行政等が一体となって登録の意義を達成していくこととされた．

こうした準備ののち，暫定リスト掲載から20年後の2012年1月に，「武家の古都・鎌倉」の推薦書 (正式版) が，国からユネスコ世界遺産センターへ提出され，9月24日から27日まで，ユネスコの諮問機関である国際記念物遺跡会議 (International Council on Monuments and Sites：以下「イコモス」と略称) による現地調査が行われた．

この半世紀，鎌倉は歴史的に継承されてきた入会などコモンズの考え方を基礎とする森林資源の保全からスタートし，次第にまち並み整備，独自の景観政策策定と展開し，その一環として世界遺産登録を行ってきたといえよう[4]．

このように，世界遺産登録に向けて地元の期待は大きかったが，その結果は最も厳しい「登録不可」ということとなった．この点については後述したい．

3. 社会的インフラストラクチャーの課題

3.1 東日本大震災と地震・津波対策

景観保存という自然資本の保全で先駆的な役割を果たしてきた鎌倉だが，一

---

[4] 「世界遺産登録」鎌倉市ホームページ (http://www.city.kamakura.kanagawa.jp/sekaiisan/index_02.html)．

方で，人が住まう空間を安全，快適に維持するうえで社会的インフラストラクチャーのあり方では様々な課題をかかえている．特に，東日本大震災は鎌倉の今後の都市政策に大きな衝撃をあたえることとなった．太平洋に向かって扇状に広がった低湿地に都市機能が集まる鎌倉市中心部に，今般のような大津波が襲撃した場合，神奈川県や鎌倉市のシミュレーションでも従来の予測を上回る甚大な被害が想定されている．まずは関東大震災から振り返ってみよう．

関東大震災での被害

1923（大正12）年9月1日，午前11時58分45秒，マグニチュード8クラスの烈震が関東南部で発生し，一瞬のうちに鎌倉全域を壊滅させた．『鎌倉震災誌』（昭和6年，鎌倉町役場刊）によれば，被害は鎌倉町で全壊1,455戸，半壊1,549戸，埋没した家8戸．さらに津波による流失113戸，地震直後の火災で全焼が443戸にのぼり，死者412名，重傷者341名（大船（山ノ内を含む）の被害は全壊450戸，半壊80戸，死者18名，負傷者は23名．腰越津村の被害は全半壊合せて310戸，死者70名）だった．当時の鎌倉町の全戸数は4,183戸で，大船の全戸数が635戸．腰越津村は500戸以下であった．

注目すべきは関東大震災の被害のうち，津波など海からの脅威についてである．戸数ベースでみた全体被害にしめる鎌倉のウエイトは，わずか全壊2.3%，半壊2.9%，焼失1.3%に対して，流失・埋没は24.3%に達している（表11-2）．いかに鎌倉の津波被害が甚大であったかを如実に物語るデータである[5]．

東日本大震災の衝撃

関東大震災でのこのような厳しい経験があるがゆえに，今般，鎌倉がうけた東日本大震災の衝撃は大きかった．

2011年3月11日14時46分，三陸沖を震源とするマグニチュード9.0の地震が発生し，宮城県栗原市で震度7，宮城県，福島県，茨城県，栃木県の4県37市町村で震度6強を観測したほか，東日本を中心に北海道から九州地方にかけての広い範囲で震度6弱～1を観測した．また，この地震に伴い，福島県

---

[5] 「鎌倉町被害戸数表」（鎌倉市中央図書館資料）．鎌倉における関東大震災時における被害については，次を参照（http://www.kcn-net.org/oldnew/index.html）．

表11-2 関東大震災における被害状況

単位:戸,%

	全壊	半壊	焼失	流失・埋没
A 全体	109,713	102,773	212,353	1,301
B 神奈川県	63,577	54,035	35,412	497
C 鎌倉町	1,455	1,549	443	121
B/A	57.9	52.6	16.7	38.2
C/B	2.3	2.9	1.3	24.3

出所:「鎌倉町被害戸数表」(鎌倉市中央図書館資料) 他から作成.

相馬市で高さ9.3m以上,宮城県石巻市鮎川で高さ8.6m以上の非常に高い津波を観測するなど,東北地方から関東地方北部の太平洋側を中心に,北海道から沖縄にかけての広い範囲で津波を観測した.この地震(津波及び余震を含む)により,死者15,401人,行方不明8,146人,全壊家屋112,490棟などの甚大な被害が生じた(2011年6月9日,緊急災害対策本部発表による).

東日本大震災のマグニチュード9.0は日本観測史上最大であり,死者行方不明者約2万数千人の9割は津波によると推定された.当時,鎌倉市では震度4,鎌倉からの帰宅困難者約5,000人,津波は腰越漁港で1.2mが目視されたという[6].

神奈川県,鎌倉市の津波対策

古くから鎌倉は地震とは深い関係を有する地域である.歴史的には,「鎌倉大地震」と呼ばれるものもあった.1293年4月12日,鎌倉政権下,地震が直撃し建長寺ほか多くの寺社仏閣が倒壊し,多数の死者が発生した.「鎌倉大日記」では,翌日にも余震と思われる地震の記述が残されており,建造物の倒壊のほか多数の土砂災害などが発生,23,024人もの死者が出たとされている.また,「鎌倉」という地名から災害に対して警鐘を鳴らす見方もある.例えば,東日本大震災で壊滅的な被害を受けた釜石市や塩竈市の「カマ」とは,古語の「嚙マ」に通じ,津波により湾曲型に侵食された地形を意味する.三陸は50年程度の短い周期で津波に襲われている歴史があり,1611年の慶長三陸地震では,津波が内陸部まで押し寄せ,甚大な被害を出した.

---

6) 「防災講座 鎌倉に津波が来たら――東日本大震災からの教訓」(http://www3.ocn.ne.jp/~npo-kama/topics/y11/1108sato/index.htm).

関東では鎌倉の「カマ」「クラ」が同様の意味合いであり，過去に繰り返し津波の被害にあっている．例えば，現在の鎌倉大仏が剝き出しになっているのは，大仏殿が津波によって流出したことによるともいわれる（地震倒壊説もある）（遠藤 2013, p. 63. 朝日新聞大阪本社企画報道室 1987, pp. 36-37）．

神奈川県や鎌倉市の対応状況をみてみよう．東日本大震災以前の 2009 年 4 月には，南関東地震（関東大震災再来型）における津波 6m を想定して作成したハザードマップがあったが，本震災を教訓にして，県・関係市町村が協働して全面的な改定が行われた．新しいハザードマップでは過去発生した大地震が想定基礎になっている．

鎌倉市「津波災害対策計画」には以下の記述がある．

> 「津波は，海底地震による海底地盤の変位（隆起，沈降）により発生し，震源の場所，地震の規模，更に震源の深さと震源地の海底の深さ並びに海岸線の形態により，津波の規模階級，来襲時間周期が異なります．
> 　特に本市の場合は，相模湾の比較的浅い海底下を震源とする地震が発生した場合，極めて短時間に津波の来襲が予測されます．
> 　また，東日本大震災の発生を踏まえて制定された「津波対策推進法」及び「津波防災地域づくり法」に基づき，津波に関する防災教育及び訓練の実施，避難場所，避難経路，津波避難施設の指定等の津波避難対策を実施します．
> 　さらに，東日本大震災においては，津波による火災が発生し，被害を拡大させました．今後は，国・県・関係機関からの情報収集に努め，津波避難対策を充実させていきます」[7]．

鎌倉市は，「相模湾・三浦半島」津波予報区に属しているが，従来の想定を上回る巨大津波のリスク評価と対応を行っている．

過去最大級の地震が発生した場合，神奈川県の想定では鎌倉市は県内で最も

---

[7]）「津波浸水予測図」について　神奈川県ホームページ（http://www.pref.kanagawa.jp/cnt/f360944/）．「鎌倉市津波浸水予測図」（http://www.city.kamakura.kanagawa.jp/sougoubousai/tsunamihm_zantei.html）．

「津波ハザードマップ」,「防災のてびき」,文化財紹介のパンフレットなど.鎌倉は歴史的風土を守りつつ,防災意識を高める努力をしている.

高い 14.5m の津波が押し寄せるとされた.鎌倉市は,これを踏まえて市内沿岸部の津波の高さや到達時間,浸水地域などをカラー表示した地図「津波ハザードマップ」(図11-1)を作製し,すでに約 7 万の全世帯に配布している.

ここでは表 11-3 の 3 ケースにくわえて関東大震災型の南関東地震も想定している.最大の津波は坂ノ下で 32 分後に 8m だが,震源が近いために第一波(3.1m)が到達するのは,わずか 11 分後,稲村ヶ崎では,10 分後に 3.6m の津波が来襲することを指摘し,高台の避難地と緊急避難ビル,避難経路なども掲載した.

鎌倉市は従来から,市内に避難経路を表示した路面シートや海抜表示板などの設置は行ってきた.今回も迅速に当面のソフト面での打てる手は打っている.また,民間や NPO でも「逃げ地図」といった自主的な避難の手引きを作成し,市民の日頃からの防災意識を高める努力をしている.

しかし,より踏み込んで,今後の都市計画,景観計画のあり方に立ち返り,本格的な検討を行うのはこれからの段階である.

3.2 世界遺産登録「不登録」決定

2013年4月30日,イコモスは,富士山については条件付きで登録を勧告する一方,鎌倉については日本が単独推薦した遺産では初めて「不登録」の勧告を行った.この結果を踏まえて,5月27日に,鎌倉市は神奈川県,横浜市,逗子市とともに協議し,国に対し推薦の取り下げを要請した.

「不登録」の理由については,「武家の古都・鎌倉」という概念に対して,これを示す物証に乏しいというのが主因とみられる.具体的には,「幕府の権力と中世都市としての発展の物証が,社寺を除いて極めて限られている」点が問題とされ,鎌倉がもつ歴史的に特筆すべき重要性は評価するものの「今日残されている物証では,顕著な普遍的価値が証明されていない」とされた.

表11-4は,今回の登録にあたって世界遺産を構成する資産としてあげられているものの一部を記載しているが,たしかにこの中には,幕府の拠点や往時の武士などの生活ぶりを実証できるような資産はみられない.

また,鎌倉では13世紀半ばから,武家政権の充実に伴って政権所在地としての機能整備が図られ,和賀江嶋の築港や,朝夷奈切通の建設を初めとする亀ヶ谷坂,仮粧坂,大仏切通及び名越切通などの陸・海路も造られた.こうした自然の要塞については,イコモスでは「防御的な性質」と表現されるが,「港湾や切通しの保全状況には課題がある」とされ,土木資産についての評価も低い.

さらに,景観保全についても「至るところで都会的環境により弱くなっている」点も指摘されている.

鎌倉にとって,これは意想外の厳しい結果となった.「不登録」決定,推薦取り下げはいわば,大きな仕切り直しであり,ふたたび世界遺産登録を目指すのであれば,従来路線の抜本的な見直しは不可避といわれる.一方,この結果を冷静に受け止める意見もある.もともと,鎌倉の場合,観光開発は別として世界遺産登録によって新たに得るものが多いということではない.むしろ,登録を契機として,観光客が激増して生活環境が脅かされるのでないかといった懸念から地元からも一部根強い反対意見もあった.

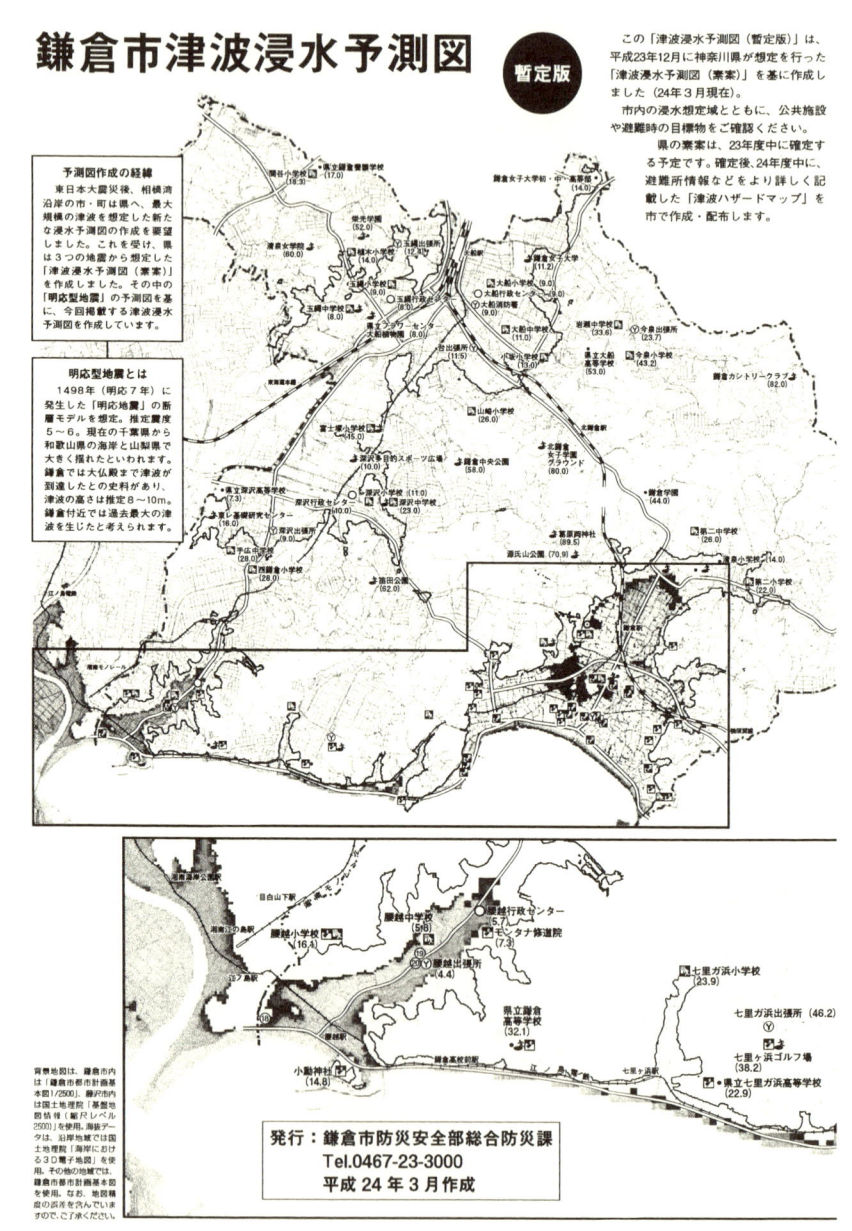

図 11-1　鎌倉市津波

出所：鎌倉市防災安全部総合防災課発行. http://www.kamakura.kanagawa.jp/sougoubousai/documents/

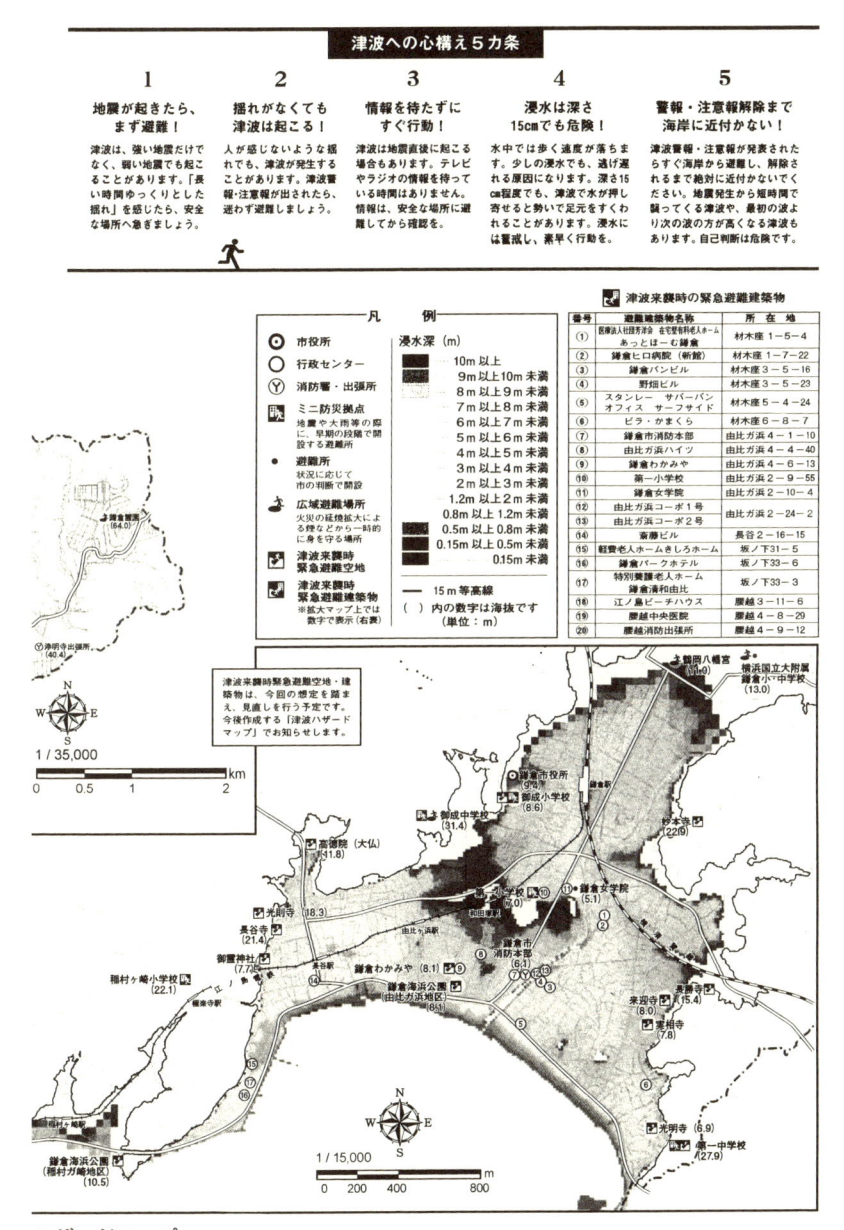

第11章　都市と持続可能性　353

津波への心構え5カ条

1　地震が起きたら、まず避難！
津波は、強い地震だけでなく、弱い地震でも起こることがあります。「長い時間ゆっくりとした揺れ」を感じたら、安全な場所へ急ぎましょう。

2　揺れがなくても津波は起こる！
人が感じないような揺れでも、津波が発生することがあります。消防署・注意報が出されたら、迷わず避難しましょう。

3　情報を待たずにすぐ行動！
津波は地震直後に起こる場合もあります。少しの浸水でも、テレビやラジオの情報を待っている時間はありません。情報は、安全な場所に避難してから確認を。

4　浸水は深さ15cmでも危険！
水中では歩く速度が落ちます。少しの浸水でも、逃げ遅れる原因になります。深さ15cm程度でも、津波で水が押し寄せると勢いで足元をすくわれることがあります。浸水には警戒し、素早く行動を。

5　警報・注意報解除まで海岸に近付かない！
津波警報・注意報が発表されたらすぐ海岸から避難し、解除されるまで絶対に近付かないでください。地震発生から短時間で襲ってくる津波や、最初の波より次の波の方が高くなる津波もあります。自己判断は危険です。

凡例

- 市役所
- 行政センター
- 消防署・出張所
- ミニ防災拠点（地震や大雨等の際に、早期の段階で開設する避難所）
- 避難所（状況に応じて市の判断で開設）
- 広域避難場所（火事の延焼拡大による煙などから一時的に身を守る場所）
- 津波来襲時緊急避難空地
- 津波来襲時緊急避難建築物　※拡大マップでは数字で表示（右奥）

浸水深（m）
- 10m以上
- 9m以上10m未満
- 8m以上9m未満
- 7m以上8m未満
- 6m以上7m未満
- 5m以上6m未満
- 4m以上5m未満
- 3m以上4m未満
- 2m以上3m未満
- 1.2m以上2m未満
- 0.8m以上1.2m未満
- 0.5m以上0.8m未満
- 0.15m以上0.5m未満
- 0.15m未満

15m等高線
（　）内の数字は海抜です（単位：m）

津波来襲時の緊急避難建築物

番号	避難建築物名称	所在地
①	医療法人社団芳洋会　住宅型有料老人ホーム あっとほーむ鎌倉	材木座1-5-4
②	鎌倉ヒロ病院（新館）	材木座1-7-22
③	鎌倉パンビル	材木座3-5-16
④	野畑ビル	材木座3-5-23
⑤	スタンレー　サバーバン　オフィス　サーフサイド	材木座5-4-24
⑥	ビラ・かまくら	材木座5-5-17
⑦	鎌倉市消防本部	由比ガ浜4-1-10
⑧	由比ガ浜ハイツ	由比ガ浜4-4-40
⑨	鎌倉わかみや	由比ガ浜4-6-13
⑩	第一小学校	由比ガ浜2-9-55
⑪	鎌倉女学院	由比ガ浜2-10-4
⑫	由比ガ浜コーポ1号	由比ガ浜2-24-2
⑬	由比ガ浜コーポ2号	由比ガ浜2-24-2
⑭	斎藤ビル	材木座2-16-15
⑮	軽費老人ホームきしろハウス	坂ノ下31-5
⑯	鎌倉パークホテル	坂ノ下33-6
⑰	特別養護老人ホーム 鎌倉淡和由比	坂ノ下33-3
⑱	江ノ島ビーチハウス	腰越3-11-6
⑲	腰越中央医院	腰越4-8-29
⑳	腰越消防出張所	腰越4-9-12

ハザードマップ

tsunamib3.pdf

表11-3　神奈川県津波浸水予測（鎌倉市，逗子市）

過去の地震	当時の被害状況	試算*
明応地震 1498年 （明応7年）	・房総から紀伊にかけての海岸と甲斐で振動が大きく（推定震度5〜6），熊野本宮の社殿が倒れたという史料がある． ・明応地震は，津波の被害も大きく，県内の記録としては，鎌倉で大仏殿まで津波が達したという史料がある（推定津波高さ8〜10m）． ・明応地震は地震の揺れも津波も大きく，痕跡等の史料は乏しいが，鎌倉付近で過去最大規模の津波を生じている．	最大津波高さ 8.9〜12.9m 最大津波到達時間 58〜84分
慶長地震 1605年 （慶長9年）	・地震被害の記録としては，淡路島の千光寺の御堂が倒れたというものだけである（推定震度4以下）． ・慶長地震の津波は，千葉から九州に至る非常に広域な海岸に押し寄せており，県内に記録は残っていないが，静岡の白須賀（元町）では推定津波高さ6〜7mであり，特に八丈島（推定津波高さ10m以内），高知の佐喜浜（10〜13m）で高い津波となっている． ・このように，慶長地震は，地震の揺れはあまり大きくなくても津波が大きい地震（津波地震）として知られており，痕跡等の史料は乏しいが，本県に対し最大規模の津波を生じる可能性があるため対象とする．	最大津波高さ 9〜14.5m 最大津波到達時間 78〜82分
元禄地震 1703年 （元禄16年）	・揺れが非常に大きく，震度6以上の地域が房総半島から伊豆半島にかけての広範囲に存在しており，房総半島の南端部の他，県内でも平塚等で震度7となっている．また，震源域となった房総半島の南端部では4m（その後の沈降量を考慮するとこの約1.5倍）以上の隆起量があった． ・元禄地震による津波は，房総半島の和田で最大10.5mの推定津波高となっており，**県内でも鎌倉では二の鳥居まで浸入し（推定津波高8m），片瀬で6m**，藤沢平塚，小田原で4mの推定津波高となっている．	最大津波高さ 8.3〜9.9m 最大津波到達時間 28〜50分

注：* 予測シミュレーションに基づく浸水予測図から転載．ここで想定される「最大クラスの津波」とは，発生頻度は極めて低いものの発生すれば甚大な被害をもたらす津波．
出所：「津波浸水予測図」（神奈川県土整備局河川下水道部流域海岸企画課）から作成．http://www.pref.kanagawa.jp/cnt/f360944/

表11-4 鎌倉略年譜と主要資産（社寺，土木関連）

西暦（年）	主要事項
1180	源頼朝，鎌倉入り．A **鶴岡八幡宮**を現在地に遷し，B **荏柄天神社**建立
1182	頼朝が妻北条政子の安産祈願を兼ね，若宮大路を造る
1191	鎌倉市中大火，鶴岡八幡宮など焼失
1192	頼朝，征夷大将軍に任命．L **永福寺**建立
1200	北条政子が栄西を開山に招き，C **寿福寺**を創建
1218	北条義時が大倉薬師堂（覚園寺の前身）を建立
1224	義時が没し，供養堂としてM **法華堂**建立
1231	往阿弥陀仏が北条泰時の援助を受け，和賀江嶋を築港
1232	幕府，「御成敗式目」制定．この頃泰時がN **東勝寺**を創建
1241	泰時が六浦道の本格整備を開始し，朝夷奈切通が開鑿
1251	北条時頼・長時の発願でI **浄光明寺**が創建
1252	G **鎌倉大仏**の鋳造開始
1253	北条時頼が蘭渓道隆を開山に迎え，D **建長寺**を創建
	この頃常盤に北条政村の別邸が営まれる．（北条氏常盤亭）
1259	重時が忍性を開山に招き，J **極楽寺**を開く．K **称名寺**創建
1274	蒙古襲来（文永の役）
1275	実時が金沢の別邸に文庫を設ける
1281	再び蒙古襲来（弘安の役）
1282	北条時宗が無学祖元を開山に迎え，E **円覚寺**を建立
1293	大地震により，寿福寺や建長寺などが倒壊
1296	北条貞時がH **覚園寺**を創建
1327	夢窓疎石を開山とし，F **瑞泉寺**が開かれる
1333	東勝寺で高時以下の北条一族が自刃．鎌倉幕府滅亡

注：ICOMOSの構成要素，重要な資産については，「神社」：A，B，「仏教寺院」：C～K，「仏教寺院遺跡」：L～N（以上は上表に記載）のほか，「武家館遺跡」，「鎌倉への往来のための切通群」，「築港遺跡」がある．
出所：「『武家の古都・鎌倉』を世界文化遺産に」サイト等から作成．
http://www.bukenokoto-kamakura.com/contents/history.html

4. 鎌倉の今後の都市づくり──制度資本としての都市計画

4.1　15m のパラドックス

　鎌倉には，わずか2年あまりの間に，2011.3.11 東日本大震災により抜本見直しが必要となった津波・洪水リスクに関する対策と，2013.4.30 のイコモス「不登録」による文化資産の保全等への警鐘という「二重の衝撃」があった．

　前者においては，鎌倉と水との関わりという視点から若干付言したい．

　鎌倉の山々は泥岩，砂岩，凝灰岩などの地層からなり，地震や水害などの侵蝕作用によって谷戸が形成された．山から湧き出た水は滑川水系などをもとに小河川をへて下流域におよぶ．但し，京都のような豊富な地下水脈をもたず，一般に鎌倉旧市街は水質の悪い土地ともいわれ，良質な水を出す井戸は地域の財産であった．甘露の井（浄智寺総門脇）や泉の井（浄光明寺近く）といった魅力的な名称の十井が有名なのも，生活用水の確保に苦労があり井戸以外での飲料水の供給が難しかったからともいわれ，昭和初期まで市内には水売りが歩いたとの記録もある．飲み水は貴重であり，水に対する感度は高い土地柄であった（大藤 1977, pp. 12-13, pp. 201-203）．

　一方，鎌倉の別荘地としての開発は，1889（明治 22）年国鉄横須賀線，1900 年の江ノ島電鉄開通などによって東京と鉄道によって直結されたことが大きい．これを契機として海水浴場や保養地として臨海部は発展していった．いわゆるウォーター・フロント開発であるが海浜サナトリウム，海浜ホテル（1896 年建築家コンドルによる大改修）などをはじめとし，逗子マリーナの建設など今日まで，海の鎌倉の良いイメージを形成してきた．海は恩恵をもたらしてくれた．

　鎌倉は中世に建設された日本では希有な海浜城塞都市である．上記の飲料水の事例でもわかるとおり，鎌倉旧市街のエリアは狭く物流，人流にも限界があったので，山を切り崩した切通と呼ばれる輸送路を確保し，当初の集落は山沿いの谷を中心とした．

　自然を要塞としてもちいるという現実的かつ戦略的発想は，敵軍侵攻をはばむとともに，その逆ベクトルとして，海からの自然の脅威に常に直面し災害のリスクを同時にかぶるということでもある．

社会的共通資本としての森林を先進的に管理してきた鎌倉は，東日本大震災後，いま津波，洪水など水にまつわる災害管理という重大な課題をかかえているのである．象徴的にいうのであれば，森林の保全を通じて，「山の神」に畏敬の念をもって接してきた鎌倉は，今後，いつ来るかどうかわからない人知の及びがたい「海の神」の脅威にも改めて真摯に向き合っていかねばならないということかもしれない．そして，それは人が安全，快適に住まう空間をどうとらえるか，という意味において制度資本たる都市計画の課題を改めて認識する機会でもある．

鎌倉の景観保全ではすでにみてきたとおり，15mという高さ制限（高さの最高限度）の数字がキーとなっている．一方で今回の最大津波想定は14.5mである．このいわば相反する数字を「15mのパラドックス」と呼ぼう．

鎌倉のこうした都市計画での規制は従来，市民から支持されてきた．しかし，「15mのパラドックス」には今後，どう対応すべきであろうか．

鎌倉市によれば，こうした建築物の高さ制限を設けているのは都市計画法の地域地区である用途地域のうち，第一種低層住居専用地域，高度地区，景観地区，風致地区であり，そのエリアの総面積は，市域の約8割にあたる．個別の案件であれば，都市計画審議会に諮問し例外（例えば「商業地域における高さ20mを超える建築物の建築行為」など）を認めることは可能だが，広範な地域での一般的な対応を行っていくうえでは，従来の考え方を踏襲するのか，変更するのかがここでの課題である．

4.2 景観保全へのイコモスの警鐘

一方，イコモスの勧告書でも，鎌倉の地形的な脆弱性に触れ，地震や津波といった自然災害を「資産保全の脅威」として言及している部分がある．

勧告書では，脅威となる自然災害として，地震，津波，暴風，火災を明記し，とりわけ，地震と津波は「過去も資産に著しい影響を及ぼした」「重大なリスク」と指摘した．21の社寺・史跡による構成資産の大半は「沿岸部から比較的離れ，高台にある」とする一方，低地部の津波被害の可能性を「極めて深刻」と危険視した．「15mのパラドックス」をイコモスは意識しているのである．

室町時代後期に発生した巨大地震による津波で，鎌倉大仏の大仏殿が流出したとする古文書も残り，これらの震災リスクも勧告に影響したとみられている．

暴風と火災についてはそれぞれ，「気候変動は台風の猛威を増大しかねない」，「社寺の木造建造物は極めてもろい」と指摘している．2012年4月の暴風では，県内唯一の国宝建造物である円覚寺（同市山ノ内）の舎利殿が破損しているという事実もある．

イコモスの要請を受け，日本政府が2013年1月11日，資産の防火体制に関わる詳細な資料を提出していたこともその後判明した．

勧告書はさらに，宗教行事や海水浴を例示し，年間2,000万人近い観光客が「資産に損害を与える恐れがある」という点にふれ，交通渋滞についても「観光客の存在により，ますます深刻化している」とも付言している[8]．

4.3 鎌倉──新たな都市づくりへの視点

歴史に育まれた「市民力」

鎌倉の強さとは何か．最も重要な点は，その優れた「市民力」にあると思う．景観形成と今後想定される地震，津波被害から地域住民の安全を確保するための都市整備の「両立」を，エゴセントリックではなく，冷静かつ客観的に考えることのできる多くの市民の存在こそ，最大の原動力である．

約半世紀，鎌倉市の景観行政を典型とする地域政策の歩みは，全国の地方公共団体の範たるものであったが，それは自覚ある市民の努力と研鑽によって達成されてきたといってもよいだろう．

行政にとっては，自治意識が強く地域に誇りをもった市民の存在は優れた人的資源であるとともに，一方では手強く厳しいチェッカーである．しかし，そこから行政との良き緊張関係も生まれ，高い目標に向けての行政と市民の共同作業も可能となる．

1992年，イコモスへの暫定リスト掲載からすでに20年以上が経過したが，この間の鎌倉の独自の景観形成に向けての行政および市民の歩みはけっして無

---

8)「武家の古都・鎌倉」に関するイコモス勧告について（http://www.city.kamakura.kanagawa.jp/sekaiisan/icomoskankoku.html），2013年3月6日イコモス勧告原文 "Kamakura（Japan）No 1417"（http://fujikama.coolblog.jp/2013/APR/20130511.htm）．

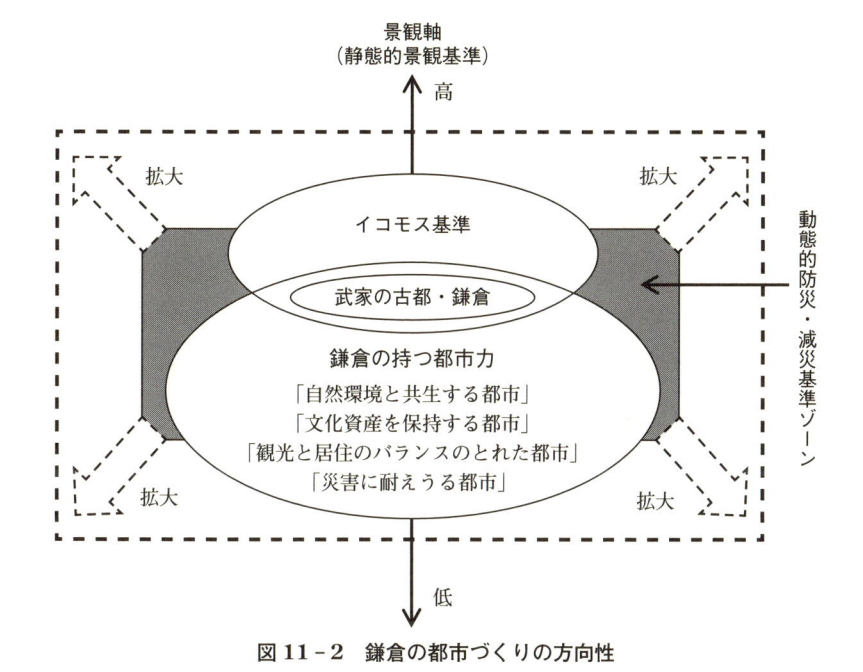

図11-2 鎌倉の都市づくりの方向性

（図中の文字）
景観軸（静態的景観基準）
高／低
拡大
イコモス基準
武家の古都・鎌倉
鎌倉の持つ都市力
「自然環境と共生する都市」
「文化資産を保持する都市」
「観光と居住のバランスのとれた都市」
「災害に耐えうる都市」
動態的防災・減災基準ゾーン

駄ではなく，自らの地域を客観的にみる良き契機となったといえよう．

都市としての鎌倉のもつ特質は，いくつもの顔を併せもつところにある．「自然環境と共生する都市」，「文化資産を保持する都市」，「観光と居住のバランスのとれた都市」といった従来の美点に加えて，「災害に耐えうる都市」という強面(こわもて)の要素の付加が必要となっている．

イコモス報告書では，こうした文字通り多面的な魅力を十分に捉えきれず，市民が支えてきたソフトな都市力（伝統的工芸品や野菜，肉など食料品のもついわゆる「鎌倉ブランド」の発信力をふくむ）も判断基準からはずれている．つまりイコモスの外形基準では，鎌倉のもつ無形資産的な価値は評価しえないといってもいいだろう．ゆえに，世界遺産というステロタイプ化された「勲章」を求めるのではなく，むしろ鎌倉がいままで歩んできたように，制度資本としての独自の都市づくりを推し進めることこそ肝要と思う．

図11-2は，多様性に富む鎌倉の都市の現況とイコモス（基準）との関係を，静態的な「景観軸」と動態的な「防災・減災基準ゾーン」によって模式的に示

したものである．守るべき「景観」のための計画向上（縦軸の上方シフト）と不断に変化する災害リスクへの対応（防災・減災基準の強化・拡大）を意識しつつ，双方の実現が求められている．

新たな計画づくりとその実行

　2013 年 12 月，第 3 次鎌倉市総合計画が策定された．計画期間は 2014（平成 26）年度から 2019 年度までの 6 年間である．ここでは全施策に共通する「計画推進に向けた考え方」として，「市民自治」，「行財政運営」，「防災・減災」，そして「歴史的遺産と共生するまちづくり」の 4 つが掲げられている．

　以上で指摘した課題の解決に向けて本計画はその本質的な課題を正面から取り上げようとしていることがわかる．本章での問題提起は，まさに「防災・減災」と「歴史的遺産と共生するまちづくり」の両立にほかならない．

　本計画が上位計画としての求心力を発揮し，実施計画，さらには個別施策の計画および展開に結びついていくことが不可欠である．

　すでに述べたとおり，鎌倉市は 2006 年 12 月に 21 の類型の景観計画を策定している．土地利用を基礎とするその分類に沿って，この景観計画に防災・減災計画を周到かつ丹念に織り込んでいくことができれば，全国でも例のない総合的な地域詳細計画になる可能性がある．

　中心市街地を抱える地域では，あくまでも市民と行政の判断如何ながら，一部地域に限って高さ制限の見直しを行うという選択肢もありえようし，すでに一部着手をみているとおり，公共施設，民間施設双方で既存の建築物の屋上等を一時待避拠点として利用することも有効だろう．未利用空間にシェルター施設（例えば普段は外装に配意した公共立体駐車場）を整備するというのも一案である．また，道路計画の見直し（基幹網，域内道路の整備と避難路の確保）なども防災・減災対応上，一層の検討が必要だろう．

　「防災・減災」と「歴史的遺産と共生するまちづくり」の両立を考える際には，新たなルールを全市に機械的，一律に適用するのではなく，地域特性に応じ，緊急避難や二次災害防止などのソフトな施策を加味して，景観計画の類型に沿って弾力適用していくような方法論が有効ではないだろうか．それが可能となるのであれば「15m のパラドックス」は相応な時間は要するだろうが，

解きうる問題であると考える.

5. おわりに――危機を克服する千年の知恵

今日，改めて自然（風土）と人（ヒト）との関わりが鋭く問われている．人は自然にくるまれ動植物とともに生態系上の依存関係のもと存在する．日々の「自然の恵み」に与るばかりでなく，「自然の改変」なくして人は生存できない．しかし，過度に自然に負荷をかけて，自然の再生産過程を大きく狂わせれば，それは，自然の破壊であり，失われた自然環境のなかでは，逆に人は生存できなくなる．そこに一定のルールが必要になる．これこそが公共性（Common）の淵源であり，自然資本をどう維持し管理するかの要諦だろう.

和辻（1935）から約半世紀をへて，オギュスタン・ベルクは『風土の日本――自然と文化の通態』（篠田勝英訳）のなかで，日本人の風土についての考え方は「理性の働きよりも感受性を高く位置づけ」，それゆえ「空間構成的な秩序に属する理論や体系」についての弱さを指摘する（ベルク 1988, pp. 334-336）.

それが，自然への畏敬の念の表れであるとすれば，保持すべき特質かもしれない．しかし一方，東日本大震災から3年．自然災害や自然環境の保全と「理論や体系」でどう向き合い，その成果は何かと問われればはなはだ心許ない．われわれは，この課題をけっして「風化」させてはならず長期に粘り強く考えていかねばならないだろう.

京都において，「先の戦禍はといえば応仁の乱」といういい方があるように，古都鎌倉も幸い第二次大戦では空爆をまぬがれた．しかし，長期のスパンでみれば京都以上に鎌倉の歴史には大きな有為転変があった.

翻って，鎌倉には歴史的にみて大きな3つの危機の時代があったといえるのではないかと思う．三方を山で囲まれ，一方を海に面した要害の地，鎌倉は約150年におよぶ「政治首都」としての顔があった．頼朝が鎌倉入りした時は，単なる農漁村に過ぎなかったこの地域は，幕府の根拠地として発展した．1232（貞永元）年，武家法の成立（御成敗式目51ヶ条を制定）以降，都市としての鎌倉の進展は目ざましかったが，1333（元弘3）年，新田義貞による鎌倉攻撃で陥落，繁華な都市も一時は廃墟となってしまった．第1の危機である.

室町幕府が確立し，東国10ヶ国を管轄する鎌倉府の下で再び都市として復興し，最盛期に迫るほどの繁栄を取り戻したが，関東管領上杉氏が1477（文明9）年に鎌倉を去って上野国に移ってから，鎌倉は関東の政治的中心としての機能がなくなり都市として衰亡した．いわば第2の危機であった．

そして，近代以降も第3の危機があった．前述の関東大震災である．しかし，鎌倉はこうしたいくたの危機を見事に乗り越えてきた．

2011.3.11と2013.4.30の2つの衝撃をうけて，来るべき第4の危機にいまから備え，より強靱でかつ持続可能な都市として発展しうる大きな潜在力が鎌倉にはあると考える．

鎌倉にとって，世界遺産登録「不登録」決定は，現実を見つめる格好な機会であり，より高度な都市計画を立案し，それを歴史的に鍛えられた市民力をベースに実現していく糧となるべきものである．

千年の知恵（1063年源頼義が由比に石清水八幡を勧請して社殿を建立．この時点から今後の50年を見据えるとちょうど千年になる）の挑戦に期待したい．

[謝辞]
本章をまとめるにあたって，大住莊四郎，山田理絵，安齊清一，波多辺弘三，石井紀彦，岡崎俊博，神川康彦，阿曾千代子，金川剛文，山崎一眞，波多周，植月緑の鎌倉市総合計画審議会委員，山本徳樹，久保田陽彦各氏（順不同，敬称略）および鎌倉市職員の方々との度重なる議論は大いに参考になった．筆者もその一員であった本審議会の討議の場こそが最良の知識をうる機会であった．上記メンバー各位に感謝しつつ，本章が，文中の誤りがあればそれを含め「第3次鎌倉市総合計画」とも本審議会審議の内容とも独立の，筆者の個人的な見解であることをお断りしておきたい．

参考文献
朝日新聞大阪本社企画報道室（1987），『地名をさぐる』朝日新聞社．
伊藤滋・尾島俊雄［監修］（2011），『東日本大震災からの日本再生』中央公論新社．
遠藤宏之（2013），『地名は災害を警告する——由来を知りわが身を守る』技術評論社．
大藤ゆき（1977），『鎌倉の民俗』かまくら春秋社．
片田敏孝［監修］（2012），『3.11が教えてくれた防災の本2　津波』かもがわ出版．
片寄俊秀（2005），『まちづくり道場へようこそ』学芸出版社．

片寄俊秀・中川学［著］, 自治体議会政策学会［監修］（2009）,『まちづくりの危機と公務技術——欠陥ダム・耐震偽装・荒廃する公共事業』（COPA books. 自治体議会政策学会叢書）, イマジン出版.

神奈川県高等学校教科研究会社会科部会歴史分科会［編］（2005）,『神奈川県の歴史散歩（上）——川崎・横浜・北相模・三浦半島』山川出版社.

木原啓吉（1984）,『ナショナル・トラスト』（都市のジャーナリズム）, 三省堂.

小林重敬［編］（1999）,『地方分権時代のまちづくり条例』学芸出版社.

小林重敬［編］（2002）,『条例による総合的まちづくり』学芸出版社.

志賀重昂（1995）,『日本風景論』岩波書店（初版1894年）.

高橋洋二・久保田尚（2004）,『鎌倉の交通社会実験——市民参加の交通計画づくり』（日本交通政策研究双書）, 勁草書房.

内閣府（2012）,『平成24年版 防災白書』.

野口稔（2001）,『北鎌倉発ナショナル・トラストの風——分散型市民運動の時代がやって来た！』夢工房.

福澤健次（2007）,『地域再生まちづくりの知恵——古都・鎌倉からの発信』平凡社.

ベルク, オギュスタン, 篠田勝英［訳］（1988）,『風土の日本——自然と文化の通態』筑摩書房.

松原隆一郎（2002）,『失われた景観——戦後日本が築いたもの』PHP研究所.

三浦勝男［編］（2005）,『鎌倉の地名由来辞典』東京堂出版.

和辻哲郎（1979）,『風土——人間学的考察』岩波書店（初版1935年）.

第12章　都市と環境
　　──市民生活と社会的側面

内　山　勝　久
細　田　裕　子

1.　はじめに

　都市は，ある限定された地域に多くの人々が居住し，働き，生計を維持するための所得を得る場として考えられる．さらに，宇沢（2000）が提唱する社会的共通資本の観点を加えると，都市は社会的インフラストラクチャーの集合体として捉えることができ，また，様々な制度資本に基づいて多くの人々がお互いに密接な関係を持つことによって，人間的に魅力ある豊かな生活を営み，文化の創造・維持を図っていく場でもある．

　このような特性を有する都市には，その価値を将来にわたって残すために，持続可能性が求められることになる．そのためには，世代間，世代内公平性といった社会的側面に配慮しつつ，環境的側面において，将来世代が自らの欲求を充足できるように，自然や環境の利用は生態系の保全など自然のもつ環境容量の範囲に収めるという制約を課し，この制約条件の下で現在世代が自らの欲求を充足させて経済的な成果を得る必要がある．

　このように，持続可能性を高めるためには，環境・経済・社会の3要素すべてについてバランスのとれた成果の達成が必要であり，都市についてもこれが当てはまる．一方で，これらの3要素はそれぞれが独立の，あるいは時には相反する方向性をもって動くことも多く，3要素をいかにコントロールするかについては，持続可能性を追求する上での大きな課題となっている．欧州の多くの都市ではこうした課題への挑戦が早くから進められており，サステナブルシティへの模索が続けられている[1]．

　わが国では，2011年の東日本大震災とそれに伴う原子力発電所事故を受けて，

都市防災や被災地の新たなまちづくりのあり方についての議論が多く行われるようになった．原発事故に伴うエネルギー政策のあり方が問われていて，望ましい電源構成について多くの議論がなされている．原発縮小を余儀なくされることで，火力発電に付随する二酸化炭素排出量が増加することも懸念され，当面の地球環境政策に影響を与えている．言うまでもなく，地球環境問題への対応は人類にとって避けられない課題であり，これを軽視することはできない．こうした点を踏まえて，被災地に環境と防災に配慮したまちを構築し，21世紀のまちづくりのモデルとしようとする提案が多くの識者から行われ，実現に向けて動き出しているまちもある．

本章では社会的共通資本としての都市に焦点を当て，その持続可能性を高めるためのあり方を，経済面での成果の達成を前提に，主として環境と社会の2つの要素の面からアプローチする．環境面においては，都市環境や二酸化炭素排出を通じて地球環境に与える影響が大きく，わが国経済の中長期的な課題でもあるエネルギーに着目し，都市における望ましいエネルギー消費について考察したい．社会面に関しては，望ましいエネルギー消費実現のための都市のあり方について検討したい．

本章の構成は以下の通りである．まず次節では，わが国における都市環境の課題とその解決のためのまちづくりに関連する，これまでに採用されてきたいくつかの施策について概観する．第3節では，都市におけるエネルギー消費の状況を既存のデータを利用しながら類推し，第4節では，地球温暖化問題やそれと表裏一体のエネルギー消費を念頭に，都市における低炭素化について検討する．第5節は全体のまとめである．

2. 都市に関する施策と評価

2.1 環境負荷に配慮したまちづくりの概要

わが国では，高度経済成長期の都市化の進展に伴い，自動車の排気ガスによる大気汚染や大量消費・大量廃棄がもたらすごみ問題などの環境問題が発生し，

---

1) 欧州のサステナブルシティへの取り組みについては，岡部（2003）を参照．

これら都市生活型の公害等に対処すべく，環境負荷に配慮した都市・地域への模範・参考となる先導的モデル事業が関係省庁主導の下で実施されてきた．環境負荷に配慮した都市づくりとして挙げられるのは，人と自然の共生する都市を提唱したエコポリス事業（環境庁），都市環境計画に基づいて地域の環境と共生した都市づくりを創造するエコシティ事業（建設省），3R型の環境配慮型まちづくりを行うエコタウン事業（経済産業省・環境省）等の都市環境政策である．

また，近年では地球温暖化問題を踏まえて，省$CO2$の流れを都市にも反映させる低炭素型都市づくり事業，あるいは，環境問題と超高齢化社会に対応する都市づくり等が各自治体において進められている．本節では，1990年以降時代とともに各地域で取り組まれてきた環境と都市を巡るいくつかのリーディング事業を概観し，効果や課題について確認する．

(1) エコシティ事業

わが国では経済発展とともに様々な環境問題が生じた．戦後から高度経済成長期において，四大公害病に代表されるローカルな産業型公害は様々な経験や取り組みの結果収束を見せたが，他方で都市への人口集中，自動車の普及等により，自動車排気ガスによる大気汚染，生活排水による水質汚濁などが深刻な環境問題として認識されるようになった．さらに，1980年代に入るとオゾン層破壊や地球温暖化など地球規模の環境問題が喫緊の課題となった．国においてもそれまで産業型公害への対処を基本としていた公害対策基本法を廃止し，複雑化する環境問題や自然保護に対処するための環境基本法を1993年に制定し，さらに環境基本法第15条の規定に基づき国や地方自治体の環境保全を総合的かつ計画的に進める環境基本計画（1994年，第2次2000年，第3次2006年）を制定した．

各省庁では環境と都市に関わる持続可能性を追求する事業が提唱されはじめ，環境庁では環境保全型の地域社会づくりの基本構想となる「エコポリス」，「エコビレッジ」をそれぞれ策定している．建設省では1992年12月に「環境」への取り組みの議論の場が設置され，「豊かな環境づくり委員会」で国土建設は豊かで質の高い環境創出を推進すべきとの提言がなされ，中長期に展開する政策課題展開の方向となる環境政策大綱（1994年1月）を作成した．この環境政

策大綱において「環境」は建設行政で目的化され，エコシティを環境共生モデル都市として指定するリーディング事業として位置づけた．指定された都市では，環境負荷の軽減と自然との共生を図る高いアメニティを実現する都市づくりを目指し，都市計画の一部として策定される都市環境計画の整備が行われた．また建設省では緑の保全・創出・活用に関わる総合的施策となる「緑の政策大綱」(1994年6月) をまとめ，道路・河川・公園等の公的空間，公共公益施設，永続性のある市街地などの緑地の割合を3割以上増やすことを基本目標にした．

　エコシティとして支援されるのは次の要件，すなわち，①人口増加や業務機能の集中等により環境状況の変化が生じている，②早急な都市環境対策により高い環境改善効果が期待される，③県庁所在地または人口一定規模（例えば25万人）以上の都市圏に存する市町村，を備えた地域である．またエコシティの類型は，①省エネ・リサイクル型都市，②水循環型都市，③都市気候緩和・自然共生型都市等とされ，各都市の特性と創意工夫に合わせた上記類型から効果的なシステムを導入・整備する手法が示された．これらの重点整備計画実現化の支援措置のために，税制上の優遇措置，融資，補助金等の普及促進策や技術開発支援，都市環境基盤整備推進モデル事業（1993年度に創設した補助事業制度），低利・無利子融資制度，都市計画等による規制誘導などが設けられ，1995年度までに17都市が選定され様々な取り組みが実施された[2]．

2）　[水と緑の環境共生都市] いわき市「新川東緑地リフレッシュ整備事業」(1993年度)，福山市「芦田川再生事業」(1993年度)，帯広市「帯広の森整備事業」(1994年度)，所沢市「東川流域総合治水計画」(1994年度)，京都府木津町「高環境歩行者専用道路の整備事業」(1995年度)，魚津市「しんきろうロード整備事業」(1995年度)，長岡市「柿川整備事業」(1995年度)．［省エネ・リサイクル都市］船橋市「ごみ焼却灰の再生製品の利用」(1993年度)，越谷市「ごみを燃料とした火力発電所」(1994年度)，名古屋市「地域冷暖房施設の整備促進」(1995年度)，富士市「ペーパースラッジ灰の有効利用プロジェクト」(1995年度)．［交通負荷の軽減］横浜市「駐車場案内システムによる交通渋滞の緩和」(1993年度)，北九州市「新都市交通システムの導入による環境負荷の低減」(1993年度)，大阪市「ノーマイカーデー運動」(1994年度)，浜松市「中心市街地活性化事業とゾーンシステム」(1995年度)．［さまざまな取り組み他］大宮市「大宮花いっぱい運動」(1993年度)，高松市「都市景観条例による景観の向上」(1994年度)．その後もいくつかの都市が選定されている．

(2) エコタウン事業

わが国では，大量消費に伴う廃棄物処理問題等の対策と環境保全のための省資源・省エネルギーの対策が必要となった．一般廃棄物と産業廃棄物の排出量は，それぞれ5,069万トン／年，3億9,400万トン／年（1995年）となり，特に産業廃棄物の最終処分場の残余年数は1993年時点で2.5年しかなく，最終処分場の建設も容易でない状況にあった．こうした状況を背景に，循環型社会における環境負荷低減と天然資源の消費抑制への変革を迫られることになった．折しも1994年，国連大学ではゼロエミッション研究構想を提唱しており[3]，1997年に通商産業省は関係省庁と協調してこの構想を取り入れ，地域の環境調和型経済社会形成を具現化するエコタウン事業を創設した．エコタウン事業は，ゼロエミッション構想から資源循環型経済社会を作り，地域振興の基軸とする先進的な環境調和型のまちづくり事例の推進を目的としたものであった．

廃棄物の発生量増加に対応して国の法整備も進められていった．1991年に再生資源の計画的利用促進の基本方針となる「再生資源の利用の促進に関する法律」が制定され[4]，一般廃棄物の大部分であった容器包装廃棄物が1995年制定の容器包装リサイクル法により抑制されることになった．さらに2000年には環境基本法の下位法となる循環型社会形成推進基本法が制定され，廃棄物は，発生抑制（リデュース），再利用（リユース），再生利用（リサイクル），熱回収（サーマルリサイクル）され，その後残った廃棄物を「適正処分」に定めるなど，廃棄物・リサイクル政策の基盤が確立された．さらに，本法律の下に個別法として，容器包装リサイクル法，家電リサイクル法，建設リサイクル法，食品リサイクル法，自動車リサイクル法などが個別物品の特性に応じて整備された．

各エコタウンでもこれらの法に対応する施設が作られていった．1997年に北九州・川崎・飯田・岐阜の4つのエコタウンが認証された後，2005年までに26のエコタウン承認地域が誕生し[5]，当該地域内62施設に財政支援が行われ，各地域でハード事業とソフト事業が実施された[6]．ハード事業は，リサイクル設備や製造プラントなどのリサイクル施設の整備に対して，補助率1/2以

---

[3] 経済社会を構成する様々な主体が相互連携することにより廃棄物を出さない経済社会を築き，廃棄物を限りなくゼロに近づけていこうとするもの．

[4] 2000年に「資源の有効な利用の促進に関する法律」に改正された．

内，または1/3以内が助成され，ソフト事業では，プラン設計のための研究・調査，見本市・技術展の開催，関連業者・住民に対する情報の提供などに対し，補助率1/2以内が助成された．2004年11月まで経済産業省は47件の施設整備事業に対し，総計で約300億円の補助金を交付した．

(3) コンパクトシティ——都市化社会から都市型社会へ

人口減少・高齢化社会において拡散型都市が続くと生活利便性及び公共サービス低下，生活空間の魅力の喪失，環境負荷の増大等の問題が深刻化するとし，多くの地方自治体でコンパクトシティを目指す実践的な取り組みが進められている．

コンパクトシティの概念は，1990年に欧州委員会が公表した『都市環境緑書』において，サステナブルシティを都市づくりの戦略として位置づけ，高密度で複合機能のある伝統的な欧州都市の重要性が提起されたことに始まる．その後1992年の国連リオ地球サミットでsustainable developmentの原則が採択され，EUでは各国政府の環境政策の基本的方向として都市開発政策に持続可能性やコンパクトシティの考え方が取り上げられるようになった．欧州のコンパクトシティは，地球温暖化問題，都市中心部の活性化，効率的な公共投資，都市の機能強化等，都市生活の魅力と生活の質を高めるための都市政策として支持されている．

1990年代からわが国でもこうした欧州のコンパクトシティの取り組みが検討されていたが，この取り組みが日本の都市政策において位置づけられたのは

---

5) 北九州エコタウンプラン，川崎市環境調和型まちづくり基本構想，岐阜県エコタウンプラン，天竜峡エコバレープロジェクト，エコタウン札幌計画，大牟田市エコタウン，千葉県西・中央地域エコタウンプラン，秋田県北部エコタウン構想，あおもりエコタウンプラン，宮城県・鶯沢町（現・栗原市）エコタウンプラン，エコランド北海道21プラン，かまいしエコタウンプラン，東京都エコタウンプラン，富山市エコタウンプラン，あいちエコタウンプラン，鈴鹿エコタウンプラン，四日市エコタウンプラン，大阪府エコタウンプラン，ひょうごエコタウンプラン，岡山エコタウンプラン，びんごエコタウンプラン，やまぐちエコタウンプラン，エコアイランドなおしまプラン，えひめエコランド構想，エコタウン高知市，水俣エコタウンプラン．http://www.env.go.jp/recycle/ecotown/map.pdf を参照．

6) ハード事業に関する助成は「資源循環型地域振興施設整備費補助金」，ソフト事業は「資源循環型地域復興事業費補助金」により行われた．

2006年の改正まちづくり三法からである[7]．わが国では戦後の高度成長期を経て都市化が急激に進展し，さらに中心市街地の拡大を前提とする「都市化社会」の政策が続けられてきたが，1990年代になると中心市街地の空洞化が問題視されるようになった．こうした郊外への拡散型都市構造の流れに歯止めをかけるため，都市計画中央審議会基本政策部会「今後の都市政策のあり方について」(1997年9月)では，既成市街地の再構築や都市基盤の有効利用の「都市型社会」への転換が提起された．また日本の国土政策においても，第1次(1962年)〜第4次(1987年)の「全国総合開発計画」の考え方と一線を画し，1998年には地球環境問題と人口減少・高齢化の時代を背景に豊かな生活の質の転換を創造する第5次計画「21世紀の国土のグランドデザイン――地域の自立の促進と新しい国土の創造」が策定されている[8]．こうした提起を受け，国はまちづくり三法において都市型社会への転換の一歩を踏み出すが，同法の目的であった中心市街地の空洞化には歯止めがかからず，2006年にコンパクトシティ実現にむけた制度の見直しとなるまちづくり三法改正（中心市街地活性化法と都市計画法の改正）が行われた．2013年6月までに市町村の地域住民や関係事業者参加型の自主的な取り組みにより，中心市街地活性化のまちづくりを推進する中心市街地活性化基本計画で116市140計画が認定され，地方自治体が策定する「市町村の都市計画に関する基本的な方針」（都市計画マスタープラン）でも望ましい都市構造の方向として，集約型都市構造やコンパクトシティを掲げる都市が増えている．

(4) 地球温暖化対策と低炭素型都市づくり

　地球温暖化対策は，地方自治体の実効的かつ自律的な取り組みが求められている．京都議定書（1997年）の採択後，温室効果ガスの排出量削減に向けて国，地方自治体，事業者及び国民の責務と取り組みを定めた「地球温暖化対策の推進に関する法律」(1998年)が施行され，2006年の同法改正において地方自治体に温室効果ガスの排出及び吸収作用等の策定が義務化されるなど，自治体の

---

[7] いわゆるまちづくり三法とは，中心市街地活性化法(1998年)，改正都市計画法(1998年)，大規模小売店舗立地法(2000年)である．

[8] http://www.kokudokeikaku.go.jp/document_archives/ayumi/26.pdf を参照．

より実効的な施策が求められるようになった[9]．また2008年の改正では，都市計画や農業振興地域整備計画その他関係のある施策について温室効果ガスの排出の抑制等が行われるよう配意することが規定され，地球温暖化対策と都市計画との連携も盛り込まれるようになっている．

　2002年の改正では，第8条で「京都議定書目標達成計画」の策定が定められ，低炭素型の都市・地域構造や社会経済システムの転換に早期に着手するための具体的な低炭素型の都市づくりとして①集約型・低炭素型都市構造の実現，②街区・地区レベルにおける対策，③エネルギーの面的な利用の推進，④各主体の個々の垣根を越えた取り組み，⑤緑化等ヒートアイランド対策による熱環境改善を通じた都市の低炭素化，⑥住宅の長寿命化の取り組みが挙げられた．

　この「京都議定書目標達成計画」に係わる取り組みとなる「環境モデル都市」が政府により選定された．「環境モデル都市」は低炭素社会への変革をリードする地域活性化プロジェクトとして，選定された各都市は2030年には約30％，2050年には50～70％程の大幅な温室効果ガスの削減目標を設定し，集約型・低炭素社会へ転換し，都市や交通，ライフスタイルを社会の構造から変えるモデル事業である．人口規模を考慮して大都市，地方中心都市，小規模市町村等から13の「環境モデル都市」が選定され[10]，地域に適応する分野横断的な統合アプローチのアクションプランを施行した．具体的な取り組みは，大都市では交通システム，エネルギー利用構造，居住構造，自然環境の都市基盤等の変革，地方中心都市ではコンパクトシティの実現，公共交通体系の整備等，また小規模市町村都市では自然・再生エネルギーや地域資源の活用等をそれぞれ推進している．さらに，その後政府は低炭素都市推進協議会を設立し，環境

---

9) 具体的には第20条の3の第3項で，都道府県並びに地方自治体は，温室効果ガス排出量の削減や吸収作用保全の強化の措置計画の他に，その区域の自然的社会的条件に応じ温室効果ガスの排出削減が行われるよう①太陽光，風量等のその区域の自然的条件に適した再生可能エネルギーの利用促進，②その区域の事業者又は住民が温室効果ガスの排出の抑制等に関して行う活動，③公共交通機関への利用者の利便促進と都市の緑化推進と温室効果ガスの排出抑制に資する整備，④その区域における廃棄物の抑制促進と循環型社会の形成，の施策を求めている．

10) 大都市：北九州市，京都市，堺市，横浜市．地方中核都市：飯田市，帯広市，富山市，豊田市．小規模都市：下川町（北海道），水俣市，宮古島市，檮原町（高知県）．東京特別区：千代田区．また2013年につくば市，新潟市，御嵩町（岐阜県），神戸市，尼崎市，西粟倉村（岡山県），松山市の7都市が追加選定されている．

モデル都市の優れた具体的取り組みを全国へ普及，展開することを目指すこととした．

2011年には低炭素に加え資源や水の循環等も含めた環境分野全体を視野に入れ，かつ超高齢化対応としての健康や医療等分野なども対象とした「環境未来都市」構想が掲げられ，環境モデル都市で成果の著しい4地域と柏市，被災地域の3県から6地域，計11地域が選定されている[11]．

さらに経済産業省の，エネルギーとICTの融合するスマートコミュニティのまちづくりとなる，次世代エネルギー・社会システム実証事業では，京都議定書目標達成計画の枠組みのエネルギーの面的利用の促進に関わる施策として，2010年に環境モデル都市の3都市を含む4地域（横浜市，豊田市，けいはんな学研都市，北九州市）が選定され，2011年よりエネルギーマネジメントシステム構築のためインセンティブスキームとなる機器やシステムを導入した様々な実証・検証が行われている．

2.2　各事業の課題

「エコシティ事業」は環境負荷の軽減と自然との共生およびアメニティの創出となる都市環境計画に基づいて行われ，また都市環境計画の中で重点的に整備を推進する計画（重点整備計画）を設定し，実現化のために所管事業の重点実施，都市環境基盤整備推進モデル事業，低利・無利子融資制度，税制上の優遇措置，都市計画等による規制誘導などが設けられた．しかしながら課題も多い．例えば，実施された各エコシティ施策は詳しい地域の実態や生態学的調査に即した土地利用計画とならず，また事業内容は土地利用や基盤整備に限定され，市民の意向を充分に取り入れた施策は必ずしも多くなかった．重点整備計画の多くは，これまでの熟度の高い既存プロジェクトがそのまま継続して選定され，新しいプロジェクトを創出するものでなかったこと，事業は行政主導で推進され，関係部局間の調整は複数の部局にまたがって調整もうまくいかなかったことなども指摘されている．一方，環境共生に資する事業のうち帯広市

11）　被災地域以外：下川町，横浜市，富山市，北九州市，柏市．被災地域：大船渡市・陸前高田市・住田町（岩手県），釜石市（岩手県），岩沼市（宮城県），松島市（宮城県），南相馬市（福島県），相馬郡新地町（福島県）．

「帯広の森整備事業」では，都市近郊林の保全にも通じる事業例として環境共生都市として実現され，今なお都市のアメニティとして整備され続けている[12]．

実施された「エコタウン事業」の調査結果によれば次のことが報告されている[13]．第1に，環境負荷削減効果は，最終処分量削減効果は約100万トン／年，資源消費削減効果は約120万トン／年，CO_2排出削減効果は約42万CO_2トン／年と推計され，循環型社会および低炭素社会の実現にエコタウンの取り組みが有効であること，第2に，施設内での循環資源は高効率で資源循環されていること，第3に，循環資源の調達については30km圏域内で資源循環が高く，分散型よりも集約型での調達・供給がそれぞれ高いことである．しかし一方で，エコタウン事業活動については課題も指摘されており，循環資源の入口（調達），出口（供給）で原料の安定的確保，再商品化製品の販売確保の難しさ，またコスト競争から事業の採算がとれずに廃業となった事業者も少なくない．

わが国の「コンパクトシティ」施策について，地方都市の中心市街地活性化の先進的取り組みとしては，青森市や富山市のコンパクトなまちづくりが注目されるが，推進されてきた政策も課題を抱えている．青森市では，再開発により賑わいを取り戻すための商業施設アウガの建設と，豪雪地域の除雪に関わる経費削減につながるコンパクトなまちづくりが目指され，また富山市でも大変高い乗用車保有率（1.61台／世帯[14]）を背景に公共交通のインフラ整備（串と団子型のコンパクトなまちづくり）が行われたが，『25年度認定中心市街地活性化基本計画のフォローアップに関する報告』を見ると，どちらも街なか居住，中心市街地への集積等の目標達成には，まだ時間がかかりそうである．

---

[12] 1974年に帯広市の積極的関与で400haの農地を原始の森にするという計画により購入が進められ，1975年以降徹底した市民運動と市民参加による植栽により育成された森林である．2008年に帯広市は「環境モデル都市」に選定され，市民参加による森づくりの育成と活用の促進を行っている．

[13] 環境省「エコタウン等による地域循環圏の構築に向けた研究会における調査結果」（http://www.env.go.jp/press/press.php?serial=11379），2009年7月．

[14] 2009年3月末時点（筆者推計）．全国平均は1.09台／世帯（2009年3月末）．

3. 都市とエネルギー

3.1 問題の所在

環境問題は人間の活動，とりわけ経済活動に起因する．経済活動は主として都市で集中的に行われることから，今後の環境問題を検討する上では都市環境のあり方が非常に重要な意味を持つことになる．

表12-1は，国連による各国の都市人口比率を示したものである．これによると，2010年には，わが国の人口の約9割が都市部に居住していることがわかる．欧米の先進国でも概ね7割以上が都市域に居住しており，人口の都市へ

表12-1 世界の都市人口比率の推移

単位：％

地域・国名	1950年	1980年	2010年	2040年
世界	29.4	39.4	51.6	63.5
先進地域	54.5	70.1	77.5	84.1
発展途上地域	17.6	29.5	46.0	60.0
アジア	17.5	27.1	44.4	60.0
アフリカ	14.4	27.8	39.2	52.6
ヨーロッパ	51.3	67.3	72.7	79.9
アングロアメリカ	63.9	73.9	82.0	87.3
ラテンアメリカ	41.4	64.3	78.8	85.1
オセアニア	62.4	71.3	70.7	72.0
日本	53.4	76.2	90.5	97.3
インド	17.0	23.1	30.9	46.5
インドネシア	12.4	22.1	49.9	67.8
韓国	21.4	56.7	82.9	88.4
中国	11.8	19.4	49.2	73.4
イギリス	79.0	78.5	79.5	84.4
スウェーデン	65.7	83.1	85.1	88.9
ドイツ	68.1	72.8	73.8	79.7
フランス	55.2	73.3	85.2	92.4
ロシア	44.1	69.8	73.7	79.8
アメリカ	64.2	73.7	82.1	87.5
カナダ	60.9	75.7	80.6	84.9
ブラジル	36.2	65.5	84.3	89.7
オーストラリア	77.0	85.8	89.0	92.1

出所：United Nations, Department of Economic and Social Affairs, Population Division, *World Urbanization Prospects: The 2011 Revision.*

の集中度が高くなっている．主要先進国では，都市人口比率は過去一貫して上昇しており，都市への人口集中が顕著に進んだ．こうした傾向は発展途上国にも当てはまり，アジアやアフリカなど都市人口比率が現在低い国でも将来の都市人口比率の上昇が予測されている．その結果，都市環境に対しても少なからぬ影響が及ぶことが予想される．

都市環境は様々な要因によって規定される．廃棄物などの物質循環，水質汚濁などの水環境，大気環境（大気汚染），エネルギー消費に伴う二酸化炭素排出や熱環境は，都市住民の生活環境に直接影響を及ぼす．また，公園緑地や水路などに代表される自然環境とその改変形態，電気・ガスなどのエネルギー供給施設，交通システムや文化遺産などの社会的インフラストラクチャーも都市環境を構成する重要な要素である．

これらの都市環境構成要素は独立したものではなく，相互依存的である．つまり，自然資本や社会的インフラストラクチャーなどの社会的共通資本の質や量，配置が形成するアメニティおよびこれらがもたらす外部性が，総合的に都市住民の Quality of Life や都市のパフォーマンスに影響し，さらには長期的な都市の持続可能性にも影響を与えることになる．したがって，このような特性を有する都市環境は，個々の要素ではなく，全体を総合的に捉える視点が必要となることは言うまでもない．

しかしながら，エネルギー消費は地球温暖化のようなグローバルな環境問題から大気汚染やヒートアイランドのようなローカルな汚染まで，多くの都市環境構成要素に影響を与える経済活動の根幹とも考えられる．経済とエネルギーをデカップリングすることが持続可能な社会構築のための必要条件の一つとして捉える向きもある．このような問題意識をもとに，以下では都市のエネルギー問題に焦点を当てて考察する．

3.2 都市のエネルギー消費

図 12-1 は 2011 年度の最終エネルギー消費の構成比を示したものである．この中から都市活動に関わる部分を切り出すのは困難だが，ここでは一次的接近として，主として家庭部門，業務部門，運輸部門が都市での経済活動に密接に関わるものとして考えることとし，その動向を概観してみる．

第12章 都市と環境　377

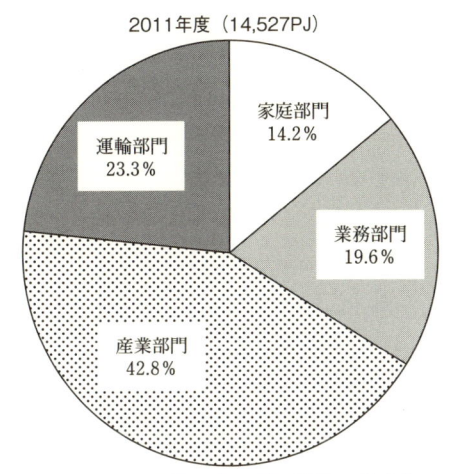

図12-1　最終エネルギー消費の構成比

2011年度（14,527PJ）
- 家庭部門 14.2%
- 業務部門 19.6%
- 産業部門 42.8%
- 運輸部門 23.3%

出所：資源エネルギー庁『総合エネルギー統計』．

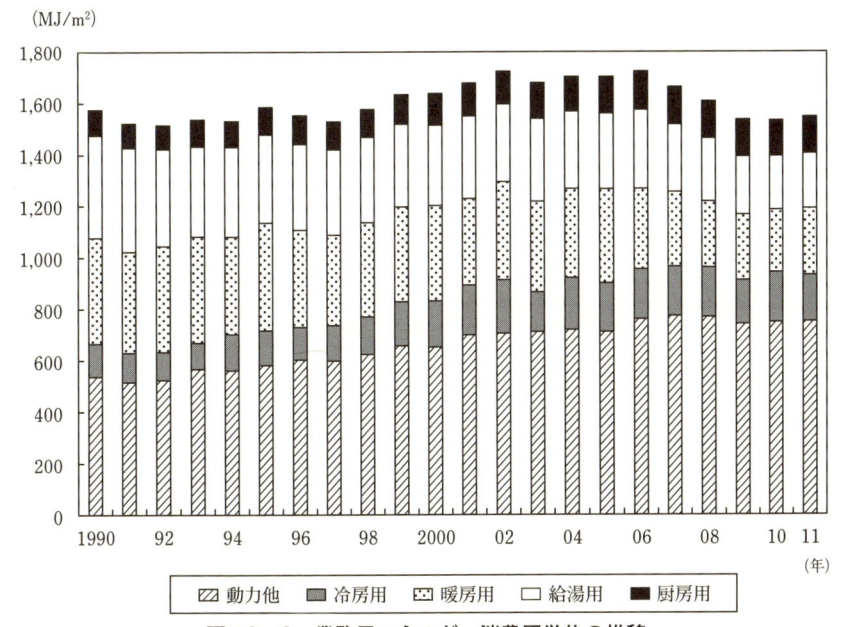

図12-2　業務用エネルギー消費原単位の推移

(MJ/m^2)

凡例：動力他／冷房用／暖房用／給湯用／厨房用

出所：資源エネルギー庁『総合エネルギー統計』，日本エネルギー経済研究所『エネルギー・経済統計要覧』より推計．

(PJ)

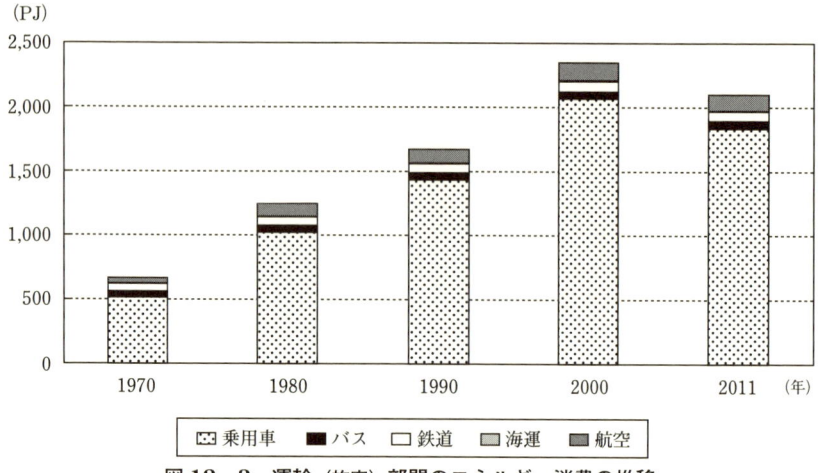

図12-3 運輸（旅客）部門のエネルギー消費の推移

凡例: 乗用車　バス　鉄道　海運　航空

注：「総合エネルギー統計」では，1990年度以降，数値の算出方法が変更されている．
出所：資源エネルギー庁『総合エネルギー統計』，日本エネルギー経済研究所『エネルギー・経済統計要覧』より推計．

業務部門は主として事務所・ビル，卸小売業，ホテル・旅館，病院，飲食店などの業種から構成される．これらのうち事務所・ビルが照明や空調での利用を中心にエネルギー消費の最大シェアを占め，卸小売業が給湯を中心とする需要によりこれに続いている．業務部門全体のエネルギー消費を用途別にみると（図12-2），消費量全体では1990年度と比較してほぼ横ばいにあるが，その構成比は大きな変動が見られる．2011年度に最大のエネルギー消費となっているのは，49％を占める動力・照明用であり，OA機器類の著しい増加を背景に，その比率は1990年度と比較して大きく増加しているのが特徴的である．また，暖房用の比率は建物の断熱性能の向上や省エネにより低下傾向にあるが，給湯用と併せた熱需要に基づくエネルギー消費の比率は大きな割合を占めていることがわかる．

運輸部門のエネルギー消費は，乗用車やバスの旅客部門と貨物部門に分けると，その比率は2011年度でそれぞれ65％，35％となっている．長期的な旅客部門のエネルギー消費の推移をみると，乗用車が保有台数の増加とともにエネルギー消費の大部分を占めるようになっており，バスや鉄道といった公共交通機関の割合は低下している（図12-3）．貨物部門についてみると，そのエネル

2011年度（38.36GJ）

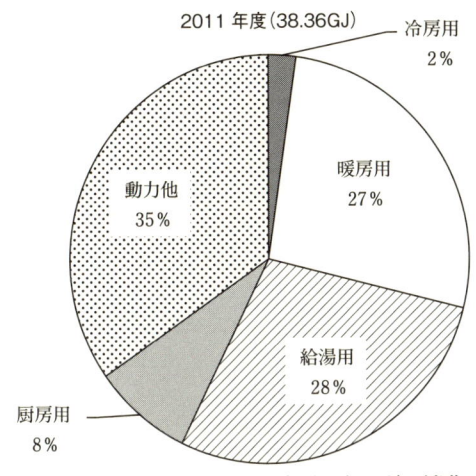

図12-4 世帯あたりの用途別エネルギー消費

出所：資源エネルギー庁『総合エネルギー統計』，日本エネルギー経済研究所『エネルギー・経済統計要覧』より推計．

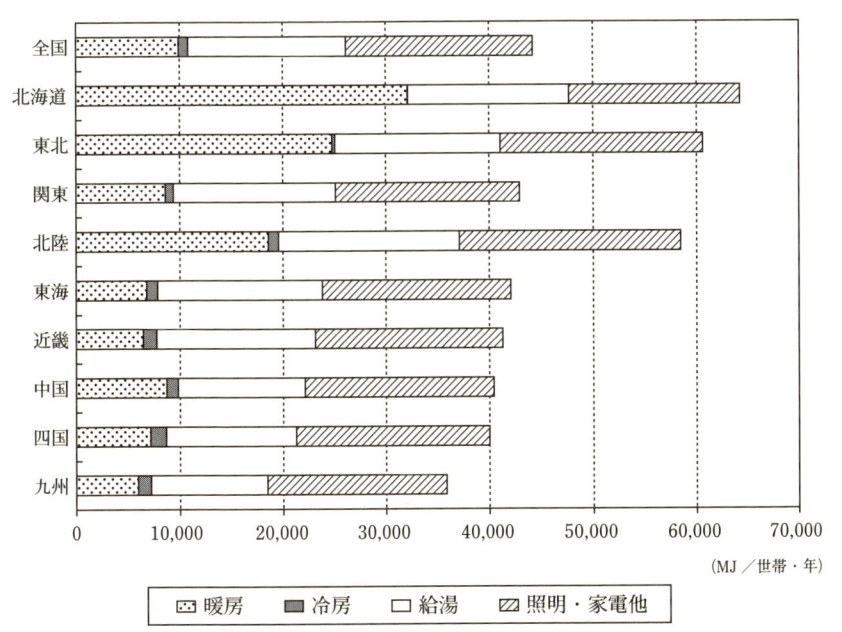

（凡例）暖房　冷房　給湯　照明・家電他

図12-5 家庭用用途別エネルギー消費原単位の地域比較（2007年）

出所：住環境計画研究所『家庭用エネルギー統計年報2007年版』．

ギー消費は，トラック（自家用，営業用）が約9割強を占めている．

世帯あたりの用途別エネルギー消費をみると（図12-4），家庭部門におけるエネルギー消費では，動力・照明他（家電機器の使用）の比率が高く，次いで給湯，暖房の順となっている．冷房用は，家庭におけるエネルギー消費全体に占める比率では2％程度にしか過ぎないことがわかる[15]．

家庭用用途別エネルギー消費を地域別にみると（図12-5），照明・家電製品他に対するエネルギー需要が大きいのは各地域で共通している．また，エネルギー消費の概ね半分は暖房や給湯といった熱需要であり，特に寒冷地では暖房用途のウェートが高くなる．さらに，冷房の占める割合はどの地域も小さい．

4. 都市の低炭素化に向けて

4.1 都市の低炭素化に向けた対策

前節で見たように，都市におけるエネルギー消費は膨大と考えられるが，原発事故に伴うエネルギー制約や環境面からの制約を考慮すると，都市の低炭素化が不可避である．低炭素化は目指すべきエネルギー政策の方向性と関連しており，様々な角度からの検討が必要となる．

エネルギーの需要サイドでは，産業，家庭，業務，運輸の各部門における消費効率の向上を引き続き追求する必要があり，省エネをさらに推進して需要をコントロールすることが求められる．他方，供給サイドでは，電力やエネルギーの低炭素化が求められるが，省エネという言葉との対比で言えば，これは技術革新を伴った創エネや蓄エネと言える．さらに，こうした望ましいエネルギーの需要サイドと供給サイドを支える都市構造についても再検討が必要になる．

4.2 再生可能エネルギーを巡って

供給サイドにおける創エネの一つとして，再生可能エネルギーの導入が進められており，固定価格買取制度などの導入促進政策も採用されている．再生可能エネルギーはわが国の電源構成を多様化する上でも，またエネルギー安全保

---

15) 冷房用途のエネルギー消費の算出方法については公表されていないので，過小評価となっている可能性がある．

表12-2　わが国発電電力量の推移

単位：100万kWh，％

年度	2007		2008		2009	
		(構成比)		(構成比)		(構成比)
水力	84,234	7.0	83,504	7.3	83,832	7.5
地熱	3,044	0.3	2,750	0.2	2,887	0.3
火力	841,289	70.4	798,930	69.7	742,522	66.7
原子力	263,832	22.1	258,128	22.5	279,750	25.1
太陽光	8	0.0	11	0.0	15	0.0
燃料電池	10	0.0	5	0.0	3	0.0
風力	2,614	0.2	2,942	0.3	3,613	0.3
合計	1,195,032	100.0	1,146,269	100.0	1,112,622	100.0

年度	2010		2011		2012	
		(構成比)		(構成比)		(構成比)
水力	90,681	7.8	91,709	8.3	83,645	7.6
地熱	2,632	0.2	2,676	0.2	2,609	0.2
火力	771,339	66.7	906,946	81.9	986,758	90.2
原子力	288,230	24.9	101,761	9.2	15,939	1.5
太陽光	22	0.0	60	0.0	160	0.0
燃料電池	—	—	—	—	—	—
風力	4,016	0.3	4,676	0.4	4,838	0.4
合計	1,156,921	100.0	1,107,829	100.0	1,093,950	100.0

注：9電力，9電力以外の電気事業者，電源開発，自家発電の合計．
出所：電気事業連合会編「電気事業便覧」．

障の観点からも普及が待たれているところである．しかしながら，わが国の発電電力量に占める新エネルギー等の割合は現在のところ1％未満に過ぎず非常に小さい（表12-2）．

　太陽光発電や風力発電の特徴は，天候などの自然条件次第で発電量が変動する不安定な電源であることである．発電効率や稼働率も決して高いとは言えず，このため電力系統と連係したバックアップ電源や送電網の強化も課題となる[16]．さらに，既存の大規模電源施設を代替するには広大な土地や相応の設備容量が

---

[16] 北海道や東北の一部は風況が良好で大規模な土地の確保が可能な風力発電の適地とされているが（環境省「平成22年度再生可能エネルギー導入ポテンシャル調査報告書」），当該地区の電力需要が小さいことから系統の容量が大きくなく，風力発電施設の導入が進みにくい．

必要となるなど，コスト面での高さが普及の障害となっている[17]．また，再生可能エネルギー発電施設受け入れ側の地方自治体にとっても，施設の設置や稼働に伴う地元経済への影響，特に雇用の増加に関心があるが，まだ必ずしも十分な検証がなされていない．

しかしながら，持続可能な社会におけるエネルギー供給の実現のためには，再生可能エネルギーの比率を高める政策への転換が求められる．支障となっている技術的，制度的要因を一つずつ克服していく必要があるが，普及に向けては相当の時間を要すると思われる[18]．

4.3　省エネ・熱エネルギー利用の推進

中長期的には，都市部ではICT関連機器類の増加が見込まれ，電気自動車をはじめとするエコカーが普及する可能性もある．人口が減少することは確実ではあるが，世帯数が減少するかどうかは必ずしも明らかではなく，単身者世帯数が増加するとエネルギー使用量全体の大幅な削減にはつながりにくい．こうした傾向を踏まえると，現状のままでは潜在的な電力需要は今後減少する可能性は少ないと考えられる．一方，東日本大震災以降は電力不足が顕在化し，加えて，再生可能エネルギーの普及には相当の時間を要するなど，電力の供給制約が大きい．このため，都市においては省エネをさらに進めることが求められる[19]．

わが国では，省エネは主としてエネルギー効率の向上を意味してきた．ここでは省エネの一つの方向性として，熱エネルギーの効率的利用を考えたい．図12-2や図12-4で見たように，業務用エネルギー消費の3分の1は暖房用と給

---

17) 森田・馬奈木 (2013) は，東日本大震災を踏まえた今後の家庭用エネルギーに対する政策のあり方を検討するため，選択型コンジョイント分析の手法を用いて支払意思額の計測を行っている．そこでは，再生可能エネルギー増加政策に対しては賛成派も反対派も存在するが，平均的に見れば，最大6%強の電気代上昇を受け入れる余地があるとの結果を得ている．

18) 山家 (2013) は，各種の再生可能エネルギーの実態を技術的・経済的側面を中心に，さまざまな視点から詳細に検討している．

19) 供給サイドの取り組みとして再生可能エネルギーの拡大が目立つドイツにおいても，省エネに関する取り組みは需要サイドの対策として大きな柱となっている（竹ケ原・フュロップ 2011）．

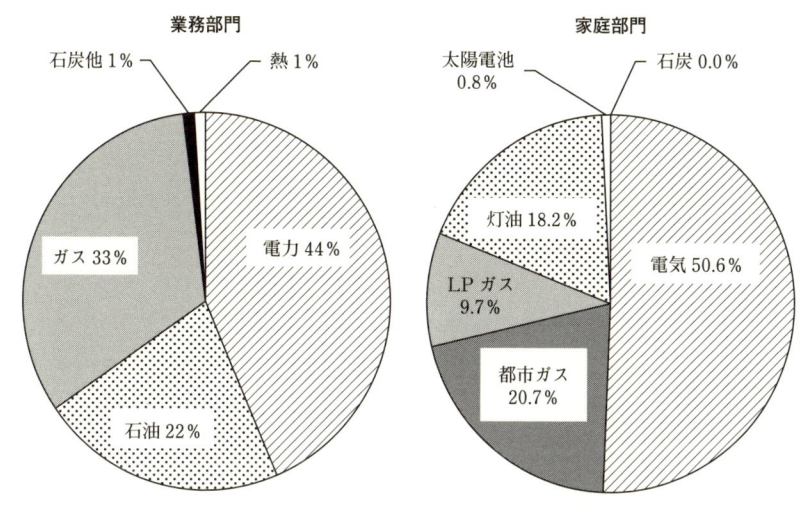

図12-6 民生部門におけるエネルギー源（2011年度）

注：業務部門の「ガス」は天然ガス，都市ガス，LPガスの合計．「熱」は地熱，太陽熱を含む．
出所：資源エネルギー庁『エネルギー白書』より作成．

湯用であり，世帯あたり用途別エネルギー消費も暖房，給湯に対するシェアが大きい．また，民生部門のエネルギー源をみると，電力・電気の比率が大きいことがわかる（図12-6）．しかし，暖房や給湯といった熱需要には必ずしも電気のような高級なエネルギーを使う必要はないと思われる．動力など様々な仕事に活用できる高級なエネルギーである電気を節約するためには，単なる熱需要に対しては高効率給湯器の普及や太陽熱利用の促進を図ることが考えられる[20]．

欧州では暖房用途の熱需要が大きく，温室効果ガス排出の大きな要因の一つとなっていることから，再生可能熱エネルギーの普及促進策が図られていることが特徴的である．ドイツでは2009年に再生可能熱エネルギー法が施行され，

---

[20] 太陽熱温水器は古くから存在しているが，わが国では広く普及することはなかった．その要因として木村（2008）は，①投資回収期間の長さなど経済性の劣位，②利便性の高い製品開発の遅れ，③エコキュートなどの優れた競合製品の登場，④効果的な支援政策の不在，を指摘している．また，適切なメンテナンスを必要とする機器であるにもかかわらず，これに配慮しない事業展開が図られてきたため，消費者の関心が低迷したとする評価もある．太陽熱利用システムはエネルギー変換効率が40〜60％と高く，温室効果ガスの削減に寄与すると期待され，諸外国では導入量が増加していることから，わが国でもビジネスモデルの再構築によるコストの低下と普及が期待される．

建築物のオーナーにバイオマス，太陽熱，地熱などの再生可能起源の熱エネルギーの利用が義務づけられることになった（竹ケ原・フュロップ 2011）．イギリスでは消費されるエネルギーの4割強が熱部門であり，熱の8割が化石燃料由来となっている．この熱エネルギー消費の5〜6割が家庭部門の暖房用途であることから，熱の効率的利用と市場形成を図る政策が導入され熱部門の改革に向けた支援が行われている[21]．

　わが国のエネルギーバランスをみると，一次エネルギー国内供給量のうち，3割強はエネルギー転換時に排熱等の形で損失となっている．とりわけ発電時の損失が大きい．発電時には化石燃料はすべて燃焼によって熱エネルギーに変換されて熱電変換されるが，熱エネルギーはエクセルギー率（エネルギーのうち有効な仕事として取り出せる比率）が他のエネルギーに比べて低いためである．また，一次エネルギー国内供給量のうち，残り7割弱は最終エネルギー消費として利用されているが，消費の過程で排熱として非効率に失われるエネルギー量も多い．

　また，エクセルギーを有する物質やエネルギーは，そのまま廃棄すると環境に悪影響を及ぼすことになるため，物質のもつエクセルギーをできるだけゼロに近づけてから廃棄する必要がある．熱エネルギーはエクセルギーが比較的低いとはいえ，都市部ではヒートアイランド現象等の熱環境の悪化をもたらす．

　郊外や地方に位置する発電所からの排熱を都市部で直接的に利用することは難しい．一方，都市部には未利用エネルギーが多く存在していることが知られており，近年関心が高まっている．未利用エネルギーの活用例としては，温水器を活用した太陽熱の利用のほか，下水や河川が有する熱の利用も一部で進められている．東京スカイツリーでは地中熱を利用して周辺施設に冷暖房や給湯用の熱を供給していることで注目を集めた．事業所などから出される排熱も技

---

21)　家庭を対象に，新しい省エネ技術を体化した設備を導入した際に発生するエネルギーコストの節約分によるローン返済を支援する「グリーンディール政策」，化石燃料に代えて再生可能熱技術を導入したときに財政支援が受けられる「再生可能熱インセンティブ」，住宅等での再生可能熱技術導入を補助する「再生可能熱助成金」の3つの政策を設けている．この点については，
　　https://www.gov.uk/government/policies/helping-households-to-cut-their-energy-bills/supporting-pages/green-deal と https://www.gov.uk/government/policies/increasing-the-use-of-low-carbon-technologies を参照．

術進歩次第で活用可能と見られている．都市部で分散型電源が普及すれば，その排熱利用も可能性が出てくる．

　熱のカスケード利用は，こうした省エネ目的を達成するために期待できる手段の一つである．エネルギーを一度だけの使い捨てにせず，使用後に性質が変化したエネルギーを別の用途に使い，さらにその後も他の用途に利用するなど，エネルギーの質を考慮しながら高位な用途から低位な用途まで多段階に活用することである．例えば発電時に発生する排熱から蒸気を作って利用し，その後温度が低下した排熱を空調等に利用し，さらに低温となった排熱を給湯用として利用するなど，熱エネルギーを高温から低温になるまでとことん使い尽くすことである．また発電された電力も動力や照明等で利用された後は低温の熱エネルギーに性質を変える．これを適切に回収できれば，空調や給湯用のような低質な熱利用を賄えると考えられる[22]．

　排熱輸送システムの技術開発が実用化されれば，都市内あるいは近郊の発電所や事業所からの排熱利用の可能性が高まると考えられる．また，一般的な発電では一次エネルギーの約3割が電力に転換されて残りは転換損失となるが，コジェネレーションシステムでは発電と同時に排熱を利用することができ，エネルギー利用効率が70～80％になるとされている．このような高い排熱回収率と回収された低質な熱エネルギーの効果的な利用を促進する技術開発が期待される[23]．

---

22) 熱の回収と利用をシステム的に行うことに加えて，個々の建物や住宅の省エネ化を進める必要がある．世界基準の省エネ住宅であるパッシブハウスの普及に向けては欧州並みの省エネ基準を設定するなどの規制の強化を検討する必要があり，関係省庁の協力が待たれる．一方でストックとして残っている既存の中小ビルや住宅についても省エネ性能を高める必要があるが，これには課題が多い．

23) 枝村・岡田（2013）は，特許ストックで測った企業による省エネ技術の開発が，当該企業の企業価値向上にマイナスの影響を与えるとの結論を得ている．このような結果となった理由として，省エネ技術はきわめて汎用性が高いので，個別企業による専有化が難しく，外部からのフリーライドが容易である可能性を指摘している．技術を保有する企業は企業価値が高まることが期待され，さらなる研究開発を行う動機付けとなる．したがって，省エネに関する研究開発が必要な水準にない場合には，政策的な誘導が必要になると思われる．

4.4 都市構造の再構築

さらなる省エネを推進し，未利用熱エネルギーを活用するのに相応しい都市の形態とはどのようなものであろうか．ここでは都市の持続可能性を意識しながら望ましい都市のあり方を検討したい．

都市には様々な様相がある．したがって，都市の定義のしかたもそれぞれであって，都市とは何かという問いに対する答えは一つには定まらない．

都市について考えるための一つの切り口として都市経済学の文献をみると，都市が存在する理由として，生産性や要素賦存の偏り，規模の経済が存在すること，集積の経済が存在することなどが挙げられている．経済学の枠組みで都市における資源配分と所得分配，すなわち都市を巡る経済現象や都市問題を説明し，その解決策の提示や解決策の有効性を検討するのが都市経済学の関心対象となっている．

また，宇沢 (2003) が採り上げる社会的共通資本としての都市の考え方は，都市を単なる経済性追求の場としてではなく，そこで活動し生活を営む住民の観点から都市を捉えたもので，良好なまちなみや公園などの緑地，文化施設などがもたらすアメニティ，都市住民のコミュニティなどの相互のネットワーク活動から得られる外部性を重視している．

さらに，別の切り口としては，都市計画の観点から都市の機能に立脚した見方が存在する．例えば，機能化を最大限にまで追求した都市計画の理念に基づくものとして，ル・コルビュジェの「輝く都市」があり，現在に至るまで大きな影響を与えている．これは広々とした空間が幅の広い直線道路で特徴付けられた区画にゾーニングされ，そのなかに緑地や垂直方向に伸びた高層のオフィスビル，住宅，商業施設，文化施設，公共施設などが計画的・機能的に配置されている．幾何学的で芸術的作品のような様相をもち，工業技術と芸術的要素が巧みに調和している．

これと対照的な都市のあり方としてしばしば引用されるのが，ジェイコブズの考え方である．ル・コルビュジェの都市計画は機能的であり，機械のように与えられた目的に対しては利便性や経済性に優れている．住居も人が住むための機械として捉えられることになる．しかし，機能主義の考え方で欠けている

のは，そこで生活する人々の視点であるとの批判も多い．確かに都市を形成しているのは住民とその生活であり，住みやすく生活しやすい都市とは，単なる混雑や喧噪とは異なる活力や多様性に満ちた空間である．

ジェイコブズ（2010）は多様性を有する望ましい都市が満たすべき条件を4つ提示した．第1は，地区には様々な用途が混在していることであり，機能を特化したゾーニングは不要ということである．第2は，地区におけるブロックが短いこと，つまり，街角を頻繁に曲がる構造となっていることである．第3は，異なる年代の様々な状態の建造物が混在していること，第4は，人々が高密度に集中していることである．こうした条件によって多様な特性を持つ人々が多様な生活・経済活動を実現させることができ，活力のある魅力的な都市を形成できると考えている．

こうした考え方や条件をすべて満たすまちづくりをすることは現実には難しいと言わざるを得ないが，省エネの推進や未利用熱エネルギーの活用と整合的で，宇沢（2003）やジェイコブズ（2010）の思想とも調和的な都市形態のあり方の一つとして，2.1節の(3)で言及したコンパクトシティがある．20世紀は工業化が進行した時代であり，経済成長に必要な生産要素，すなわち，工業用地と増加する労働者のための住宅用地の確保が重要な課題であった．都市域の土地を区分して用途別に類型化し，用途に従った建造物を配置してきた．公害などの環境汚染を誘発する事業所や産業を住宅地から隔離しておく目的からは，こうした機能的なゾーニングは有効に機能したと評価できるが，ゾーニングによる単機能な用途は当該地区を硬直化させがちである．現在先進国では人口が減少し，産業構造が変化して工業は縮小し，環境問題もローカルな問題からグローバルな問題へ関心が移行しているにもかかわらず，従来型の機能主義に立脚した都市計画がそのまま残されており，都市は変化する状況に適切に対応することが難しくなっている．コンパクトシティは，用途を混在化させることで20世紀型の機能別ゾーニングと異なる方向を目指し，新たな課題解決と都市の魅力を高めようとするものである．

環境改善の観点からコンパクト化が推奨される場合の要因として挙げられるのが，省エネにつながる可能性をもつことである[24]．第1に，コンパクト化された都市では経済活動における移動が極小化され，自動車の利用が少なくなる

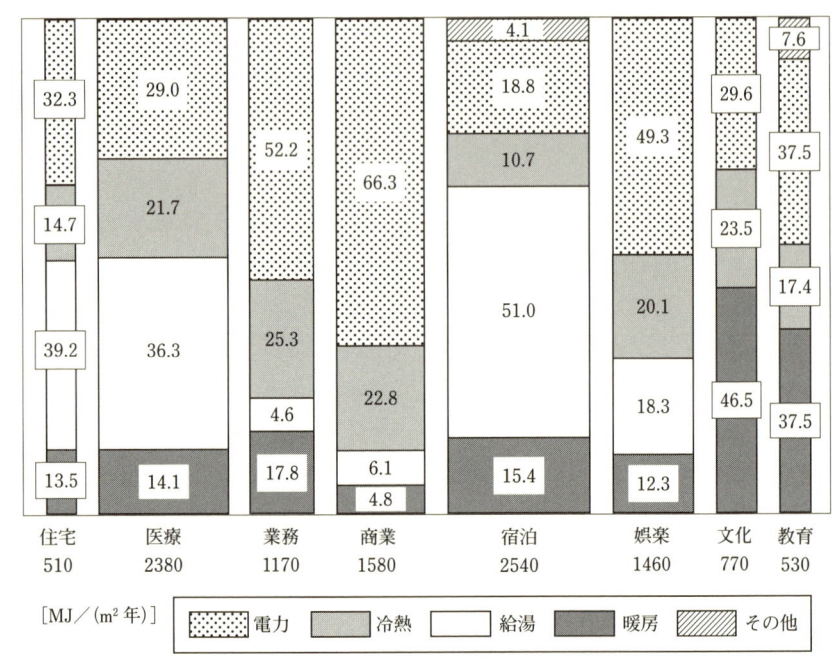

388　第Ⅲ部　社会的共通資本と市民社会の構築

	住宅	医療	業務	商業	宿泊	娯楽	文化	教育
電力	32.3	29.0	52.2	66.3	18.8	49.3	29.6	7.6
冷熱	14.7	21.7	—	—	10.7	—	23.5	37.5
給湯	39.2	36.3	25.3	22.8	51.0	20.1	—	17.4
暖房	—	—	4.6	6.1	—	18.3	46.5	37.5
その他	13.5	14.1	17.8	4.8	15.4 / 4.1	12.3	—	—
[MJ/(m²年)]	510	2380	1170	1580	2540	1460	770	530

[MJ/(m²年)]　▨ 電力　▧ 冷熱　□ 給湯　▨ 暖房　▨ その他

横軸：建物の用途別比率，縦軸：使用用途別比率，単位：％

図 12-7　施設別用途別エネルギー利用

出所：国土交通省資料に筆者が加筆して作成．

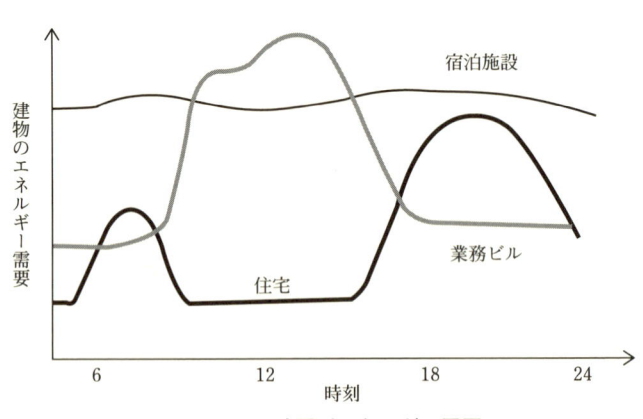

図 12-8　時間別エネルギー需要

出所：国土交通省．

ことが予想される．都市における省エネではこのように，需要面から市民・消費者の行動を変化させることによってエネルギー需要を減少させる必要がある．

第2に，コンパクト化による土地の混合利用はエネルギーの利用効率を高める可能性がある．都市には多様な事業主体があり，業態によって，あるいは施設によってエネルギー源や用途のパターンが異なる．図12-7はいくつかの業態についてエネルギー利用の用途別寄与を表したものである．これをみると，単位面積あたりの年間エネルギー使用量の大きな医療施設やホテルなどの宿泊施設では給湯用の需要が大きく，事務所ビルなどの業務施設や商業施設では照明や動力などの電力需要が大きいなど，施設によってエネルギー利用パターンに特徴があることがわかる．また，図12-8は1日における時間別に各施設のエネルギー需要の変動パターンを模式的に示したものである．住宅は朝晩にエネルギー需要があり，業務ビルは日中に，宿泊施設は終日安定したエネルギー需要となっている．こうした様々な特徴を有する業態・施設を組み合わせることによって，個々の施設ごとでは偏りが見られるエネルギー需要や熱需要を平準化し，機器類の稼働率を高めることで効率化することが可能になる．

排熱をはじめとする未利用エネルギーを効率よく利用するためには，このように異なる需要パターンをもつ需要家の組み合わせが必要である．施設によって異なるエネルギー需要，あるいは熱需要とその需要のピークを考慮し，そうした施設を含む建物の用途を多様に混在化させることによって，地区単位あるいは街区単位でエネルギーを面的に効率よく利用することが求められる．コンパクトシティはこうしたエネルギーの面的活用に相応しい都市形態として考え得る．

4.5 環境都市の課題

前述のように，コンパクトシティが注目されるのは，機能主義的都市計画への反省の他に，環境問題に対する課題解決が期待されているからである．都市は従来，コンパクトなものであった．しかし，わが国では経済成長の過程にお

---

24) 一般に，コンパクトシティの目的としては，環境問題への対応のほか，高齢化・人口減少対策，すなわち中心市街地の再生，地域社会やコミュニティの再建，広域都市圏の再構築などが挙げられる．

いて，郊外型の戸建て住宅が選好されるようになり，郊外農地の宅地化が進んだ．都心部では住宅地は縮小し，業務施設，商業施設が集積した．また，自動車利用を中心としたエネルギー多消費型構造となった．持続可能な都市を指向するに当たっては，20世紀型の膨張した都市を適正規模に修正し，環境保全の潮流に沿う形での再構築が求められる．

コンパクトシティには様々な態様があり，コンパクト化の実践においては画一的なモデルを適用することはできない．コンパクトシティの議論が先行的に進んでいる欧州では，中世の歴史的都市城壁が取り囲んでいたエリアを基礎としている都市も多く，コンパクト化のイメージを比較的把握しやすいという特徴がある．わが国ではこれに類するものとして城下町や環濠都市があり，かつてはコンパクト化の要素を持っていたと考えられるが，その後の開発によって外延的に拡大した都市も多い．こうした点から，コンパクトシティはわが国都市の現状と比較して理想的に過ぎるとの批判もある．しかし，地方都市にとっては，直面する課題への対応策としてコンパクト化は重要な要素となっており，コンパクト化の実践に際しては各都市の空間的特性を考慮した取り組みが必要になろう[25]．

重要な点は，コンパクトシティは，土地利用の高度化により効率性を追求するものではなく，その意味するところは都市の活力や多様性を取り戻そうとするものである（岡部 2005）．高層建築物が密集するというものではなく，人，モノ，情報が集積して有機的に結合し，多様な特性を有するプレーヤーが相互作用によって創造的な活動を行う場となることである．このような考え方は，都市は文化の創造と維持を図るため，自由な発想や想像力を育み成熟させる場でなければならないとする，社会的共通資本としての都市の考え方と整合的である．さらに，持続可能性を高めるための3要素，すなわち，環境・経済・社会のうち，社会的側面からの成果の達成においても重要な意味を持つ．

第2節で見たように，近年，低炭素型社会への転換を目的としたまちづくり

---

[25] 2.2節でも指摘したように，富山市や青森市はコンパクト化を推進している都市としてよく知られているが，多くの都市にとってはコンパクト化には課題も多いと思われる．既存の都市域を変更することは難しいなど，具体的な取り組みにつながりにくいといった困難が指摘されている．

の構想が各地で展開されている．特に東日本大震災の被災地では，復興計画として多くの未来志向型のまちづくりの提案がなされている．これは方向としては望ましいと考えられるが，総論としては優れていても具体性に欠ける計画もあるなど，課題も多い．

　第1に，最新の環境技術の導入には多額の初期費用が伴うと考えられるが，誰がどのようにこの費用を分担するかの議論が少ない．民間企業主体で新規に開発が進められ，住民の負担によって地区全体での一体的な取り組みがなされているまちもあるが，既存のまちでは，費用負担について合意形成を行うのは相当の困難を伴うと考えられる．

　第2に，計画されたまちが，本当に望ましいまちなのかという疑問である．図12-9は，わが国企業も参画して中国で進められている環境配慮まちづくりプロジェクトの一つである，天津エコシティプロジェクトのイメージ図である．このまちは，縦横に整備された道路網のなかに高層ビルが計画的に建ち並び，きわめて機能的であるかに見える．緑地も十分に配置されているように見える．しかし，これはル・コルビュジェの「輝く都市」を彷彿とさせる．一見するところ未来都市を具現化したものとして捉えることができるが，20世紀型の機能主義に立脚した都市計画の域を出ていないのではないか，という点が懸念される．また，個々の建物は環境的側面に十分配慮し，工学的な機能性には優れていても，そこに住む人間のこと，社会的側面のことは必ずしも考えられていないおそれがある．

　都市のインフラはいったん形成されてしまうと修復が難しい．都市の高層建築物は，建造後は50年ないし100年の耐用年数をもつ．つまり，その建物は少なくとも50年間はそこに固定的に存在し，都市の機能を規定することになる．プランナーは50年後の都市のあり方や都市環境を予見した上で現在の都市や建造物を形成しなければならないが，これは現時点で利用可能な技術に制約されるので困難を伴う．換言すると，現時点での技術により建造された構築物が長期間固定的に存在することで，その間に生じる環境変化にうまく対応できない可能性がある．

　芸術作品の未来都市のようなイメージで，都市の形態を特定時点で固定させることにより生じる不可逆性を考慮すると，まちづくりはある程度の柔軟性を

図 12-9 天津エコシティプロジェクトのイメージ

もたせながら進めることの方が持続可能性の観点から望ましいのではないだろうか．時間の経過とともに不確実だった科学的知見や環境への影響が判明するようになると，意思決定においてより確かな情報を利用することが可能となる．また，環境対策費用の面からは，技術進歩により将来のほうが低コストになることも期待できる．こうしたことを考慮すると，工学的に機能をきちんと確定させた堅牢な都市では，取り返しのつかない事態が生じた場合に復元費用が莫大になることも予想される．

都市はハードウェアのみから構成されるものではなく，そこに住む人間の日常生活の積み重ねが都市を形成している．不確実な環境問題に都市が適切に対応するためには，多様性のあるフレキシブルなまちのほうが，様々な不確実性に対応しやすく，その費用も低い可能性がある[26]．住民の生活とその変化を意識し，住民の知恵や創意工夫などのソフト面も含めたある程度のしなやかさを備えていることが望ましく，この点からも都市はある程度の時間をかけて形成する必要がある．

---

26) 例えば，年間数回の台風の被害から都市を防御するために，防波堤などの十分な量の都市インフラを，財政難のなか高いコストをかけて整備するハードウェアによる対応よりも，ニューヨーク市などでしばしば見られるように，住民の危機意識を高めるとともに，臨時の休日にすることにより都市機能を停止させるというソフト的対応のほうが，トータルのコストは安いのではないかという議論もある．

まちづくりや都市の再構築は長期的視点で行うべきものであり，実際相当の時間がかかるものである．さらに，環境都市づくりは後戻りできないというリスクを抱えており，それゆえ計画段階での慎重な対応が求められる．計画に対するチェック機能も必要であり，企業や市民といった都市の主体の参画や対話，合意が重要となる．合意形成に十分な時間とお金をかけ，無駄な投資を極力削減するとともに，こうした経験を通じてまちづくりの担い手を育成していく必要がある．

5. おわりに

本章では，社会的共通資本としての都市に焦点を当て，その持続可能性を高めるための諸課題について考察した．要点をまとめると以下の通りとなる．

まず，わが国でこれまでに採用されてきた環境都市づくりの各種施策について概観した．わが国では各時代の環境課題に対応して「エコシティ」や「エコタウン」，「環境モデル都市」などの事業が推進されてきた．地域が抱える環境問題を踏まえて，欧州のまちづくりのように，市民参加の意識が高く，比較的良好な成果を生み出した事例もあるが，一方で，市民の意識が高まらず，結果として行政主導に依存するケースや，事業者の撤退などの課題も存在する．

次に，わが国が中長期的に直面する課題であるエネルギー問題に関連して，都市のエネルギー消費について検討した．エネルギー消費が大きい都市部では，熱需要の比率が高いこと，今後の都市部のエネルギー消費の供給源として再生可能エネルギーに注目が集まるが，その普及には課題も多く，相当の時間を要すると見込まれること，エネルギー供給の問題が残るなかでは，環境改善の観点も踏まえると，一層の省エネに加え，未利用エネルギーの活用，特に都市部の熱需要の大きさに対応した，熱のカスケード利用に向けた技術開発を推進すべきであることを指摘した．

さらに，未利用エネルギーの面的な活用や熱のカスケード利用に適した都市のあり方を検討した．地域・地区単位でエネルギー利用効率を高めるためには異なる熱需要のパターンをもつ需要家を組み合わせる必要があり，土地利用を用途混在型とすることが望ましい．この点でコンパクトシティとは親和性があ

る．そして，ここでのコンパクトシティとは，一般に理解されているような高度に機能化した高層建築物の集合体ということではなく，用途混在化を旨とし，さらに都市の活力や多様性を備えるために，そこに住む市民の生活の視点を重視したまちであって，環境に加えて社会的側面にも配慮したものである．

　都市の持続可能性を高めるためには，環境・経済・社会の3要素に配慮する必要があり，これらをいかにバランスよく達成していくかが鍵となる．環境面では，技術が大きな役割を果たすことになろう．すなわち，当面は省エネや未利用エネルギーの活用を主体としたまちづくりを進め，熱のカスケード利用に関する技術が確立した段階で導入促進を図る．再生可能エネルギーも，支障となっている要因が克服されれば普及に向けた動きが期待される．一方で，技術やそれを体化したハードウェアだけではなく，都市の活力や多様性を引き出すためのソフト面を中心とする対応と一体的に進める必要があり，これは社会面での達成につながる．そして，それらの成果としての経済的成功がある．

　まちづくりは一朝一夕にはできるものではないので，不確実性を考慮しつつ，これら3要素の実現可能なところから柔軟性を持って取り組む必要があろう．

参考文献

宇沢弘文（2000），『社会的共通資本』岩波書店．
宇沢弘文（2003），「社会的共通資本としての都市」宇沢弘文・國則守生・内山勝久［編］『21世紀の都市を考える──社会的共通資本としての都市2』東京大学出版会，pp.11-29．
枝村一磨・岡田羊祐（2013），「省エネルギー技術開発と企業価値」RIETI Discussion Paper Series（経済産業研究所），No.13-J-062．
岡部明子（2003），『サステイナブルシティ──EUの地域・環境戦略』学芸出版社．
岡部明子（2005），「都市を生かし続ける力」植田和弘・神野直彦・西村幸夫・間宮陽介［編］『都市とは何か』岩波書店，pp.155-185．
木村宰（2008），「太陽熱温水器の普及はなぜ停滞しているのか」電力中央研究所報告，No.Y08002，電力中央研究所．
ジェイコブズ，ジェイン［著］，山形浩生［訳］（2010），『アメリカ大都市の死と生』鹿島出版会．
竹ケ原啓介，ラルフ・フュロップ（2011），『ドイツ環境都市モデルの教訓』エネルギー

フォーラム.
花木啓祐 (2004),『都市環境論』岩波書店.
福川裕一・矢作弘・岡部明子 (2005),『持続可能な都市——欧米の試みから何を学ぶか』岩波書店.
ヘニッケ, ペーター, ディーター・ザイフリート [著], 朴勝俊 [訳] (2001),『ネガワット——発想の転換から生まれる次世代エネルギー』省エネルギーセンター.
間宮陽介 (1992),「都市の思想」宇沢弘文・堀内行蔵 [編]『最適都市を考える』東京大学出版会, pp.15-43.
森田玉雪・馬奈木俊介 (2013),「東日本大震災後のエネルギーミックス——電源別特性を考慮した需要分析」RIETI Discussion Paper Series (経済産業研究所), No.13-J-066.
山家公雄 (2013),『再生可能エネルギーの真実』エネルギーフォーラム.

第13章　大規模匿名社会における信頼形成と維持

奥野正寛

1. はじめに

　社会において他人を信頼できるのはなぜだろうか．人が他人を信頼するには，いくつかの仕組みが存在する．本章では，それらの仕組みについて説明するとともに，今まで知られていなかった新しい仕組み（言われてみれば当たり前と感じる人も多いだろうが……）について説明したい．結論から言えば，それは次のような逆説的な仕組みである．

　現代の社会においては，人と人が新たな関係を作るためには，しばしば見知らぬ人との出会いを通ずる必要がある．そんな場合に，人が見知らぬ他人を信頼するにいたる一つの理由は，社会の中に「信頼できない（悪い）人」がいるからである．

　社会の中に「信頼できる（良い）人」と「信頼できない（悪い）人」の両方がいる場合，相手と出会っただけでは，相手が「信頼できる（良い）人」なのか，「信頼できない（悪い）人」なのかが判らない．実際に何らかの関係をもって初めて，相手が信頼できる人か信頼できない人のどちらかが判る．だとしたら，相手が「信頼できる（良い）人」だと判ったなら，そんな相手の信頼を失うことはあまりにももったいない．そんな相手の信頼を失うことは，せっかく築いた信頼関係を壊してしまい，新しい相手を改めて探さなければならない立場に自分を追い込むことになる．新しい相手を改めて探す場合，新しい相手が「信頼できる（良い）人」とは限らない．つまり，信頼できる相手との信頼関係を失うことは，せっかく築いた「信頼資本」を失うことに他ならないのである．結果として，相手が信頼できる人だと判ったら，自分も相手の信頼を失

わないよう，行動しようというインセンティブが生まれる．

このような仕組みが社会で機能するためには，社会に「信頼できない（悪い）人」が存在することが必要不可欠である．社会のすべての人が「信頼できる人」ならば，その人を裏切って信頼を失っても，代わりはいくらでもいる．だとしたら，「裏切ってその分，得をした方が，利益を得られる」という誘惑から逃れられないだろう．「信頼できない人」がいるという恐れがあるからこそ，「信頼できる人」の価値が高いのである．

したがって，「信頼できない（悪い）人」を社会から排除しようとしても，社会の中では必ず，一定割合の「信頼できない（悪い）人」が自生的に生まれてきてしまうことになる．社会は，一定割合の「信頼できない（悪い）人」がいて初めて，安定的になるのである．以下では，この仕組みを含めて，現代社会において信頼が形成される様々な仕組みを考えよう．

2. 囚人のジレンマ

いまさら言うまでもないが，経済取引には，いろいろな機会主義的行動，つまりモラルハザードが付きまとう．経済取引の一つの典型例として労働契約を考えれば，賃金を払いたくない，サボりたいというインセンティブがある．

具体的に言えば労働契約とは，本来，雇用者側が労働機会を提供する，従業員側が労働サービスを提供する，その結果，お互いが協力の利益を得られるという約束の訳である．ところが雇用者側は，できれば働かせた上で賃金を払わずに済ませたい，従業員の側は，働かないでサボって賃金を手にしたいというインセンティブを持つ．そういう機会主義的行動，あるいはモラルハザードがつきまとう訳である．

2.1 「囚人のジレンマ」ゲーム

労働契約はモラルハザードの一つの例で，信用契約や一般の取引契約でも，関係者・当事者は，できれば返済せず支払いなしで済ませたい，品質や努力を惜しんで利益を得たい，と考える．「ゲーム理論」で，そのような状況を一言で記述するのが，図13-1に表した「囚人のジレンマ（Prisoner's Dilemma）ゲ

A\B	協力 (C)	裏切り (D)
協力 (C)	c, c	ℓ, g
裏切り (D)	g, ℓ	d, d

$g > c > d > \ell$
$2c > g + \ell$

A\B	C	D
C	4, 4	0, 5
D	5, 0	1, 1

図 13-1　囚人のジレンマ

ーム」，あるいは「PD ゲーム」である．

図13-1 の左側が，「囚人のジレンマ」ゲームである．AとBという2人のプレイヤーがおり，2人それぞれが，協力（C）と裏切り（D）という2つの戦略（行動）を選べる．Aは相手と協力して上の行を選ぶか，相手を裏切って下の行を選ぶか．Bは協力して左の列を選ぶか，裏切って右の列を選ぶか，という選択が可能なわけである．

その結果実現する状態ごとに，書かれている記号の左側がAの利得，右側がBの利得である．お互いが協力すれば双方が c の利得を得るが，お互いが裏切ると双方が d の利得を得る．c の方が d より大きいので，本当は協力した方が望ましいわけである．ただ，相手が協力するときに自分が裏切ると，実はもっと高い利得 g を得ることができる．他方，自分が協力しているのに相手に裏切られると，自分の利得は低くなり，ℓ しか得られない．つまり，$g > c > d > \ell$ という関係が成立すると考える．図13-1 の右側は，$g=5$，$c=4$，$d=1$，$\ell=0$ という場合の具体例である．なお，（協力，協力）つまり（C, C）が社会的に最も望ましい状況であることを仮定するために，$2c > g + \ell$ という条件が付けくわえられている[1]．

「囚人のジレンマ」ゲームをプレイすると何が起こるだろうか．囚人のジレンマでは，裏切りが支配戦略になる．相手が協力をしてくると予想すると，自分は協力して c の利得を得るより，裏切って g の利得を得た方が得だ．相手が裏切ると予想したときにも，自分が協力して ℓ の利得しか得られないより，自分も裏切って d の利得を得た方が良い．相手がどちらの戦略を選ぶと予想し

---

1) もしこの不等式が逆向きなら，社会的に最も望ましいのは，(C, D) と (D, C) を時間を通じてかわるがわる繰り返すことかもしれない．

ても，自分は裏切り（D）を選んだほうが良い．裏切ること（D）は，相手がどちらを選んでも絶対に自分に得な戦略になる．このことを，「裏切り（D）が支配戦略だ」と言う．したがって，囚人のジレンマ・ゲームでは，（裏切り，裏切り），つまり，（D, D）が支配戦略均衡になる．お互いに支配戦略を選ぶのが最善なので，（D, D）が実現してしまう訳である．

支配戦略均衡はナッシュ均衡[2]でもあり，囚人のジレンマをプレイすれば，当然（D, D）に落ち着いてしまう．しかし，本来は（D, D）より（C, C）の方が双方にとって望ましい[3]わけだから，（C, C）を実現する方法はないだろうか．

2.2 繰り返しゲーム

どうしたら（C, C）を実現できるかという点についてのよく知られた一つの解釈は，次のようなものである．現実の経済取引では，囚人のジレンマを1回限りのゲームとしてプレイすることはまずない．毎日毎日，毎月毎月，同じ経済取引を，つまり囚人のジレンマを繰り返しているのだ，と理解すべきだ．

労働契約で言えば，労働者は毎日働いている，雇用者側は毎日労働機会を提供している．いわば，囚人のジレンマを労使で毎日繰り返しプレイしている．そうなら，考えるべきゲームは，「繰り返し囚人のジレンマ」である．もっと多数の人がゲームをプレイしていても構わないが，話の簡単化のために，以下では2人の場合に限ろう．

2人のプレイヤーが，同じゲームを繰り返しプレイすると考えるのが，「繰り返しゲーム」である．2人が毎期プレイするゲームを，ステージ・ゲームと呼ぶ．毎期，「囚人のジレンマ」ゲームをステージ・ゲームとして繰り返しプレイするのが，「繰り返し囚人のジレンマ」ゲームである．

繰り返しゲームでは，各プレイヤーの目的関数は，各期のゲームから得られる利得の流列の現在割引価値と考える．毎期，毎期，ステージ・ゲームで c, d, g, ℓ といった様々な利得を得るわけだが，その流列，つまり，今日いくらも

---

[2] ナッシュ均衡の定義については，2.3節を参照せよ．
[3] このこと，つまり（C, C）の方が双方にとって望ましいのに，実現するのは望ましくない（D, D）だ，という事実が，このゲームが囚人の「ジレンマ」と呼ばれる理由である．

らった，明日いくらもらう，そういう流列の現在割引価値を最大にする．そう考えて自分の毎期の行動を選ぶ．あるいは，この繰り返しゲームにおける戦略を選ぶと考えるのが，繰り返しゲームの考え方である．

ただ，現在割引価値だから，割引係数 δ ないしは割引率 r を考える必要がある．以下では，もっぱら割引係数を使う．割引係数とは，明日の来期の1円が，今日の値に直すと何円にあたるかを表す．例えば明日の1万円が今日は9,000円分の価値しかなければ，割引係数 δ は0.9である．

もっとも，考えやすいのは割引率 r かもしれない．明日の1万円は1割割り引いて，今日は9,000円と考えるべきかもしれない．r と δ の関係は，数学的には $r = \frac{1}{\delta} - 1$ と表せるので，割引率 r が高くなるのは δ の値が小さくなることで，δ が大きくなることは割引率 r の値が小さくなることに対応している．

繰り返しゲームでは，次の条件が満たされた場合に，協力が実現されることが知られている．条件とは，「どちらかが裏切った場合，相手は将来，適当な水準で制裁を与えられる仕組みが存在すること」である．つまり，「協力をする」（つまり C を選ぶ）という約束をしておいて，どちらかがその約束を破った場合には，裏切った相手に，将来適当な水準の制裁を与える仕組みが存在し，しかも各プレイヤーが十分に将来を大事にすることである．後者は，言い換えると割引係数が十分に1に近く，δ が十分に大きい，あるいは割引率 r が十分に小さいという条件である．直感的に言えば，プレイヤーが将来を十分大切にする，その場合には，裏切ると将来制裁が与えられ，それは現在時点で測っても大きな額の制裁になるので，裏切らずに協力しようというインセンティブが生まれる．その結果，繰り返しゲームで協力が実現される，ということが知られている．

2.3 繰り返しゲームとナッシュ均衡

上に述べたことを具体的に示してみよう．

まず，繰り返しゲームにおける「戦略」とは，「繰り返しゲームにおいて，どんな条件におかれたときにどんな行動をとるか」という計画に他ならない．また，「ナッシュ均衡」とは，各プレイヤーがとる戦略の組み合わせであり，次の条件がすべてのプレイヤーについて成立しているような戦略の組み合わせ

である. その条件とは,「他のプレイヤーがナッシュ均衡通りの戦略を選んでいる限り, 自分だけがナッシュ均衡の戦略から乖離しても自分の利得は増えない」, という条件である. 他のすべてのプレイヤーがナッシュ均衡通りの戦略を選んでいる限り, 自分もナッシュ均衡通りの戦略を選ぶインセンティブが存在する, という意味での安定性を備えた戦略の組がナッシュ均衡である.

さて, 繰り返し囚人のジレンマの一つの典型的な戦略は,「どんなときも D」という戦略である. これは, どんなことが起ころうとも, つまり過去にどんな結果が実現したとしても, 毎期, 毎期, 常に相手を裏切る D をプレイするという戦略である.

1回限りのゲームでは D が支配戦略だから, ゲームを何期繰り返しても, 常にこの支配戦略をステージ・ゲームでプレーする「どんなときも D-戦略」をお互いが取ると, この戦略の組み合わせはナッシュ均衡になる.

他方, 繰り返し囚人のジレンマにおけるもう一つの典型的な戦略 (計画) が,「C-トリガー戦略」と呼ばれる戦略である. この戦略は, まず第1期目に C (協力) をプレイする. 第2期目以降は, 前期まですべての期において, 両方のプレイヤーが C をプレイした, 言い換えると, どちらも過去に一度でも D をプレイしていないという場合に限って, C をプレイする. 逆に, もしどちらかが一度でも以前に D をプレイをしていたなら, 自分は D をプレイする. この戦略が C-トリガー戦略である.

繰り返し囚人のジレンマ・ゲームで, 両方のプレイヤーがお互いに C-トリガー戦略をとり合う場合, つまり, C-トリガー戦略の組み合わせは, 割引係数 (δ) が十分に大きくてプレイヤーが十分に将来を大切にするならば, それはナッシュ均衡になる[4].

以下, そのことを示そう. もし自分も相手も C-トリガー戦略をプレイするなら, 第1期に2人はお互いに C をプレイする. つまり, 第1期の結果は (C, C) になる. お互いが C-トリガー戦略に従うのだから, 第2期もお互いに C をプレイする. つまり, 第1期と第2期の結果は, (C, C), (C, C) になる. 次の期も, その次の期も同様だから, 2人はずっと C を選び続け, プレイの結

---

[4] このことを最初に示したのは, Friedman (1971) である.

果は (C, C), (C, C), ……になる。その結果，利得流列は $(c, c, ……)$ になり，その割引現在価値は $\frac{c}{1-\delta}$ になる．

次に，相手が C-トリガー戦略をプレイするが，自分は C-トリガー戦略をやめて，別の戦略をとる場合を考えてみよう．どこかの時点で自分は C をとるのをやめ，D をとることになるわけだが，その中で一番簡単なのは，自分が第1期に D をプレイする場合である．その場合，1期目のゲームの結果は (D, C) になり，自分は利得 g を得る．

しかし自分が1期目に D をとってしまったために，相手は C-トリガー戦略にしたがって，2期目以降ずっと D をプレイし続けることになる．それに対して自分ができる最善なことは，2期目以降も D をとり続けることである．結果として第2期以降，(D, D), (D, D), ……が実現する．したがって，得られる利得流列は，$(g, d, d, ……)$ であり，その割引現在価値は $g + \frac{\delta d}{1-\delta}$ になる．注意すべきなのは，g は c よりも大きいが，d は c より小さいということである．

したがって，相手が C-トリガー戦略をプレイするときに，自分が C-トリガー戦略をプレイして，(C, C), (C, C), ……を実現することが最適になるのは，C-トリガーをプレイして得られる利得の現在割引価値が，C-トリガーをやめて得られる利得の現在割引価値より大きいか等しい場合，つまり $\frac{c}{1-\delta}$ が $g + \frac{\delta d}{1-\delta}$ よりも大きいか等しい場合である．これを数学的に変形すると，$\delta \geq \frac{g-c}{g-d}$ という条件が得られる．最後の条件の右辺は0と1の間の数なので，δ が十分に1に近ければ，相手が C-トリガー戦略を選ぶ限り，自分も C-トリガー戦略を選ぼうというインセンティブが生まれる．

つまり，$\delta \geq \frac{g-c}{g-d}$ の場合，相手が C-トリガーを選ぶなら，自分にとって最適な戦略は C-トリガー戦略なので，お互いが C-トリガー戦略を選ぶことがナッシュ均衡になる．

2.4 信頼を裏切ることに対する制裁

直感的に言って，C-トリガー戦略同士の均衡は，どんな状況を表しているのだろうか．相手が C-トリガー戦略を選ぶとき，もし自分が C をプレイし続ければ，相手は自分を信頼し，相手も C をプレイし続けてくれる．したがっ

て，毎期，毎期，c の利得が得られる．

　他方，もし一度でも自分が D をプレイすると，その期には自分は c よりも大きい g の利得が得られるものの，その結果，相手は自分に対する信頼を失う．「お前を信頼していたのにそんな馬鹿なことをするのか」と，相手は私に対する信頼を失って，銃の引き金（トリガー）を引くわけである．そのため，相手はその後 D しかプレイしなくなり，その後の平均利得は d に低下してしまう．

　つまり，一度でも D をプレイすると相手の信頼を失い，その結果，相手に制裁され，結果として自分の利得が低下する．もし δ が十分に大きく，そのためこの制裁が十分に大きければ，D をプレイして信頼を失うよりも，C をプレイし続けて相手の信頼を維持し続けることが望ましい．つまりパートナーの信用を失う可能性と，その結果起こる制裁とが，協力のインセンティブを作り出している．これが，繰り返し囚人のジレンマゲームにおいて，協力行動が均衡になるためのロジックである．

2.5　フォーク定理

　繰り返し囚人のジレンマについてよく知られている結論に，フォーク定理がある．常に同じ相手と毎期，毎期，繰り返して囚人のジレンマをプレイする場合，フォーク定理が成立する[5]．

　「どんなときも D」戦略の組は δ（割引係数）の値に関わらず，常にナッシュ均衡になり，毎期，毎期，(D, D)，(D, D)，……が実現するので，均衡における平均利得（毎期平均的に獲得できる利得）の組は (d, d) になる[6]．「C-トリガー」戦略の組は，δ が十分に大きければ（割引係数が十分に大きければ）ナッシュ均衡になり，均衡平均利得の組は (c, c) になる．

　実はほかにも様々な戦略の組が均衡になり，様々な利得の組が均衡平均利得の組になる．これがフォーク定理である．いま，相手が何をしてこようと自分が絶対に最低限確保できる利得水準 d より大きな利得を，「個人合理的な利得」と呼ぼう．「任意の平均利得の組 (x, y)[7] が，個人合理性を満たし（つまり，

---

[5]　詳細は，Fudenberg and Maskin（1986）やグレーヴァ（2011）などを参照せよ．
[6]　自分の平均利得が d，相手の平均利得も d になる．
[7]　自分の平均利得を x，相手の平均利得を y とする．

$x \geq d,\ y \geq d$),しかも実現可能な場合,それはナッシュ均衡の平均利得の組として実現可能である.」これが,フォーク定理である.

ただし,そのための条件が一つだけある.それは割引係数が十分に大きい(δ が 1 に近い)ことである.割引係数が十分に大きい場合,個人合理的な平均利得の組 (x, y) をお互いが平均利得として実現しようという約束をすると,その約束を破ると相手の信用を失い,「C-トリガー」のときのような制裁が起きる.制裁を避けようとするインセンティブが存在するので,その約束がナッシュ均衡として実現可能になり,均衡平均利得のペアとして (x, y) が実現可能になる.

繰り返しゲームは,2 人の場合に限る必要はない.同じロジックを使えば,多数の人がいる組織や社会でも,繰り返し繰り返し,(例えば,雇用者が労働機会を提供し,従業員が労働を提供するといった)経済関係をプレイし続けることが考えられる.このような経済関係で,各プレイヤーがお互いを信頼しあいさえすれば,協力によって経済利益が実現される.だが,もし誰かが協力を裏切れば,そのプレイヤーへの信頼が失われることで,彼／彼女への組織的・社会的制裁が加えられる.割引係数が十分に大きければ,各プレイヤーは,それを恐れて協力をしようとするはずである.

以上は繰り返しゲーム理論の抽象的な世界での結論だが,現実の社会や経済でも,同じような形で信頼を担保する様々な社会的な仕組みが存在する.

2.6　社会規範と内部制裁

ところで繰り返しゲームは,一言で言うと少数の固定的な関係者,例えば,自分と相手という 2 人の固定的,かつ,永続的関係が前提のとき,「C-トリガー」の組のような,約束違反に対して制裁を課す仕組みを作ることで,信頼を担保する社会的な仕組みが生まれることを表していた.

この少数関係者間の固定的・永続的関係の具体例として,小さな共同体の中で慣習や社会規範が存在する場合を考えることができる.慣習や社会規範が契約や約束の役割を果たしていて,お互いに C をプレイしようという慣習や規範があり,もし誰かがそれを破ると,それに対して共同体全体の制裁が起こる.例えば,共同体から村八分されるという内部制裁が起こる,というわけである.

そういう内部制裁が意味を持つほど割引係数が十分に大きければ，共同体のメンバー全員が，慣習や社会規範を守ろうというインセンティブを持つ．言い換えると，全員が慣習，社会規範を守ろう，守らない人が出たら全員で制裁しようという合意が，ナッシュ均衡になるというわけである．

同じようなことは企業組織においても存在する．企業組織は，命令とそれに対する統制・服従で成り立っている世界だから，命令に対して何か違反をする，例えば，「(C, C) をプレイせよ」という命令に対して誰かが違反をすると，組織の内部で制裁が起こる．給料を下げるとか左遷するといった制裁が起こるので，その制裁が十分に怖ければ，命令にしたがおうというインセンティブが生まれる．そういった内部制裁が怖いから，内部規律に服従しようというインセンティブが生まれることになる．

3. 大規模社会ゲーム

3.1 グローバル化社会と評判

固定的・永続的関係で，インセンティブの問題や信頼の問題を考えるのは，必ずしも現代社会には適切ではない．なぜかという一つの理由は，社会がグローバル化し，関係を解消できる可能性が出てきたからである．

例えば移動費用である．旅行をし物を移動させる費用が大きく低下し，社会が流動化しているから，社会内部で人々は自由に動くことができるようになった．場合によっては異なる社会の間を，国境を越えて容易に移動できるようになった．そんな社会では今までと違って，パートナーの信頼を失っても，パートナーとの関係を解消することが可能である．例えばその企業をやめるとか，共同体を出て行くことで，村八分や内部制裁を回避できる可能性が生まれる．

ただ，関係が解消できる，流動化しているというだけでは，制裁を回避できるかどうかは必ずしも明らかではない．なぜだろうか．現在のパートナーシップを解消したときに，別の社会・企業で新しいパートナーを見つけて，新しい関係やパートナーシップを作るとしよう．もし，その新しいパートナーからすぐに信頼を勝ち得ることができるなら，悪いことをしても制裁は回避できる．

ただ，必ずしもそううまくいくとは限らない．悪いことをして今のパートナ

ーシップを解消した．そこで新しいパートナーと関係を作った．そうしたとしても，もし実は自分が過去のパートナーとの契約を破ったことがある，約束破りをしたことがあるという，いわば悪い評判が残っていて，新しいパートナーがそれを知りうる場合には，新しいパートナーから信頼を得ることはできないだろう．

　一言で言うなら，自分が過去のパートナーシップ，過去の経済関係で何をしたのかという行動履歴が残ってしまい，過去の関係を解消して新しいパートナーと新しい関係を作ったとしても，その新しいパートナーに過去の行動履歴が引き継がれてしまうと，新しいパートナーから制裁を受けてしまうかもしれない．いわば前のパートナーシップで起きたことに対する制裁として，新しいパートナーという，言ってみれば第三者が自分に制裁を加える可能性が出てくるわけである．その典型が，金融機関からの借金やクレジットカードの仕組みである．借金を踏み倒し，クレジットカードの債務を払わなければ，債務不履行というレッテルが他の金融機関やクレジット会社に引き継がれてしまう．

　したがって，流動化した社会でも，悪い評判が付きまとう社会，過去の履歴を調べることが可能な社会で，この人は悪い評判を持っているということがわかる場合には，評判にしたがって何らかの制裁をすることが可能となり，社会的制裁の仕組みが機能しうるわけである[8]．

3.2　IT化と匿名化社会

　ただ，現代社会は，単に流動化しただけではなく，実は情報化が進みインターネットが人々をつなぐという意味で，IT化が同時に進行していて，匿名化社会になったという側面もある．グローバル化して流動化しているだけでなく，IT化して匿名化している．両者が同時並行して起きているのである．

　そういう現代社会では何が起こっているのだろうか．実は，金融機関の借金情報やクレジット会社の債務情報など，個々の人々の行動履歴を新しいパートナーに引き継ぐためには，多額の情報管理・伝達費用が必要である．金融機関やクレジット会社は，多数の債務者の債務を扱っており，債務者総額も多額に

---

[8]　例えば，Okuno-Fujiwara and Postlewaite（1995）を参照せよ．

わたる．しかも，そのための専門化した仕組みも持っているから，規模の経済によって，個々の債務者の情報を管理し伝達する費用は少額ですむ．

しかしインターネット取引などのIT化社会では，少額の取引に関わる膨大な数の情報が分散して流通している．これらの取引に関する情報を集中的に管理し，新しいパートナーに伝達するような仕組みを作ろうとしても，そのコストは膨大になってしまうため，現実にはそんな仕組みは存在しない．結果として，評判の機能は低下し，実質的に匿名化社会が実現してしまっている．

そういう社会では，国境を越えて脱出してしまえば，過去の行動履歴を把握することができなくなる．国境を越えて脱出しなくても，ITを通じたネット取引では情報管理費用があまりにも高額になり，パートナーを変えるということは事実上国境を越えることと同じことになり，過去の行動履歴を把握することが非常に困難になる．誰かが過去に何か悪いことをしたとしても，その悪いことをしたという評判が新しいパートナーに届くことが困難になり，第三者の制裁が機能しなくなる訳である．

現在の社会関係の中で悪いことをする，今のパートナーシップで約束違反をする，そうすると相手は怒って，この社会関係やパートナーシップを解消する可能性がある訳だが，パートナーシップを解消されても匿名化社会だったら第三者による制裁を回避できる．新しい自分を作り出し，新しい第三者と過去の行動履歴が真っ白なままに，新しい関係を作ることができることになるのである．

3.3 大規模社会ゲームとは？

では，匿名化社会でも信頼を作り出し，信頼を何らかの社会的仕組みで担保することはできないだろうか．それが，本章の本当の趣旨であり，匿名化社会で信頼を作り出す仕組みにはどんなものがあるのか，以下説明しよう．

匿名化社会で信頼を作り出す仕組みを考えるには，そのための分析フレームワークを作る必要がある．そこで，「大規模社会ゲーム」という概念を解説しよう[9]．

本章の後半の中心になる「自発的継続囚人のジレンマ」は，大規模社会ゲームの一つの典型例である．本章ではもっぱら，自発的継続囚人のジレンマを取

り上げるが，本来はこの大規模社会ゲームというより広いパースペクティブの下で，様々なことに適用できる話である．

匿名化した現代社会で信頼を考えるためには，社会を大規模社会ゲームという視点から理解する必要性がある．現代社会では，人々は次のような過程を経て戦略的に行動すると考えられる．

- 新しいパートナーと出会い
- 彼らと様々な付き合いを行い
- 時には，付き合いを継続し
- 時には，パートナーシップを解消して，付き合いをやめ
- 改めて，別の新しいパートナーと出会い直す
- ……

具体的に説明しよう．ここで戦略的というのは，駆け引きを考えながら行動するという意味である．どんな社会でも人々は，まず学校を卒業して社会に出ると，新しいパートナーと出会う．パートナーでなくて組織であっても，あるいは様々な経済的関係であっても構わない．要するに新しい人（あるいは人々）と新しい社会関係を作ることになる．

新しいパートナーや新しい組織と様々な付き合いをするわけだが，時には，繰り返し囚人のジレンマのように，継続して何年も付き合いを繰り返す．しかし時には，その繰り返しをやめてしまい，パートナーシップを解消する，企業をやめる，付き合いをやめる，といったことが起こる．

後者の場合には，あらためて別の新しいパートナーと出会い直す．その上で，また新しいパートナーと様々な付き合いをする．さらに，その方が良いと思えば付き合いを継続する．そうでなければまた，付き合いを解消し，別の新しいパートナーと出会い直す．このようなことを何遍も何遍も繰り返す．

以上のような過程を，全体として動学的に把握する．そういう分析概念を，

---

9)「社会ゲーム」という用語法は，東京大学の松井彰彦氏の造語であるが，その後，Jackson and Watts (2010) が少し異なる文脈で同じ言葉を使っている．以下では，Jackson and Watts と差別化するため，大規模社会ゲームという言葉を用いる．

「大規模社会ゲーム」と呼ぶことにする．

3.4 自発的継続繰り返し囚人のジレンマ

大規模社会ゲームの一つの典型例が，本章の中心となる「自発的継続繰り返し囚人のジレンマ（Voluntarily Separable Repeated Prisoner's Dilemma; VSRPD）」である．

通常の繰り返し囚人のジレンマではパートナーを替えることはできず，未来永劫，同じパートナーと囚人のジレンマを繰り返しプレイする．これに対して，「自発的継続繰り返し囚人のジレンマ」は，次のようなモデルである．後で説明するような仕組みで，2人のプレーヤーが出会い，パートナーシップつまり経済関係を形成する．そして，ステージ・ゲームとして毎期，毎期，囚人のジレンマをプレイする．

普通の繰り返し囚人のジレンマと違う点の第1は，毎期，囚人のジレンマをプレイした後に，現行のパートナーシップを次の期まで継続するか，今期の終わりで解消するのかを，この2人のパートナーが決めることにある．

2人が共に「継続」を選べば，同じプレイヤー同士が来期もまた囚人のジレンマをプレイし，また同じように来期末に，パートナーシップを継続するか解消するかを決める．もし今期，どちらかあるいは両方が，このパートナーシップを「解消」するという選択肢を選ぶと，パートナーシップは解消され，2人のプレイヤーは2人とも，ランダム・マッチング・プールと呼ばれる新たなパートナーを探す場所に行く．

ランダム・マッチング・プールは，たくさんの人の出会いの場である．ランダム・マッチング・プールに行った人は，プールにいるたくさんの人の中から，無作為に選ばれた人をパートナーにする．誰と出会うかはまったく無作為なので，プールに存在している誰と出会うかは，等確率で決まる．そして，新しく出会ったパートナーには，過去の行動履歴は引き継がれないと仮定する．匿名化社会を分析するための，非常に重要な仮定である．

VSRPDモデルを図式化すると，図13-2のようになる．まず，第1期，第2期，第3期と，時間は右の方に流れて行く．社会には，たくさんのプレイヤーがいる．やや技術的な仮定だが，連続体としてのプレイヤーがいて，無限の数

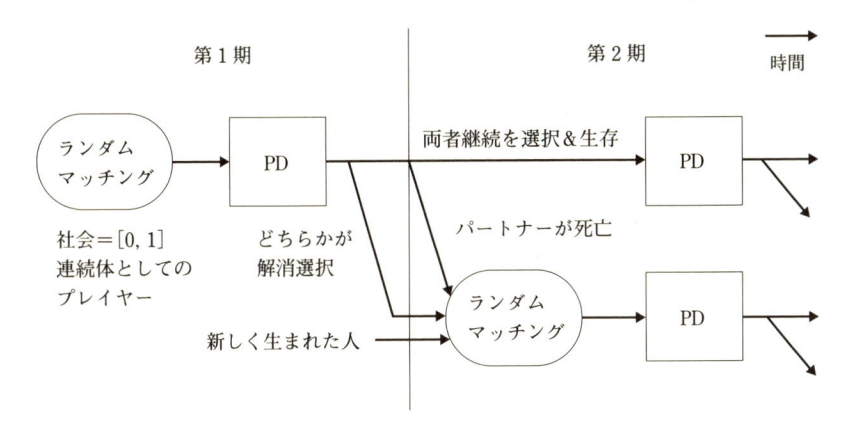

図 13-2 自発的継続繰り返し囚人のジレンマ（VSRPD）

パートナーシップ間では行動履歴は引き継がれず

のプレイヤーがいる．

各期の初めに，一部の人々はランダム・マッチング・プールにいる．ランダム・マッチング・プールで無作為に 2 人の人がマッチして，囚人のジレンマ (PD) をプレイする．その結果，つまり，2 人の間の PD ゲームで (C, C)，(D, D)，(C, D)，(D, C) のどれが起こったかがわかった上で，2 人はパートナーシップの継続を選択するか，解消を選択するかを決める．

もしどちらかのパートナーがパートナーシップを解消したい，あるいは両方が解消したいと言えば，このパートナーシップは解消される．その場合，2 人は次の期の初めにまたランダム・マッチング・プールに戻って，新しいパートナーを見つける．

われわれのモデルでは，パートナーが死ぬという可能性も考えている．各プレイヤーは毎期，確率 $1-\delta > 0$ で死ぬ．死んだ場合，残されたパートナーは次の期には相手がいないので，自動的にランダム・マッチング・プールに戻る．

既存のパートナーシップで，両者がパートナーシップの継続を選択し，しかも両方ともが次の期も生きている場合，次の期にまた同じパートナー同士で囚人のジレンマをプレイする．囚人のジレンマを繰り返しプレイするかどうかは，パートナーたちの自発的な意思によって決定される，というわけである．

なお，どちらか，または両方が解消を選択した場合には双方のプレイヤーは，

また，パートナーが死亡した場合には残されたプレイヤーは，次の期初にランダム・マッチング・プールに戻る．また，社会の人口が一定になるよう，死んだプレイヤーの数と等しいだけの新しいプレイヤーが生まれ，彼らもランダム・マッチング・プールでパートナーを見つける．

　したがって，ランダム・マッチング・プールには，自らパートナーシップを解消したプレイヤー達，自分は継続を望んだのに相手が解消を望んだためにパートナーシップが解消されたプレイヤー達，相手が死んだためにパートナーシップが消滅したプレイヤー達，さらには新しく生まれてきたプレイヤー達といった，様々なプレイヤーが存在する．彼らは期初に新しいパートナーと出会い，新しく囚人のジレンマをプレイする．

　その際，以前のパートナーシップでの行動履歴は，新しいパートナーには引き継がれない．もちろん，どんなプレイヤーがランダム・マッチング・プールにいるか（また，その人口割合）を，プレイヤー達は判っているが，マッチした相手が，相手にパートナーシップを解消されたプレイヤーなのか，自ら解消を望んだプレイヤーなのか，相手に死なれたプレイヤーなのか，新しく生まれてきたプレイヤーなのかは判らない．したがって，新しくできたパートナーシップで，相手がどんな過去を持つプレイヤーなのかが判らないというのは，自然な仮定である．

　なお，δ はプレーヤーの生存確率である．プレイヤーは，純粋な意味では将来を割り引かないが，自分が $1-\delta$ の確率で死ぬので，来期の1万円は δ の確率でしかもらえない．したがって，δ が割引係数になる．

　このモデルで一番重要なことは，プレイヤーは一方的にパートナーシップを解消できることにある．パートナーのどちらかが嫌だと言えば，そのパートナーシップは自動的に解消される．自分は継続したいと言っても，相手が解消したいと言ったら，パートナーシップは解消される．そういう意味で一方的に解消できる．解消は，この場合，最大の制裁になり，それ以上の制裁はできない．それ以上の制裁をしようとしても，相手は逃げてしまえるからである．

4. 自発的継続繰り返し囚人のジレンマと均衡概念

4.1 VSRPD における戦略

では，人々が自発的継続繰り返し囚人のジレンマ（VSRPD）をプレイする社会では，どんなことが起こるだろうか．それを考えるために，まず必要なのは，VSRPD 社会における「（純粋）戦略（(pure) strategy）」を定義することである．ここで「（純粋）戦略」というのは，新しくパートナーシップを作ったときに，そのパートナーシップで（それが継続している限り）何をしようかという計画のことである．社会全体の戦略ではなくて，新しくパートナーシップを作ったときにどう行動するかという計画，これが社会ゲームにおける（純粋）戦略である[10]．

以下で取り上げる典型的な（純粋）戦略は，任意の非負の整数 $T \geq 0$ を所与として，T 期「信頼構築戦略（trust building strategy）」と呼ばれる戦略であり，それは次のように定義される．

> **定義 1**：任意の $T \geq 0$ を所与として，T 期信頼構築戦略 c_T とは，パートナーシップがその期も続いているときに，次のような行動をとることと定義された戦略である．
>
> (a) パートナーシップの最初の T 期間を「信頼構築期間（trust building phase）」，$T+1$ 期以降を「協力期間（cooperation phase）」と呼ぶ．
> (b) その期が信頼構築期間中であれば，自分は D をプレイする．
> (c) その期が信頼構築期間中であれば，その期に相手が C，D のどちらをプレイしたとしても，次の期もパートナーシップを継続することを選択する[11]．
> (d) その期が協力期間中であれば，自分は C をプレイする．

---

10) 以下，本章では，プレイヤーはあらかじめ（純粋）戦略を決めており，過去のパートナーシップで何が起こったとしても，またどんな新たなパートナーと出会っても，常に同じ（純粋）戦略をとると仮定する．したがって，戦略が変わりうるのは，プレイヤーが死んで，新たに生まれてくるプレイヤーがあらためて戦略を選び直すときだけである．

(e) その期が協力期間中であれば，その期に相手が C をプレイした場合に限って，パートナーシップを継続する．その期に相手が D をプレイした場合には，パートナーシップを解消する[12]．

以下，T 期信頼構築戦略を c_T で表す．$T \geq 1$ の場合，T 期信頼構築戦略 c_T とは，次のような戦略である．パートナーシップの最初の T （≥ 1）期間，c_T 戦略にしたがうプレイヤーは，D をプレイする．相手が C，D どちらをプレイした場合でも，つまりステージゲームの結果が (D, C)，(D, D) どちらであっても，パートナーシップを継続する．パートナーシップが $T+1$ 期目に入った場合，$T+1$ 期目には C をプレイする．$T+1$ 期目のステージゲームで相手が C をプレイし，ゲームの結果が (C, C) であった場合には，パートナーシップを継続する．相手が D をプレイした場合には，パートナーシップを解消する．$T+2$ 期目以降もパートナーシップが継続していれば，自分は C をプレイし，相手が C をプレイしたら期末にパートナーシップを継続し，相手が D をプレイしたら解消する．また，c_T 戦略の最初の T 期間は「信頼構築期間」，$T+1$ 期目以降は「協力期間」と呼ばれる．

なお，戦略 c_0 は，T 期信頼構築戦略の特殊ケースであり，信頼構築期間が存在せず，パートナーシップの最初から協力期間に入るような戦略である．c_0 戦略を具体的に述べると，次のような戦略になる．新しいパートナーとパートナーシップを結んだ最初の期には，C をプレイする．また，その後もパートナーシップが継続している場合には，C をプレイする．どの期においても，相手も C をプレイして，その期の結果が (C, C) となった場合には，パートナーシップを翌期も継続する．もし相手が D をプレイして，その期の結果が (C, D) となった場合には，パートナーシップを解消する．したがって，過去ずっとパートナーシップの結果が (C, C), (C, C), ……, (C, C) であった場合にのみパートナーシップが継続していることになる．

---

11) 信頼構築期間中に相手が何をプレイしても，パートナーシップを継続するのだから，相手が解消することを選ばない限り，パートナーシップはその期も継続しているはずである．

12) 協力期間中にパートナーシップが継続しているなら，過去の協力期間中のステージ・ゲームの結果は $((C, C), ……, (C, C))$ であったはずである．

c_0 戦略は，最初から C をプレイするという意味で，暖かい心を持った戦略であるが，同時に相手が一度でも D をプレイすればパートナーシップを解消するという意味で，厳しさをも持った戦略である．以下，c_0 を「暖かい心と厳しさを併せ持った戦略」と呼ぶ．

なお，このほかにも自発的継続囚人のジレンマをプレイするための様々な（厳密に言えば無限個の種類の）戦略が存在する．例としてもう一つ，「ひき逃げ戦略（hit and run strategy）」と呼ばれる戦略を定義しておこう．

定義2：以下に定義される戦略は，ひき逃げ戦略と呼ばれる．
(a) パートナーシップの最初の期に，自分は D をプレイする．
(b) ステージ・ゲームの結果の如何に関わらず，パートナーシップの最初の期の終わりにパートナーシップを解消する．

以下，ひき逃げ戦略を d_0 で表す．より一般的に，自発的継続囚人のジレンマにおける任意の戦略を s で表す．また，自発的継続囚人のジレンマにおけるすべての純粋戦略の集合を S で表そう．

4.2 パートナーシップ期待継続期間，期待総利得と期待平均利得

さて，信頼構築戦略 c_T 同士がマッチング・プールでマッチしたとしよう．このとき，パートナーシップはどちらかのパートナーが死なない限り，永久に継続する．言い換えれば，パートナーシップが1期目に継続している確率は1，2期目も継続している（両方のプレイヤーが生存している）確率は δ^2，3期目も継続している確率は δ^4，……だから，パートナーシップが継続する期間の期待値（パートナーシップの期待継続期間）は

$$L(c_T; c_T) = 1 + \delta^2 + \delta^4 + \cdots\cdots = \frac{1}{1-\delta^2} > 1$$

である．信頼構築期間が等しい信頼構築戦略同士がマッチした場合には，パートナーシップの期待継続期間は1期よりはるかに長い $\frac{1}{1-\delta^2}$ 期間になるのである．

他方，c_T 同士が，マッチング・プールでマッチした場合，信頼構築期間中

は毎期 d の利得が得られ，協力期間に入れば毎期 c の利得が得られるから，パートナーシップ継続期間中に得られる期待割引総利得は，

$$V(c_T;c_T) = d+\delta^2 d+\cdots\cdots+\delta^{2(T-1)}d+\delta^{2T}c+\cdots\cdots$$
$$= \frac{(1-\delta^{2T})d+\delta^{2T}c}{1-\delta^2}$$

したがって，c_T と c_T がマッチした場合に得られる1期あたりの期待平均利得は

$$v(c_T;c_T) = \frac{V(c_T;c_T)}{L(c_T;c_T)} = (1-\delta^{2T})d+\delta^{2T}c$$

となる．$c>d$ だから，明らかに信頼構築期間が短ければ短いほど，得られる期待平均利得は高くなる．

同様に，c_0 同士がマッチした場合には，パートナーシップの期待継続期間は $\frac{1}{1-\delta^2}$ であり，得られる期待総利得は $V(c_0,c_0)=\frac{c}{1-\delta^2}$，期待平均利得は $v(c_0;c_0)=c$ である．

また，マッチング・プールで d_0 が c_0 に出会った場合，パートナーシップの期待継続期間は $L(d_0;c_0)=1$ であるが，d_0 の得る期待総利得は $V(d_0;c_0)=g$，期待平均利得も $v(d_0;c_0)=g(>0)$ になる．つまり，相手が c_0 の場合，自分が c_0 の戦略を採用するより，d_0 の戦略を採用した方が，期待平均利得は高くなるが，得られる高い利得は1期間だけであり，c_0 を採用した場合にはそこそこ高い平均利得 c を長期 $(L(c_0;c_0)=\frac{1}{1-\delta^2}>1)$ にわたって得られるという利益がある．問題は，この短期的に高い利得を得るのか，利得は少し下がるがそれを長期にわたって確保するのか，というトレードオフであり，これが VSRPD の特徴である．

なお，マッチング・プールで c_0 が d_0 とマッチした場合，パートナーシップの期待継続期間は $L(c_0;d_0)=1$ であるが，c_0 の得る期待総利得と期待平均利得は共に $V(c_0;d_0)=v(c_0;d_0)=\ell$ というきわめて低い値になる．また，d_0 が d_0 にマッチした場合も，期待継続期間は $L(d_0;d_0)=1$ になり，期待総利得と期待平均利得は共に $V(d_0;d_0)=v(d_0;d_0)=d$ になる．

4.3 戦略分布とナッシュ均衡

　自発的継続囚人のジレンマをプレイする社会を記述するためには，定常的な社会を考えることが便利である．定常的な社会とは，マッチング・プールにおいて，人々がプレイしている（純粋）戦略の分布が時間を通じて不変である社会である．このマッチング・プールにおける定常的な戦略分布を，以下 p で表す．

　ここで，p とはマッチング・プールにおける戦略の分布を表しており，それぞれの純粋戦略 s がマッチング・プールで存在している割合（確率）が $0 \leq p(s) \leq 1$ と示されるような関数を表している．もしマッチング・プールに，ある（純粋）戦略 s が存在していなければ，$p(s)=0$ になる．逆に，$p(s)>0$ なら，純粋戦略 s がマッチングプールに正の割合（$p(s)$ の割合だけ）存在していることになる．$p(s)$ がマッチング・プールに存在している戦略 s の割合を示しているから，すべての（純粋）戦略の存在割合の総和 $\sum_{s \in S} p(s)$ はちょうど 1 になる．

　さて，この定常的な戦略分布は，大別して 2 種類の分布に分けることができる．単一戦略分布（monomorphic distribution）と多戦略分布（polymorphic distribution）である．単一戦略分布とは，定常的な戦略分布が単一の（純粋）戦略だけから構成されている場合である．例えば，戦略分布が T 期信頼構築戦略 c_T だけから構成されている場合，その分布をしばしば p_T で表す．定義によって，$p_T(c_T)=1$ であり，すべての $s \neq c_T$ について $p_T(s)=0$ である．

　他方，多戦略分布とは，定常的な戦略分布 p が複数の（純粋）戦略によって構成されている場合である．例えば，$0<\alpha<1$ として，c_0 戦略をプレイする人が全体の α の割合，d_0 戦略をプレイする人が残りの $1-\alpha$ の割合存在するような分布がその例である．以下では，この分布を $p_{cd}(\alpha)$ と表すことがある．定義により，$p_{cd}(\alpha)(c_0)=\alpha$，$p_{cd}(\alpha)(d_0)=1-\alpha$ であり，$s \neq c_0$ および $s \neq d_0$ を満たすすべての $s \in S$ について $p_{cd}(\alpha)(s)=0$ である．

　さて，単一戦略分布であるか多戦略分布であるかに関わらず，マッチング・プールでは，そこでの戦略分布にしたがって，ランダムに相手が決まるから，戦略分布が p であれば，相手が戦略 s を選んでいる割合（確率）は $p(s)$ である．したがって，自分が戦略 s を選んでおり，マッチング・プールの戦略分布が p

のとき，新しいパートナーとパートナーシップを継続する期待継続期間は，

$$L(s;p) = \sum_{s'\in S} p(s')L(s;S')$$

である．また，自分が戦略 s を選んでおり，マッチング・プールの戦略分布が p のときに，新しいパートナーとのマッチでそのパートナーシップが継続している間に得られる期待総利得は

$$V(s;p) = \sum_{s'\in S} p(s')V(s;s')$$

である．したがって，自分の戦略が s でマッチング・プールの戦略分布が p で不変だ（定常的だ）と予想するとき，自分が生涯にわたって得られると予想する期待平均利得は

$$v(s;p) = \frac{V(s;p)}{L(s;p)}$$

である[13]．

さて，戦略 s が，定常的な戦略分布 p の下で他のどんな戦略と比べても，最も高い期待平均利得を獲得するとき，s は p に対する「最適反応（best response）」であるという．具体的には，どんな（純粋）戦略 s' に対しても，

$$v(s;p) \geq v(s';p)$$

という関係を満たすとき，s は p に対する最適反応であるという．

戦略分布 p は，その分布の正の割合を占めるすべての（純粋）戦略 s が，p に対する最適対応になっているとき，「ナッシュ均衡（Nash equilibrium）」であるという．例えば，単一戦略 c_T だけからなる単一戦略分布 p_T は，c_T がどんな戦略 s に対しても，

---

[13] 自分が，ランダム・マッチング・プールで新しいパートナーとマッチするごとに，そのパートナーシップが継続している限り，得られる期待平均利得は常に $v(s;p)$ であり，そのパートナーシップが何らかの理由で解消されると，再びランダム・マッチング・プールに戻って新たなパートナーと出会い，そのパートナーと得られる期待平均利得も $v(s;p)$ である．こう考えれば，あるプレイヤーが一生のうちに得る生涯期待平均利得が $v(s;p)$ になることがわかる．

$$v(c_T; p_T) \geq v(s; p_T)$$

という関係を満たすとき，ナッシュ均衡になる．そのような均衡戦略分布を，「単一戦略均衡」と呼ぶ．

他方，c_0 と d_0 の2戦略からなる多戦略分布 $p_{cd}(\alpha)$ は，どんな（純粋）戦略 s に対しても，

$$v(c_0; p_{cd}(\alpha)) \geq v(s; p_{cd}(\alpha)), \text{ かつ } v(d_0; p_{cd}(\alpha)) \geq v(s; p_{cd}(\alpha))$$

が成立するとき，ナッシュ均衡になる．そのような均衡戦略分布を「多戦略均衡」と呼ぶ．なお，これらの2つの不等式のうち，最初の不等式に $s=d_0$ を代入すれば，

$$v(c_0; p_{cd}(\alpha)) \geq v(d_0; p_{cd}(\alpha))$$

という関係が得られ，2番目の不等式に $s=c_0$ を代入すれば，

$$v(d_0; p_{cd}(\alpha)) \geq v(c_0; p_{cd}(\alpha))$$

という関係が得られるから，$p_{cd}(\alpha)$ がナッシュ均衡であれば，

$$v(d_0; p_{cd}(\alpha)) = v(c_0; p_{cd}(\alpha))$$

であることが判る．

実は，自発的継続囚人のジレンマ社会には，多数のナッシュ均衡戦略分布が存在する．その多くが，パートナー同士が協力を選び，(C, C) を実現することを可能にする．言い換えれば，自発的継続囚人のジレンマをプレイする社会には，プレイヤー同士がお互いを信頼し，(C, C) を実現させるような仕組みが存在する．第5節と第6節では，このような信頼を担保する具体的な仕組みを考えることにしたい．具体的には，第5節では信頼を担保する仕組みを内包する単一戦略均衡を，第6節では信頼を担保する仕組みを内包する多戦略均衡を考える．

5. 信頼を担保する仕組み──単一戦略均衡

5.1 信頼を担保する仕組み──失業

では,現代社会で,信頼を構築し信用を担保する仕組みにはどんなものがあるだろうか.少し驚くかもしれないが,よく知られている仕組みの一つは,失業の存在である[14].失業があると,匿名化社会でも信頼をしよう,信用を維持しようというインセンティブが生まれるのである.

いま,すべてのプレイヤーが c_0-戦略を採用している単一戦略分布の社会を考えよう.この社会では,すでにパートナーシップを組んでいる相手との間で,「協力」すれば(C を選べば)信頼が担保され,パートナーシップを継続して協力し続けるから,毎期 c の利得を得ることになる.もし,協力をしなければ(D を選べば),その期には $g(>c)$ の利得が得られるが,期末に相手からパートナーシップを解消される.後者の場合,翌期にマッチング・プールに行くことになるが,失業が存在すると,次の新しいパートナーがすぐには見つからない.パートナーを見つけられないということは,失業に他ならない.

この場合,新しいパートナーを見つけるまで,事実上の失業状態に置かれるので,失業状態の利得が低い(c より低い利得を得る)ならば,失業に伴う利益機会の喪失が大きな経済的損失になり,それが制裁として機能する.特に,割引係数 δ に比べて,失業状態の利得が十分に低く,失業率が高ければ,利益機会の喪失は相対的に大きく,失業は大きな制裁として機能する.

利益機会の喪失,つまり失業を避けるためには,D を選んでパートナーシップを解消されるより,協力(C)を選択して今の相手と仲良くしていくのが一番良い.つまり,δ が十分に大きく,失業状態の利得が低く,失業率も高いときには,すべてのプレイヤーが c_0-戦略を採用している状態は,ナッシュ均衡になる.だからある意味で,失業は経済社会ではやむをえない.少なくともこういう匿名化社会ではやむをえないもので,失業がないと規律付けができない,

---

[14] 奥野(1981)や Shapiro and Stiglitz(1984)を参照.両者は基本的に同じ内容を示しているが,日本語文献を含めれば,前者が先行文献である.なお,奥野(1981)を微修正の上で英訳したものとして Okuno-Fujiwara(1987)がある.

みんなまじめに協力しようとしないことになる．

　この仕組みはまた，「効率賃金仮説」を説明している．効率賃金仮説とは，実質賃金には下方硬直性があり，失業があっても実質賃金は下がらない，という考え方である．なぜなら，失業があったからといって賃金を下げると，まじめに働こうというインセンティブが失われてしまうからである．この効率賃金仮説の理論的基礎付けとして，この仕組みが使われている．このように，失業の存在は，匿名性社会で信頼を担保する仕組みの一つとして，比較的わかりやすい仕組みである．

　以下では，失業以外の仕組みを考えるので，失業が存在しない場合に限って説明しよう．言い換えるとマッチング・プールでは，必ず新しいパートナーが見つかるという場合に議論を限定することにする．とはいえ，失業率がゼロだと解釈する必要はない．失業に加えてもう一つ追加的な仕組みがあれば，失業の規律付けの仕組みの強さが強まると理解すればよい．ただ，話を簡単にするために，以下では失業は存在しないと仮定する．

5.2　信頼を担保する仕組み——信頼構築期間

　匿名化社会で信頼を担保する2番目の仕組みが，信頼構築期間である．1990年代にすでに知られていた[15]仕組みだが，それをきちんと大規模社会ゲームの枠組みの中で体系的に分析したのが，Fujiwara-Greve and Okuno-Fujiwara (2009) である．信頼構築期間とは，新しいパートナーとの間で信頼を確立するために，$T(\geq 1)$期間，(D, D)を続ける必要があるという仕組みである．

　いま，社会の全員が，T期信頼構築戦略c_Tを選んでいる状況，つまり，マッチング・プールの全員がc_Tを選んでいる単一戦略分布p_Tを考えよう．この場合，新しい相手と信頼を確立する（つまり，協力期間に入って協力を始める）ためには，再度，信頼構築のために一定期間を無駄にするというコストがかかることになる．

　このことを説明するために，いま現在のパートナーとすでに信頼構築期間を終えていて，相手との信頼を確立して協力期間に入っている場合を考えよう．

---

15) Datta (1996), Ghosh and Ray (1996), Kranton (1996a, b), Carmichael and McLeod (1997) などである．

このとき，今から相手を裏切って（つまり，自分が D をプレイして）その期に g ($>c$) の利得を得ても，相手からパートナーシップを解消されてしまい，マッチング・プールでまた新たにパートナーを探さなくてはならない．

新しいパートナーも c_T をプレイするはずだから，あらためて信頼を確立するためにまた T 期間にわたって (D, D) を繰り返し，その間 d という低い利得で我慢しなければならない．言い換えると，新しいパートナーと信頼を確立するために必要な経済的損失が T 期間続くわけで，それを考えれば，すでに信頼を確立している既存のパートナーと協力を続け，お互いが生きている限り，毎期 c を得た方が良い．

つまり，現在のパートナーシップで信頼構築期間が終了し，信頼がすでに確立されているならば，マッチング・プールで得られる期待平均利得と比べて，より大きな期待平均利得を持っていることになる．この差額を，「信頼資本 (trust capital)」と呼ぼう．つまり，すでに協力期間に入っていて，自分を信頼してくれているパートナーの信頼を裏切ると，せっかく持っている信頼資本を失ってしまうことになる．

5.3 日米経済摩擦と預託金

このような社会的仕組みには，現実の例が存在する．それは，1980年代の日米経済摩擦である．当時，問題になったこととして，アメリカ人たちは「日本に来るとビジネスをすぐ始めたい．最初から (C, C) をやろうというわけだが，日本人はなかなかそうしてくれない」と文句を言った．

具体的に日本では何をしたかというと，まず，顔合わせの会をする．料理を食べてお酒を飲む，ビジネスの話はしないという会合を，何回か繰り返す．これが当時の日本の慣習だった．それを何遍か繰り返して初めて，ビジネスの話を始めるわけである．

だから (D, D) という信頼構築期間はいわば顔合わせの期間で，顔合わせを何期間かして初めて，本当のビジネス (C, C) が始まるというのが，当時の日本の慣行だった．言い換えると，当時の日本はまさにこの信頼構築期間の仕組みを使っていた．アメリカにはこの仕組みがなかったので，この仕組みは彼らにとっては非常におかしな仕組みだとしか見えなかった．そこで摩擦になっ

たというのが，一つの解釈である．

なお，信頼構築に時間というコストをかけることは，預託金を払うことで解決できるかもしれない．つまり，パートナーシップを始めるにあたって，お互いにお金を預託し合い，パートナーシップが解消されてしまうと預託金を没収してしまう，という仕組みである．しかし，預託金というお金を預けると，預かった上でわざとパートナーシップを解消してしまい，預託金をただ取りしてしまう，というインセンティブが生まれる．それでは，預託金の仕組みは機能しない．

そのようなインセンティブを避ける一つの方法は，パートナーシップを解消すると，自動的にその預託金の価値がなくなるという仕組みを作ることである．

例えば，Carmichael and MacLeod (1997) では，次のような仕組みが考えられている．いま，恋人が，恋する相手に高価なチョコレートや花束をプレゼントすることを考えてみよう．これらの贈り物には非常に高いお金がかかる．相手が受け入れてくれて，恋がかなえば，プレゼントはお互いにとって大きな意味を持つわけだが，それを他の用途に使った場合にはほとんど価値がない．そのため，恋人関係を解消してしまえば，折角もらったプレゼントも何の価値もないものに変貌する．逆に受け取る側から言えば，高価なプレゼントを自分にくれるという行為を，自分に尽くしてくれている気持ちの表れと高く評価すべきだと考えるだろう．つまり，主観的価値は非常に高いけれども，客観的価値はほとんどない高価なプレゼントは，信頼構築期間に代わる仕組みとして，信頼を担保する仕組みとして機能するのである．

5.4 信頼構築均衡と信頼資本

信頼構築均衡とは，すべての人が c_T 戦略を使っていて，T 期間の間，信頼構築を行い，協力期間になると協力を選択する，単一戦略均衡の社会である．すべての人が，同じ T という期間の c_T 戦略を使っており，しかも協力期間中に裏切ることはないという社会である．

この均衡で何が起こるかを表したのが図13-3である．縦軸には，各期に，現在のパートナーシップで，今後，毎期平均してどのぐらいの利得（今後の利得という意味で，「平均継続利得」と呼ぶ）が得られるかという値が，取ってある．

図 13-3　信頼資本

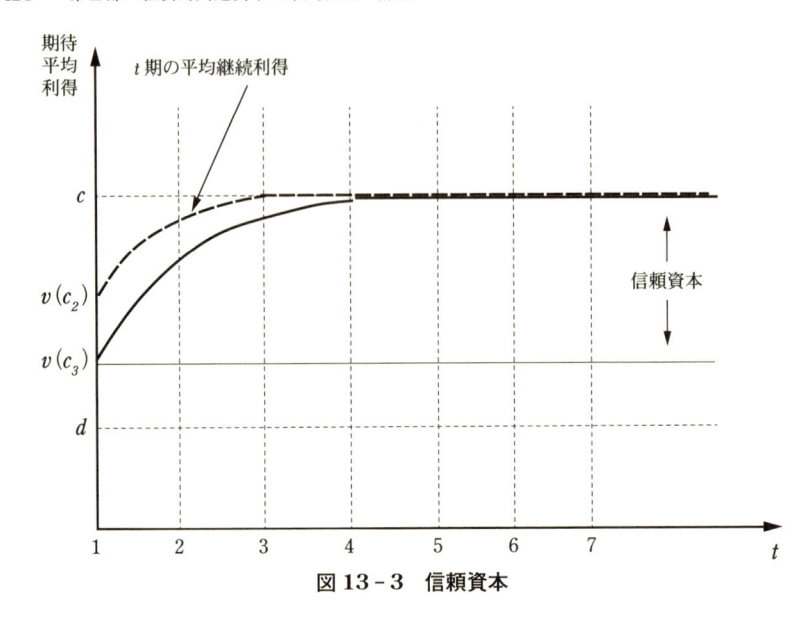

横軸にはこのパートナーシップの今までの継続期間が取ってある.

　例えば，単一戦略分布 p_2 の下での c_2 戦略を考えてみよう．この社会では，協力を始めるには2期間の信頼構築期間が必要である．つまりパートナーシップを始めた時点 $t=1$ では利得 d，2期目の $t=2$ でも利得 d しか得られないが，信頼構築期間が終わり協力期間に入る $t=3$ では利得が c に，その後もパートナーシップが継続している限り，毎期 c の利得が得られる．

　したがって，現在のパートナーシップで得られる平均継続利得は点線で表した形になり，当初は，最初の2期間に得られる d とその後に毎期得られる c の加重和が平均継続利得になる．しかし，2期間の信頼構築期間が終わると，3期目からは以後毎期 c を得られるため，3期目以降にこのパートナーシップで得られる平均継続利得は c になる．つまり，最初の2期間は d しか得られないので，当初の平均継続利得は低い．1期終わると，あと残された信頼構築期間は1期になるので，平均継続利得が上昇する．3期目になって初めて平均継続利得は c になり，その後はずっと c にとどまるというわけである．

　信頼構築期間が3期の信頼構築戦略 c_3 ばかりからなる単一戦略分布 p_3 の社会になると，平均継続利得はもっと低いところから始まって，次第に上昇して

ゆく．いったん c まで行き着いたあとにパートナーシップが解消されて，もう一遍初めからやり直さなくてはいけないと，また1期目のところから始めなくてはいけない．その差が先ほどの信頼資本（trust capital; TC）である．すでに協力期間に入っている人に対して協力しないと，この信頼資本分の平均継続利得を失って，もう一遍新しいパートナーシップを始めなくてはいけない．それには大きなコストがかかる，というわけである．

以上からも明らかなように，信頼構築期間が長ければ長いほど，信頼資本の大きさも大きくなる．いったん形成された信頼を構築しなおすためのコストが信頼資本であり，信頼構築期間が長ければ長いほど，信頼資本はそれだけ大きくなるからである．

他方，協力期間に入ったときには，D を選んで一時的な利得増 $g-c(>0)$ を得る代わりに相手の信頼を裏切るインセンティブが存在する．D を選ぶとその代わりに，ランダム・マッチング・プールに戻らなければならないから，その分だけの信頼資本を失ってしまう．また，信頼資本を失うのは，今期ではなく翌期以降だから，協力期間に入ったときに相手に協力するインセンティブは，信頼資本の大きさが同じなら，将来を重視して割引係数 δ が大きいほど（割引率 r が小さいほど）大きい．したがって，人々が信頼構築戦略どおりに行動し協力期間に C を選ぶインセンティブは，信頼構築期間が長く，割引係数が大きいほど，高いことになる．結果として，信頼構築期間が長いほど，また割引係数が大きいほど，すべての人が信頼構築戦略 c_T を選ぶ単一戦略分布 p_T がナッシュ均衡になりやすいことになる．

このことをまとめたのが，図13-4である．図13-4の縦軸には，割引係数 δ が取ってある．割引係数はゼロから1の間の値を取り，上方に行けば行くほど割引係数が大きく，将来が大事になる．横軸には，信頼構築期間の長さ T が取ってある．

この図の下向きに凸の太線は，割引係数 δ の値が与えられたときに，すべての人が同一の信頼構築戦略 c_T をとる単一戦略分布 p_T がナッシュ均衡になるような，最低限の期間 $T=\underline{\tau}(\delta)$ を表している．任意の信頼構築期間と割引係数の組み合わせ（T, δ）の下で，単一戦略分布 p_T がナッシュ均衡になるのは，（T, δ）が，図13-4の影をつけた領域の上に存在する場合に限られる．

図 13-4　信頼構築均衡の存在範囲

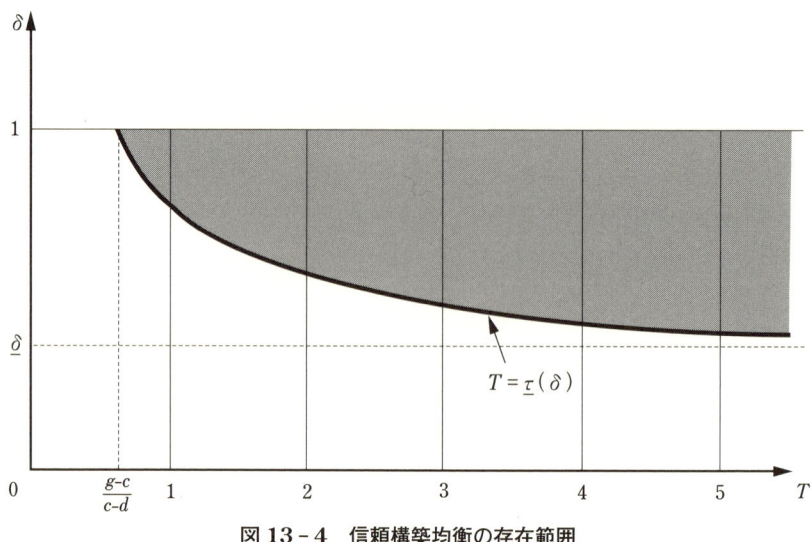

図に表されているように，割引係数 δ が小さいときには，より大きな信頼資本を保証するため，より長い信頼構築期間が必要になる．それより短い信頼構築期間では，信頼資本の喪失が十分大きな制裁として機能しないので，信頼構築均衡が存在しないわけである．

ただし，信頼構築期間が短いほど均衡利得は高い．信頼構築のために (D, D) を続け，低い利得 d しか得られない期間が少なくてすむため，均衡利得は高くなる．つまり，同じ割引係数 δ の下では，T の値がより小さい戦略 c_T を全員が採用している単一戦略分布均衡 p_T ほど，より高い均衡利得を提供していることになる．

この図で一番重要な点は，c_0-戦略による単一戦略均衡は存在しない，という点である．パートナーシップを形成した最初の期から協力期間に入り，信頼構築のための (D, D) をしなくてすむのなら，信頼資本は存在せず，それを失っても制裁にはならないからである．

別の言い方をすれば，次のように言うことができる．もし，すべての人が c_0 を選んでいて，マッチング・プールの戦略分布が p_0 だったとしよう．もしそうなら，自分は最初から D をプレイしてパートナーシップを解消するひき

逃げ戦略 d_0 が，最適反応になる．

なぜなら，そうすることで今期 $g(>c)$ の利得を得た上で，次の新しいパートナーシップに移ることができる．分布が p_0 だから，新しい相手も c_0 をプレイしてくる．評判が機能せず，履歴が引き継がれないわけだから，相手は C をプレイしてくるはずで，自分は d_0 戦略にしたがって D をプレイすることで，また $g(>c)$ の利得を得られる．毎期，毎期，$g(>c)$ を取れるのだから，その方が得になるはずで，p_0 分布に対しては d_0 戦略が最適反応になる．つまり，全員が c_0 を選んでいる単一戦略分布 p_0 は，均衡になり得ないのである．

5.5 信頼を担保する仕組み——非合理な人の存在

経済学でよく知っている仕組みがもう一つある．それは，「非合理な人の存在」とでも言うべき仕組みである．

具体的には，次のような状況を考える．マッチング・プールにいる人たちのうち，ある一定の割合，α ($0<\alpha<1$) の割合は c_0 をプレイする人たちだが，残りの $1-\alpha>0$ の割合は，何が起ころうと（自分の利得最大化とは無関係に）必ず D を選び，決して C は選ばない，非合理な人だとする．このように，何があっても「どんなときにも D」という行動しか選ばない非合理な人が一定数以上存在する場合，逆に，c_0 の戦略を選ぶ人たち同士がマッチすれば，彼らにはずっと (C, C) を選び続けるインセンティブが生まれ，信頼が担保できる．

簡単にその理由を説明しよう．いま，c_0 戦略を選択した人が新しいパートナーシップを形成して，1期目の結果が (C, C)，つまり，自分も相手も C をプレイしていたとしよう．社会には c_0 をプレイする人と非合理な人しかいないのだから，1期目に相手が C をプレイしたという事実から，実は相手は c_0 戦略を選択していることが判る．

問題は，2期目になったときである．相手は c_0 をプレイすることが判っているわけだから，自分には2つのオプションがある．第1のオプションは，自分も c_0 にしたがって，今後もパートナーシップが続く限り C をプレイして，毎期 c の継続利得を得続けることを選ぶことである．

第2のオプションは，2期目に自分は D を選んで，c より大きい $g(>c)$ の利得を得ることである．しかしその場合，期末に相手はパートナーシップを解消

するから，翌期には再びマッチング・プールに戻らなければならない．しかしマッチング・プールには，非合理な人たちもいるわけで，彼らとマッチすると ℓ というとても低い利得しか得られない．したがって，α が小さく非合理な人がマッチング・プールにたくさんおり，ℓ が小さくて非合理な人とマッチした場合の利得が低く，しかも δ が大きくて将来を大事にするならば，第2のオプションをとるより，第1のオプションを採用して，c_0 だということが判っているパートナーとの信頼関係を大事にした方が良い，というインセンティブが生まれることになる．

ここで非合理な人と呼んだのは，不完備情報ゲームにおける非合理タイプ（irrational type）あるいは近視眼タイプ（myopic type）に対応するプレイヤーである[16]．要するに合理的に，自分に有利な戦略を考えることをせず，何があろうとも D しかプレイしないプレイヤーのことである．このモデルの大前提は，とにかく一定割合（α）の非合理な人が存在するということである．どうして非合理な人が存在するかという点には一切説明がない．

本来なら，非合理な人が普通の人に比べて利得が低いなら，進化論的に考えれば，非合理な人は環境に適合していないわけであり，その人口はどんどん減って，最終的には非合理な人はいなくなる（$\alpha=1$ になる）はずである．しかし，不完備情報モデルではそんなことは考えない．非合理な人の利得の方が高ければ非合理な人ばかりになって $\alpha=0$ になるはずだが，それも考えない．α は固定された一定割合だと考えている．その意味で，このモデルは社会でどんな仕組みが成立するかを説明するモデル，つまり長期定常状態を説明するモデルとしては，何かおかしいと言わざるを得ない．

6. 多戦略均衡

6.1 信頼を担保する仕組み —— c_0 と d_0 からなる2戦略均衡

さて，次が本章の一番の眼目である．匿名化社会で信頼を担保する仕組みとして，もう一つの可能性がある．行動様式の多元性とでもいう仕組みである．

---

16) 非合理タイプについては，Kreps *et al.*（1982）を参照せよ．なお，グレーヴァ（2011）の参入ゲームでは，非合理タイプを Tough タイプと呼んでいる．

どういう仕組みかというと，非合理な人というのは一つの戦略であり，どんな戦略がとられるかは，その戦略が環境に適合しているかどうかに依存する，という進化論的な人口淘汰を考える．したがって，もし非合理な戦略をとって，他の人より低い利得しか得られなければ，非合理な戦略をとる人の数は減るはずである．他の人より高い利得が得られれば非合理な戦略をとる人の数は増えるはずである．環境に適合しない戦略は淘汰され，均衡ではすべての既存の戦略が同一レベルの期待利得を獲得しなければならない．

しかし異なる戦略（行動様式）が共存し，それらの期待利得が同一なことはありうる．それが，多元的社会といった意味である．異なる戦略が共存し，しかもそれらの利得が同一な状況が存在するなら，それはどんな状態だろうか．それが，以下の問題意識である．

具体的には，次のような2種類の戦略，つまり行動様式を考える．一つが，暖かい心と厳しい心を併せ持つ c_0 戦略である．繰り返しになるが，パートナーシップが継続する限り C を選び続け，その期の結果が (C, C) ならば継続を選ぶ．万一相手が D をプレイしたら，パートナーシップを解消する，という一種のトリガー戦略である．この c_0 戦略の人口割合を $0 < \alpha < 1$ とする．

もう一つの戦略を，ひき逃げ戦略つまり d_0 戦略とする．非合理な人に対応する戦略である．パートナーを得たら D を選ぶ．何があろうとも1期目の終わりにパートナーシップを解消する．この d_0 戦略が，$1-\alpha$ の割合いるとする．結果として考えるのは，2戦略分布 $p_{cd}(\alpha)$ である．

5.5節と異なるのは，α の割合が変動することを許容している点にある．つまり，c_0 戦略の利得の方が d_0 戦略の利得より高ければ，c_0 戦略の割合である α は増加するが，低ければ減少するというわけである．このとき，c_0 戦略と d_0 戦略が共存する，しかも局所的に安定な均衡が存在することが，以下の主要な結論の一つである．具体的には，もしプレーヤーが十分に将来を大切に思う，つまり δ が十分に1に近ければ，ある $0 < \overline{\alpha}_{cd} < 1$ の値が存在し，c_0 戦略が $\overline{\alpha}_{cd}$ だけおり，d_0 戦略が残りの $1-\overline{\alpha}_{cd}$ だけいる分布 $p_{cd}(\overline{\alpha}_{cd})$ が，局所的に安定な進化ゲームの均衡になる．以下，これを $c_0 - d_0$ 均衡と呼ぼう．

ここで，局所的に安定と言うのは，後で詳細なロジックを示すように，c_0 戦略と d_0 戦略しか存在しない社会では，両者の割合が $\overline{\alpha}_{cd}$ で安定的になる．

α の値が $\overline{\alpha}_{cd}$ より大きいと，α を引き下げようとする人口淘汰の圧力がかかる．α が小さいと，$\overline{\alpha}_{cd}$ に戻そうと α を増やそうという人口淘汰の圧力がかかる．淘汰圧がかかるという意味である．

結果として実現するのは，異なる価値観に支えられた，あるいは，異なる行動様式に基づいた多元的な均衡である．どうして，c_0 の利得と d_0 の利得が等しい均衡が成立するかを説明しよう．

c_0 戦略をプレイするプレイヤーは，次のようなメリットとデメリットを持っている．c_0 は c_0 と会うと，(C, C) をずっと続ける．したがって，それなりに高い利得を長期間獲得できる．他方，d_0 と会うと，1 期間だけ非常に低い利得 ℓ を得る．

これに対して，d_0 戦略もメリットとデメリットを持っている．d_0 は c_0 と会うと 1 期だけ g という非常に高い利得を得る．いわば d_0 戦略は c_0 戦略を「食い物」にできるわけである．他方，d_0 は d_0 と出会うと (D, D) をプレイすることになり，1 期間だけだが中間的な利得，d しか得られない．その後すぐに，マッチング・プールへ戻ることになる．

2 つの戦略のメリットとデメリットの大きさは α の割合で変わる．この値が $\overline{\alpha}_{cd}$ になると，お互いのメリット，デメリットがちょうど等しくなり，お互いが同じ利得を得る均衡状態に到達するわけである．

しかも c_0 戦略は，「自分は人と協力しよう」という価値観を持っているのに対して，d_0 戦略は「協力しない」，あるいは「c_0 の人たちを食い物にしよう」という，異なる行動様式を持っているのだから，「多元的な社会」と呼ぶことができるだろう．

6.2 図による直感的解釈

以上のことを，図 13-5 を使って直感的に解説しておこう．

図 13-5 では，縦軸に平均利得を，横軸に α，つまり，マッチング・プールにおける c_0 戦略の人口の割合を取ってある．左端が $\alpha = 0$ の状態，つまりマッチング・プールには d_0 しかいない状態を，右端が $\alpha = 1$，つまり c_0 しかいない状態を表している．それ以外の α は，c_0 が α，d_0 が $1 - \alpha$ だけいる戦略分布 $p_{cd}(\alpha)$ を表している．以下，このような分布を $p_{cd}(\alpha) = \alpha c_0 + (1 - \alpha) d_0$ で表す

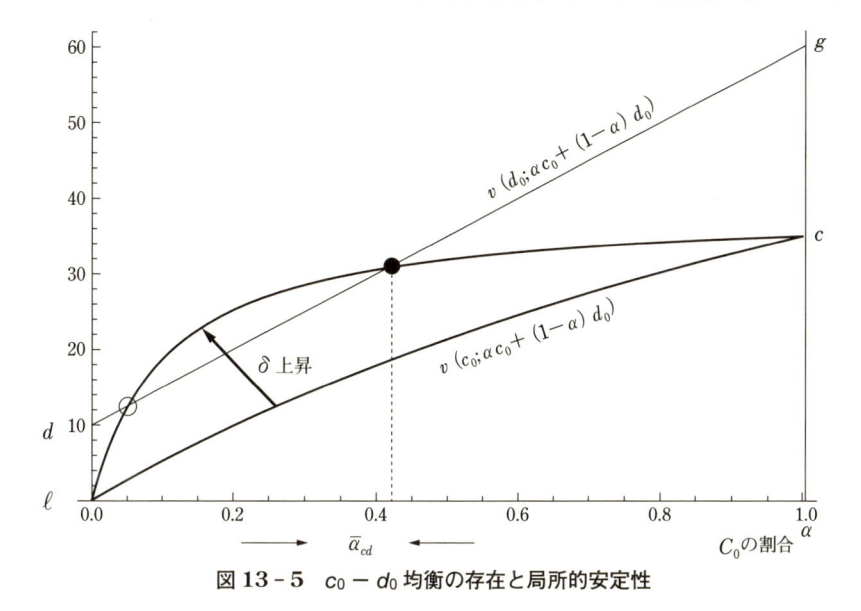

第13章 大規模匿名社会における信頼形成と維持　431

図13-5　$c_0 - d_0$ 均衡の存在と局所的安定性

ことにする．

　図の $v(d_0;\ \alpha c_0+(1-\alpha)d_0)$ と示された右上がりの直線は，$\alpha c_0+(1-\alpha)d_0$ というマッチング・プールの戦略分布に直面するときの，d_0 戦略の平均利得を示している．$\alpha=0$ で全員が d_0 をプレイしているならば，d_0 プレイヤーがマッチする相手も d_0 で，毎期，毎期，(D, D) をプレイして，すぐにマッチを解消し，また新しいパートナーと会うが，また (D, D) をプレイする．だから毎期得る平均利得は d になる．逆に，$\alpha=1$ ならば，マッチする相手は全員 c_0 をプレイするはずで，毎期の結果は (D, C) となり，毎期利得 g を獲得する．どんな人口割合（α）でも，1期しかパートナーシップが続かないので，相手が d_0 なら d の利得，相手が c_0 なら g の利得を得る．したがって，分布が $\alpha c_0+(1-\alpha)d_0$ のときの平均利得は $\alpha g+(1-\alpha)d$ という[17]，α の線形増加関数になる．

　他方，c_0 の得る利得はもう少し複雑である．c_0 は，$\alpha=0$ で相手がすべて d_0 戦略をとっていると，自分は「ぼられて」しまって，ℓ というきわめて低い利得しか得られない．毎期，毎期，相手が替わるが，常に相手は d_0 なので，平均利得も ℓ になる．

逆に $\alpha=1$ で，相手が常に c_0 戦略をとるならば，相手と協力できるので，毎期，毎期，継続して c の利得が取れる．ただし，今までと異なるもっと重要な点は，同じパートナーとずっと長い間，一緒にいられるという点である．具体的には，お互いが (C, C) を選び，翌期もパートナーシップを継続しようと申し出るわけだから，パートナーシップが解消されるのは，どちらか（あるいは両方）が死ぬ場合だけである．それぞれが翌期も生きている確率は δ だから，両方ともが生きていて，翌期もパートナーシップが継続している確率は δ^2 である．同様に，2期先までパートナーシップが継続している確率は δ^4，3期先まで継続している確率は δ^6 である．このように，パートナーシップが継続する期待存続期間は，$1+\delta^2+\delta^4+\cdots=\dfrac{1}{1-\delta^2}>1$ という長い期間になる．δ の値が大きければ大きいほど死ぬ確率が少ないので，長い間パートナーシップが続き，それだけ確実に c の利得を長期間得られることになる．

では，マッチング・プールの戦略分布 $\alpha c_0+(1-\alpha)d_0$ で，α の値が0と1の中間の値，例えば $\alpha=0.4$ のときに，c_0 が得る期待平均利得 $v(c_0;\alpha c_0+(1-\alpha)d_0)$ の値はどうなるだろうか．$\alpha=0.4$ の場合，0.6の確率で c_0 は d_0 と会い，今期1期だけ d を得てマッチング・プールに戻る．しかし，0.4の確率で，c_0 の相手は c_0 であり，その期に c を得るだけでなく，その後もずっとお互いが生きている限り，毎期ずっと c を取り続ける．したがって，得られる期待利得は，1期ずつ c と ℓ を得た場合の加重平均 $\alpha c+(1-\alpha)\ell$ よりもずっと高くなる．このため，$v(c_0;\alpha c_0+(1-\alpha)d_0)$ のグラフは，図13-5に示したように，右上がりの上方に凸の形状をした曲線になる[18]．

しかも，δ の値が大きくなればなるほど，c_0 の得る総利得は大きくなり，期待平均利得 $v(c_0;\alpha c_0+(1-\alpha)d_0)$ の曲がり方は激しくなり，どんどん上に凸の形状をとるようになる．そのため，δ を十分大きくすると，$v(d_0;\alpha c_0+(1-\alpha)d_0)$

---

17) もう少し厳密に言えば，マッチング・プールで出会った相手と得られる総利得は，α の確率で g，$1-\alpha$ の確率で d だから，期待総利得は $V(d_0;\alpha c_0+(1-\alpha)d_0)=\alpha g+(1-\alpha)d$ である．他方，パートナーシップが継続する総期間は，α の確率で1期間，$1-\alpha$ の確率で1期間なので，期待総継続期間は $L(d_0;\alpha c_0+(1-\alpha)d_0)=\alpha\times 1+(1-\alpha)\times 1=1$ である．したがって，1期あたりに得られる期待平均利得 $v(d_0;\alpha c_0+(1-\alpha)d_0)$ は，期待総利得を期待総継続期間で割った値，$\dfrac{\alpha g+(1-\alpha)d}{1}=\alpha g+(1-\alpha)d$ になる．

の直線と $v(c_0; \alpha c_0 + (1-\alpha) d_0)$ の曲線が交差するようになり，図 13-5 の黒丸のような点，つまり $\overline{\alpha}_{cd}$ のような戦略比率が生まれる．黒丸の点では，戦略比率は $\overline{\alpha}_{cd}$ となり，c_0 も d_0 もちょうど同じ期待平均利得を得ていることになる．

6.3 ナッシュ均衡と局所的に安定な均衡

ところで，c_0 戦略がマッチング・プールで出会ったパートナーと最初の期にプレイした結果が (C, C) だったとしよう．いま社会には c_0 と d_0 という2つの戦略しか存在しないのだから，この結果，自分のパートナーは d_0 ではなく，c_0 戦略をプレイするプレイヤーだということがわかる．したがって，2期目以降も自分が c_0 戦略にしたがってプレイすれば，このパートナーシップが続く限り，毎期 c の利得を得続けることができる．逆に2期目に自分が D をプレイしてしまうと，その期には $g(>c)$ の大きな一時的利得が取れるが，3期目にはマッチング・プールに戻ってしまう．マッチング・プールには $1-\overline{\alpha}_{cd}$ の割合で d_0 戦略をプレイするプレイヤーがいるから，そこで得られる期待平均利得は c より小さい値になる．この期待平均利得と c_0 どおりにプレイしたときに得られる期待平均利得の差が，信頼資本に対応している．

D をプレイすることで得られる一時的利得増 $g-c(>0)$ に比べて，信頼資本が十分大きく，しかも δ の値が大きいため将来が大事だと考えるなら，c_0 を採用するプレイヤーは，c_0 戦略どおりにプレイするインセンティブを持っていることになる．

---

18) 厳密に計算すれば次のとおりである．α の確率で相手は c_0 になり，そのパートナーシップから得られる期待総利得は $\dfrac{c}{1-\delta^2}$，$1-\alpha$ の確率で相手は d_0 になり，得られる総利得は ℓ である．したがって，マッチング・プールで出会った相手から得られる期待総利得は $V(c_0; \alpha c_0 + (1-\alpha) d_0) = \alpha \dfrac{c}{1-\delta^2} + (1-\alpha) \ell$ である．

他方，α の確率で相手は c_0 であり，パートナーシップの期待継続期間は $\dfrac{1}{1-\delta^2}$ になり，確率 $1-\alpha$ で相手は d_0 で，パートナーシップの継続期間は1期間である．したがって，マッチング・プールで出会った相手とパートナーシップを続ける期待継続期間は $L(c_0; \alpha c_0 + (1-\alpha) d_0) = \alpha \dfrac{1}{1-\delta^2} + (1-\alpha)$ である．

マッチング・プールで出会った相手との期待平均利得は，期待総利得を期待継続期間で割った値だから，$v(c_0; \alpha c_0 + (1-\alpha) d_0) = \left\{ \alpha \dfrac{c}{1-\delta^2} + (1-\alpha) \ell \right\} \Big/ \left\{ \alpha \dfrac{1}{1-\delta^2} + 1-\alpha \right\}$ であり，これは α の増加凹関数になる．

厳密な証明は数学的になるのでここでは避けるが，図 13-5 の黒丸が存在するならば必ず，c_0 をプレイする人は c_0 どおりにプレイすることが最適になることを示すことができる．言い換えると，図の黒丸の状態が成立していれば，$\overline{\alpha}_{cd} c_0 + (1-\overline{\alpha}_{cd}) d_0$ という戦略分布に対して，c_0 戦略も d_0 戦略も最適反応になる．つまり，図の黒丸の状態は，ナッシュ均衡に他ならない．

ところで，図の黒丸はナッシュ均衡であることに加えて，ある種の安定性をも兼ね備えている．いま，何らかの理由で，$\overline{\alpha}_{cd}$ から c_0 戦略の割合が少しだけ増えたとしよう．この結果，α の値が $\overline{\alpha}_{cd}$ より少し大きくなると，図から明らかなように，c_0 の利得よりも d_0 の利得の方が大きくなる．その結果，c_0 戦略は淘汰され，d_0 戦略の人口が増え，c_0 戦略の人口が減る．つまり，α の値は小さくなって，$\overline{\alpha}_{cd}$ に戻ってくる．したがって，$\overline{\alpha}_{cd}$ は安定的である．逆に α が $\overline{\alpha}_{cd}$ より少しだけ減ったときには，c_0 の方が d_0 より期待平均利得が大きくなり，α は増える．このように，黒丸は既存戦略（つまり，c_0 と d_0）の人口だけを考えて，その増減が利得の大小による淘汰圧によって決定される場合，局所的に安定になるという性質を持っている．つまり，黒丸は，後に定義する「局所的に安定的な均衡」なのである．

なお，以下では記述の簡単化のために，それが存在する場合，$\overline{\alpha}_{cd} c_0 + (1-\overline{\alpha}_{cd}) d_0$ 分布を「$c_0 - d_0$ 均衡」と呼ぶことにしよう．

7. 進化ゲームと $c_0 - d_0$ 均衡の進化的安定性

7.1 進化ゲームと新たな戦略の実験

さて，自発的継続囚人のジレンマをはじめとした大規模社会ゲームを考える場合，それを「進化ゲーム（Evolutionary Game）」として考えることが適切だろう．進化ゲームとは，ゲーム理論で生物学を分析するために，生物遺伝子の環境に対する適応度を利得と考え，戦略的行動の変化を進化論的に分析することから始まったアプローチである．最近では，進化ゲームは経済学をはじめとする様々な社会科学に導入され，伝統的なゲーム理論を補完する重要なアプローチになっている．社会科学全般に拡張された進化ゲームでは，生物の進化ではなく，社会の行動様式や規範，あるいは文化の進化を扱い，伝統的なゲーム

理論が軽視してきたゲームの動学的側面を重要視し，プレイヤーの合理性についても，人間の本質により良くマッチした考え方を使っている．

ここでは，主として Kandori et al. (1993) にしたがって，経済学における進化ゲームの考え方を説明しよう．大規模社会ゲームのような大規模な社会における複雑な相互関係を分析する際には，各プレイヤーがゲーム全体をあらかじめ見通して，最適な戦略を事前に発見すると考えること[19]には，無理がある．むしろありそうなのは，次のような慣性，近視眼的行動，実験という3つの要素に基づいた分析手法だろう．

大規模で複雑な社会に直面して，人々はそれぞれの文脈[20]ごとにどんな行動をとるかを，経験と慣習に基づいて決めておく．この，文脈ごとにどんな行動をとるかという「計画」を，戦略と呼ぶ．

慣　性

人々の意思決定は，「ある文脈ではこれこれの行動をとる」，といった形であらかじめ決められた，ルーティン（一連の決められた手順）によって行われる．言い換えると，人々は自分がプレイする（純粋）戦略を安易には変更しない．戦略の決定には慣性があり，よほどのことがない限り，自分の戦略は変更しない．以下では，簡単化のために，戦略は一生変更しないと仮定しよう．だとすると，社会の中で生きている人たちの戦略の分布は変わらず，戦略が変更されるのは，社会の中で誰かが死に，代わりに生まれてきた人が死んだ人とは違う戦略を採用するときだけである．したがって，ある時点で社会全体の戦略分布が決まると，次の期の戦略分布にはわずかな違いはあるかもしれないが，ほとんど同じ戦略分布が次の期にも成立すると考える．つまり，戦略分布変化の動学には，慣性が存在すると考えるのである．

近視眼的対応

では，新しく生まれてきた人はどんな戦略を採用するのだろうか．以下では，

---

19)　これが，伝統的なゲーム理論分析の一つの立場である．
20)　知り合いと仕事の後に飲み会をする，見知らぬ人と電車の中でぶつかった，などである．

新しく生まれてきた人たちが採用する戦略の大部分は，現在の戦略分布に対して最適な戦略であると仮定する．自分が，現在の戦略分布に対して最適な戦略を採用すると，実は別の戦略がもっと最適になるかもしれない．以下では，生まれてくる人たちの大部分はそのような「先読み」はせず，単純に，現在の戦略に対する最適反応を自分の戦略として採用するという，近視眼的な反応をする．

具体的には，生まれてくる人たちの大部分は，現在の戦略分布に対する最適反応戦略を採用すると考える．したがって，戦略分布は時間を通じて，ゆっくりと，その時点での最適反応の戦略分布に移行してゆくことになる．

実　験

新しく生まれてくる人たちのうち，その一部は，現在の戦略に対する最適反応を採用するわけではない．生物学において遺伝子が突然変異を起こすように，新しく生まれてくる人たちは，自分が採用する新たな戦略として，様々な戦略を実験的に採用してみるだろうし，あるいは最適と考えた戦略を間違えて，少し異なった戦略を採用するかもしれない．このように，社会の中で限られたわずかな割合ではあるが，新たな戦略を実験したり，誤って意図した戦略とは異なる戦略を採用することで，様々な戦略がばらばらに試される．

7.2　進化的安定戦略と中立的安定戦略分布

このような慣性，近視眼，実験のプロセスが起こっても，ある戦略分布が動学的に安定なら，その戦略を「進化ゲームの視点から安定な戦略分布」と呼ぶことにしよう．

進化ゲームの視点からの安定性として，最もよく知られている概念は，進化的安定戦略（Evolutionary Stable Strategy; ESS）[21]である．ただ，ここで考えている社会ゲーム，特に自発的継続囚人のジレンマに使うには不向き[22]なので，ESS を少し弱めた中立的安定戦略分布（Neutrally Stable Distribution; NSD）という概念を説明しよう．

---

21) Maynard-Smith and Price（1973）によって定義された．日本語文献としては，グレーヴァ（2011）などを参照．

なお，進化的安定戦略も，それを弱めた中立的安定戦略も，ナッシュ均衡の概念を少し強めた解概念であることが知られている．そこで，以下では，ナッシュ均衡であるような戦略分布を所与として，慣性，近視眼，実験というプロセスを入れることで，解概念がどのように強まるのかを説明しよう．

さて，いまマッチング・プールにおける戦略分布 p が（単一戦略分布であるか多戦略分布であるかを問わず）ナッシュ均衡だったとしよう．また，$p(s)>0$ を満たす戦略 s を，既存戦略と呼ぼう．p がナッシュ均衡なら，どんな既存戦略 s も，それ以外のどんな戦略 $s'\in S$（それがほかの既存戦略であれ，分布 p の下では存在しない新規参入戦略であるにせよ）に期待平均利得の大きさで負けることはない．つまり，

$$v(s;p) \geq v(s';p)$$

が成立しているはずである．とはいえ，p がナッシュ均衡分布であり，$p(s)>0$ だとしても，別の戦略 $s'\neq s$ が存在し，

$$v(s;p) = v(s';p)$$

が成立している[23]可能性は否定できない．

ところで，われわれが考えている進化動学では，マッチング・プール人口のわずかとはいえ，正の大きさの割合が新しい戦略を実験的にプレイするから，ナッシュ均衡かどうかだけで，戦略分布の安定性を議論することは不十分である．例えば，戦略分布 p のわずかな割合（人口全体の $\varepsilon>0$ の割合としよう）が，今までとは異なって，新たに実験として戦略 $s'\in S$ をプレイすることにしたとしよう．このことを，以下では戦略分布 p に戦略 s' が「参入する（enter）」と言おう．

この場合，マッチングプールにおける戦略分布は，参入前分布 p から，参入

---

[22] 少し専門的になるが，簡単に理由を説明すると以下のとおりである．自発的継続囚人のジレンマのように，パートナー同士がプレイするゲームが展開形ゲームだと，不均衡経路上での行動だけが異なる無数の純粋戦略が存在し，与えられた分布に対する最適反応は無数に存在するので，ESS は存在しない．そこで，ESS を少し弱めた NSD などの解概念が必要になる．

[23] つまり，s' も p に対する最適反応である．

後 (post entry) 分布 $(1-\varepsilon)p+\varepsilon p_{s'}$ に変わることになる．ただしここで，$p_{s'}$ とは，（純粋）戦略 s' だけからなる単一戦略分布を表している．

ところで $v(s';p)=v(s;p)$ が成立しているとしても，$\varepsilon>0$ をどんなに小さくとっても，ε の値が正である限り，$p(s)>0$ を満たすある既存（純粋）戦略 s について，

$$v(s';(1-\varepsilon)p+\varepsilon p_{s'}) > v(s;(1-\varepsilon)p+\varepsilon p_{s'})$$

が成立することがありうる．この場合，参入後分布 $(1-\varepsilon)p+\varepsilon p_{s'}$ において，参入戦略 s' が既存の戦略 s より高い利得を持つことを意味するから，参入戦略 s' に対して，参入前分布 p が安定性を持たないことを意味している．このことを，戦略分布 p に純粋戦略 s' が「侵入する (invade)」と言うことにしよう．

実は，p に s' が侵入するという場合，2つの可能性が存在する．第1の可能性は，$0<p(s')<1$ で，既存分布 p が多戦略分布であり，p の下で存在していた既存の純粋戦略 s' が追加的に参入した場合である．このとき，参入後戦略 $q=(1-\varepsilon)p+\varepsilon p_{s'}$ を考えると，

$$q(s') = (1-\varepsilon)p(s') + \varepsilon = p(s') + \varepsilon(1-p(s')) > p(s')$$

となる．つまり，参入前と参入後では，純粋戦略 s' の人口割合が増加しているが，その結果，s' の方が，p において正の割合を占める他の既存純粋戦略より，期待平均利得が高くなってしまうことを示している．結果として，既存戦略 s' が参入後分布の唯一の最適反応になり，s' の人口割合はさらに増えるから，参入前分布 p は安定的とは言えない．

逆に，どの既存純粋戦略 s' が参入し，その人口割合が増えたとしても，他の既存の戦略 s にくらべて，

$$v(s';(1-\varepsilon)p+\varepsilon p_{s'}) \leq v(s;(1-\varepsilon)p+\varepsilon p_{s'})$$

という関係が成立するとき，s' の人口がさらに増え続けることはない．この場合，多戦略分布 p は「局所的に安定な戦略分布」であると呼ぶ．その意味で，6.3節で述べたように，c_0-d_0 均衡分布は，局所的に安定戦略分布である．

p に s' が侵入するもう一つの可能性は，参入前分布 p には純粋戦略 s' が存

在していなかった場合である．つまり，(単一戦略分布であるか多戦略分布であるかを問わず) ある戦略分布 p に今まで存在していなかった (したがって，$p(s')=0$ である) 純粋戦略 s' が参入した場合である．このとき，新規戦略 s' が p に侵入できるとすると，参入後分布における s' の期待平均利得がほかの戦略より高くなり，s' の割合が増え続けてしまうために，参入前分布が不安定になるかもしれない．このことを，「新規戦略 s' が分布 p に侵入する」と言う．

どんな既存戦略が参入しても，どんな新規戦略が参入しても，安定的であるという性質を持つ参入前分布が，中立的安定戦略分布 (NSD) であり，それは次のように定義される．

定義3：マッチング・プールにおける戦略分布 p が次の条件を満たすとき，p を中立的安定戦略分布と呼ぶ．どんな (純粋) 戦略 s' をとっても，$0<\bar{\varepsilon}<1$ が存在し，すべての $p(s)>0$ を満たす s と，すべての $0<\varepsilon<\bar{\varepsilon}$ を満たす ε について，

$$v(s;(1-\varepsilon)p+\varepsilon p_{s'}) \geq v(s';(1-\varepsilon)p+\varepsilon p_{s'})$$

が成立する．

7.3 新規戦略 c_1 の c_0-d_0 分布への侵入

c_0-d_0 分布である $p_{cd}(\bar{\alpha}_{cd})$ は，割引係数 δ が十分に大きければ，局所的に安定な戦略分布だった．では，同じ場合に，c_0-d_0 分布に侵入できる新規戦略は存在せず，c_0-d_0 分布は中立的安定戦略分布だろうか．実は，答えはネガティブであり，c_0-d_0 戦略に侵入できる新規戦略が存在する．別の言い方をすると，c_0-d_0 分布は，c_0 と d_0 という 2 つの戦略のいずれかをとる者しかいないときに限って安定である．戦略の範囲を広げて別の戦略を考えると，その戦略が侵入できる．

具体的には，c_1 戦略を考えてみよう．c_1 戦略は $t=1$ では d_0 戦略のまねをして，D をプレイする．ただし，d_0 戦略は D をプレイして，期末にパートナーシップを解消するが，c_1 戦略はパートナーシップを解消しない．D をプレイした後，パートナーシップの継続を選び，相手も継続を選んだら，次の期から

協力期間を始める．つまり c_1 戦略は，1期信頼構築戦略である．

さて，$c_0 - d_0$ 均衡に，わずかだが c_1 戦略が正の割合だけ参入した場合を考えてみよう．c_1 戦略は既存の戦略，c_0 か d_0 のどちらかに出会った場合には，d_0 戦略の場合とちょうど同じ結果を生む．c_1 が c_0 に会えば，お互いに (D, C) をプレイし，その結果，相手の c_0 は，関係を解消する．他方，c_1 が d_0 に会うと，お互いに (D, D) をプレイして，c_1 は続けようと言うが，d_0 は関係を解消しようと言うので，これも続かない．第1期末に関係を解消してしまう．言い換えると c_1 戦略は，c_0 や d_0 戦略と出会った場合には，d_0 戦略が得るのとまったく同じ利得を得る．

しかし，マッチング・プールにわずかではあるけれど c_1 戦略が正の割合いる場合，この状態を「c_1 が参入した」と言う訳だが，その場合，わずかだが，自分と同じ c_1 戦略と出会う可能性がある．c_1 戦略が c_1-戦略と出会った場合，お互いにまずは D をプレイするが，お互いが，次期以降もパートナーシップを継続しようと言うわけで，2期目から必ず協力が始まる．結果として，2期目以降は確実に毎期 c の利得が得られるから，c_1 戦略は d_0 戦略より少しだけ高い利得が得られることになる．

図13-5に戻れば，$c_0 - d_0$ 均衡分布は黒丸で表されており，c_0 も d_0 も同じ平均利得を得ており，その大きさは c より低い．ここに c_1 戦略が，わずかな割合でも参入すると，参入後分布において，d_0 戦略は相手がだれであれ，1期目で関係を解消してしまい，2期目以降に期待できる（継続）利得は黒丸の高さでしかない．これに対して c_1 戦略は，c_1 戦略と出会うと1期目にこの高さの利得を得るが，2期目以降の継続利得は c になる．したがって，参入後分布に対して，c_1 は d_0 よりも高い平均利得が得られることになる．つまり c_1 戦略は既存戦略（c_0 や d_0）より高い利得を得ることになり，c_1 戦略が $c_0 - c_1$ 分布に参入すると，その人口比率は増加していく．その意味で，$c_0 - d_0$ 均衡には，c_1 戦略という新規戦略が侵入できるのである．

8. 多様な戦略の同時参入

8.1　c_1 戦略の協調参入の問題点

では，$c_0 - d_0$ 分布が進化的に安定な均衡になることは考えられないだろうか．進化ゲームと新規戦略の実験的導入の本来の意味を考えれば，実は，$c_0 - d_0$ 分布は進化的に安定であると考えることができる．本節では，本章の最後にあたって，このことを説明しよう．

まず，前節の最後に述べた，「$c_0 - d_0$ 均衡に c_1 戦略が侵入できる」，という点を，批判的に検討してみよう．そこで起こったことは，$c_0 - d_0$ 均衡が成立しているとき，すべての参入者が同時に c_1 戦略を使って参入するならば，c_1 戦略を採用するプレイヤーの方が，既存戦略である c_0 や d_0 を採用するプレイヤーよりも，参入後分布においてより高い利得を得られる，ということだった．

問題は，「参入してくるプレイヤー達が協調して，全員が同時に c_1 戦略を採用する」，という仮定は現実的かどうか，という点にある．そこでまず，もし参入するプレイヤーたちが協調せず，様々な戦略を同時に採用する場合，協調参入と何が異なるのかを説明しておこう．例として，$\overline{\alpha}_{cd} c_0 + (1 - \overline{\alpha}_{cd}) d_0$ 分布に対して，$\varepsilon \in (0, 1)$ の割合だけの新規戦略の参入があり，参入戦略のうち，c_1 戦略が $\beta \in (0, 1)$ の割合，c_2 戦略が $1 - \beta$ の割合である場合を考えてみよう．このとき，参入戦略の分布 $q(\beta)$ は，$q(\beta) = \beta c_1 + (1 - \beta) c_2$ であり，参入後分布（post entry distribution）は

$$p^{PE}(\varepsilon, \beta) = (1 - \varepsilon) \overline{\alpha}_{cd} c_0 + (1 - \varepsilon)(1 - \overline{\alpha}_{cd}) d_0 + \varepsilon q(\beta)$$
$$= (1 - \varepsilon) \overline{\alpha}_{cd} c_0 + (1 - \varepsilon)(1 - \overline{\alpha}_{cd}) d_0 + \varepsilon \beta c_1 + \varepsilon (1 - \beta) c_2$$

になる．

さてこのような参入後分布に対して，c_1 戦略が得る期待利得と d_0 戦略が得る期待利得を比較してみよう．c_0 戦略や d_0 戦略にマッチした場合，c_1 戦略が得る利得は d_0 戦略が得る利得と等しい[24]．

---

[24]　c_0 戦略と出会えばその期に g を取り，翌期にマッチング・プールに戻る．d_0 戦略に出会えばその期に d を取り，翌期にプールに戻る．

c_1 戦略が d_0 戦略に対して優位性を持つのは，c_1 戦略とマッチしたときである．このとき，c_1 戦略は高い利得を長期間得られる[25]のに対して，d_0 戦略はその期に d の利得を得るだけで，翌期にはプールに戻ってしまう．これが，c_1 の協調参入によって侵入が起こった理由だった．

ところで，今考えているように，c_1 だけでなく，c_2 戦略も同時に参入する場合，ことはそれほど単純ではない．c_2 戦略とマッチした場合，c_1 戦略は1期目は d の利得を得るが，2期目には ℓ という非常に低い利得しか得られず，3期目にプールに戻る．これに対して，c_2 戦略とマッチした d_0 戦略は，1期目に d を得て，2期目にはプールに戻ることになる．言い換えると，c_2 戦略に対しては，c_1 戦略より d_0 戦略の方が優位性を持っているのである．

したがって，d_0 戦略に対して c_1 戦略の方が高い期待利得を得られ，c_0-d_0 分布に侵入できるのは，β の大きさが十分大きいときであり，β の大きさが閾値 $\overline{\alpha}_{cd}$ 未満の場合には，c_1 戦略は d_0 戦略より低い利得しか得られず，c_0-d_0 分布に侵入できない[26]．つまり，c_0-d_0 分布に，c_1 戦略が大きな割合で協調参入すれば，c_1 は侵入できるが，c_2 戦略も同時に参入し，その割合が大きければ，c_1 戦略は c_2 戦略に搾取され，結果として侵入できないことになる．

もちろん，c_1 と c_2 だけが参入する場合，参入後分布 $p^{PE}(\varepsilon, q)$ において β の大きさが小さければ，c_1 は侵入できないが，c_2 は侵入できるかもしれない．しかしその場合でも，c_3 が同時に参入し，その割合が大きければ，c_2 の優位性も崩れてしまうだろう．

8.2 多戦略の同時参入に対する進化的安定性

いま，c_0-d_0 分布を参入前分布として，参入可能な（純粋）戦略の集合を $\overline{S} = \{c_1, c_2, c_3, \cdots\}$ という無限個の戦略だとしよう[27]．また，参入する参入分布は，$\overline{S}$ 上の多戦略分布だとして，$\overline{S}$ 上のすべての多戦略分布の集合を $\overline{Q}$ で表そう．つまり，実際に参入するのは，参入分布 $q \in \overline{Q}$ であり，q が参入すると，

---

[25] 最初の期は d の利得だが，その後 $\dfrac{1}{1-\delta^2}$ 期間にわたって毎期 c の利得を得る．

[26] 技術的になるので，閾値が $\overline{\alpha}_{cd}$ になることの導出は省略する．

[27] 参入可能な戦略の集合を $\overline{S}$ より大きな集合に拡張しても本質的な違いはない．この仮定は説明のための便宜上の仮定である．

そのうちの $q(s)$ が純粋戦略 $s \in \overline{S}$ の割合だ，ということになる．定義から，すべての $s \in \overline{S}$ について $q(s) \geq 0$ であり，かつ，$q(c_1) + q(c_2) + q(c_3) + \cdots\cdots = 1$ である．

さて，参入分布とは，それぞれのプレイヤーが実験的に様々な戦略を採用してみたり，別の戦略を採用しようとしていたのに，誤ってその戦略を採用してしまった結果起こる分布だから，どんな分布が参入するかは確率的に決まることになる．

そこで，実際の参入分布 q が $\overline{Q}$ の部分集合 $Q \subset \overline{Q}$ に含まれる確率を，以下では

$$\mathrm{Prob}\{q | q \in Q\}$$

と表すことにしよう．

以上を基にして，次のような定義を導入しよう．

定義 4：ある参入分布の集合 $Q \subset \overline{Q}$ を所与として，マッチング・プールにおける分布 p が次の条件を満たすとき，p は，Q からの多戦略の同時参入に対して進化的に安定であると言う．
(i) p は局所的に安定的なナッシュ均衡である．
(ii) $\mathrm{Prob}\{q | q \in Q\} = 1$ である．
(iii) どんな $q \in Q$ をとっても，任意の $p(s) > 0$，$q(s') > 0$，$p(s') = 0$ を満たす (s, s') について，ある $\bar{\varepsilon}$ が存在し，すべての $\varepsilon \in (0, \bar{\varepsilon})$ について，

$$v(s ; (1-\varepsilon)p + \varepsilon q) > v(s' ; (1-\varepsilon)p + \varepsilon q)$$

が成立する．

まず，以上の定義の意味を説明しよう．条件 (i) は，参入前分布 p がナッシュ均衡であるとともに，既存分布の参入に対して安定的だという，局所的安定性の性質を満たしていることを要求している．われわれが，ナッシュ均衡をさらに強めた概念を探していることからも，この条件は納得できるだろう．

条件 (ii) と (iii) が，新規戦略の参入に対する安定性を示している．ここで注

意する必要があるのは，参入は多戦略の同時参入であるとともに，参入分布は確率的に変動することを許容している点である．その上で，条件(ii)は，参入分布は確率1で，$\bar{Q}$の部分集合であるQ内に存在することを要求している．言い換えれば，Qの外にある分布が参入分布になることは事実上ありえない，というわけである．

最後に条件(iii)は，Q内にある限り，どんな参入分布$q \in Q$も次のような性質を満たすことを要求している．いま，qがわずかな割合$\varepsilon > 0$だけ参入して，参入後分布が$(1-\varepsilon)p + \varepsilon q$になった状況を考えてみよう．この参入後分布に直面したとき，参入分布qに含まれるどんな新規戦略（つまり，$q(s') > 0$で参入分布には存在するが，$p(s')=0$なので参入前分布pには含まれない戦略）s'をとっても，それはどんな既存戦略（つまり，$p(s) > 0$で参入前分布に含まれる戦略）sに比べても，平均利得が小さくなり，したがって，参入前分布に侵入できない．要は，Q内のどんな分布も，参入前分布に侵入できない，という条件を要求しているわけである．これが，最後の条件(iii)の意味である．

ここで，Qについて，次の仮定を置こう．

仮定1：参入分布の集合Qは，$c_1, c_2, c_3, \cdots\cdots$からなる分布の集合であり，すべての$q \in Q$について，すべての$T \geq 1$について$\dfrac{q(c_T)}{\sum_{t \geq T} q(c_t)} < \bar{\alpha}_{cd}$が成立する．

この仮定の下では，例えばc_1戦略が参入したとしても，それは$c_1, c_2, c_3, \cdots\cdots$という多数の戦略の中では，$\bar{\alpha}_{cd}$未満の割合でしかない．参入分布のうち，残りの$1 - \bar{\alpha}_{cd}$を超える割合は，$c_2, c_3, \cdots\cdots$という戦略群で占められている．ところで，$c_2, c_3, \cdots\cdots$といった戦略が$c_1$戦略と出会った場合，パートナーシップの1期目には$(D, D)$が実現してパートナーシップは継続される．しかし，2期目にはc_1戦略はCを選ぶのに，$c_2, c_3, \cdots\cdots$といった戦略群はすべてDを選ぶ．したがって，参入後分布において，c_1戦略は既存戦略（c_0やd_0戦略）より低い利得しか得られない．したがって，定義4の条件(iii)が満たされることになり，仮定1が満たされる限り，$c_0 - d_0$分布である分布$p_{cd}(\bar{\alpha}_{cd})$は多戦略の同時参入

に対して進化的に安定である．つまり，次の定理が成立する．

定理1：仮定1の下では，$c_0 - d_0$ 均衡（戦略分布 $\overline{\alpha}_{cd}c_0 + (1-\overline{\alpha}_{cd})d_0$）は，それが存在する限り，$Q$ からの多戦略の同時参入に対して進化的に安定である．

残された問題は，仮定1を満たすような多戦略の同時参入を考えることの妥当性である．次の小節で，最後にこの問題を検討しよう．

8.3 自発的継続囚人のジレンマと新戦略の実験的導入

7.1節で述べたように，自発的継続囚人のジレンマを進化ゲームとしてプレイする際に，人々は様々な新戦略を実験的に導入すると考えられる．重要なのは，人々は実験的に導入する戦略を，皆で一緒に決めるのではなく，ばらばらにしかも確率的に決めるだろうという点である．ばらばらに決めるのだから，実際に選ばれる戦略は，様々な多様な戦略が選ばれるはずである．

社会の人口

もっとも Kandori et al. (1993)（以下，KMR モデルと呼ぶ）のように，選ばれうる戦略が有限個しかなく，社会に存在する人の数があまり多くなければ，一人一人が確率的にばらばらに（同一の確率で，しかし独立に）戦略を選んでも，長い期間の間には，いつかは大多数のプレイヤーが同一の戦略を選ぶという事象が発生するかもしれない．

例えば，参入者が $n(>0)$ 人しかおらず，選択できる戦略も A，B の2つしかないと考えてみよう．このとき，それぞれの参入者が A，B の2つの戦略をそれぞれ等確率で独立に選ぶなら，n 人が協調して同時に A を採用する確率は $\frac{1}{2^n} > 0$ である．したがって，n 人全員が同時に A を採用する確率は，$\frac{1}{2^n} > 0$ である．このような参入が繰り返し起これば，平均して 2^n 回に1回程度は，参入者全員が同時に A を選ぶという協調行動が，結果として実現することになる．n の値が大きくても，時間を十分に長くとれば，いつかは「全員が戦略 A をとる」という協調参入が起こるだろう，ということになる．

しかしこのような協調参入が起こるのは，参入者の数が有限だからである．例えば，すべての参入者が同時に A を採用する確率は，参入者の数 n が増えるにしたがって次第に減少し，n が無限大に行き着いた先では，ゼロになる．大数の法則によって，参入者の数が無限大なら，参入者のちょうど半分が A を採用し，残りの半分が B を採用することになるからである．この場合，どんなに長い時間をとっても，全員が戦略 A をとるという協調参入は決して起こらない．

われわれが考えているのは Kandori et al. (1993) と異なって，膨大な数のプレイヤーが存在する大規模な社会ゲームであり，参入者の数も膨大に上ると考えるべきである．だとすると，参入者間での協調が起こるのは確率的に考えてもゼロになると考えるべきだろう．

もっとも，いくら大きな社会を考えても人口は有限であり，参入者の数も有限だという批判もあるかもしれない．とはいえ，参入者の数が膨大なら，そのうちのかなりの割合が同時に特定の戦略を採用するという事象が発生するのはきわめてまれであり，そのような事象が発生するのは人間社会では考えられないほどの時間の経過が必要だと考えることができる．

最後に，各参入者がお互いに独立に，同一の参入戦略を選択していると考え，しかも参入者が無限に存在すると考えた場合，$\overline{Q}$ 上での多戦略の同時参入の例として，どんなものが考えられるかを説明しておこう．

進化的に安定になる多戦略の同時参入の例

すべての参入者が，お互いに独立に同一の，ある多項分布 $\tilde{q}$ にしたがって，採用する戦略を確率的に決定しているとしよう．ここで $\tilde{q}(c_0) = 0$ とし，$t \geq 1$ については，各参入者が，戦略 c_t を採用する確率を $\tilde{q}(c_t) = (1-\mu)\mu^{t-1}$ としよう．ただし，$0 < \mu < 1$ は定数である．明らかに，$\tilde{q}(c_1) + \tilde{q}(c_2) + \cdots = (1-\mu)(1 + \mu + \mu^2 + \cdots) = \dfrac{1-\mu}{1-\mu} = 1$ だから，$\tilde{q}$ は確率の定義を満たしている．なおここで，$\mu \to 1$ の極限は，参入者が確率 1 で c_1 を選ぶ場合に対応しており，他方，$\mu \to 0$ の極限は，参入者が等確率で $c_1, c_2, c_3, \cdots$ を選ぶ場合に対応している．

さて，われわれのモデルでは社会は $[0, 1]$ の連続体として定義されている

から，社会の人口は無限であり，どんなに $\varepsilon > 0$ を小さくとっても，参入者の数は無限大である．各参入者が独立に同一の分布にしたがって（i.i.d. で）参入戦略を選んでいるのだから，大数の法則が成立し，今考えているケースでは，参入者全体のうち $\bar{q}(c_1)$ の割合が c_1 戦略を，$\bar{q}(c_2)$ の割合が c_2 戦略を，……採用する，というように，採用戦略の割合が決定論的に（確率的にではなく）決定されることになる．

結果としてこの場合には，$Q \subset \bar{Q}$ は単一の要素 $\bar{q}$ からなる集合になる（つまり，$Q = \{\bar{q}\}$ になる）．$\bar{q}$ がさらに，$(1-\mu) < \bar{\alpha}_{cd}$ を満たせば（つまり，$\bar{q}$ が $c_1, c_2,$ ……を等確率に近い確率で選んでいれば），仮定 1 も満たすことになり，c_0-d_0 分布（$p_{cd}(\bar{\alpha}_{cd})$ 分布）は，多戦略の同時参入に対して進化的に安定だということになる．

9. おわりに

本章を終えるにあたり，2 つのことを強調しておこう．

第 1 は，第 8 節で説明した，c_0-d_0 分布に c_1 戦略が侵入できるかどうか，という点にかかわるコメントである．c_0-d_0 分布が $\bar{\alpha}_{cd}c_0 + (1-\bar{\alpha}_{cd})d_0$ という具体的な形をとり，ナッシュ均衡になる場合，c_1 戦略が得る期待平均利得 $v(c_1; \bar{\alpha}_{cd}c_0 + (1-\bar{\alpha}_{cd})d_0)$ は，c_0 や d_0 が得る期待平均利得 $v(c_0; \bar{\alpha}_{cd}c_0 + (1-\bar{\alpha}_{cd})d_0) = v(d_0; \bar{\alpha}_{cd}c_0 + (1-\bar{\alpha}_{cd})d_0)$ と等しくなる．c_1 戦略は，c_0 戦略とマッチした場合にも d_0 戦略とマッチした場合にも，得られる結果は自分が d_0 戦略であった場合とちょうど等しいからである．このことを，c_1 戦略は，$\bar{\alpha}_{cd}c_0 + (1-\bar{\alpha}_{cd})d_0$ 分布への「代替的な最適反応（alternative best response）」であると言う．このような事情があるからこそ，c_1 戦略が協調参入した場合，相手が自分と同じ c_1 戦略ならば，c_1 戦略は d_0 戦略より高い利得が取れるから，c_0-d_0 分布に侵入できるわけである．

ところで，もう少し深く c_1 戦略が，c_0 戦略や d_0 戦略とどう異なるかを考えると，このような事情が成立しない可能性が見えてくる．一つの可能性は，戦略の単純さである．c_0 戦略は，それなりに単純な戦略である．相手に対して常に協力（C）を選ぶ．相手が協力（C）を選ぶ限り，パートナシップを継続す

る．相手が，非協力（D）を選んだら，その時点でパートナーシップを解消する，という戦略である．

d_0 戦略もそれなりに単純な戦略である．相手に対して，常に非協力（D）を選ぶ．相手が何をしても，1期目が終わったらパートナーシップを解消する，という戦略である．

これら2つの戦略に比べて，c_1 戦略はかなり複雑な戦略であると言わざるを得ない．第1期目には非協力（D）を選ぶ．相手も非協力を選んだら，2期目からは行動を協力（C）に変更する．そのあとは，相手が協力（C）を選ぶ限り，自分も協力（C）を選ぶ．しかし，相手が非協力（D）を選んだらパートナーシップを解消する，という戦略である．

c_1 のような複雑な戦略を実行するためには，c_0 や d_0 戦略を実行する場合に比べて，大きな戦略実行コストを負担せざるを得ないかもしれない．そうだとすれば，その複雑性コストを反映して，c_1 戦略は，c_0 や d_0 戦略の代替的な最適反応ではなくなり，わずかな割合で c_1 戦略が参入しても，c_1 戦略の参入後分布に対する平均期待利得は，d_0 戦略などの参入後分布に対する平均期待利得を下回ってしまうかもしれない．要するに，このような複雑な戦略を実行するためのコストを考えると，c_1 戦略は，協調参入を認めたとしても，代替的な最適反応ではない劣悪な戦略であることになる．そうなら，$c_0 - d_0$ 分布に c_1 戦略は侵入できないことになるだろう．

戦略の複雑さに類似した今一つの問題は，c_1 戦略を実行するための心理的コストにある．c_1 戦略は，パートナーシップの第1期目には d_0 戦略と同様に非協力を選ぶ．言ってみれば，冷徹に非協力（D）を選ぶのが最適だと判断して行動する，というわけである．しかし，c_1 戦略は d_0 戦略と異なり，相手が第1期目に非協力（D）を選ぶならパートナーシップを継続し，第2期目からは協力（C）を選ぼうとする．いわば，第1期目は d_0 戦略（つまり，「ひき逃げ戦略」）を選ぶが，相手も d_0 戦略を選ぶなら，第2期目から急に c_0 戦略のような「暖かい心と厳しさを併せ持った戦略」に行動を変更する，という訳である．このように，冷徹な「ひき逃げ戦略」から，「暖かい心と厳しさを併せ持った戦略」に自分の行動を変更することには，心理的なコストがかかるかもしれない．だとすると，複雑性コストと同様に，c_1 戦略の実行には，c_0 戦略や d_0 戦

略の実行と比べて，心理的なコストがかかり，その分だけ，c_1 戦略は$c_0 - d_0$ 分布に侵入することが困難になるだろう．

このように，c_1 戦略が c_0 戦略や d_0 戦略に比べて，複雑性コストや心理コストの面で劣位性を持つことを考えれば，c_1 戦略は，仮に協調参入を認めたとしても，$c_0 - d_0$ 分布に侵入することができない，と結論せざるを得ない．

本章を終えるにあたっての今一つの留意点は，日本語文献における「信頼」という言葉についての注意である．日本で信頼と言えば，山岸俊男氏の主張する安心と信頼を区別した概念が最も有名だろう[28]．山岸氏の著作においても基本となっているのは囚人のジレンマ的状況において，人がどう行動するかという問題意識である．以下では，山岸氏の述べる安心や信頼という概念と，本章で述べた信頼という概念の関係について，簡潔に説明しておこう．

山岸氏の言う「安心」とは，相手は囚人のジレンマ的な状況（山岸氏の言う「社会的不確実性」）でも必ず協力（C）をとる，という信念を持つ状況である．なぜそんな信念を持てるかというと，相手は協力（C）を選ばざるを得ないという社会的仕組み（本章 2.6 節で述べた共同体にける社会規範や長期雇用関係下における内部制裁）があるからである．言い換えれば，安心が生まれるのは，人々の行動様式の問題ではなく，社会的仕組みとして協力を強制する仕組みがあるからである．自発的継続囚人のジレンマ（VSRPD）の場合なら，T 期信頼構築戦略だけからなる単戦略均衡が成立していて，周りのすべての人が T 期信頼構築戦略 c_T を採用しているため，それが社会規範になっており，自分も c_T 戦略をプレイすることで安心できる，というような場合である．

では，「信頼」はどう解釈すべきだろうか．まず強調すべきなのは，山岸氏は「人間は利己的に行動する」とは必ずしも考えていないことである．したがって，囚人のジレンマでも，利他的に行動し（あるいは，自分と相手の利得の和を最大にしようと行動したり，不平等な配分を嫌ったりするために）協力（C）を選ぶ人がいると考えている．その上で，山岸氏の「信頼」とは，「一般的にほかの人が，囚人のジレンマでも協力を選ぶという信念を持っている」ことを指している．また，「ほかの人たちが協力的な行動をとると思うなら，自分も協力的

---

[28] 詳細は，山岸 (1998) や山岸 (1999) を参照せよ．

な行動をとろうと考えている」ことを指している．

したがって，他人に対する信頼度の高い人とは，囚人のジレンマ状況で，相手のことも考えて利他的に行動し，自分が協力（C）を選ぶ可能性が高い人，要は利他的な選好を持っている人のことである．他方，信頼度の低い人とはより利己的で，囚人のジレンマ状況で自分は非協力（D）を選ぶ可能性が高い人，要は利己的な選好を持っている人のことである．このように山岸氏は，信頼の源泉は人の選好（効用関数）のあり方にあるとしている．

このため読者は，本章におけるわれわれの立場は，山岸氏の理解と本質的に矛盾していると思われるかもしれない．本章でわれわれは，プレイヤーは「利己的で，自分の利得を最大化するような戦略を選択する」，という前提の下に議論を進めてきたからである．しかし実は，このような前提は，山岸氏の述べる信頼の概念と必ずしも矛盾するものではない．なぜなら，われわれは暗黙の裡に，進化ゲーム的理解を前提として議論を進めてきたからである．

生物学から発生した進化ゲームでは，戦略とは遺伝子の中に埋め込まれた遺伝情報であり，利得とはその遺伝子が生み出す生物行動の環境に対する適応度と解釈される．適応度の高い遺伝情報ほど，子孫をより多く生み出すことが可能になり，結果としてその遺伝情報が埋め込まれた遺伝子が生き残る確率が高くなる．これが，進化ゲームにおいて，プレイヤーが利得（適応度）を最大にする「戦略」を選択する，と仮定される理由である．

人間の場合にも，プレイヤーが異なる行動様式（戦略）を採用することで，金銭的な利得を高め，社会的な評価を高めれば高めるほど，結果としてそのプレイヤーに社会的な成功をもたらす．これらの社会的成功をゲームの利得と定義すれば，各プレイヤーは自らが得る利得を高めるような戦略を選択すると仮定してよいだろう．ただしここで戦略と呼んだものが，実際にプレイヤーが選択する行動そのものであると考える必要はない．事実，Güth and Yaari（1992）に始まる間接的進化アプローチ（Indirect Evolutionary Approach; IEA）では，プレイヤーが行う行動そのものは，何らかの選好（効用関数）に基づいて選ばれるが，どんな選好（効用関数）を持つかということ自体が，進化のプロセスの中で内生的に決まると考える．

言い換えれば，IEA では，選好（効用関数）のあり方自体が，われわれが本

章で「戦略」と呼んだものに他ならない．つまり，進化のプロセスによって利己的な選好と利他的な選好のどちらがより高い利得を生むかによって，まず選好自体が選択される．その上で，結果として選ばれた選好にしたがって，プレイヤーの実際の行動が決定されると考えるのである．

このような IEA の考え方にしたがえば，本章の第6節で検討した多戦略均衡とは，利己的な選好にしたがって非協力を選択する「冷徹なひき逃げ戦略」d_0 と，利他的な選好にしたがって協力を選択する「暖かい心と厳しさを併せ持った戦略」c_0 とが共存する均衡だということになる．利己的な選好を行動規範とすることを戦略として選択する人と，利他的な選好を行動規範とすることを戦略として選択する人が共存しているのだ，と言った方がわかりやすいかもしれない．

このような解釈の下で，第6節で述べた多戦略均衡にしたがって山岸氏の信頼概念を再検討すれば，欧米の社会で信頼が生まれるのは，実は冷徹な利己的人間が存在するからこそ，人を信頼しようという暖かい心を持った人も生まれてくるのだ，ということになる．人を信頼する温かい心を持った人が存在するためには，冷徹な利己的な人間の存在が「必要悪」として必要なのである．残念ながら，すべての人が暖かい心を持った社会は，少なくとも大規模な匿名化した社会では安定的ではない，ということも，今一つの含意である．

［謝辞］
　本章は，奥野・グレーヴァ・鈴木（2007），Fujiwara-Greve and Okuno-Fujiwara (2009)，Fujiwara-Greve and Okuno-Fujiwara (2013) を基にしている．また，本章作成にあたって，グレーヴァ香子氏と鈴木伸枝氏に大変お世話になった．この場を借りて厚くお礼申し上げたい．

参考文献
奥野正寛（1981），「労働のインセンティブと「日本的」労働市場」『季刊現代経済』
　　Vol.46，1981 年冬，pp.150-162．
奥野正寛・グレーヴァ香子・鈴木伸枝（2007），「社会規範と自発的協力」『経済研究』
　　Vol.58(2)，pp.110-121．

グレーヴァ香子（2011），『非協力ゲーム理論』知泉書館．
山岸俊男（1998），『信頼の構造——こころと社会の進化ゲーム』東京大学出版会．
山岸俊男（1999），『安心社会から信頼社会へ——日本型システムの行方』中央公論新社．
Carmichael, L. and B. MacLeod（1997），"Gift Giving and the Evolution of Cooperation", *International Economic Review*, Vol.38(3), pp.485-509.
Datta, S.（1996），"Building Trust", Working Paper, London School of Economics.
Friedman, J.（1971），"A Non-cooperative Equilibrium for Supergames", *Review of Economic Studies*, Vol.38(1), pp.1-12.
Fudenberg, D. and E. Maskin（1986），"The Folk Theorem in Repeated Games with Discounting or with Incomplete Information", *Econometrica*, Vol.54(3), pp.533-554.
Fujiwara-Greve, T. and M. Okuno-Fujiwara（2009），"Voluntarily Separable Prisoner's Dilemma", *Review of Economic Studies*, Vol.76(3), pp.993-1021.
Fujiwara-Greve, T. and M. Okuno-Fujiwara（2013），"Diverse Behaviors in a Symmetric World with Voluntary Partnerships", SSRN Working Paper.
Ghosh, P. and D. Ray（1996），"Cooperation in Community Interaction without Information Flows", *Review of Economic Studies*, Vol.63(3), pp.491-519.
Güth, W. and M. Yaari（1992），"Explaining Reciprocal Behavior in Simple Strategic Games: An Evolutionary Approach", in Güth and Yaari, *Explaining Process and Change: Approach to Evolutionary Economics*, pp.23-34, University of Michigan Press.
Jackson, M. O. and A. Watts（2010），"Social Games: Matching and the Play of Finitely Repeated Games", *Games and Economic Behavior*, Vol.70(1), pp.170-191.
Kandori, M., G. Mailath, and R. Rob（1993），"Learning, Mutation, and Long Run Equilibria in Games", *Econometrica*, Vol.61(1), pp.29-56.
Kranton, R.（1996a），"The Formation of Cooperative Relationships", *Journal of Law, Economics and Organization*, Vol.12(1), pp.214-233.
Kranton, R.（1996b），"Reciprocal Exchange: A Self-Sustaining System", *American Economic Review*, Vol.86(4), pp.830-851.
Kreps, D., P. Milgrom, J. Roberts, and R.Wilson（1982），"Rational Cooperation in the Finitely Repeated Prisoner's Dilemma", *Journal of Economic Theory*, Vol.27(2), pp.245-252.
Maynard-Smith, J. and G. Price（1973），"The Logic of Animal Conflict", *Nature*, Vol.246, pp.15-18.
Okuno-Fujiwara, M.（1987），"Monitoring Cost, Agency Relationship, and Equilibrium Modes of Labor Contract", *Journal of the Japanese and International Economies*, Vol.1(2), pp.147-167.

Okuno-Fujiwara, M. and A. Postlewaite (1995), "Social Norms and Random Matching Games", *Games and Economic Behavior*, Vol.9(1), pp.79–109.

Shapiro, C. and J. Stiglitz (1984), "Equilibrium Unemployment as a Worker Discipline Device", *American Economic Review*, Vol.74(3), pp.433–444.

あとがき

　地球温暖化に象徴されるように，グローバルな自然環境の悪化は顕著に進み，加えて金融，医療，教育などの制度的歪みが多くの国で大きな課題となっている．サステナビリティ（持続可能性）という概念の関心が高まっているが，サステナブルな社会構築を目指して，各々の制度はどうあるべきか，自然環境はどのように保全されるべきか，市民や企業はどのように行動すべきかなどの諸問題に対する適切な指針が求められている．

　本書は，設備投資研究所設立50周年を記念し，宇沢弘文先生を中心とする，研究所に関わりの深い学識者・有識者が中心となって，わが国経済が直面する課題，その解決のために社会的共通資本が果たしうる役割について分析を行い，全体として持続可能な経済発展に資するような展望を与えようとすることを目的としている．本書の編者は当然ながら宇沢先生が務める予定であったが，その後，編集の途中で現在の編者が担当することになった．その経緯について少し触れておきたい．

　本書の企画が持ち上がったのは，2010年の秋頃だったと記憶している．当時の花崎正晴・設備投資研究所長（現一橋大学教授）から宇沢先生に対し，2014年は設備投資研究所の設立50周年である旨お伝えしたところ，宇沢先生から「論文集をやろう」と間髪を入れず提案がなされた．設備投資研究所では1989年の設立25周年のときも記念論文集を作成しており，50周年でも再び記念論文集をとの意欲を抱いていただけに，阿吽の呼吸とも言うべき感じがした．

　2011年3月11日に未曾有の災害が起こり，宇沢先生も事態の悲惨さ，深刻さに心を痛められていたのが，端から見ていてもよく分かった．その後，大きな混乱が続き，東京でも交通機関の運行が十分でなかったにも関わらず，先生はときどき研究所に顔を出され，研究員等と意見交換を行った．しかし，震災後1週間ほどして宇沢先生ご自身が病に倒れられてしまった．

50周年記念論文集の作成は，本来，宇沢先生に十分にご指導いただきながら進めるつもりであったが，それが難しい状況となり，研究所の関係者だけで企画を進めていくことになった．論文集は2分冊として，その一つは社会的共通資本をテーマにすること，この企画の提案者である宇沢先生を社会的共通資本篇の編者に頂くことなどを決めた．「質・量ともに25周年記念論文集を超えるものを」などという大きな目標を掲げてプロジェクトを進め，宇沢先生の恢復後に全体を総括していただくつもりでいた．

しかし，先生の恢復には予想外の時間を要することとなり，先生からご指導いただくことが難しくなった．一方で，50周年記念イベント等にあわせた本書の刊行時期が間近に迫っていた．研究所では善後策を検討した結果，宇沢先生のお考えを踏まえて，現在の編者が後を継ぐことになった．

*

はしがきでも述べたとおり，宇沢先生には米国から帰国直後の1967年から設備投資研究所の活動にさまざまな形で関わっていただいている．研究所の初期の活動を指導された下村治博士が一線を退かれた後は，宇沢先生に中心となって研究活動を支えていただき，「アカデミックかつリベラル」という設備投資研究所の性格を作り上げていただいた．

1990年代に入ると，宇沢先生の提唱する社会的共通資本の重要性に鑑み，研究所ではこの分野の研究を業務の重要な柱の一つに据えた．設備投資研究所はその名の通り，伝統的に民間資本設備に関する分析を業務の中心にしてきたが，社会的共通資本を含む幅広い資本を研究対象とするよう，資本概念を拡張して考えるようになった．

その過程で設備投資研究所は1993年に研究所内に「地球温暖化研究センター」を設置した．これも地球温暖化問題，すなわち社会的共通資本としての大気の安定化に関わる問題の重大性に，いち早く着目された宇沢先生の先見性に依るところが大きい．以来，宇沢先生には地球温暖化研究センターを中心に社会的共通資本研究のご指導をいただいている．2013年に地球温暖化研究センターは設立20周年の節目を迎えたが，本書はその記念論文集でもある．

このように，設備投資研究所の研究活動においては，下村博士と並んで宇沢

先生の存在が大きな柱となっていたのであり，とくに研究員にとっては精神的な支えとなっている．古くから宇沢先生と交流をもつ本書の執筆者一同は，宇沢先生の一日も早いご恢復を心より願っている．

   2014 年 8 月

間 宮 陽 介
堀 内 行 蔵
内 山 勝 久

執筆者紹介 （五十音順，*は編者）

薄井充裕（うすい　みつひろ）	日本政策投資銀行設備投資研究所
内山勝久*（うちやま　かつひさ）	日本政策投資銀行設備投資研究所
大瀧雅之（おおたき　まさゆき）	東京大学社会科学研究所教授
大西　隆（おおにし　たかし）	豊橋技術科学大学学長・日本学術会議会長・東京大学名誉教授
奥野正寛（おくの　まさひろ）	武蔵野大学経済学部教授・東京大学名誉教授
貝塚啓明（かいづか　けいめい）	日本学士院会員・東京大学名誉教授
國則守生（くにのり　もりお）	法政大学人間環境学部教授
小西範幸（こにし　のりゆき）	青山学院大学大学院会計プロフェッション研究科教授
神藤浩明（じんどう　ひろあき）	日本政策投資銀行設備投資研究所
瀬下博之（せしも　ひろゆき）	専修大学商学部教授
八田進二（はった　しんじ）	青山学院大学大学院会計プロフェッション研究科教授
細田裕子（ほそだ　ゆうこ）	日本政策投資銀行設備投資研究所
堀内行蔵*（ほりうち　こうぞう）	法政大学名誉教授
間宮陽介*（まみや　ようすけ）	京都大学名誉教授
宮川公男（みやかわ　ただお）	一橋大学名誉教授
柳沼　壽（やぎぬま　ひさし）	茨城キリスト教大学経営学部教授・法政大学名誉教授
山崎福寿（やまざき　ふくじゅ）	日本大学経済学部教授
吉村浩一（よしむら　こういち）	日本政策投資銀行設備投資研究所
渡邉修士（わたなべ　しゅうじ）	日本大学経済学部教授

日本経済　社会的共通資本と持続的発展

2014 年 9 月 25 日　初　版

［検印廃止］

編　者　間宮陽介・堀内行蔵・内山勝久

発行所　一般財団法人　東京大学出版会
　　　　代表者　渡辺　浩
　　　　153-0041　東京都目黒区駒場 4-5-29
　　　　電話 03-6407-1069　FAX 03-6407-1991
　　　　振替 00160-6-59964
　　　　http://www.utp.or.jp

印刷所　株式会社平文社
製本所　牧製本印刷株式会社

Ⓒ2014 Development Bank of Japan Inc.
Research Institute of Capital Formation
ISBN978-4-13-040267-5　Printed in Japan

JCOPY 〈(社)出版者著作権管理機構　委託出版物〉
本書の無断複写は著作権法上での例外を除き禁じられています．複写される場合は，そのつど事前に，(社)出版者著作権管理機構（電話 03-3513-6969，FAX 03-3513-6979，e-mail: info@jcopy.or.jp）の許諾を得てください．

堀内昭義 花崎正晴 中村純一 編	日本経済　変革期の金融と企業行動	6800円
宇沢弘文 武田晴人 編	日本の政策金融 I 高成長経済と日本開発銀行	8000円
宇沢弘文 武田晴人 編	日本の政策金融 II 石油危機後の日本開発銀行	9500円
伊藤・奥野 大西・花崎 編	東日本大震災　復興への提言 持続可能な経済社会の構築	1800円
宇沢弘文 橘木俊詔 内山勝久 編	格差社会を越えて	3600円
宇沢弘文 薄井充裕 前田正尚 編	都市のルネッサンスを求めて 社会的共通資本としての都市 1	3600円
宇沢弘文 國則守生 内山勝久 編	21世紀の都市を考える 社会的共通資本としての都市 2	3600円
宇沢弘文 茂木愛一郎 編	社会的共通資本 コモンズと都市	4600円

ここに表示された価格は本体価格です．ご購入の際には消費税が加算されますのでご了承ください．